窮乏の民族誌

KAZAMA KAZUHIRO 'Equality' under the Dual Conditions of Poverty:
Socio-Economic Anthropology in Tabiteuea South, Kiribati

中部太平洋・キリバス南部環礁の社会生活

風間計博［著］

大学教育出版

はじめに

　社会人類学または文化人類学とはいかなる学問であるのか、という問いへの答えは、人によりさまざまに異なるだろう。かつてからさまざまな人類学的研究の潮流はあったが、ことに1980年代以降人類学の研究テーマは広く拡散し、社会学やカルチュラル・スタディーズなどとの間の境界線が見えなくなってきている。パラダイムが多様化し、分散化してきたなかで、人類学をシンプルな学問体系として説明することは、今日、きわめて困難になっているといえよう。

　このような状況下にあって、私は本書のタイトルに、時代遅れともとれるような「民族誌」（エスノグラフィ）という言葉を敢えて用いた。エスノグラフィとは元来、ギリシャ語のエトノス（*ethnos*）に「書く（*graphein*）＝誌」が組み合わされてできた語である。本書のタイトルにおいて、もちろん私はエトノスに絡めた意味でこの語を用いているわけではない。実地調査（フィールドワーク）の記録（フィールドノート）に基づいた、調査地の人々に関する私自身の解釈像といった意味で「民族誌」の語を使っている。

　エトノスやエスニシティ、民族という概念については、1970年代から今日まで、腐るほど多くの議論が積み重ねられてきた。一方、1980年代以降人類学内外から、実地調査を行うこと自体の、あるいは民族誌を「書くこと」の政治性に対して、厳しい批判に晒されてきた。こうして見ると、民族誌という語を構成する「民族」（エトノス）と「誌」（書くこと）の双方が、いずれも多くの議論がなされ、批判されてきたのであり、迂闊に「民族誌」という語を使えない時代である。

　敢えてこの語を用いたことによって、人類学はフィールド・サイエンスとして今後も在り続けるべきという私の考えを反映させたつもりである。もちろん、実地調査を行うからといって、人類学と他の学問との境界を明確にできるとは思わないし、素朴な実証主義を賞揚するわけでもない。また、実地調査を行う

に当たって、調査する側とされる側との間の権力関係や、調査を行うこと自体あるいは書くことと、その背景に横たわるあからさまな、あるいは隠された政治性に対して、細心の注意を払うべきであるのは言うまでもない。

　人類学という学問においては、これまで繰り返し自己批判や再考が試みられてきた。それが、硬直した価値を否定するという人類学の大きな魅力のひとつであり、かつては研究の推進役を果たしていただろう。ただし、自己批判を行うにせよ、生身の人々から完全に乖離した、閉鎖的なアカデミズムの場においてそれがなされたとしても、空虚な議論の応酬に過ぎなくなる。逆に、閉鎖的な空間から離れて調査地で過ごすとき、その不安定な立場に置かれることこそが調査者自身に、自省的・内省的に考える機会を与えるだろう。人類学における最良の自己批判は、調査地において育まれてきたものではなかったか。自己批判を含む人類学者の営みが、調査の実践によって、単なる抽象概念を弄ぶ言葉遊びに陥らないことが肝要である。

　調査地においては、事前に詳細な下調べをしていればなおのこと、必ず新たな発見があり、予想していなかった疑問が浮上してくるはずである。期間は限られていようが、実際に、今その場で生きている人々と調査者がコミュニケーションを交わし、人々の生きざまを目の当たりにするからこそ、そうした発見や問題点が見つかるのであり、机上の論争のみでは、その種の具体的な問題設定や真摯な自己批判は浮かびにくいだろう。

　実地調査の記録を持ち帰り、議論を行う際には、さまざまなレベルにおける概念操作が必要となる。ただし、日本においては、参照されるのは欧米由来の概念、あるいはその翻訳物である。日本における社会科学は、人類学を含みほぼ全てが輸入学問であって、欧米における思想の潮流や流行に大きく左右される。留意すべきは、欧米の概念が日本語に翻訳されるときに生じるギャップや、輸入されたときに抜け落ちた議論の背景、さらには、概念を輸入するほかないという、日本の社会科学の置かれた特殊状況への認識が、往々にして欠落してしまうことであろう。これは「知の世界システム」に関わる問題である。

　欧米由来の概念は、日本に輸入された時点で形骸化し、漠然と流通して消費され、廃れていく。人類学に限らず、理論は流行した後いずれ廃れてしまう。

いかに洗練された精緻な理論であっても、流行は5年と続かないだろう。そして日本では、しばしば若干のタイム・ラグの後に流行が起こる。1970年代、英国で流行したパンクが、対抗文化としての過激な政治的メッセージや階級的社会背景の抜け落ちたファッションとして、遅れて日本で流行し、やがて消えていったようなものだ。

　流行した理論は、学説史のなかに位置付けられて活性を失うか、あるいは単に忘却されてしまうだけかもしれない。そして、人類学的研究のなかで最後まで残り得るのは、おそらく実地調査地で個々の調査者が丹念に記録した一次資料ではないか。欧米からの輸入概念の流行に左右されないコアの部分として、調査地のミクロな記録である民族誌的記述は、譬え調査者による理解というフィルターを通したものに過ぎないにせよ、長期に亘って精彩を放ち続ける可能性がある。もしかしたら、欧米人類学の潮流では抜け落ちた部分に、新たに光を当てることが可能となるかもしれない。ただし、民族誌的研究の方法が維持されるためには、個別の実地調査自体の歴史化や記述のあり方への絶え間ない検討が、継続的になされる必要がある。加えて、日本の人類学者にとっては、輸入学問であらざるを得ない日本における人類学のあり方を、再検討し続ける必要があることは言うまでもない。

　本書は、このような議論を念頭に置いたうえでの1つのささやかな試みである。その理論的部分は、現代世界における微細な実地調査地を政治経済的に位置付けるものであり、私の調査そのものの歴史化に関わる。本書の大部分を占める民族誌的記述は、私が延べ13カ月の間に調査地で得た情報を、できる限りまとめて提示したものである。これは、私たちと同時代に、小さな珊瑚島の上で生きる人々の微細な記録として位置付けることができる。本書の記述のなかに私自身の意図がどれだけ反映させることができたか、あるいは本書が将来的にも息の長い民族誌となりうるのか否か、今後の読者の判断に委ねるしかない。私はといえば、自問を繰り返しながら、人類学的実践を地道に続けていくことしかできないのであるが。

著　者

窮乏の民族誌
―― 中部太平洋・キリバス南部環礁の社会生活 ――
目　次

はじめに …………………………………………………………… i

第Ⅰ章　序論 ── 人類学と政治経済学 ── ………………………… 1
　1．本書の目的 ── 飢餓体験の民族誌にむけて ── ……………… 2
　2．問題の所在 ── 人類学と政治経済学 ── ……………………… 5
　　　　2－1．外部システムに開かれた民族誌の重要性　5
　　　　2－2．生産様式接合論の再検討　7
　　　　2－3．従属論および世界システム論の再検討　10
　3．過酷な自然環境 ── 第一の窮乏条件 ── …………………… 16
　　　　3－1．キリバス共和国　16
　　　　3－2．キリバス南部環礁の自然環境　18
　4．歴史的変遷の概要 ── 世界システムへの包摂過程 ── …… 24
　　　　4－1．ヨーロッパ人との接触の歴史 ── 出稼ぎおよび交易 ──　24
　　　　4－2．キリスト教化と宗教紛争　26
　　　　4－3．植民地化から独立まで　28
　5．離島村落部に生起する物資欠乏 ── 第二の窮乏条件 ── … 30
　　　　5－1．オセアニア島嶼国のMIRAB経済論
　　　　　　　── もう1つの周辺像 ──　31
　　　　5－2．キリバスにおけるFFAB経済　35
　　　　5－3．窮乏と自律性の併存　38
　6．先行研究および社会に関する用語 ……………………………… 41
　　　　6－1．人類学的研究の動向　41
　　　　6－2．社会に関する用語　43
　7．実地調査の概要および本書の構成 ……………………………… 47

目次　vii

第Ⅱ章　「二重の窮乏」下の生活状況 ……………………………………51
　1．タビテウエア・サウス、N村 ……………………………………53
　　　1－1．タビテウエア・サウス　53
　　　1－2．N村の概要　58
　2．植物性食料生産の現状 ………………………………………60
　　　2－1．ジャイアント・スワンプタロ　60
　　　2－2．パンダナス（タコノキ）　62
　　　2－3．ココヤシ　63
　　　2－4．パンノキ　65
　3．N村における経済状況 ………………………………………66
　　　3－1．海外出稼ぎの状況　67
　　　3－2．コプラに依存した現金収入　69
　4．輸入食料への依存 ……………………………………………72
　　　4－1．現金消費傾向　73
　　　4－2．N村における食生活　75

第Ⅲ章　集会所の多様化および現代的意義 ……………………………83
　1．集会所研究の現状 ……………………………………………84
　　　1－1．「伝統的」集会所の研究　84
　　　1－2．従来の集会所研究の問題点　87
　2．村集会所における座席の現状 ………………………………89
　　　2－1．職能をもつ座席　89
　　　2－2．座席に関する知識の混乱　94
　　　2－3．座席の継承およびその意味　101
　　　2－4．行政末端機関としての村集会所　104
　3．「新しい」集会所 ……………………………………………106
　　　3－1．島政府の集会所　106

　　　　3－2．学校の集会所　110
　　　　3－3．教会の集会所　110
　　4．カトリック集会所の新築 …………………………………………113
　　　　4－1．石柱の切り出しおよび運搬　114
　　　　4－2．村の3グループによる資材調達　117
　　　　4－3．資材購入用の資金調達　118
　　　　4－4．取り壊しおよび建設作業　125
　　5．「在地の論理」の場としての集会所 …………………………128
　　　　5－1．「キリバスのやり方」と集会所　128
　　　　5－2．社会集団のシンボルとしての集会所　131
　　　　5－3．集会所と平等性の結合　132
　　　　5－4．「摂取装置」としての集会所　134

第Ⅳ章　饗宴の氾濫 ……………………………………………………137
　　1．饗宴の現状 ……………………………………………………138
　　　　1－1．ボータキという用語　138
　　　　1－2．頻度、種類および分類　141
　　2．饗宴の具体的事例 ……………………………………………147
　　　　2－1．大規模交換型饗宴（Ⅰ型）　148
　　　　2－2．小規模交換型饗宴（Ⅱ型）　152
　　　　2－3．大規模共食型饗宴（Ⅲ型）　155
　　　　2－4．小規模共食型饗宴（Ⅳ型）　157
　　3．饗宴の諸側面 …………………………………………………158
　　　　3－1．参加者の分類と座席　158
　　　　3－2．参加集団間の競合関係　161
　　　　3－3．競合関係から友好関係への転化　164
　　　　3－4．主催者と客間の物および現金の流れ　168

　　　　　3−5．饗宴における輸入食料依存　*173*
　　4．平等性の再生産 ………………………………………………*177*
　　　　　4−1．饗宴の頻発化 ── 現代的側面 ──　*177*
　　　　　4−2．平等性の再生産　*179*
　　　　　4−3．饗宴のなかの贈与　*181*
　　　　　4−4．「二重の窮乏」下の饗宴　*184*

第Ⅴ章　在地の所有観念と平等性 ………………………………………*187*
　　1．社会集団による個人的受益の分散化 …………………………*188*
　　　　　1−1．平等性に反する個人　*189*
　　　　　1−2．社会集団による個人的所有の制約　*193*
　　　　　1−3．個人に対する社会集団　*197*
　　2．懇請による財の平等化 …………………………………………*201*
　　　　　2−1．懇請の具体的事例　*202*
　　　　　2−2．懇請の社会・経済的諸相　*206*
　　3．相互監視下における個人 ………………………………………*210*
　　4．個人的所有における排他性の強化 ……………………………*215*
　　　　　4−1．物資の秘匿　*215*
　　　　　4−2．知識・技術の保持と拡散　*216*
　　5．交錯する個人の行動 ……………………………………………*220*
　　　　　5−1．知識・技術に対する妬みと羨望　*220*
　　　　　5−2．所有物に対する個人の行動選択　*223*

第Ⅵ章　貨幣経済と贈与の論理 …………………………………………*229*
　　1．貨幣が喚起するイメージ ………………………………………*230*
　　　　　1−1．貨幣に付与された負のイメージ　*230*
　　　　　1−2．キリバスにおける社会・経済的研究　*231*

2．物資欠乏打開への模索 ……………………………… 235
2－1．輸入物資の欠乏　235
2－2．小規模商売の勃興　237
2－3．個人商店の設立　240
2－4．アバマコロ交易の誘致　245
2－5．物資欠乏状況への対応　249
3．商店存続の条件 ……………………………………… 250
3－1．物資欠乏と掛け売り　250
3－2．平等と不平等　253
3－3．在地生産物の売買　254
4．売買と贈与 …………………………………………… 256
4－1．贈与の領域　257
4－2．売買と貨幣　258
5．在地の論理と貨幣経済 ……………………………… 259
5－1．二項対立の相殺モデル　260
5－2．在地の論理と貨幣　261

第Ⅶ章　考察 ──「二重の窮乏」下における在地の論理── …………265
1．「在地の論理」の検討 ……………………………… 266
1－1．平等性と集団的メカニズム　266
1－2．歴史的連続性の検討　269
2．窮乏の回避 …………………………………………… 272
2－1．妬みと秘匿　273
2－2．恥と名誉　276
2－3．「二重の窮乏」下における在地論理のモデル化　281
3．結論と展望 …………………………………………… 284

注 ··· 290
あとがき ··· 309
引用文献 ··· 312

図表目次
[図]
図Ⅰ-1 　キリバス共和国の位置 ··· 17
図Ⅰ-2 　環礁概念図1 ·· 19
図Ⅰ-3 　環礁概念図2 ·· 19
図Ⅱ-1 　キリバス(ギルバート)諸島とタビテウエア環礁 ·········· 54
図Ⅱ-2 　児童アンケートによる登場食品目頻度の推移 ················ 77
図Ⅱ-3 　児童アンケートによる登場食品目(糖質食)の比率 ······ 77
図Ⅱ-4 　輸入および在地食品登場頻度の船便に対応した推移 ····· 78
図Ⅱ-5 　物資欠乏期の食事：世帯番号2、9 ······························· 80
図Ⅲ-1 　N村の村集会所における座席の配置 ··························· 97
図Ⅳ-1 　饗宴の月別頻度 ·· 142
図Ⅳ-2 　饗宴四型の分類概念図 ·· 144
図Ⅶ-1 　個人による行動の選択 ·· 280
図Ⅶ-2 　窮乏に対する平等性モデル① ··································· 282
図Ⅶ-3 　窮乏に対する平等性モデル② ··································· 283

[表]
表Ⅰ-1 　タビテウエア環礁とキリバス全体の人口推移 ·············· 22
表Ⅰ-2 　キリバス共和国の年別歳入 ······································· 36
表Ⅱ-1 　タビテウエア・サウスにおける宗教別世帯数 ·············· 55
表Ⅱ-2 　タビテウエア・サウスへ来た船便数(月別) ··············· 57
表Ⅱ-3 　世帯による所有物の比率 ·· 59

表Ⅱ－4	N村におけるバナバ、ナウル出稼ぎ者	68
表Ⅱ－5	N村における世帯の経済状況	70
表Ⅱ－6a	世帯の購買記録：世帯番号3	74
表Ⅱ－6b	世帯の購買記録：世帯番号13	74
表Ⅱ－7	児童アンケートによる食事調査	76
表Ⅱ－8a	物資欠乏期における世帯の食事内容：世帯番号9	79
表Ⅱ－8b	物資欠乏期における世帯の食事内容：世帯番号2	79
表Ⅲ－1	N村集会所における座席名および居住地の地名	95
表Ⅲ－2	集会所座席に対応する世帯番号	96
表Ⅲ－3	集会所座席に関わる旧カーインガの土地保有状況	99
表Ⅳ－1	饗宴の開催場所別頻度	143
表Ⅳ－2	饗宴の行事別頻度	143
表Ⅳ－3a	Ⅰ型饗宴の特徴	146
表Ⅳ－3b	Ⅱ型饗宴の特徴	146
表Ⅳ－3c	Ⅲ型饗宴の特徴	147
表Ⅳ－3d	Ⅳ型饗宴の特徴	147
表Ⅳ－4	饗宴の主催者別分類	159
表Ⅳ－5	教員の参加した饗宴一覧	170
表Ⅳ－6	Ⅱ型饗宴開催の必要物資と金額	173
表Ⅳ－7	物資欠乏期における来客用食品の登場頻度	176
表Ⅵ－1	タビテウエア・サウスの生協店舗における入荷物資	236

＜キリバス語の表記について＞
1） アルファベット表記

　キリバス語は通常、a、e、i、o、u、m、n、ng、b、k、r、t、wによって表記する。キリバス語にアルファベット表記を導入したのは、キリスト教布教者といわれるが、宗派によりまた布教者によりその表記法は異なっていた。1970年代半ば以降、政府内のキリバス語委員会Kiribati Language Boardが、正字法および文法の制定に取り組んでいる（Taakei Taoaba 1985）が、いまだ不統一は解消されていない。本論文では、まずキリスト教布教者の編纂した辞書（Sabatier 1971; Bingham 1953 [1908]）および文法書（Cowell 1951）を参照した。また、広範に読まれているキリバス語の書籍（Taraan Karakin Kiribati）、および南タラワの隔週刊紙（Te Uekera）を、現在のキリバス語表記を知るための参考とした。

　本書では、基本的にキリバス語語彙は各章の初出時にアルファベットおよびカタカナ、以後カタカナ表記のみを用いる。固有名詞は立体、他は斜体（イタリック）で表記する。なお、上述のTe Uekeraでも不統一の目立つ長音は、本論においては基本的に母音を重ねて表記する。

2） カタカナへの翻字

　キリバス語のアルファベット表記をカタカナに翻字するに当たり、いくつか注意を要する点をあげておく。なお、ここではキリバス南部、タビテウエア環礁における発音に近似するカタカナ表記を目指した。

① ti：英語のsに相当する。「シ」または「ス」と表記。e.g. Kiribati（キリバス）
② tu：「トゥ」と表記。e.g. *utu*（ウトゥ）、*matu*（マトゥ）。ただしキリバス中北部では、①tiと同様の発音をするのでウスやマスとなる。
③ we：多くは英語のv音で発音するが、w音の場合もある。適宜「ヴェ」または「ウェ」と表記する。e.g. *karewe*（カレウェ）、*nnewe*（ンネヴェ）
④ b：英語のb音またはp音に類する。「バ行」または「パ行」で表記する。e.g. *botaki*（ボータキ）、*bobaka*（ポーパカ）
⑤ mwaとma：mwaは「マ」を、maは「マ」または「メ」を使用する。e.g.

mwaneaba（マネアバ）、mauri（マウリ）、mai（メイ）
⑥ bwaとba：「バ（またはパ）」とする。e.g. bwabwai（ババイ）、baake（バーケ）。
　　なお、mwaとbwaの表記は1990年代になってから採用されるようになった。したがって以前はwが入らず、maneabaやbabaiと表記されていた。
⑦ ngとn：語尾にある場合はともに「ン」とする。母音の前にngがくる場合は「ン＋ガ行」で、母音の前にnがくる場合には「ナ行」で表記する。e.g. Tabiang（タビアン）、non（ノン）、ngenge（ンゲンゲ）、nei（ネイ）

第 I 章

序論
―― 人類学と政治経済学 ――

初等学校児童による独立記念日の行進

1．本書の目的 ── 飢餓体験の民族誌にむけて ──

　本書における研究対象地は、中部太平洋に位置するキリバス共和国（Republic of Kiribati）の南部離島、タビテウエア・サウス（Tabiteuea South）の一村落である。当時大学院生だった私は、1994年から1995年にかけての延べ13カ月間、タビテウエア・サウスのN村に住み込んで実地調査を行った。本書は、タビテウエア・サウスにおける人々の社会生活について、実地調査に基づいて形成した私の理解像を提示する「民族誌」である。

　長期に亘る実地調査においては、人類学者はさまざまな苦難に遭遇する。言葉の習得過程におけるコミュニケーションの困難さ、プライバシーのない生活、病気など、数えあげればきりがない。また、調査地の人々の政治的駆け引きに巻き込まれ、人類学者は自らの置かれた不安定な社会的位置に極度なストレスを感じることもしばしばあろう。これら多くの苦難のなかで、私自身の最も辛かった経験は何よりも「飢え」であった。

　私が調査に旅立った1994年初夏、日本では米不足が深刻化していた。当時住んでいた大阪の千里でも、スーパーマーケットの前には人々が長蛇の列を作り、米の確保に躍起になっていた。私といえば、キリバスへ行ってしまえばオーストラリア産米や現地生産のイモを食べることができるだろうと、半ば高をくくっていた。ところが、キリバスに到着し、離島の村落に住んでみると、私の予測は全くの的外れだったことに、まもなく気が付いた。ただでさえ交通・流通基盤が未整備なこの国で、半官の卸売り会社が経営不振に陥り、やがて倒産した。その影響を被って、離島の村落では深刻な食料不足が数カ月間も続いたのである。この時期、貨物を積んだ船が入港して1〜2週間も経つと、商店からあらゆる物がなくなった。次の船はいつ来るやら見当もつかない。1995年2〜3月にかけて、物不足はピークに達した。船が到着したとき、半ばパニック状態の人々が商店に集まり、夜遅くまで物資の入荷を待っていた。

　当時、私は水のような粥やすいとんをすすっていたが、飢えは全く解消されなかった。ココヤシの果肉を齧り、浜辺で貧弱な二枚貝を掘り、ブッシュに生

えている野生植物の果実を採り、水分で腹を膨らませ、不足がちだったタバコで口寂しさをごまかす日々が続いた。朝食をとりながら昼食のことを思い、昼食をとりながら夕食に思いを馳せる。夜、蚊帳のなかで眠りながら、朝食の夢を見る。こんな状態が私から体力を奪ったせいか、頻繁に発熱するようになり、調査もはかどらず、さらにストレスを溜め込んでいった。今思うと滑稽だが、私は常にいらいらしており、小さな事にもすぐに腹を立てていた。体重もかなり減り、現地から送った、やつれた私の写真を見た両親は、随分心配したようである。もちろん、現地の人々も食料の欠乏に苦しんでいた。しかし、今日の村落では、生業活動によって食料を充分に自足できない。また協同労働や天候不順のために、人々が漁へ出る機会も限られていた。結局、食料を積んだ船便がいつ到着するかを日常の話題とするほか、為す術はなかった。

　私が帰国してから多くの人類学者と話す機会があったが、いまどき調査地でこれほどの飢えを体験した者は他にはいないだろう、という感想を度々耳にした。この飢えの体験を、私のキリバス社会の民族誌的研究と切り離すことはできない。極度な食料の欠乏はいかなるプロセスを経て起こるのか、太平洋上の小さな珊瑚島で起こるこの事象をいかに解釈し、人類学的研究と関連付けることが可能なのか。私にとって、タビテウエア・サウスの民族誌を書くこと、窮乏状況下における現地の人々の社会生活を可能な限りまとめて提示することは、抽象的な諸議論に向かう以前に、優先されるべき課題であると感じられた。そのためには、ときに深刻な飢えを引き起こす、キリバス離島の政治経済的状況を理解する枠組みを準備する必要があるように思われた。しかしながら、このような私の問題関心に合った先行研究は見つけられなかった。

　実地調査に臨んだ際、私が最初に戸惑ったのは、キリバスに関する先行諸論文と私が目撃した事実との大きな溝であった。キリバスを対象とした人類学の論文においては、書かれていないことがあまりに多いという印象を受けたのである。調査時点に調査地において進行していたはずの状況が、単なる変容の結果として、「伝統」の崩壊、消滅、衰退という烙印の下に、安易に記述から切り捨てられてきたのだろう。しかし自省的に考えるならば、むしろ調査者が事前に古典的な民族誌を読み、それに矛盾しないような、あるいは従来の議論やパ

ラダイムとかみ合うような資料のみを求めることに、問題の源泉があろう。調査者が自らの先入観を人々に押しつけ、自ら観察した人々の生活がそれと異なることを理由に、それを矮小化したり切り捨ててしまうことは、調査者の傲慢でしかない。また、調査者が人々の断片的で曖昧な知識を繋ぎ合わせて整合性を与え、固定的で無矛盾の体系を構築することも、同様な批判を受けざるを得ないだろう。

　親族研究が衰退して以降のキリバスにおいて、同時代的な視点をもった部厚い民族誌は人類学者によってほとんど描かれてこなかった。当然ながら今日の社会は、ヨーロッパ人との接触以前から長期間にわたる変容を遂げ、接触以降にはさらにドラスティックな変容を遂げてきた、歴史的過程の産物である。自明のことだが、社会状況は現在なお変容し続けている。さらに、社会は一枚岩的なものではなく、そこに住む人々は個性を持ち、同一人物がその時々の状況において相反する行動をとり、矛盾した発言を行う。本書においては、恣意的な「限定性」を可能な限り回避し[*1]、実地調査の期間中に起こった微細な変化を視野に入れて、人々の相反する行動や発言、軋轢や対立などのエピソードを取り入れるような記述をしていきたい。そこで描かれる像――もちろん私の理解した限りでのものでしかない――が、実証的な意味において、調査時点の事象を伝えるものとして、将来的にも資料となり得ることを1つの目標にしたい。

　さて、キリバスは当然のことながら、オセアニア島嶼国の1つとしてさまざまな現代的諸問題、とくに経済的問題を抱えている。本書では、キリバス南部離島村落における人々の社会生活について、巨視的な政治経済システムとの関係を念頭に置いて論じていく。これまで、こうした視点からキリバスを論じてきたのは、主に巨視的な視点に立脚した国際経済学・政治学であった。ただし、これらの諸報告では、現地の人々観念や多様な解釈が捨象されるという致命的な欠点がある。本書では、外部の巨視的なシステムに開かれた「開放系」として微小な調査地を捉えた上で、現地の人々による解釈を取り入れて、詳細な民族誌を描くことを試みる。

　キリバス南部離島村落には主たる産業と呼び得るものがなく、コプラ生産によって人々は現金収入を得ている。人々の生活は、首都を経由して外国から来

た僅かな物資や資金に依存している。さらに調査地は厳しい自然条件下にあるため、生業経済のみに依存して生活を維持することは困難である。本書ではまず、調査対象地が二重の意味で、すなわち自然環境の上で、および世界システム中核国から最も遠隔の地にある国家の離島部という位置のゆえに、構造的に窮乏状況を強いられていることを論理的に示す。しかし物資は欠乏しがちであるものの、治安の悪化や紛争などの深刻な混乱もなく、人々の社会生活は破綻することなく保たれている。この状況は、集会所を焦点とした社会編成のあり方に強く関係している。それを既成の政治経済学的な分析枠組みでは捉えきれない「在地の論理」として提示し、外部の巨視的システムとの関連の下に理解することが、本書の目的である。そして最終的に、「二重の窮乏」下における人々の社会経済的な状況を踏まえて、在地の論理をモデル化したい。

2．問題の所在 ── 人類学と政治経済学 ──

2−1．外部システムに開かれた民族誌の重要性

　社会・文化人類学が実地調査に基づく実証性を重視するという前提に立つならば当然、民族誌資料の蓄積が研究には不可欠である。ただし多くの古典的民族誌は、かつて隆盛した構造機能主義などのパラダイムに則って、研究対象の社会を孤立したものと措定していた。それ以降の研究であっても、当該社会と巨視的な外部システムとの対外的関係について、とくに触れることなく済ませてきた（ミンツ1988: 31）。つまり、人類学の蓄積してきた最良部分の多くは、外部からのノイズに乱されない、仮想の対象社会の内側における分析作業から出たものである（船曳1985: 55）。

　当然ながら、これまで人類学者が調査してきた地域は決して孤立しておらず、すでに資本主義世界システムに組み込まれていた。つまり、人類学者の調査地は外部から隔絶された閉鎖系（closed system）ではあり得ない。ここで問題となるのは、開放系（open system）として対象社会を捉えたとき、歴史や政治経済など背景となる巨視的な状況と、相対的にきわめて小さな実地調査地との間に横

たわる深い溝である。これまでの人類学的研究の多くが調査地を閉鎖系と想定してきたことは、単にパラダイムの必然性のみならず、微視的な視野に立った人類学者にとって、自らの調査地を閉鎖系とした方が、論じることが容易だったからにほかならない。近代の人類学は実証主義を掲げ、実地調査の重要性を強調してきたが、実際には、人類学者が調査地で現在進行中の現象を軽視あるいは無視してきた。そこには、人類学者に特有の集合表象が作用していた（清水1992: 421）。

このような批判は、内的に統一した静態的な社会モデルの構築および形骸化した実証主義的方法に対するものということができる。しかし、こうした批判はすでに陳腐なものとなっており（清水1992: 480）、現在の人類学における多様な動向 —— 歴史資料を取り入れた植民地主義の研究、都市に生きる人々や移民の研究、開発現象に関わる研究、あるいは個人の日常的な発話や微細な対面行為を対象にした研究など —— には必ずしも当てはまらない。人類学者の興味が拡散する一方、近年隆盛した「文化の政治学」に重点を置いた、アメリカ流のポストコロニアル人類学における方向性は、カルチュラル・スタディーズや社会学の一部においてすでに論じられてきたテーマと重複しており、人類学の守備範囲はかなりの程度狭められているというのが現状だろう（太田2001; Nugent and Shore [eds.] 1997）。逆に、「文化」という曖昧な概念を放棄した上で、人類学に精緻なルーマンの社会システム理論を取り入れるという、新たな可能性の模索を提案するにしても、人類学は解体の方向に向かい、学問としての存在意義は薄れていくだけだという、ラディカルな指摘さえある（福島1998）。どのような方向を採るにせよ、「ポストコロニアル転回」以降の人類学における研究領域は隣接諸分野と重なり合い、その独自性を主張することは困難な状況といえよう（杉島2001）。

このような学問動向のなかにあってもなお、実地調査を行って多くの人々と接し、調査時点で起こったさまざまな事象を「民族誌」として描き続けることが、人類学にとって必要であろう。そのためにはまず、時間的・空間的な開放系として、調査対象を措定することが重要である。そこでは、対象地の歴史および外部システムへ目を向けて記述を行うことが必要条件となる。トーマスは、

人類学の動向のうち歴史的視点、とくにオセアニアにおける植民地政策と在地文化の「縺れ合い」を強調した（Thomas 1991）[*2]。植民地主義に関する人類学的研究は、歴史学との連携が求められるのは当然である（栗本・井野瀬［編］1999）。歴史的視点は重要であるが、私は過去に目を向けるよりもむしろ、同時代の巨視的な外部システムを視野に入れることを提案したい。なぜなら、現実的な問題として、調査地に関わる歴史資料が充分に利用できるとは限らないことがまずあげられる。そして、実地調査地で得た資料を十全に活用するには、時間的なギャップのある過去ではなく、同時代の巨視的な外部システムとの関わりを主に考察した方がより有効と考えられる。ただし、巨視的な外部システムは、微細な調査地からはその全容を直接的に捉えることができない。それを理解するには、政治経済学に関連した人類学的研究に着目することが有効な方法の1つである。

2-2. 生産様式接合論の再検討

現在の調査地の状況を考えるとき、歴史的（時間的）位置のみならず空間的位置を視野に入れねばならない。ここでいう空間的位置のなかには、単に物理的な地理上の位置や自然条件のみならず、広い意味における現代の「政治経済学的位置」を包含する。言い換えれば、人類学者の実地調査地は、広範囲に移動しながら複数地点の調査を行わない限り、通常は時間軸と空間軸のきわめて小さな交点と見なせる。本書では、きわめて小さな点である調査地の社会経済的位置を重視する。

人類学のパラダイムが変遷するなかで、政治経済学はたびたび人類学者の関心を惹きつけてきた。例えば、かつて広く読まれていた『文化批判としての人類学』のなかでは、政治経済学について1つの章が割かれている（マーカス・フィッシャー1989）[*3]。マーカスとフィッシャーは地域文化を1つの孤立した単位とし、あくまで市場や国家の力が外部から押し寄せてきたと前提する限り、さほど問題は大きくならないと主張する。しかし、「外部からの力」が実際には「内部」の文化的単位自体の構成や制度の一部として統合されており、最も深い次元においてさえそうであった場合、政治経済学的関心は重大な問題に行き着

く（マーカス・フィッシャー1989: 151-152）。

　オートナーは1960年以降の人類学理論の流れを論じるなかで、政治経済学について触れている。彼女によれば、1970年代の人類学においてマルクス主義の影響を受けた人類学の潮流を2つあげ、1つがアルチュセールの影響を受けた構造論的マルクス主義、もう1つが文化生態学の潮流を引くペザント研究および従属論に基づいた政治経済学であるという（Ortner 1984: 139-144）。若干差異はあるものの、ローズベリーも同様の分け方をしている。彼は政治経済学をスチュワードの文化生態学から派生したウルフ、ミンツ、リーコックらの研究、従属論と世界システム論、生産様式（接合）論の3つの流れに分けている（Roseberry 1988）。政治経済学に関する研究の幅はきわめて広いため、ここでは本書に関連する議論に限定して論を進める。まず、生産様式接合論について簡単に触れる。

　アルチュセール派のフランス生産様式接合論——オートナーによれば構造論的マルクス主義——の議論（e.g. 山崎［編訳］1980; Bloch [ed.] 1984 [1975]）は、私の研究主題と直接的には関係しない。ただし、資本主義と前（非）資本主義——デュプレとレーは「リニージ社会」と呼ぶ——との接合の問題に関してだけは、多少とも触れておく必要があるだろう（Foster-Carter 1978; デュプレ・レー 1980）。

　あえて単純化するならば、生産様式接合論は、資本主義生産様式と前資本主義生産様式が遭遇し、ある時間的経過の後に資本主義が前資本主義を覆い尽くす過程を段階的に提示したものといえる。接合の中間段階においては、例えば植民地支配者は前資本主義生産様式を完全には解体せず、それを温存し、搾取に利用していくという。フォスター・カーターによれば、この段階は以下のように図式化できる（Foster-Carter 1978: 218）。

1）　交換領域における両者の最初の結合。資本主義との相互作用は、前資本主義の生産様式を強化する。
2）　資本主義が根を張る。しかし、従属した前資本主義生産様式はそれを利用し続ける。
3）　前資本主義生産様式の消滅。ただし、いまだこの段階に至った「第三世界」

はない。

　最終的には、資本主義が前資本主義生産様式を破壊し、消滅させてしまうのであるが、遭遇したとたんに排除が起こるわけではなく、むしろ前資本主義生産様式を強化するというのである。同時に搾取の強化も起こり、具体的には原材料や労働力が資本主義の側へ流れていく。搾取の強化が資本主義発展の唯一の方法なのである。ただし、資本主義は単一だが、前資本主義生産様式は多様であるために、接合のあり方も必然的に多様となることに注意する必要がある（Foster-Carter 1978: 220-222）。

　生産様式接合論については、後述する世界システム論に対するのと同様の批判がある。まず、この議論が決定論的であることは明白である。生産様式接合論は歴史を考慮しているといいつつも、実はヨーロッパの歴史概念を無批判に借用しており、前資本主義の歴史を軽視しすぎている（Roseberry 1988: 172）。また、オートナーは生産様式接合論を非歴史的と断じた上で1960年代の論調を維持し続けているとし、「新しい批判的レトリックにくるまれた古い前提とカテゴリーのほどよい混合物」と評している（Ortner 1984: 141）。さらに、デュプレはアフリカの事例をあげて論じているが、クランマーは民族誌的に同定不能で、家父長的、進化主義的であり、重要な点に関しては曖昧であると批判している（Clammer 1978: 9）。

　生産様式接合論を実地調査の資料分析に援用しようとする場合、前資本主義生産様式という曖昧な抽象概念が、果たして妥当性をもつかどうか疑問が残る。また、議論の分析枠組みが労働力や原材料に基づく点で、すでに在地の社会・文化的な観念を捨象している。在地の観念を議論に組み込み難いことは、人類学的研究において重大な欠点である。さらに、調査期間内の民族誌資料という時間的制約がある以上、生産様式接合論のもつ仮想の歴史的段階論を実証的研究に適用することは、著しく困難であろう。加えて、前資本主義と資本主義という対立図式そのものが、過度の単純化を犯している。人類学者が実地調査で目撃した事象をどちらかに明瞭に区別することが可能とは思えない。前提として二分法を用いること自体が、現実に目撃した事象の間に無根拠に境界線を引き、レッテルを貼り、実体化してしまう危険性を内包しているのである。調査

時点における事象は、すでに複雑な相互作用の歴史的結果として現出しており、単純に分割し得るとは思えない。ここで可能なのは、複雑な相互作用を経てきた事象を分析枠組みに当てはめるために二分するのではなく、まず人類学者の目前に展開してきた事象を民族誌的にできる限り取り出した上で、注意深く分析することであろう。

　仮に生産様式接合論に則って、上記の資本主義が根を下ろすという第二段階を論ずるのであれば、歴史資料を詳細に分析し、時間的に隔たりのある民族誌資料と注意深く比較・考察する必要がある。実際、人類学的研究の範囲は広く、歴史的観点に重点を置くことも可能である。例えばミンツは『甘さと権力』のなかで、人類学における実地調査の重要性を認めながらも、実地調査の資料をほとんど入れずに歴史資料の分析だけで済ませている（ミンツ1988）[*4]。確かに、文書で残された歴史資料は、長期的な変化や空間的な偏差を追うのに有効である。一方、人類学者が直接観察した人々の行為や、直接聞いた人々の発言をまとめた民族誌資料は、よりきめ細かい記録でありながらも、時間的および空間的な制約がある。きわめて異なった性質をもつ2つの資料を一度に有効に扱うのが難しいことを、ミンツの著作のあり方は明白に示している。

2－3．従属論および世界システム論の再検討

　ウォーラーステインの世界システム分析は、1970年代以降、政治経済学や人類学に大きな衝撃を与えた。ただし、本書における「世界システム」の語は、ウォーラーステインに依拠しつつも、彼の用語法に厳密に従って使用するわけではない。資本主義経済が歴史的に地球規模で拡大してきたのは明らかであり、世界は国際社会という名の下に繋がっている。また、政治経済に連動して、マスメディアやコンピュータなど情報技術・産業の発達により、地球規模の結びつきが著しく強まっている。現在のグローバル化した世界における政治経済、情報あるいは宗教による結合や対立が、人類学者の小規模な調査地に多大な影響を及ぼしている事実を直視すべきである。そのとき、小規模の共同体を微細なサブシステムとして含む、最大のシステムを世界システムと捉えることが可能である。ここではまず、最も著名なフランクの従属論およびウォーラーステ

インの世界システム論の検討から始める。

[人類学からの世界システム論批判]

フランクはラテンアメリカ諸国の低開発問題について、従属論を展開した（Frank 1969）。これは低開発国が条件さえ許せば、やがて先行の工業国のような経済発展を遂げるという、ロストゥの直線的な「近代化論」の批判から生まれてきた。すなわち、メトロポリス（中核国）における資本主義の発達に伴って、サテライト（衛星国）が必然的に低開発状態に留めおかれるという論理である。

従属論が不等価交換理論に立脚して周辺の低開発の持続に重点を置くのに対して、ウォーラーステインの世界システム論は資本主義が地球全体を包摂する歴史的プロセスに重点を置いており、両者の論点には明白な差異が認められる[5]。しかし、国家の枠を超えた資本主義の発展という類似点を抽出すれば、ラテンアメリカにおける従属論を歴史的視野で地球規模に拡大したものが、ウォーラーステインの世界システム論であると位置付けることが可能であろう。彼は15世紀に西欧で誕生した資本主義が拡大と縮小を繰り返しながら、19世紀には全地球上を覆ったという。そのモデルは三層構造になっている。すなわち世界は、資本主義の発達した中核国、外縁に位置する周辺国、その中間の半周辺国（地域）に分割することができる。中核国がその外縁の周辺および半周辺を搾取し、従属状態に置くことによって資本主義が歴史的に発達してきたのである。この構図のなかでは、周辺で生産される余剰物は、常に中核国へ流れていく（ウォーラーステイン1981, 1987a, 1987b, 1993）。

人類学者からの2つの理論に対する反応は、概ね批判的である。その批判は相互に関連があり、分かちがたい側面をもつ。内容は重複するが、論点を幾つか示しておく。

1) 地域個別性の無視：論の枠組みが巨視的であり、地域の個別性や多様性を欠落させている（Foster-Carter 1978: 212; Roseberry 1988: 171）。ただし、この批判に関連してミンツは、地域の専門家やある特定年代の歴史専門家がモデルを検証、修正あるいは却下することが可能であるという見解を表明している（Mintz 1977: 253）。

2) 画一的発展図式：上記1）に関連して、システム内部の多様な事象や構造

が、中核国の発展またはシステム全体の維持に適合するという、機能主義的論理によって説明される（Roseberry 1988: 167）。つまり、余剰の一方向的な移行による過度に画一的な発展図式と、単純な機能主義的論理で世界史を説明してしまう。

ウルフは自ら世界システムを解釈し直し、ウォーラーステインは余剰物が生み出される生産様式よりもむしろ、その中核への移行過程のみに焦点を当てていると主張する（Wolf 1982: 297）。またギィラップの従属論批判によると、余剰の移転が発展と低開発の理由を説明するための変数であるならば、余剰が発展に利用されることを示す必然性がある。しかしその点において、従属論は、余剰の効果を自明のものと扱っていて検証していないという（ギィラップ1987: 198）。さて、春日はウルフの論に依拠しながら、ウルフによるウォーラーステインの画一的図式への批判を以下のようにまとめている[*6]。

　　［ウルフは］狩猟採集社会から封建社会までを二つの生産様式に類別するとともに、資本主義生産様式についても資本の形態を産業資本と商業資本とに分別して、商業資本から産業資本への歴史的変化が右の二つの生産様式との接合をいかに変えてきたのかを描いている。資本主義への接合はしたがって、現地の生産様式や資本主義自体の差異によって質的に異なるものになり、この接合の形成する世界的ネットワークもおのずとまた違うものに向かわざるをえない（春日 1995: 104）。［　］内引用者

3）「受動的周辺」：世界システム論はヨーロッパ中心の歴史でしかなく、動態が起こるのは中核国のみであるかのように描かれている（Roseberry 1988: 167）。オートナーはこのモデルにおける歴史を、資本主義を乗せた「船」のみに焦点を当て、非ヨーロッパ地域の「浜辺」は受動的な反応者に過ぎないと比喩的に述べる（Ortner 1984: 143）。ナッシュはこれをさらに強調し、世界システムに包摂された諸社会を、常に資本主義に道を明け渡す「受動的周辺（passive periphery）」と記している（Nash 1981: 388-399）。ここで「受動的周辺」に対する人類学者による批判の典型を引用しておく。

「世界システム」の理論家たちの間には、以下のような主張が見られる。それは、人類学者たちが専ら研究する後背地域の社会は、西欧資本主義の拡大によって外部から課せられた根底的な変革に対し開かれている以上、自律的な文化の論理の上に動いているという仮定は成り立たない、という主張である。これはシステムとシステムの欠如とを混同しているのだ。その上でこれでは、世界システムに対する地域ごとの異なる反応——しかも、まだ始まったばかりで、引き続き進行中——を説明できなくなる。世界システム論それ自体は、支配的な西欧の秩序における資本主義の再生産手段として、周辺的文化の存続を考慮に入れている。そうだとすれば、西欧的富は、いわゆる被支配民の別の見地からいえば、彼ら自身の文化秩序や、さらには創造的変換のために活用されるのである（サーリンズ1993a: 2）。

世界システム論は、西欧資本主義に対する批判として論を立てている。しかし、それを強調すればするほど、資本主義の強力な取り込みに対して、「受動的周辺」を前面に押し出すことになる。それがサーリンズのような、いわば文化主義者の猛烈な反発を招くのである。ところが人類学者による反発においては、周辺の文化的主体性を強調するという、もう1つの型にはまった論調を繰り返すことになる（春日2001: 28-29, cf. Sahlins 1999）。

一方、1980年代以降ウォーラーステインは、巨視的な視点から微視的な視点に目を移し、システムの周辺地域における世帯に焦点を当てて論を展開している（Wallerstein, Martin and Dickinson 1982; Smith, Wallerstein and Evers [eds.] 1984: Smith and Wallerstein [eds.] 1992）。そこでは、周辺地域の人々が生活を再生産する条件を考察し、彼らが資本主義世界システムに巻き込まれることにより、「世帯」そのものが作り上げられたという主張がなされている。

共同体ほど大きすぎず、核家族ほど小さすぎない成員数の世帯が、周辺地域では世界システムへの反応として歴史的に形成されたという。世界システムは、周辺の人々全てを完全な賃労働者（プロレタリア）化して、生活を世界システムに全面的に依存させることはない。一部の人々（主に青壮年男性）のみが人生の一時期、賃労働者となるのであり——これをウォーラーステインは「半

プロレタリア化（semi-proletarianization）」と呼ぶ——、それ以外の主に女性や子ども、老人からなる人々は、生活の再生産を賃労働以外の手段に頼らざるを得ない。また賃労働者も時機が来れば賃労働から離れるのであり、一生の糧を世界システム中核の資本から保証されるわけではない。そこで人々は生活を共同して、つまり世帯を構成して、賃労働から保証されない部分を相互に補填し合う。さらに、在地の自給的な生業様式に依拠して、世界システムが賃労働によって保証しない部分を補う（メイヤスー1977; 森田1997）。世帯とは、このようにして「半プロレタリア化」された人々が生活を維持するために形成する生活共同の組織である。

　ウォーラーステインの世帯論は、人類学者による上述の批判に明確な回答を与えてはいない。オートナーの比喩に従えば、「浜辺に立つ顔のない人々」は何ら固有の社会・文化さえもたず、システムの論理に従って労働市場で雇用され、あるいは解雇される。彼／彼女の属する世帯はシステムの歴史に伴って、機械的に再編されるのみである。

[世界システム論の援用]

　ここで私は上記の世帯論を援用したい。第一に、周辺の世帯が世界システムに巻き込まれたことによって成立していることを、前提条件として確認する必要がある。第二に、世帯の内部では世界システムの論理ではなく、世帯の論理が支配していることを強調すべきである。つまり、世帯の内部にまで世界システムの論理は介入しない。世界システムに巻き込まれて形成された世帯には、独自の自律性が残されるのである。ただし、世帯自体が周辺状況において新たに生み出されたものである以上、1）世帯内の論理は決してインタクトとはいえないこと、また2）自律性を有するとはいえども、周辺という巨視的な状況下における、制約付きの自律性であることに留意すべきである（風間1999a）。さらに、ウォーラーステインのいう世帯を周辺部の社会に置き換えることが可能である。周辺の世帯と社会は構造的には相同である。周辺で形成されたのは、世帯のみならず周辺の諸社会 —— ウォーラーステインは「多様な文化的コミュニティ」と呼ぶ —— も同様である（ウォーラーステイン［編］1991: 15）。

　世界システム論は従属論とは異なり、交換の不等価性が固定化されるのでは

なく、むしろ等価へ向かう運動に重点を置き、資本主義経済に包摂された周辺地域の人々による低賃金の労働が、自律性を伴って生まれることに力点を置く。世界システム中核の資本はその論理からして、自らのコストをかけて周辺社会内部に介入し、その再編を促すことはない。しかし、圧倒的な力の不均衡のなかで、周辺の諸社会が充分に主体性を構築し、維持し、発揮することは不可能である。周辺諸社会は、多くの人類学者が批判的であるとはいえ、受動性から完全には免れ得ない。つまり、周辺状況における受動性という外的制約のなかで、社会は世界システムをときに活用しながら、自律性を維持していくことが可能であり、またそれが求められている。ここでは、受動性および自律性を過度に強調する解釈は否定され、受動的制約の下での自律性の論理を導入することができる。この論理のなかには、ウォーラーステインの世帯と同様に、社会の共同性を強調することが予見できる。

　人類学者は、世界システムに対する地域ごとの異なる対応を詳細に描くべきである。ただし現実の微細な状況は、世界システムと周辺諸社会の複雑な絡み合いから成っており、簡単に解きほぐすことはできない。一方の過度の強調は、複雑かつ微小な現実を矮小化し、多くの事実を必然的に見落とすことになる。人類学からの世界システム論批判の多くは、政治経済学と人類学の方法論や概念上の差異を明確にするだけである。そこでは、異なった研究分野からの寄与を生産的に活用する視点が提示されていない。むしろ、世界システム論の取り扱わない微細な視点から、巨視的な背景に臨むことが人類学にとって戦略的な方法である。そして、一方に世界システムを設定し、他方に周辺部末端の微細な事象を置き、両者の関係が前者による外的制約と後者による主体的応答であるならば、人類学にとって両者をつなぐ関係を認識することが必要である。両者は、労働市場と世帯のように直接的に相対峙するのではない。そうであるならば、両者を結ぶ中間の輪を設定することが、人類学にとって重要な課題となろう。

　つぎに、このような方向性の下で、一般論を離れて私の調査地を取り巻く経済状況に目を転じ、世界システムと微細な調査地との関係について論じる。

3．過酷な自然環境 ── 第一の窮乏条件 ──

　本節および次節では、本書全体を貫く前提条件である、キリバス南部離島の1つであるタビテウエア・サウスの「二重の窮乏」条件について検討する。
　さて、本書の「窮乏」に類する「貧困」については欧米やラテンアメリカなどで多くの研究がある。貧困は社会階級の下層に関係する概念であり、低賃金や差別などによって生じる（Hobsbawm 1968）*7。この概念は、人間の生命維持に関わる生存的（絶対的）貧困（subsistence poverty）と相対的貧困（relative poverty）に区分されるが、生存的貧困の規準を設定するのはきわめて困難といえる（Holmans 1978）。一方、本書の「窮乏」とは、人々が自らの貧困・困窮状況を首都や外国との比較において示すときに用いる、カインナノ（*kainnano*）というキリバス語の使用法を敷衍して、タビテウエア・サウスの状況を説明する概念として使用する。
　ここでまず、降雨量が不安定な環礁という特殊な自然環境について述べ、生業経済の脆弱性を指摘する。続く次節では、政治経済学的な視点から、オセアニア島嶼国を世界システムのなかの空白にあるとし、オセアニア島嶼の周辺にキリバスを位置付ける。加えてタビテウエア・サウスは、キリバスの首都から離れた遠方の地にあり、物資や財が欠乏しがちであることを述べる。以上をまとめて、生業経済に関わる自然環境の上で、さらに世界システム中核からの政治経済学的な遠隔性という、二重の意味で窮乏条件下にタビテウエア・サウスがあることを示す。

3－1．キリバス共和国
　キリバスは中部太平洋に位置する島嶼国家である。赤道を南北にまたがり、経度180度線（従来の日付変更線）を横切って広く分布する珊瑚島からなっている（図Ⅰ－1参照）。海洋面積は3,550,000km^{2}と広大であるが、陸地面積は狭小な珊瑚島からなるため、全て合わせても810km^{2}に過ぎない（Statistics Office 1989: 2）*8。

第Ⅰ章　序論——人類学と政治経済学——　*17*

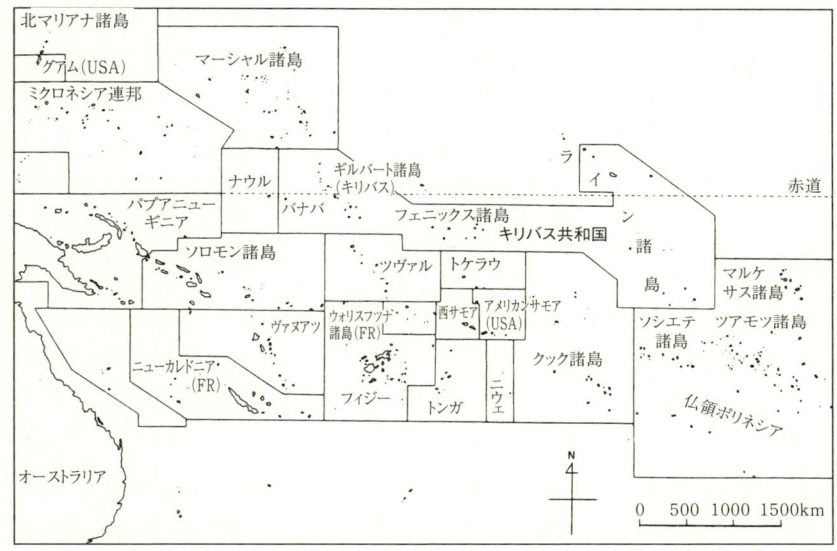

図Ⅰ-1　キリバス共和国の位置
出所：*The Far East and Australasia 1996*, 27ed., 1995, London: Europa Publicationsより一部改変、風間1997より転載

　キリバス共和国を構成するのは、西から順にキリバス（ギルバート［Gilbert］)、フェニックス（Phoenix)、ライン（Line）の3諸島および孤立した隆起珊瑚礁のバナバ（Banaba；旧オーシャン）島である。キリバス共和国の人口は、1995年の調査によると約77,658人となっており、そのうち92％の71,757人がキリバス諸島に居住している（Statistics Office 1997: x)。フェニックス諸島の人口は、アバリリンガ（Abariringa; カントン島）に83人住むだけで、残り7島は無人島である。ライン諸島には、キリバス共和国最大のキリシマシ（Kiritimati; クリスマス島、390km^2）に3,225人、テライナ（Teraina; ファニング島）に978人、タブアエラン（Tabuaeran; ワシントン島）に1,615人が住む。フェニックス、ライン諸島の人口はキリバス諸島からの移住者であり、現在でも移住政策がとられている。また、燐鉱石の枯渇したバナバ島には339人だけが居住している[*9]。統計によれば、共和国の人口の99％がいわゆるミクロネシア人となっている。現地に同化した中国系やヨーロッパ系、ツヴァル系の人々もその範疇に含まれているようである。

言語はわずかな地方差があるものの、ほぼ単一のキリバス語が話されている。

　キリバスとは、同諸島を「発見」したといわれる英国人のギルバート船長の名に由来する。ギルバートの現地語読みがキリバスである。つまり、キリバスとは国家の名称と同時に、1つの諸島の名称を指示する。上記のように、フェニックス、ライン諸島にはキリバス諸島からの移民のみが居住しており、キリバス諸島に92％の人口が集中している。そのため、人々は国家と諸島の区別をせずにキリバスという語を使用する。本書においても、双方の意味をとくに区別せずにキリバスという語を使用する。ただし、植民地期を強調する場合には、ギルバート諸島の語を用いることにする。

3－2．キリバス南部環礁の自然環境

　オセアニア島嶼の自然環境は、島という遠隔性や孤立性という共通点がありながらも、珊瑚礁からなる環礁やリーフ島のいわゆる「低い島（low-island）」から、火山島や陸島の「高い島（high-island）」まで、多様な幅がある。陸島において最も肥沃な土壌、水資源、面積に恵まれている。その対極にあるのが環礁やリーフ島であり、陸生動植物の生存に加えて、人間が居住する上でもきわめて厳しい環境下にある（Fosberg [ed.] 1963: 35-36）。キリバス共和国を構成する島々は、隆起珊瑚島のバナバを除いて、ラグーンを有する環礁もしくは外洋に囲まれたリーフ島からなる。これらの島は火山島や陸島に比較して、陸地面積が狭く海抜も低い。通常、環礁やリーフ島は「低い島」の通称の通り、最高地点でさえ海抜2～4m程度しかない。さらに、土壌は珊瑚性の石灰質であり、有機物の堆積は未発達である（Catala 1957；図Ⅰ－2、図Ⅰ－3）。また、キリバスの島々の近隣には火山島がなく、どの島も類似した環境にあるため、歴史的に、異なった環境下で生産される食料や物資を相補的に交換することもできなかった。

［水資源の限定性］

　珊瑚島に人間が居住するために、第一に重要な資源は淡水である。淡水資源は、植生の発達にきわめて強い影響を与える。珊瑚島では雨が降っても、即座に珊瑚性土壌の表面から雨水は吸収されてしまう。そこでは、島の地下に淡水

第Ⅰ章　序論——人類学と政治経済学——　　*19*

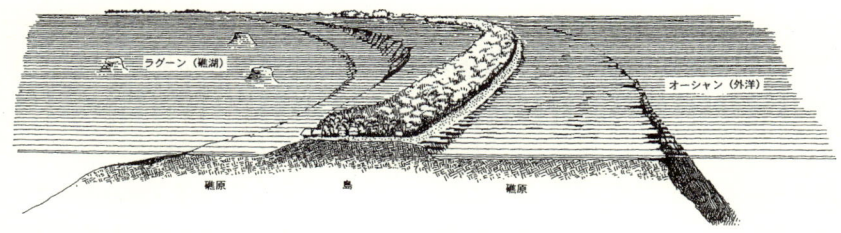

図Ⅰ-2　環礁概念図1
出所：Catala, R., 1957より改変、風間1997より転載（作図：原美穂）

図Ⅰ-3　環礁概念図2
出所：Small, C. A., 1972, *Atoll Agriculture in the Gilbert Islands*, Tarawa: department of Agricultureより改変、風間1997より転載（作図：原美穂）

層が形成されるか否かが、人間居住の最重要条件になるといってよい。珊瑚島は多孔性の岩からなっているため、地下深くまで海水が浸透している。通常、島の地下に浸透した海水の上に、降雨によってもたらされた比重の小さい淡水が浮いた状態になって、凸レンズ型の淡水層（Ghyben-Herzberg lens）を形成する。地下淡水層の形成には、降雨量と土地面積が関係している（Fosberg [ed.] 1963; Wiens 1962: 318-326)。また、発達した熱帯低気圧が来襲しないことがキリバスにおける人間居住の重要な条件の1つになったと考えられる。海抜の低い珊瑚島に発達した熱帯低気圧が来襲すれば、土地は海水の塩分に覆われ、陸生植物に甚大な被害が出る。しかし逆に、熱帯低気圧のもたらす降雨に頼れないことが、淡水資源の安定性にきわめて重大な障害となっている。ここで重要な条件として、土地面積があげられる。キリバスの島々は、例えばカロリン諸島

の珊瑚島に比較して面積が広いため、1～2年間程度の旱魃では地下の淡水層が完全には枯渇し難いという。これが淡水層の維持条件になっている。

　淡水層の形成と安定性を規定するもう1つの重要な要因は降水量である。キリバス南部の島々は、他の太平洋島嶼部に比べて降水量が少ない。同諸島は中部太平洋の乾燥帯に位置しているため、ドライアイランドと呼ばれる島嶼群の1つに数えられている。私の調査したタビテウエア環礁では、年平均降雨量は1,000mm程度しかなく、諸島中最も降雨量の少ない島の1つである。また、年によって降雨量は不安定であり（Sachet 1957）、タビテウエア環礁を含むキリバス南部は、しばしば旱魃に襲われてきた（Wiens 1962）。首都南タラワ（South Tarawa）のベシオ（Betio）にある測候所で得た資料によると、1960～1988年までのタビテウエア・サウスにおける年間平均降雨量は1,464mmとなっており、今世紀初頭から1950年代までの降雨量をまとめたサチェットの報告よりもかなり多い[10]。しかし、降雨量の年ごとの差は、私の得た資料においてもかなり大きく、その点ではサチェットの報告と一致する。1962年にはわずか338mm、1968年には665mm、1970年には643mm、1971年には590mmと平均値の半分以下しか降雨量がない年もある。その一方で、1965年には3,789mm、1987年には3,150mmの降雨量を記録している。標準偏差が1,012となっていることからも、降雨量の不安定性が明らかに認められる。私もタビテウエア・サウスのN村で降雨量を測定してみたのだが、滞在期間後半の1995年3月からキリバスを去るまでの約1年間、まとまった降雨はほとんどなかった。そして島では、ココヤシの実が矮小化したり結実しなくなり、パンノキが枯れる等の影響が出始めていた。

　タビテウエアを含むキリバス南部の島々は、不安定な降雨量、貧弱な土壌、さらには限られた土地面積といった特異な自然条件のゆえに、生育する植物のバイオマスが自ずと限られている。つまり、タビテウエア環礁は人間居住の限界領域に位置付けることができる。タビテウエアのような旱魃に襲われてきた珊瑚島は、高緯度地帯や高山、砂漠に並ぶ人間居住地（エクメーネ）の限界ということができよう。実際に、同諸島より東の島々はより降雨量が少なく、人工的な遺物が残されていた島があったものの、ヨーロッパ人の「発見」時点で無人島だったという。

さて、キリバスにおいて人々の居住する集落は通常、環礁のラグーンに面して形成されており、集落の屋敷地は主に道路に沿っている。集落には、パンノキ（方名 mai; Artocarpus mariannensis）、ココヤシ（方名 ni; Cocos nucifera）などのほかに、パパイヤ（方名 muweara; Carica papaya）が植えられていることもある。集落を取り囲むブッシュ（buakonikai）において、その植生は必ずしも均質とは言い難い。キリバス語のブッシュとは、ココヤシ林からサヴァンナ状の疎林まで広い範囲の意味をもつ語であり、集落外の非居住地の総称と解釈できる。パンダナス（方名 kaina; Pandanus tectorius）、ココヤシなどの有用植物以外には、主にシマハビロ（方名 uri; Guettarda speciosa）、クサトベラ（方名 mao; Scaevola sericea）、モンパノキ（方名 ren; Tournefortia argentea）などの灌木が所々に生育している[11]。人為的なココヤシ林以外は、珊瑚屑が土表面を覆った灌木が点在する植生となっている。またブッシュは、ジャイアント・スワンプタロ（方名 bwabwai; Cyrtosperma chamissonis）の掘削田がパッチ状に分布している。

タビテウエアの自然環境において、植物性の糖質食料を安定して獲得し、人間が定住するには、さまざまな技術や知識に加えて多大な労働投下が必要であった。歴史的に長期間かけて、島の人々は灌木が優占種であるブッシュを開墾し、乾燥に強い耐塩性の有用植物であるパンダナスやココヤシを植え付けていったのである。さらには、比較的塩分に強く、数年間土中に放置しておけるスワンプタロを坑耕作（pit cultivation）という方法により、施肥を繰り返しながら栽培してきた（第Ⅱ章参照）。これらの知識、技術、労働投下などの人間活動は、淡水資源の限られた環礁への技術的適応といえる。灌木から自然条件に適合した栽培植物に置換していくことにより自然環境を改変し、有限のバイオマスを食料資源へと転換し、食料生産を増大させていったのである。

[生業活動による人口維持の可能性]

ここで、歴史的な人口変動に着目してみる（表Ⅰ−1）。キリバスにおける接触期以前の人口は不明だが、1860年時点の人口についてベッドフォードらは、探検家やキリスト教伝道団によって残された歴史資料に基づいた推定を行った（Bedford, Macdonald and Munro 1980: 236）。それによるとキリバス諸島全体の人口は31,500〜35,100人、タビテウエア環礁の人口は5,200〜5,500人だったという。こ

表 I-1 タビテウエア環礁とキリバス全体の人口推移

西暦	タビテウエア環礁（人）	キリバス（人）
1860年	5,200～5,500	31,500～35,100
1901年	4,241	24,969
1911年	3,858	25,133
1922年	3,488	23,224
1931年	3,702	29,751
1947年	3,784	31,513
1963年	4,082	43,336
1973年	3,942	51,926
1985年	4,493	63,883
1995年	4,787	77,658

注1：1860年の推定人口はBedford, Macdonald and Munro（1980）による。
注2：1901～1922年の人口はBedford and Macdonald（1983）による。
注3：1931～1995年の人口はStatistics Office（1997）による。

の数値には、プランテーション労働力として徴集された人口流出や、帰還者などにより持ち込まれた病気に起因する死亡など、ヨーロッパ人との接触の影響が反映されていることはほぼ間違いない。その後、1901年から1931年までの人口は、諸島全体で23,000～29,000人程度、タビテウエア環礁で3,200～4,200人程度となっており、1860年時点の推定人口より減少している（Bedford and Macdonald 1983: 47; Statistics Office 1997: x）。

第二次大戦後、人口は増大に転ずる。1947年には、キリバス諸島からライン諸島やフェニックス諸島への移住者を含めて、人口は31,500人だった。その後、1968年には47,700人、1978年には56,200人、1995年には77,600人に達し、40年余りの間にキリバスの人口は倍増している。一方、タビテウエア環礁の人口は1947年に3,800人、1995年に4,780人であり、大戦後増えてはいるものの、キリバス全人口と比較の上で増加率は小さい[12]。ここでタビテウエア環礁の人口が、1995年時点においてさえも1860年の推定人口よりも少ないことは注目に値する。ただしそれは、多くの人口が首都の南タラワに吸収されていることによるものである。タビテウエアを故郷の島と意識している者は、センサスによると南タラワに3,000人ほどいる。キリバス全体では、タビテウエアを故郷と意識している人々の総計は、現に島に居住している人を含めて9,550人に達している

(Statistics Office 1997: 69)。この値は1860年時点の推定人口をはるかに上回る。

仮に9,550人がタビテウエアに居住しているとすると、外部世界に依存せずに生業活動のみで人口を支持し得るだろうか。この問題を論じるには、生業技術の詳細な検討およびタビテウエア環礁の環境収容力（carrying capacity; K）を推定することが必要だが、数値を厳密に計算するのは容易でない。そこで、1）ヨーロッパ接触前の人口が環境収容力の上限だったとする、2）諸島の1860年の人口（中間値をとって5,350人）は、ヨーロッパ人との接触後人口が30%減少した結果とする[13]、3）極度な旱魃等の環境変動を考慮しない、という3つの仮定を立てる。これらの仮定の上で、環礁の環境収容力を大雑把に計算してみると、Kは7,640人となり、9,550人という人口はKを上回る。また、9,550人がタビテウエアに居住した場合、人口密度は254人／km^{2}となり、きわめて大きな値である。すなわち、首都による人口の吸収がなければ、タビテウエアにおいて生業活動のみで人口を支持することは困難と推論できる。

[在地食料生産の歴史的衰退]

歴史的な変化を視野に入れた場合、人口の変動に加えて生業活動における食料生産の低下を考慮する必要がある。ブッシュの開墾によるココヤシの植林は、ヨーロッパ人との交易品であるココヤシ油やコプラ生産のために行われた。ココヤシ植林が食料生産に与えた影響は重要であると考えられる。例えばルイスは、19世紀のキリバスにおける旱魃と飢饉について興味深い見解を示している。ヨーロッパ人との接触以降に貨幣経済が導入され、パンダナスを切り倒してココヤシ生産を拡大させたこと、貯蔵用だったココヤシの実を商品化し、売却に回したこと、によって飢饉が引き起こされた可能性を主張する（Lewis 1988: 85）。この説は、単に自然環境によって飢饉が引き起こされたのでなく、世界システムによる包摂を視野に入れている点で興味深い[14]。

また、キリバスの多くの島々でジャイアント・スワンプタロの掘削田が放棄されているという報告がある。実際タビテウエア・サウスにおいても、数多くの放棄された掘削田を私は観察した。放棄の理由の1つとして、スワンプタロ栽培からココヤシ植林やコプラ生産に労働力投下の重点を移したことがあげられる（風間2002）。私の調査時点において、スワンプタロに加えてパンダナス

果板状保存食品（トゥアエ; *tuae*）は日常的な食料とはなっておらず、集会所における贈与のために僅かに消費されるのみであった。さらに、日常的な食料だったといわれる、パンダナス果粉末状保存食品（カブブ; *kabubu*）に至っては、ほとんど生産されなくなっていた。つまり貨幣経済が浸透した結果、生業活動による植物性食料の生産が衰退してきたといえよう。歴史的な変化を経た現時点において、スワンプタロやパンダナス保存食品のみに依存して、島の人口を維持することは困難になっている。この状況が輸入食料への依存を高め、より一層在地食料の生産を抑えるという正のフィードバックが働いていると解釈できる。

　このようなタビテウエアの自然環境下における、植物性食料に関する生業経済の限界性を、本書では「第一の窮乏条件」と呼ぶことにする。ただし、タビテウエアにおける人々の生活を特徴づける窮乏条件は、自然環境に基づくもののみではない。以下、歴史を概略した後、もう1つの窮乏条件である世界システムの最周辺性について、議論を展開していく。そこでは、世界システムと微小な調査地を直接結びつけるのではなく、まずオセアニア島嶼国のMIRAB経済という中間項を取り入れて、両者の溝を埋めることを試みる。

4．歴史的変遷の概要 ── 世界システムへの包摂過程 ──

　オセアニア島嶼国は、ウォーラーステインの世界システム論のなかでは、ほとんど触れられていない。後述のようにオセアニアは世界システム論で扱うに値しない、中核国から見放されてきた地域である。しかし、島嶼国は世界システムから孤立しているわけでは決してない。島嶼部の人々はヨーロッパ人とかなり頻繁に接触していた（Oliver 1989; 石川［編］1987）。本節では、ヨーロッパ人との接触以降のキリバスの歴史を概観する。

4－1．ヨーロッパ人との接触の歴史 ── 出稼ぎおよび交易 ──
　太平洋にヨーロッパ人が進出したのは、探検航海を端緒としている。ヨーロ

ッパ諸国は15世紀末から、未知の大陸や航路の発見を目指すべく多くの探検隊を太平洋に派遣した。大航海時代以降、捕鯨船は航海に必要な食料や水、さらには女性を求めて島々に立ち寄った。交易者は、当時ヨーロッパや中国で珍重されていたナマコ、白檀、真珠、鼈甲などの天然資源を入手すべく太平洋を航海した。

　キリバスは16〜17世紀にヨーロッパ人探検家に最初に「発見」され、遅くとも19世紀初頭には全ての島々の存在が確認された（Maude 1959, 1961; Woodford 1895）[15]。19世紀半ばまでには、交易者、奴隷商人、捕鯨船乗組員との接触が頻繁に起こるようになった。太平洋では19世紀半ば以降には、植民を伴うココヤシやサトウキビなど農作物生産、燐鉱石採掘、牧畜業が盛んになった。一時的な接触で入手可能な奢侈品の交易から、定住性をより必要とする一次産物生産への転換が起こったのである。この転換に伴って、土地および労働力の確保が不可欠の条件となる。そこで詐欺まがいの土地買い上げや収奪、主にメラネシアで多発した半強制的な労働力徴集（blackbirding）、中国やインドなどアジアからの労働力の導入が行われるようになった。この過程は、資本主義世界システムへの包摂と考えることが可能である。

　19世紀末までの間に、労働力の半強制的な徴集によって数多くのキリバス人が海外へ出稼ぎに出た（Maude 1981; Bennett 1976; Bedford and Macdonald 1983: 38-45）。行き先はフィジー、サモア、タヒチなどの太平洋島嶼部、オーストラリア、ペルー、中央アメリカなどのプランテーションであった。これらの出稼ぎのなかには確かに、詐欺まがいの連行や誘拐による労働力の徴集もあった。ハワイのサトウキビ・プランテーションへの徴用においては、僅かであるが「奴隷狩り」といいうる記録があるという（Bennett 1976: 7）。しかし、人々の側から海外へ出ることを切望したという主張もある。19世紀半ば頃、キリバス人は積極的に捕鯨船乗組員やプランテーション労働に従事することを望んだという（Lawrence 1992: 281）。キリバス人がヨーロッパの工業製品を入手する方法は出稼ぎの他にほとんどなく、島々は旱魃にしばしば直面したことから、出稼ぎへの熱望が徐々に高まったのである（Macdonald 1982: 54）。ただし、キリバス人を含む島嶼部の出稼ぎ者が、船中や出稼ぎ地で死亡した例も多い。あるいは無事

帰還しても、持ち帰った病気によって死亡した者もいた（Maude 1981: 191）。

　出稼ぎと同時期、ヨーロッパ人との交易がキリバス北部を中心に盛んになった。19世紀後半には南部にも多くの交易者が進出するようになった。ココヤシ油から石鹸や蝋燭などの工業製品が製造されるようになり、その需要が増大したためである（Maude and Leeson 1965: 409-412.）。その後、1870年代にはココヤシ油からコプラへと交易品は変化した（Macdonald 1982: 27）。当初は現金を介さない直接の物物交換によって、島の住民はタバコなどを入手していた。キリバスでは耕作可能な土地が少なく、植民者が住み着くことはなかった。浜辺に交易所を建てた程度であったという。また、とくに南部の島々では、航行する船にとって必須である水や食料の補給が、他の太平洋島嶼部に比べると充分にはできなかった。このように、ココヤシを除くと経済的に有用な資源がなかったため、第二次大戦以前までキリバス離島部は、バナバなどへの出稼ぎ労働とコプラ生産以外には、ほとんど現金を獲得する手段がなかった。この状況をオリバーは、現地型コプラ経済（native-style copra economy）と呼んでいる（Oliver 1989: 138-141）。

4－2．キリスト教化と宗教紛争[*16]

　プロテスタントの宣教師がキリバスにおいて、最初に布教を始めたのは1857年といわれる（Macdonald 1982; Garrett 1992; Rennie 1989）[*17]。同年にボストンの米国海外布教委員会（ABCFM; American Board of Commissioners for Foreign Missions）から派遣されたビンハム夫妻が、ハワイ福音教会（HEA; Hawaiian Evangelical Association）のハワイ人夫妻とともに、アバイアン環礁にモーニング・スター号という船で到着し、本格的にプロテスタントの布教に乗り出した。1867年までには、最北端のマキン島からタビテウエア環礁まで布教活動を拡大した。一方、1870年にロンドン伝道教会（LMS; London Missionary Society）がエリス諸島（現ツヴァル）から北上してキリバスへ進出した。LMSは1895年までには、タビテウエアより南のキリバス南部5島（ベルー、ニクナウ、オノトア、タマナ、アロラエ）における宗教上の優位を確立した。カトリックが到来するまでの間、2宗派のプロテスタントのみがキリバスにおいて、独占的に布教を行っていた。

プロテスタントより30年ほど遅れて、1888年にカトリックの一会派である聖心会（SHM; Sacred Heart Mission）がノノース環礁に到着した。ベルギー人やフランス人の神父を派遣して、プロテスタントからカトリックへ改宗させるように試みたのである（Sabatier 1977 [1949]）。ギルバート諸島がエリス諸島とともに英国によって植民地化された1年後、1917年になるとABCFMが撤退し、プロテスタント教会はLMSに統一された。これが後にギルバート・エリス・プロテスタント教会となり、今日のキリバス・プロテスタント教会（KPC; Kiribati Protestant Church）に引き継がれている。歴史的にカトリックとプロテスタントとの間には激しい敵対関係があったが、今日では比較的平穏に両派は共存している（Lundsgaarde 1966, 1968b）。

キリスト教への改宗の過程では、さまざまな紛争が引き起こされた。本研究の対象地であるタビテウエア環礁は、最も激しい宗教紛争のあった島である。モードによれば、タビテウエアとノノースは交易用の余剰のココヤシ果実を生産することができず、キリスト教の影響を受けるまでは、目立った社会変化は起こっていなかったという。激しい紛争は、1867年にABCFMのハワイ人布教者、カプーとナリムがモーニング・スター号でタビテウエア北部に到着したことに端を発する。当時、タビテウエアでは、フィジー帰りのタナコという男性が始めたアンス・ン・シオバ（Antin Tioba）といわれる新宗教が優勢を誇っていた。シオバとはエホバの神を意味していた。シオバ信者たちは、若いココヤシの実で縁どった聖なる輪を地面に作り、その上に羽毛を付けた灌木の十字架を立てて信仰していた。いわば、太平洋島嶼の土着信仰とキリスト教の融合であった（Geddes 1977, 1983; Maude and Maude 1981）。

カプーらの率いる好戦的なプロテスタント勢力とシオバ信者は激しく対立した。1880年および1881年の2度にわたって激しい戦いがあり、シオバ側の多くの人々が虐殺されたという。プロテスタント勢力は、最初の戦いで現タビテウエア・ノースを制圧し、2度目の戦いではサウスに逃れたシオバ勢力を打ちのめした。2度目の戦いの後、シオバ勢力の拠点であったタビテウエア・サウスの土地の多くは、プロテスタントの占める北側に奪われた[*18]。モードによれば、戦争の形式が両者で全く異なっていた。シオバ側は従来から行われていた通り

の一騎打ちで戦い、プロテスタント側は多勢が入り乱れての集合戦を行った。さらに、逃走者を追いかけて殺すというプロテスタント勢力に対して、それをしないシオバ側に勝ち目はなかった。多くの男性が殺戮され、土地を奪われた結果として、タビテウエア環礁南部の人々は耐乏生活を強いられたという（Maude and Maude 1981: 324-325）。このようにしてプロテスタントはタビテウエア全島に拡大した。一方、1891年にカトリック聖心会のフランス人神父ボンターンが上陸し、4カ月かけて島の北から南まで布教した。サバティエによれば、一行の布教活動はプロテスタントからの妨害もなく、最初の布教で600人もの改宗者を出す成功を収めた。カトリック側の記載のため誇張があると考えられるが、プロテスタントは勢力を失っていたように見えたという（Sabatier 1977: 198-199）。現在のタビテウエア・サウスでは、カトリックが多数派を占めている（第Ⅱ章参照）。

4-3. 植民地化から独立まで

　19世紀末から20世紀初頭には、欧米諸国によるオセアニア島嶼部の植民地分割が完了し、世界システムへの組み込みが確固たるものとなった。1892年、ギルバート諸島は英国の保護領となった。住民が積極的に保護を望んだわけではなく、英国政府が保護したいと望んだわけでもなかった。欧米諸国の太平洋分割という国際政治の流れのなかで、米国の進出を牽制しドイツを懐柔するため、英国政府がハワイとドイツ領ミクロネシアの間に位置するこの地域を保護領化したという解釈が可能である（Macdonald 1982）。英国は1916年に、南隣のエリス諸島と併せてギルバート・エリス諸島植民地（GEIC; Gilbert and Ellice Islands Colony）を設立した。1900年に燐鉱石が発見されたオーシャン（バナバ）島も1907年には保護領に併合された。

　ローレンスによれば、英国は植民地統治に当たり2つの基本政策を採った。第一に英国に負担をかけず経済的に自足させること、第二に政治的には間接統治を行うことであった（Lawrence 1992: 286）。つまり、植民地支配の費用を最小限に留め、政治的・経済的にできる限り放任し、バナバの燐鉱石採掘において利益を得ることを目指していたと解釈できる。ギルバート、エリス両諸島の

住民は、バナバの燐鉱石採掘のための格好の労働力供給源であった。植民地統治では英国の家父長的な規制が施行された。まず、島のラグーン側に道路を作り、道路に面した土地に住民を住まわせた。この過程を追跡したゲッデスは、旧来の共住親族集団（カーインガ；*kaainga*）が崩壊して分割化し、その一部だった核家族を基本とした小家族世帯（ムウェンガ；*mwenga*）が形成されたと説明している（Geddes 1977, 1983）。この小家族世帯が、現在に引き継がれた共住単位となっている。さらに、食料の自給を図るため定期的な生業労働を義務づけ、村落の衛生を向上させ、税金を賦課してコプラ生産を活性化させようとした。また、他島への航行を禁じ、外洋漁を制限し、夜間の外出を制限するなどの規制が行われ、違反者には罰金が科せられた。人々を監視し、規制を遵守させるため、村落ごとに村長（*kaubure*）を任命して末端まで支配が行き届くようにした（Geddes 1977, 1983; Lawrence 1992; Macdonald 1971, 1982）[19]。

やがて太平洋戦争が勃発し、日本軍がバナバ、タラワ、アベママ、ブタリタリ、マキンなど諸島中北部の島々を占領した。ただし、タビテウエアなど南部の島々は占領されることなく、政治・経済的に世界から孤立し、空白地帯に置かれていた。

第二次世界大戦後、宗主国はオセアニア島嶼の植民地へ経済援助を強化し始め、後述するMIRAB経済の特徴が表れてきた。そして、国際的な脱植民地化の動きが増し、オセアニアの島々は一部を除き、1980年代初頭までに独立を達成した。キリバスにおいても戦後、英国は独立を視野に入れ、法的整備や基幹施設の構築が行われ、離島部の統治にも変革が加えられた（Macdonald 1972a）。財政援助に加え、バナバの燐鉱石の採掘権料も独立後を見越して投資されるようになった。投資対象は主に都市のタラワであり、それに伴って雇用機会が増大し、離島部からの出稼ぎ移民も増大して人口の集中が起こってきた（Lawrence 1992: 290）。

独立への準備を進めるなかで1967年に初の国政選挙が行われた。そこで32議席中わずか4議席しか割り当てられなかったエリス諸島民は、急激に分離の動きを示すようになった。そして90％以上の分離賛成の投票結果を受けて、エリス諸島はギルバート諸島に先立ち、1978年にツヴァルという独立国家になった（Macdonald 1975, 1982; cf. Paeniu 1975）。1979年、ギルバート諸島植民地もキリバ

ス共和国として独立するに至った。国家として独立したとはいっても、植民地時代の財政的基盤であったバナバ島の燐鉱石は1979年に枯渇し、国家財政はきわめて脆弱である。

　キリバスを含むオセアニア島嶼国は、政治的な自律性と経済的な依存性を同時に併せ持つ。経済的依存性という特徴は、現代における島嶼国の世界システムに対する関係を代表するものである。接触初期、ナマコや白檀などの産物、およびココヤシや燐鉱石などの生産物は希少価値のある資源であり、交易品として貴重なものであった。しかし現在、白檀や燐鉱石は過剰搾取の結果枯渇し、コプラの経済的重要性も低下している。すなわちオセアニア島嶼国は、世界システムに包摂された初期と比較して現在の方が、経済的魅力が著しく薄いのである。次節でみるMIRAB経済論とは、歴史的に世界システムに取り込まれてきたオセアニア島嶼部が、経済的魅力を失った現在の状況を説明する概念である。

5．離島村落部に生起する物資欠乏 —— 第二の窮乏条件 ——

　オセアニア島嶼国は、海を隔てて国土が分散している。その多くが小島嶼国（SICs; Small Island Countries）、マイクロ・ステートもしくはミニ国家といわれる国々であり、これらは一般の通念からはとうてい国家とは思えないほど規模の小さい国である。国際的な植民地独立の流れに乗って政治的独立を果たしたものの、経済的には見るべき資源や産業は皆無に等しく、経済的自立はきわめて困難である（清水1981, 1993; 佐藤1993）。国連の認定した後開発途上国（LDC; Least Development Countries）にオセアニア島嶼国のキリバス、ツヴァル、ヴァヌアツ、ソロモン、サモアが入っていることからも、経済的自立の困難さが窺われる（佐藤1995, 1997）。観光開発や鉱山開発が進行したごく一部の国や地域を除いて、交通輸送に関わる遠隔性、土地の狭小性、人口の小規模性などから、産業発展の潜在力や国際市場としての魅力に乏しく、経済発展の可能性はきわめて厳しい状況にある。

　このような状況下にある多くのオセアニア島嶼国は、世界システムの中核国

が積極的に支配し、従属させるような市場的ないし資源的魅力をもたない国々である。つまり、世界システム論の扱う範疇にさえ入り得ない余白に位置しているのである。例えばマーカスは、トンガを世界システムの「最周辺（extreme periphery）」という用語で表現している（Marcus 1981）。世界システムの中核国による積極的な介入の不在は、しかしながら、オセアニア島嶼国が現在の世界システムと無関係に存在していることを示すのではない。中核国における要因——純粋な政治経済的要因ではないにせよ、少なくとも政治イデオロギー的要因——と、オセアニア島嶼国の側の要因とが相互作用して、MIRAB経済と呼ばれる特徴的な国民経済を形成してきた。以下、MIRAB経済論を世界システムと関連させて見てみる。

5－1．オセアニア島嶼国のMIRAB経済論——もう1つの周辺像——
［MIRAB経済論と世界システム］

　世界システムの余白にあるオセアニア島嶼国の経済状況はしばしば、MIRAB経済という概念を用いて説明される。MIRABとは出稼ぎ移民（Migration）、送金（Remittances）、援助（Aid）、官僚制（Bureaucracy）の頭文字をとったものであり、これらの連関によってかろうじて国民経済が持続している形態である（Bertram and Watters 1985, 1986; Bertram 1986）。MIRAB経済論は1980年代半ばに提出されて以降、多くの議論を引き起こした。理論的には粗雑な感を免れないが、MIRAB経済論はそのわかりやすさのためか、研究者のみならず政策の実務家にまで広く浸透した（cf. Bertram 1999）。

①出稼ぎ移民および送金：島嶼国からの出稼ぎ移民の多くは、地理的に近い、あるいは政治的につながりの深いオーストラリアやニュージーランド、またはアメリカ合衆国へ行き、不熟練労働で生計を立てて生活する。その一方で、故郷の島との紐帯は薄れずに維持され、送金を行う（須藤1997）。これが国民経済を支える重要な構造的基盤になっている。またクック諸島マオリのように出稼ぎ先の人口が故郷の人口を上回り、出稼ぎ先で出生した第二世代が増加している例も稀ではない（棚橋1997）。

②援助および官僚制：国家レベルの援助は主に旧植民地宗主国や地域大国から

もたらされ、脆弱な経済基盤を補助する役割を果たす。援助によって、政府を維持する費用が賄われ、教育、医療、交通など社会の基盤整備がなされ、雇用機会の増大が見込まれる。資源の不足したミニ国家では、外国からの大規模開発による投資や、国内の企業が興り難いため、私企業による雇用機会は少ない。ところが人口に比して大きな官僚機構が作られ、政府に雇用される人々の安定した収入を保証する。

ただし、MIRAB経済が説明概念としての有効性を安定して保ってきたわけではない。移民が二世、三世にまで至ると、送金が途絶する可能性が増大する。また、脆弱なオセアニア島嶼国の経済はグローバル化のなかにあってより一層、世界経済情勢の変動の影響を大きく受けるようになっている。ここで私は、MIRAB経済の現在における有効性をあえて問題にしない。むしろ便宜的に、現在の世界システムと微小な調査地をつなぐ、地域経済モデルとして取り扱う。

さて、オセアニア島嶼国の経済状況において、第一次生産物の輸出による外貨獲得は、単に一時的もしくは補助的な役割しか担わない。フィジーやパプアニューギニアのような開発可能な土地資源や人口を有する国家は、オセアニア島嶼においては例外である。通常、ミニ国家は漁業資源および観光資源以外に開発可能な資源をもたないため、自律的な開発および経済の維持は不可能である。MIRAB経済論を提唱したバートラムとワターズが批判の矛先を向けるのは、生産に重点を置いたマルクス主義や、レント収入に批判的なリカードウの系譜を継承した従来の経済開発論である。すなわち、脱植民地化という1970年代までの時代風潮のなかで、生業経済の衰退や輸出用第一次産物の生産低下を危ぶむ悲観的論調を批判するのである。

この従来の論調には、政治的に独立した国家や自治権を付与された地域は、経済的にも自立すべきという前提がある。それに対してバートラムらは、ミニ国家の自律的開発の不可能性という視点から出発する。そして、オセアニア島嶼部における新興独立国や地域の経済を現実的に維持するためには、第一次生産物の輸出ではなく、レント収入に依存するしかないと主張する[*20]。オセアニア島嶼部においては、第二次大戦後に輸入物の消費が増大し、コプラなどの第一次生産物の輸出が低迷してきた。この状況下で、生活水準を維持または将来

的に向上させるためには、レント収入を確保する以外に方法はない。

　MIRAB経済論は、世界システム論や従属論の扱ってきた周辺国家（地域）にさえも入らないようなオセアニア島嶼国を扱っている。つまり世界システムの中核国が自ら乗り出して従属させ、利益を搾取できない「最周辺」に関して、その経済的な特徴を説明する概念といえる。このモデルは、巨視的な世界システムとその余白として放置されかねない「最周辺の周辺」——ここにキリバスが含まれる——とを接合させる、中間項と見なすことができる。

　ただし、MIRAB経済論においては、世界システムを経済的な搾取構造とは別の視角で見ている。第一に、世界システム論ではほとんど考慮されない社会的な視点を切り捨てず、海外移民と故郷の島との社会的紐帯こそが、送金を確実にしていることを強調する。第二に、周辺を単に搾取の対象として位置付けるのではなく、逆にメトロポリスから周辺への無償援助を不可避のものとし、メトロポリスが援助によって経済的負担を強いられることを強調する。政治的従属の強化を伴うことは重大な問題だが、メトロポリスからの援助が搾取とは逆転した財の流れであることは興味深い。

　国際政治の場において、旧宗主国が援助を切り捨てることは倫理的な批判を浴びかねず、太平洋における軍事的な戦略からも島嶼国を手なずける必要があるとバートラムらはいう。しかし、これはあまりに楽観的な見方である。MIRAB経済論が提唱されて以後、東西冷戦の終結とそれに引き続く国際情勢の変化によって、軍事戦略的な利益からオセアニア島嶼国が恒常的な財政援助を引き出すことは根拠が薄くなった。また、メトロポリス諸国を取り巻く国際的経済状況、ならびに国内政治や国内世論の動向如何によって、援助は増減され得る不安定なものである。

　仮にMIRAB経済が持続可能であれば、援助を行うメトロポリスとの間で経済的依存関係が存続することになる（cf. Poirine 1998）。国家の経済力は国際社会の政治的権力と密接に連関している。したがって、ミニ国家は名目上政治的に独立しているが、経済的依存により結局、政治的な従属状態の存続が不可避となる。このようなオセアニア島嶼国一般の政治経済的状況について、清水は以下のように述べている。

歴史が示すとおり、オセアニアは西欧諸国に支配される一方で、近代の西欧が発達させた政治・経済の原則を修得して、国際的な舞台で自立することを要求された。この点で国際社会はむしろ冷徹であって、独立と経済発展を目指さないのであれば、植民地的従属に甘んぜよと命ずるのである。独立、国家財政の維持、経済発展といった、現在の国際社会ではあたりまえの条件が、ここでは自力にあまる高い課題であり、この課題を外部から強制されている。オセアニアとは、こうした「国家」概念の成立要件がのりこえがたい試練であるような世界なのである（清水1993: 12; cf. 清水1981）。

　ここでオセアニア島嶼国の経済状況を、現代の世界システムとの関係を視野に入れてまとめてみる。
1）オセアニア島嶼国の経済的自立の困難性は、世界システムによって与えられたものである。中核国による植民地分割が島嶼国家の境界線を決定し、独立した国家としての経済的自立の要求も国際社会から押しつけられた。つまり、当初から経済的自立は不可能であるにもかかわらず、国家として独立し、解決不可能な課題を押しつけられている。
2）旧宗主国などからの財政援助といった、世界システム中核国への依存が島嶼国経済を支える柱になっている。旧宗主国は無理な課題を押しつけると同時に、国際社会の枠組みのなかで財政援助という形で島嶼国を支援している。
3）出稼ぎ移民およびその送金は、島嶼国内部での経済的自立が困難であるために行われている。出稼ぎ移民による島嶼国側から世界システム中核や半周辺への接近は、人々の世界システムに対する積極的反応といえる。島嶼国は労働市場として規模が小さく、資本の側から接近して来ない。逆に、人々の側が資本の集まる場所へ移動し賃労働に参加して、自ら周辺化（プロレタリア化）している。

　MIRAB経済論自体は世界システムとの接合を目指した議論ではない。しかしいずれの経済的特徴も、オセアニア島嶼国が不可避的に現代の世界システムと結合していることを示している。つまり、MIRAB経済論は、世界システム論や従属論が描いた資源や労働力を搾取され続ける周辺像とは異なる、「もう1つの

周辺像」を提示している。このような最周辺地域では、国家がレント収入獲得を目指し、人々も出稼ぎに出て財や物資の供給を拡大させるように中核国に働きかける。つまり、従属論のいうように搾取構造に組み込まれ、低開発化されるのではなく、そもそも開発の余地さえないために、中核国の資本にぶら下がる形で国家の経済を維持するしかないのである。

5－2．キリバスにおけるFFAB経済
[キリバス経済の特殊性]

　キリバスは、この特殊なオセアニア島嶼国のなかでもさらに特殊な条件下にある。

　バートラムとワターズはMIRAB経済の例として、第二次大戦以降のクック諸島、ニウエ、トケラウ、キリバス、ツヴァルおよび西サモアをあげている。これらの国と地域においては、資源の貧困性、第二次大戦後に起こった輸入物資の消費拡大といった共通性が認められる。ただし、キリバスとツヴァルはその他の島嶼国や地域とはかなり様相が異なる。例えばニュージーランドへの出稼ぎ移民が容易なクック諸島では、その送金が故郷の島で大きな役割を果たしている（棚橋1997）。しかし、キリバスとツヴァルについていえば、出稼ぎ先は主にバナバやナウルといった近隣の燐鉱石を産出する島であった。両島における燐鉱石資源の枯渇に伴い、出稼ぎの機会がきわめて限定されているのが現状である。現在のキリバス人出稼ぎ者は、主に日本漁船やドイツ商船の乗組員として働いている。この出稼ぎ形態は、家族を連れた半永久的な移住を伴う出稼ぎ移民とは全く質が異なる。外国船への出稼ぎ期間はせいぜい数年単位のものであり、対象が青年男性に限定されている点も特徴的である（風間1999b）。

　キリバスおよびツヴァルにおいて、バナバやナウルへの出稼ぎに代わって国家の重要な歳入源となっているのは、外国漁船の領海内操業と引き換えに得られる入漁料、ならびに政府歳入補填のために設立された基金の運用益である（佐藤1993a, 1993b）。なおここでいう基金とは、キリバスにおいてはバナバ島の燐鉱石採掘による利益を積み立てた歳入均衡化準備基金（RERF; Revenue Equalization Reserve Fund）、ツヴァルにおいてはツヴァル信託基金（TTF; Tuvalu

Trust Fund）を指す。他のオセアニア島嶼国と比較した場合、キリバスおよびツヴァルの両政府は地理的遠隔性などのために、民間の出稼ぎには大きく期待できない。したがって、国家自らが基金や入漁料といったレント収入の獲得に乗り出さねばならない（佐藤1993a: 205）[21]。基金や入漁料もまた、他のレント収入と同様に国際的な政治経済状況の影響を受けるものであり、長期的に持続し得るとは限らない（佐藤1993b）。しかし、短期的に見ればレント収入が国家財政を支えているのは明白である（表Ⅰ-2）[22]。これら2国の経済は典型的なMIRAB経済とは明白に異なっている。これを名付けるならば、基金（fund）、入漁料（fish royalty）、援助（aid）、官僚制（bureaucracy）の頭文字をとったFFAB経済ということができる。

オセアニア島嶼国でよく見られる観光開発もキリバスとツヴァルの2国では進んでいない。将来的に観光開発の可能性は皆無とはいえないが、地理的な遠隔性による交通の問題、観光客を受け入れるための設備と資本の必要性、観光客を惹きつけるにはあまりに平板な地理的特徴などを考えると、現実的には厳しいといわざるを得ない。唯一、広大な領海の漁業開発が可能であるが、資金面や技術面において困難な問題が残る。そうかといって外国から移入してくる物資に依存せずに、人々の生活が維持できるとも考えられない。

ここでFFAB経済と名付けたキリバスとツヴァルの経済状況は、世界システム「最周辺の周辺」に位置する国家レベルの経済といえる。MIRAB経済諸国では、

表Ⅰ-2　キリバス共和国の年別歳入　　（単位1,000豪ドル）

年	1979年	1980年	1981年	1982年	1983年	1984年	1985年
税収入	13,113	6,159	4,417	4,465	4,605	4,458	4,992
対外収入							
RERF	—	4,250	5,751	4,750	5,500	5,500	5,182
無償財政援助	—	2,000	2,017	3,500	3,500	1,774	1,485
入漁料	614	616	1,255	—	983	1,936	3,006
他	294	267	1,389	430	223	514	235
その他収入	3,628	3,477	2,217	3,211	1,900	1,186	1,323
合計	17,649	16,769	17,046	16,356	16,711	15,368	16,223

出所：*Kiribati Sixth National Development Plan 1987-1991*
注：RERFとは歳入均衡化準備基金の略

人々が積極的に出稼ぎに出ることにより自ら周辺化している。それに対してキリバスでは、出稼ぎと送金（MIR）の機会が限定されており、自ら周辺化することさえ困難な状況にあるという特徴をもつ。ところで、キリバスの離島タビテウエア・サウスにおいては、国家のFFAB経済の特徴はどの程度まで及んでいるのだろうか。

[キリバス離島部の非孤立性]

　タビテウエア・サウスは、キリバス共和国の一行政区として存在しており、とくに首都南タラワとの関係は密接である。交通をとってみても、地理的に近いキリバス南部の島々へ飛行機や船で行くよりもむしろ、首都との往来の方が便がよい。例えば、タビテウエア・サウスから近い諸島南部のニクナウ島へ向かうには、一度首都へ出て行くしか交通手段はない。また首都には多くのタビテウエア・サウス出身者が一時的に滞在し、あるいは永住している。そして、物資や金銭、賃労働、国家的な行政サーヴィスや政策は全て首都からタビテウエア・サウスに来る。タビテウエア・サウスに限らず、首都があらゆる離島部にとって政治経済の中心となっている。

　また首都は、外国からの人や物資が最初にキリバスに入る場所でもある。外国との唯一のチャンネルとして首都は機能している。中央政府は、外国からの援助を受け入れ、離島部へ分配する。外国船出稼ぎ者はまず首都の訓練校を経て海外へ出ていき、首都の銀行を通して仕送りを行い、首都経由で帰省してくる。このように首都を通過せず、外国と直接交渉することはあり得ない。つまり、タビテウエア・サウスは首都を通じて、外部世界と繋がっている。ただしここで、首都からタビテウエア・サウスには充分な財や物資が到達していないことを強調しなくてはならない。国家の政治システムの浸透度が弱く、交通・流通基盤の整備が不充分なためである。つまり、タビテウエア・サウスは孤立しているわけではないが、首都からの遠隔性の影響を強く受けているのである。

[首都と離島との格差]

　国家的なレント収入は通常、都市のある主島に配分、消費される傾向がある。キリバスにおいても離島部と首都との格差が認められる。国家行政や医療サーヴィス、食料などの物資も首都に集中しがちである。キリバス経済においては

FFABのB、すなわち相対的に大きな官僚制が、国家のレント収入を人々に配分する役割を果たす。ところが、多くの公務員は首都で雇用されており、離島部における雇用者はきわめて限られている。しかも、離島の公務員はその島の出身者とは限らないため、公務員としての定収入が直接在地の人々に分配されるわけではない。多くの高学歴者を輩出する島には偏りがある。結局、一部の島出身の公務員が、国家の財をより多く受け取ることになる。タビテウエア・サウスの人々が直接収入を得る機会は、不定期の賃労働程度しかない。換言すれば、レント収入を配分すべき官僚制が国内に均等に分布しておらず、その役割を充分に果たしていない。さらに国家レベルの収入のみならず、首都に入った物資は、交通および流通の基盤設備が未発達のため、離島のタビテウエア・サウスまで充分には到達し難い。すなわち、FFABによって説明し得る経済的特徴は、国家としてのキリバスおよび首都に見られるのであり、離島のタビテウエア・サウスには必ずしも当てはまらない。

　ここまでの議論をまとめると、「最周辺の周辺」国家のさらに離島部において、窮乏状態が生じることがわかる。実際タビテウエア・サウスにおいて、しばしば主食の米・小麦粉、灯油、塩、石鹸、タバコなどの必需品や嗜好品がしばしば不足した。人々は、慢性的ともいえる物資の欠乏下に生活し、貨物を積んだ船が到着するのをひたすら待つしかなかった。物資が極度に欠乏した時期には、ココヤシの果肉を食べ、時折手に入る魚を食べて空腹をしのいでいた。一方、タビテウエア・サウスから首都へ渡った若者が、僅か数カ月後に再会したときには、驚くほど体格が良くなっていた事例に私は何度も遭遇した。私自身も例外ではなく、村から首都へ行くと１、２カ月で体重が増加したのである。

5－3．窮乏と自律性の併存

　国家レベルの経済に加え、タビテウエア・サウスの人々は明らかに世界システムの資本に依存している。しかし途中で何重ものフィルターをかけられているため、財や物資が離島へ流入する量は限られており、世界システム中核の資本に充分に依存することはできない。タビテウエア・サウスは結局、窮乏状態に留めおかれているのである。人々の生活を規定するこの条件を「第二の窮乏条件」と呼

ぶことにする。これまでの議論を整理して、現代の世界システムにおけるタビテウエア・サウスの位置を簡潔に示すと、以下のような段階を経ることになる。

①世界システムの中核国（および半周辺国）
②周辺国：中核国からの搾取による貧困が起こる。従属論に該当し得る周辺であり、「受動的周辺」概念が有効である。
③「最周辺」国：出稼ぎ移民とその送金により、自ら周辺の被搾取構造に参与する。MIRAB経済の特徴をもつオセアニア島嶼国が含まれる。
④「最周辺の周辺」国：出稼ぎの機会が限定され、自ら周辺の被搾取構造に参与することさえ困難である。キリバスのFFAB経済が含まれる。「受動的周辺」概念の有効性はここで途切れる。
⑤キリバスの離島部：FFABが波及する最末端にあり、その内部には官僚制（B）の介入さえ不完全である。ここでは、世界システムの中核の資本は強制的な外的勢力というよりもむしろ、自ら進んで対応すべき外部となる。タビテウエア・サウスの状況が含まれる。

一方前述のように、厳しい自然条件下にあることから生業経済自体も、とくに植物性食料に関していえば、タビテウエア・サウスでは脆弱な状況にある。MIRAB経済論では、在地の生業経済の豊饒性（subsistence affluence）を強調しており、最低限の生活は生業によって賄えることを前提にする（Bertram 1986: 816）。これは世界システム論において、周辺部の半賃労働者が、中核の資本から得た報酬のみによって生活の再生産を果たせず、生業経済によって欠乏を埋め合わせるという議論と相同である。しかし、少なくともキリバス南部においては、食料の生業的自足はきわめて厳しい。人口問題が今後深刻化すれば、ますます輸入食料への依存性が増すであろう。すなわち、タビテウエア・サウスにおける人々の生活は、政治経済学的な位置による構造的に不可避な物資欠乏、ならびに苛酷な自然条件に関わる生業の脆弱性という、「二重の窮乏」下に置かれているのである。

さて、政治経済学者の森田は、資本主義と非資本主義部門との接合を2つの形態に分けてまとめている（森田1997: 304-311）。第一の形態は、商品連鎖（commodity chain）という流通過程を通じての接合である。タビテウエア・サウ

スに即して考えれば、在地生産のコプラや出稼ぎ労働力の輸出、米・小麦粉や工業的に生産された生活必需品の輸入において、この接合は表れる。ただし、タビテウエア・サウスは商品連鎖の最末端にあり、中核国との間を結ぶパイプはきわめて細い。この状況を解釈するには、従属論で扱われてきた、搾取され低開発の状態に押しとどめられた周辺概念が、オセアニア島嶼国には該当しない点──もう１つの周辺像──から出発する必要があった。そこで、世界システムと微小な調査地を結ぶ中間項として、人々が出稼ぎに行くことによって自ら搾取構造に参入する、「最周辺」の特徴を示すMIRAB経済を置いた。さらに調査地の状況に適合させるために、キリバスに特徴的なFFAB経済、首都から遠隔の離島と段を下って行き、商品連鎖の末端において物流が途切れ、窮乏状況が生起することを論理的に示唆した。

　第二の形態は、労働力生産費用の資本主義経済外への転嫁である（森田1997: 107-110）。周辺の世帯では、世界システム中核の資本に全面的に依存するのではなく、生業活動や世帯内の家事労働により、不足分を補填して生活を維持する。資本の論理は世帯内に介入せず、世帯の編成は世帯内部の論理に任されている。ここで周辺の世帯は、世帯論で見たように、広義の周辺社会と構造的に相同である。したがって、周辺の社会には世界システム中核の資本や論理が十全には介入せず、そこに自律性を維持する余地が生まれる。

　タビテウエア・サウスの社会経済的な諸特徴は、巨視的な外部システムが微視的な地域に与えた影響への反応として、両者の絡み合いの中から生じたものと解釈できる。首都で見られるFFAB経済が途切れ、窮乏が生起するのと同時に、離島社会の内部にまで国家の官僚制は充分に浸透し得ない。そこでは、在地の論理が社会内部に卓越し、外部の論理を受容したり遮断する余地が生じる。一方、外部からもたらされた窮乏状況は、在地の社会によっては制御不能である。その状況に対して、人々は社会を自律的に編成し、在地の論理によって対処して、生活を維持するほかない。この自律的な社会編成の内実を詳細に描くことが、いうまでもなく、第Ⅲ章以降に描く本書の主題である。

　本章のこれより以下、調査地における民族誌記述に入る前に、キリバスにおける人類学的先行研究、および社会に関する用語をまとめておく。

6．先行研究および社会に関する用語

6－1．人類学的研究の動向

　キリバスにおける人類学的研究の先駆者といえば、人類学的な教育を受け、今世紀初頭に植民地行政官として在駐したグリンブルおよびモードがあげられる。グリンブルはそのキリバス滞在の日々を綴ったエッセイ（Grimble 1952, 1957）によってよく知られている。そのほかにも、彼の残したメモやノートを編集した本も出版されている（Grimble 1972, 1989）。人類学者でありかつ歴史学者であるモードもまた、グリンブルと同様に植民地行政に携わり、「伝統的」キリバス社会を記述している（Maude 1977a [1963], 1980 [1961]; cf. Gunson 1978）。調査時における私の経験から、彼らの名前や著作は現在のキリバス人にも広く知られており、「伝統文化」に興味をもつ官僚がその本を所持していることがわかった。これらの著作の特徴は、ヨーロッパ人との接触以前の文化や社会の再構成を目指した点にある。インフォーマントから聞いた神話や「伝統社会」像をヨーロッパ人である彼らが編集し、まとめたのである。この手法は第二次大戦後から近年に至るまで続いてきた（e.g. Latouche 1984; Hockings 1989; Luomala 1965, 1966, 1977, 1983）。ただし、私が長期滞在したタビテウエア・サウスの村落においては「伝統文化」や神話を語る長老は皆無であった。これらの調査者は「伝統」をよく知る長老を選別して、口頭資料を得たことが窺われる。

　キリバスにおける人類学的調査は、第二次大戦後、親族研究を中心に展開した。キリバスはミクロネシア地域の最南東部、ポリネシアとの境界にある。母系制優位のミクロネシアにありながら（cf. 須藤1989）、父系的な特徴が顕著なこと、同一諸島内の北部と中南部で「伝統的」政体が異なることなどが人類学者の興味を惹いてきたのであろう。最高首長がおり、社会的に階層化していた諸島最北部のブタリタリ、マキンについて、ランバートによる伝統的政体や親族、養子縁組に関する研究がなされている（Lambert 1964, 1966a, 1966b, 1978, 1981）。また、諸島中南部地域における親族論に関する研究もなされてきた（吉岡1989; Yoshioka 1985）。とくにグッディナフがオノトア島における短期間の調査

に基づいた非単系出自の概念（Goodenough 1955）を提出し、そのキリバス語の不適切さに対するランズガードとシルバーマンによる批判がなされたことは著名である（Lundsgaarde and Silverman 1972）。人類学の中心テーマであった親族研究の枠組みにおいては、現地調査に基づきながらも、社会・文化の変化や現代的側面について論じる必要はなかった。つまり他地域における研究との比較に耐え得るように、ヨーロッパ接触以前から今日に至るまで、社会に不変の形態を与えて固定化してしまう傾向が顕著だった。過去の再構成を指向して調査時の現状を軽視する傾向は、物質文化の研究（Koch 1986 [1965]）、生業様式の研究（Luomala 1970, 1974, 1980, 1984; Zann 1983）にもほぼ当てはまるであろう。

　一方で文書資料と口頭伝承に基づいた歴史的な研究も行われている。英国による植民地化以前の研究として、ヨーロッパ人との接触初期の交易（Maude and Leeson 1965）、労働力徴募（Bennet 1976; Maude 1981）、キリスト教受容期の戦争（Maude and Maude 1981; Rennie 1989）、アベママ島に出現した首長に関する研究（Maude 1970）がある。さらに、英国植民地行政の歴史的研究も行われているほか（Maude 1967; Macdonald 1971, 1972a, 1972b, 1982）、植民地統治を経て「伝統的」親族組織が解体したことを示す論文がある（Geddes 1977）。また土地制度（Lambert 1971; Lundsgaarde 1974a）や法制度の変遷（Lundsgaarde 1968a, 1968b, 1970a, 1970b, 1974b, 1978）についても詳細な研究がなされている。

　このように多くの人類学的な研究はヨーロッパ人との接触以前の社会・文化の再構成、親族、歴史的変化を取り扱ったものが占めている。一方、ヌドソン（Knudson 1977, 1981）やランズガードによる研究（Lundsgaarde 1966, 1968b）など、社会の変容を主題にして同時代の社会を扱ったものが僅かにある。そのほか、実地調査に基づいた、独立前の社会・経済状況を扱ったシリーズ（Geddes 1983; Lawrence 1983; Watters and Banibati 1984; Sewell 1983）もある。しかし、いずれも報告の域に留まっている。また、ローレンスは資本主義の浸透を主題とした論文を提出しており（Lawrence 1985, 1992）、本書のテーマと重なる。しかし論文中に民族誌的資料を提示しておらず、「伝統社会」が歴史的に変容してきたことを大雑把に記述しているに過ぎない。

　これまでのキリバスを題材にした人類学的な研究においては、同時代の人々

の生活を詳細に論じた民族誌的な研究はいまだ残されていない。植民地統治や経済開発といった目的に合致した応用的研究を除けば、キリスト教が隅々にまで浸透し、植民地行政によって「伝統社会」が解体され、物質文化に変更が加えられ、生業様式さえも変化したキリバスは、人類学の研究対象として除外されやすかったのである。

6－2．社会に関する用語

　ここでは、本書において後に頻出する幾つかの用語をあらかじめ示しておく。

　調査地であるタビテウエア・サウスを含むキリバス南部は、ヨーロッパ接触以前から社会階層の分化がなく、首長や王などの政治権力を行使し得る特定の個人が歴史的に出現しなかったといわれる[*23]。民主的な（democratic）社会、あるいは長老制（gerontocracy）と表現されてきた（e.g. Grimble 1989; Lundsgaarde 1978）。私が滞在したN村の長老は、昔からこの島には首長も奴隷もいなかったのだと語っていた。そして、島の名のタビテウエアとは首長の禁止（*tabu te uea*）という言葉に由来すると言っていた。私が調査した限りでは、ある一個人が権力を行使することは不可能といえる。村や教会などの運営に関して、あらゆる事柄が集会所（*mwaneaba*）の合議によって決定されるのである。長老会議の議長は弁舌に長けており、島政府の集会所などで長々と演説する。しかし、合議においては長老たちの意見をとりまとめることに精一杯であり、自分の意見を人々に強要することはなかった。また、彼が村に帰ってきても、普通の長老と同じ立場にあるだけである。彼が何かを主張しても、その意見が皆の同意を得なければ、全く無効となる。

　また本書では、「社会集団」の用語を多用する。具体的には、島社会、村社会およびその下位集団、島全体のカトリック、プロテスタント教会信徒集団、村の教会信徒集団やその下位集団を指す。なお、下位集団はいずれもキリバス語のマコロ（*makoro*；分枝）やクルーピ（*kurubi*；英語のgroup）に相当する。また村人から選ばれた委員（*komete*）と教員からなる学校運営組織、教会女性団体、島の長老会議といった成員の明確な社会組織も、社会集団のなかに包含する。いずれの社会集団も長老を中心とした既婚男性が中心となって運営してい

る。女性団体は基本的には女性が中心となるが、それでも成員の夫や男性の説教師の役割は大きい。つまり、あらゆる社会集団にとって既婚男性、とくに長老男性が中心的役割を担うといってよい。したがって、社会集団のなかの個人は、性・年齢などの属性が大きな意味をもつ。

[性・年齢および婚姻による区分]

　キリバスにおいて、長老男性が敬意を表されるべき存在であることは確かであり、しばしば伝統社会は長老制と表現される。私は、その名称が誤解を招く恐れがあると考えている。その意味で、若干の補足説明が必要であろう。キリバス語には、性および年齢、婚姻により区分された名称がある。

　男性（mwane）の場合、年齢の上から長老（unimwane）、ロロブアカ（robobuaka, 戦士）[24]、未婚の若者（roronga）、子ども（ataei）に分けられる。既婚男性は、小屋（もしくは家屋）の男（mwane n uma）といわれ、広義のロロブアカと同義である。未婚の若者は、男の子ども（ataei ni mwane）と同義であると説明される。日常的には男の子どもという語が頻繁に使用される。

　調査時のN村で長老と呼ばれていた男性は、4人（アントニオ、テブアウア、タータ、キマエレ）いた。タータの兄テイオーキも、カトリック説教師に再着任するまでは村の長老として活動していた。また、テアウオキは村の最年長男性であるが、年老いているために日常的な長老の活動には参加していない。長老と呼ばれる年齢の範囲は50歳以上、狭義のロロブアカは40歳前後からといわれている。しかし、実際には50歳を超えてもボーカイ、アンテレア、カーモキ、カイウエア、テカエワウアはロロブアカと呼ばれていた。一方で上記の50歳以上のロロブアカのみならず、40歳代後半のタカレブやテバレレイも島の長老議会に出席しており、状況によっては長老と呼ばれることもある。例えば、カーモキは自分をロロブアカだと主張する一方で、あるときには集合的に長老の一員と自らを位置付けていた。他にロロブアカといわれる人には、40歳代のナカエウェキアがいた。

　集会所の演説の折には、しばしば年齢と無関係に全ての既婚男性をロロブアカとよぶ。この場合、結婚していれば10歳代でもロロブアカに含まれる。男性は思春期を迎えているか、婚姻しているかが明確な区分となるように見える。

ただし、男の子どもと呼ばれるのは未婚者だけではない。既婚であっても30歳代くらいまでの男性を指示することがある。この場合、男の子どもは既婚未婚を問わず、青年や若者と訳すことが可能である。

　以上のように、長老、ロロブアカ、男の子どもという名称は、状況依存的に使用され、通過儀礼などによる確たる境界線はない。少なくとも私がN村で見た限りにおいては、年齢区分の名称は、各段階とも境界が曖昧であり、確固たる年齢集団（age group）を形成しているとは言い難い。本書では、狭い意味において長老、ロロブアカ（または狭義のロロブアカ）の語を使用し、それ以下の年齢の男性を総称して若者と呼ぶ。既婚、未婚の区別を明確にするときには、既婚の若者、未婚の若者と呼ぶことにする。

　女性（*aine*）の場合、既婚者は通常、年輩女性（*unaine*）を含んで小屋（あるいは家屋）の女（*aine n uma*）といわれる。初潮後の処女を女の子ども（*ataei n aine*）、あるいはときに男性と同様に未婚の若者といい、初潮前の女児は男児と同様に子ども（*ataei*）といわれる。婚外に妊娠・出産したり、夫と離婚あるいは死別した独身女性をニキランロロ（*nikiranroro*）と呼ぶ。これは、蔑称に近い響きをもつ語である。仮に、ニキランロロであっても20歳代くらいまでの若年であれば、処女と一括して「女の子ども」と呼ばれることが普通であった。若くして離婚し、子どものいない数人の女性に関して、私が村に住み始めて1年近く経ってからニキランロロであることを知った場合もある。子どものいない若い女性は、日常的に女の子どもと総称され、とくに区別なく同齢の女性とともに活動するため、判別できなかったのである。

[平等性]

　タビテウエア・サウスにおける社会の特徴として、次章以降に述べるように平等性の卓越があげられる。ここで平等性とは、ボーラオイ（*boraoi*, 平等、均等）という在地の観念を基に再定義したものである。具体例は後述するが、来客からの贈品や賃労働の機会は均等に配分されねばならない。ボーラオイには、ボーブアカ（*bobuaka*, 不平等、不均等）という対の概念がある。ボーブアカは避けるべきであり、ボーブアカな配分や取引は非難の対象となる。また、ボーラオイには単に平等や均等以外に、平穏や平和、滑らかといった意味もある。

ここではあえて、類似した概念といえる「平等主義（egalitarianism）」の用語を使用しない（第Ⅶ章）。通常、「平等主義」という場合、アフリカや南米の狩猟採集民社会を代表とする諸社会を想起させ、それらと概念の上で混同される危険を回避するためである（e.g. 田中1971; Woodburn 1982; クラストル1987）。平等と不平等、あるいは「未開」と西欧近代の二項対立において、タビテウエアの村落社会を捉えるような誤解は避けねばならない。現在の平等性には、何らかの起源を過去に求めることが可能かも知れない。しかしタビテウエアの平等性は、長年の歴史的変遷を遂げてきた結果として、現在の社会のなかで位置付けるべきである。キリバスにおける平等性はキリスト教や国家的理念と切り離すことはできないと考えられ、「未開」研究で抽出された「平等主義」の用語は不適切といえる。

[集団的メカニズム]

　平等性の卓越のみでは、タビテウエア・サウスの社会的特徴は捉え切れない。集会所の存在および長老を中心とした社会集団は、人々の社会生活のなかで重要な位置を占めている。社会集団に関する事柄は、通常集会所における合議（*bowi*）において話し合う。例えば、協同労働の分担、社会的に重要な食料や現金の供出、饗宴の計画、来客の饗応などがある。合議の決定は、概ね平等性に沿って行われる。村で合議が行われる際、既婚男性の全てが参加し得る。合議の場で発言するのは通常、長老および狭義のロロブアカであるが、それ以下の年齢の男性であっても発言することがある。決定された事項は通常、「長老が決めた」、あるいは「人々（*aomata*）が決めた」ともいわれる。この決定は強制力をもち、違反者には罰則が科せられることもある。本書では、社会集団が個々の成員に対して及ぼす、このような統制的作用を「集団的メカニズム」と呼ぶことにする。社会集団内の平等性と集団的メカニズムは多くの場合、結合している。

　長老制という用語が、物事の社会的な場における決定に関して成り立ち得るのは確かである。ただし上記のように、長老というカテゴリーを明確に区分する境界線を引くことができない。また第Ⅱ章、第Ⅲ章で述べるように、世帯が細分化した現在、夫婦や既婚の個人を単位として社会的な義務が賦課され、権利が認められる。そこでは年齢の差は必ずしも考慮されない。このような状況

を見ると、長老制という用語は社会の一面のみを強調してしまい、場合によっては不適切である。長老を中心とした合議制と呼ぶほうがふさわしい。

　本書においては、個人の行動にも焦点を当てる。集団的メカニズムや平等性が強調される社会において、それのみを描くことにより、当該社会を一枚岩的に均質化し、実際に生活している個々人を無名の構成要素として非歴史化する危険を回避したいためである。社会集団による統制がいかに強力であっても、個々人はしばしばそれにそぐわない行動をとり、頻繁に軋轢を生み出す。このような微細な動きが、社会の動態に結びつき得ることを例示したい。つまり、単なる集団と個人の抽象的、静態的な対立ではなく、不可逆的な相互作用の実態を描くために、これらの対立をとりあげる。

　なお、本書は親族研究ではないため、煩雑な議論を必要とするキリバスの親族用語に拘泥することは避ける。そこで、キリバス語のウトゥ（utu）あるいはコラキ（koraki）の語を簡明に親族と表記する[*25]。なお、ウトゥはキンドレッドと訳されることが多い概念であるが、実際には多くの場合、同一世帯員や血縁者を漠然と指し示す使用法がとられる。コラキとは単純に仲間や友人（rao）を示すこともあれば、ウトゥをも含むことがある。ちなみに私や妻は通常、友人と言われたが、他村との饗宴において「私たち［村の］コラキ（ara koraki）」という表現も使われていた。

7．実地調査の概要および本書の構成

［調査地および期間］

　キリバス共和国において、私は妻とともに1994年6月から1996年3月までの22カ月間に亘って滞在した。村落部における実地調査は、主要諸島であるキリバス（ギルバート）諸島の南部に位置するタビテウエア環礁の南部行政区（タビテウエア・サウス）、N村において行った。1994年8月に2週間ほどタビテウエア・サウスに予備的に訪問した後、1994年9月から1995年12月まで、約2カ月間（1995年3月〜5月）の中断を挟み、延13カ月間N村に滞在した。村にお

いては、村人たちの協力によってカヌー小屋を改造した一軒家を建ててもらい、私たちは他の村人とは独立した家屋に住んだ。N村では、村人たちの諸活動に参加する一方、世帯を戸別訪問してインタヴューを行った。さらに、タビテウエア・サウスを離れた後、比較資料を得るために諸島南部のニクナウ島に1996年1月から2月にかけて1カ月間滞在した。残りの約8カ月間は首都南タラワで生活し、国立公文書館で文書資料を収集するなどした。

なお、キリバスは英国の植民地であったが一部の人々を除き、一般に英語は通用しない。とくに村落部では英語を話す者はごく僅かしかいないため、キリバス語をある程度習得し、それを用いて調査を行う必要があった。

[本書の構成]

本書においては主に、キリバス南部離島、タビテウエア・サウスにおける社会・経済的問題を扱う。すでに本章の第3節において、キリバス南部の特殊な自然環境について述べた。さらに、オセアニア島嶼国の経済と世界システムとの関係を捉え、キリバスの社会経済を位置付ける巨視的枠組みを提供した。

第Ⅱ章においては、村落部の経済的な側面を詳細に論じる。そこでは、特殊な自然条件に結びついた生業経済の現況を概観し、N村における現金消費や輸入食料への依存を具体的資料に基づいて示す。厳しい自然条件下において、N村住民の日常生活は生業経済よりもむしろ、輸入品の衣料や食料に依存しており、なおかつ現金収入を得ることが容易ではないことを明らかにする。さらに、人々が依存する輸入物資はしばしば欠乏する。つまり、過酷な自然環境および世界システムの「最周辺の周辺」国家のさらに離島という、「二重の窮乏」下に人々が生活していることを実証的に示す。

第Ⅲ章においては、村の社会生活における集団的メカニズムの現状を集会所に焦点を当てて論じる。先行研究においては、現代では見られない集会所の「伝統的」側面ばかりが強調されてきた。現在、さまざまな社会集団に付随して多様な集会所が存在しているが、それについての研究はほとんどなされていない。この章では歴史的に再編成されてきた現代の村落社会において、「新しい」集会所が行政村、教会、さらに学校などの各種団体活動の中心にあることを示す。集会所はこれら各種の社会集団を求心化するばかりでなく、そこで行う合

議の決定によって、人々は実際に行事を組織し運営を行っている。一方、キリスト教会上部組織および国家は地域の集会所を利用し、住民を統制してきた。言い換えれば、上部組織と住民の接点として集会所は存在し、人々の自律的活動は上部組織が容認し得る範囲内に限定されている。しかし、首都から離れた離島村落部では中央の権威が徹底されているわけではない。そのような条件下において、集会所を舞台にした社会集団の活動は、制約がありながらも自律性を保持している。

　第IV章においては、集会所で頻繁に開催される饗宴 (*botaki*) を論じる。共食を伴った饗宴は、人生儀礼、来客歓送迎、独立記念日、教会行事などさまざまな機会に行われる。饗宴では、平等性が多様な意味において強調され、再生産されている。またスワンプタロなどの在地食料よりもむしろ、商店で購入したタバコや現金が主催者と客の間の主たる交換物となっている。饗宴時に行われる贈与も平等性に則ったものである。饗宴は、集団レベルの平等性（友好、平和）が顕著に作用する場といえる。

　第V章では、社会集団内の個人的な所有が必ずしも排他性をもたないことを示す。日常的な場において、個人の所有物は他者からの懇請 (*bubuti*) に晒され、他者の介入、領有を排除することはできない。つまり、タビテウエア・サウスにおける所有は個人の排他性を基盤に成立していない。個人が自らの所有物に排他性を賦与するためには、他者の目に触れないように秘匿する方法がとられる。一方、他者は隣人の行動を注意深く観察し、またその噂が広まることにより、個人的な突出は防がれる。「持つ者」の物資は社会集団内に分散化する傾向があるといえる。ただし、個人は平等性に常に従うのでなく、機会を見つけては他者を出し抜くことを試みる。つまり、個人的な逸脱と平等性の卓越は、相互依存的に存立している。また、個人は他者や集団に対して一方で鷹揚さを見せ、他方で物資や知識・技術を秘匿しながら社会生活を送る。この相反する行動を状況によって使い分けることにより、自らが窮乏に陥らないようにしている。

　続く第VI章においては、平等性の卓越する社会において忌避されてきた個人商店や小規模商売の勃興を見る。「二重の窮乏」下で物資が極度に欠乏し、

「人々のため」という理由をもって複数の個人商店が興った。その後、平等性に反する財蓄積や物価高が生じ、社会集団の合議によって解決策を模索した。この一連の事例を基に、貨幣経済と在地の論理との関連を論じる。さらに、商店における売買と在地の論理に適合する贈与が併存するなかで、社会における貨幣経済の位置を考察する。

　以上の具体的な民族誌的記述を受けて、第Ⅶ章では平等性および集団的メカニズムについて、政治経済学的に構造化された「二重の窮乏」との関係において考察する。まず、キリバス離島村落部における在地の論理を総括する。さらに、キリバス南部離島村落社会が「二重の窮乏」下にあるなかで、人々が在地の論理に沿って物資を分配あるいは秘匿しながら窮乏を回避し、社会生活を維持している事象をモデル化する。

第Ⅱ章
「二重の窮乏」下の生活状況

コプラ（乾燥ココヤシ果肉）作り

本書の主題を論ずる前に、村落に住む人々の経済生活に目を向ける。まず、第1節では、調査時点におけるキリバス南部タビテウエア・サウス、およびN村の概況を示す。次に、第2節において植物性食料生産の概況に目を転じる。在地生産物のなかで、とくに換金作物のココヤシが重視されていることを示す。そして第3節および第4節において、N村に住む人々の経済状況を具体的に示す。ここにおいて、厳しい自然条件および世界システムの最周辺状況のなかで、人々が生活していることが明らかになる。「二重の窮乏」下に人々が置かれていることを具体的に示すのが、本章の目的である。

　歴史的に、タビテウエア環礁では旱魃がたびたび起こり、在地食料の欠乏が飢餓を招来してきたといわれる。第Ⅰ章で論じたように、きわめて厳しい自然条件下にあって、ブッシュを開墾し保存食料の生産技術を発達させて、人々の祖先は生活してきた。その過程で、島の自然環境は長期に亘って人為的に改変されてきた。ただし、環境改変は単に在地食料の生産拡大のためのみならず、ヨーロッパ人との接触以降、現金の必要性が増大したことによっても引き起こされた。結果として現在、換金作物のココヤシがブッシュの優占種となっている。

　キリバスで現金収入を得るためには、在地の資源はあまりに貧困であり、19世紀から海外への出稼ぎが重要な現金獲得方法となってきた。そこでは、諸島近隣のナウルおよびバナバにおける燐鉱石採掘が、1970年代まで主要な出稼ぎ先となってきた。しかし今では、これらの島で採掘されてきた燐鉱石は、すでに枯渇している。政府は第一次生産物の輸出の代わりに、レント収入の稼得に努力しているが、実際には現金や物資は離島部まで充分に行き渡るわけではない。そこで一般の人々が現金収入を得るには、外国船乗組員としての出稼ぎのほか、コプラ生産に依存せざるを得ない。実際に人々の生活には現金が必須であり、現金によって購入した食料や物資が人々の日常生活を支えている。しかし現金の獲得に加えて、さらに困難な問題も生じている。輸送や流通基盤の不安定性により、輸入食料の不足が実際にしばしば起こっている。現在の人々は、珊瑚島の自然条件への働きかけ以上に、政治経済学的な位置によって構造的に生じる窮乏状況への対処が、より一層重要な課題となっている。

1．タビテウエア・サウス、N村

1－1．タビテウエア・サウス

　タビテウエア環礁はキリバス諸島南部、南緯1度30分、東経175度付近に位置し、南北2つの行政地区に分かれている（図Ⅱ－1）。タビテウエアは北部アーニカイ（Aanikai）、中部アシマコロ（Atimakoro）、南部タボンテバー（Tabonteaba）の3地域に区分されていた。現在の行政区分では、北部と中部が現在のタビテウエア・ノース行政区となり、南部がタビテウエア・サウス行政区となっている。

［人口および宗教］

　1995年の人口調査によるとキリバス共和国の居住者のなかで、故郷がタビテウエア・サウスと回答した人数は2,322人であり、うち首都南タラワに645人、フェニックス、ライン諸島に179人、タビテウエア・ノースに38人が住んでいる。外国を除いて、タビテウエア・サウスを故郷と見なす島外居住者の人数は1,133人となり、島外人口の割合は49％に上る（Statistics Office 1997: 69）。タビテウエア・サウス全体では275世帯、1,404人が居住しており、人口密度は118人／km^{2}となっている（Statistics Offce 1997: 1）。1,404人のうち、この行政区を故郷と見なす者は1,189人（85％）いる。残る島内人口（15％）は他島出身者であり、当時一時的に住み込んでいた道路工事関係者や、公務員などの定職者および婚入女性である。タビテウエア・サウスは6村からなる。これらの村は主に、小珊瑚島（アイレット）ごとに形成された自然村であるが[*1]、同時に現在は最小の行政単位となっている。現在は南端のTK村を除いて、5村の所在するアイレットが土堤道路（causeway）で結ばれている。

　信仰する宗教別に見ると、275世帯のうち96世帯（34.9％）がキリバス・プロテスタント教会、136世帯（49.5％）がカトリック、37世帯（13.5％）がバハイ、6世帯（2.2％）がその他の宗派となっている（Statistics Offce 1997: 117）[*2]。なお調査地のN村は、村はずれにある学校教員住宅世帯および私たち夫婦を除き、カトリック教信者のみだった（表Ⅱ－1）。この世帯とは、前章で述べた小家族世

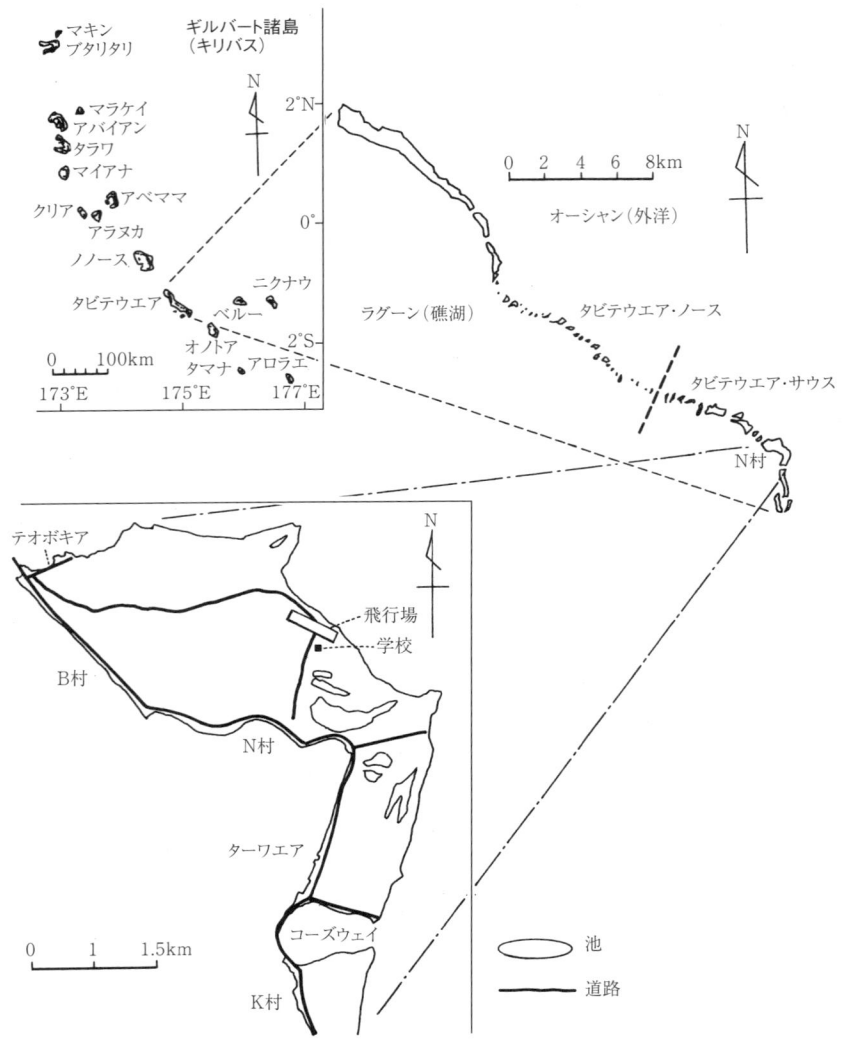

図Ⅱ-1　キリバス（ギルバート）諸島とタビテウエア環礁

出所：Van Trease, H., (ed.), 1993, *Atoll Politics*, Christchurch: Univ. of Canterbury; Land and Survey Division, 1980, Map: Tabiteuea Atoll, Tarawa: Republic of Kiribatiより改変、風間1999「タビテウエア・サウスにおけるマネアバの多様化」『国立民族学博物館研究報告』vol.24, no.1より転載

表Ⅱ-1　タビテウエア・サウスにおける宗教別世帯数　　（世帯）

村／宗教	KPC	カトリック	バハイ	COG	SDA	その他	合計
TW村	26	17	21	0	0	0	64
TG村	27	9	3	0	0	2	41
B村	23	50	8	2	0	0	83
N村	1	33	1	0	0	2	37
K村	4	11	0	0	0	0	15
TK村	15	16	4	0	0	0	35
合計	96(34.9)	136(49.5)	37(13.5)	2(0.7)	0(0)	4(1.5)	275(100)

出所：*Report on the 1995 Census of Population*, Statistics Office, 1997.
注1：KPCとはKiribati Protestant Church、SDAとはSeventh Day Adventist、COGとはChurch of Godの略
注2：N村には教員住宅世帯および私の世帯があるため、カトリック以外の宗派があることになっている。
注3：（　）内パーセント

帯ムウェンガ（*mwenga*）に相当する。

[行政機関および学校]

　B村の北西端には、テオボキアとよばれる地区があり、そこがタビテウエア・サウスの政治経済的な中心である。テオボキアには島政府（Island Council）の事務所、ゲストハウス、生協店舗、コプラの倉庫、診療所、農業省の出張所、島政府の集会所などがある。島政府事務所の建物には、土地法廷事務所、警察署、郵便兼無線局が付随している。テオボキアには公務員住宅もあり、そこで働く者と家族が住んでいる。またタビテウエア・サウスの6村からは、それぞれ議員（*kauntira*）が村ごとの選挙で選出され、うち1人が島を代表する議長（*chief kauntira*）となる。各村の議員は、島における中央政府の代理人であるクラーク（*kiraka*）や公務員と村住民を結ぶ役目を担っている。また議員とは別に、6村の長老の意見をとりまとめる長老会議が組織されている。島政府の集会所における公聴会や合議において、長老たちはクラークや公務員に対して要望を出したり、政策への質問をする。次章で述べるように、中央政府の公的なエージェントではない長老会議が、タビテウエア・サウスにおいて強力な決定権をもっている。クラークは中央政府と島の間に、議員はテオボキアの島政府と村住民との間に挟まれ、両者の情報を伝達し、折衝するに過ぎないように見える。

さて、戦前の政府は植民地経営に最小のコストしかかけなかった。そのため、公的な学校教育を行ったのは、キリバス人官吏養成を目的とした首都の学校のみに限定され、それ以外は専らキリスト教会に読み書きなどの教育を委ねていた。第二次大戦後、離島部でも植民地政府により初等学校が作られ始めた。タビテウエア・サウスにおける初等教育も長期に亘ってキリスト教会に委ねられてきた。教会による初歩的な教育が浸透していたため、現在60～70歳の長老さえも、キリバス語の読み書きができ、識字率は100％に近いと考えられる。現在でもB村のカトリック教会集会所の裏には、教会の運営していた学校の校舎が残っている。タビテウエア・サウスでは、1989年頃になって政府により初等学校が建てられた。飛行場のN村寄りに島で最大の初等学校があり、その他に3村に初等学校がある。ただし、そのうち1つの学校は規模が小さく、1～3年生までの児童を教育するのみであった。近年になって各村の集会所を使った幼児教育も行われている。

　初等学校は6歳から始まり、9学年まである。7学年以上は年1回の試験を受け、優秀者は国立もしくはキリスト教会の中・高等学校への進学が認められる。タビテウエア・サウスには中・高等学校がないため、進学者は首都や中・高等学校のある離島へ、親元を離れて行かなければならない[*3]。仮に進学しても問題を起こして放校処分にあったり、試験で落第するなどして、中・高等学校の最終学年（6年生）まで行き、大学進学準備の7年生に進むのは容易ではない。多くの若者が中途で学校を離れてしまうのが現状である。例えば1995年の統計によると、30～34歳の年齢層において学校教育を受けた6,686人のうち、大学など高等教育を終えた者は66人（1％）のみであった。最も多いのは、初等学校の6～9学年で終えた者であり3,624人（54％）であった（Statistics Office 1997: 25）。

［交通および流通］

　タビテウエア・サウスの住民が外部と接触する交通機関は、飛行機と船である。1981年にN村とB村の外洋に面した境界に飛行場が作られ、スケジュール上は週1回、南タラワからの飛行機便が運行している。ただし実際には、飛行機の故障や燃料不足が頻発するため、2週間から1カ月間以上欠航することもし

ばしば起こる。また南タラワへの航空運賃は片道で約100豪ドルかかり、一般の住民にとってかなり高額なため、主に公務員や出稼ぎ者が利用する。一般の住民が南タラワへ行く場合は、通常船便を利用する。また物資の移入に関しても、飛行機より船便が重要である。船は1カ月に1～3便がタビテウエア・サウスに来る。行政区中心地のテオボキアが、船で運ばれてきた積み荷の陸揚げ地になっている。船からは米、小麦粉、砂糖などの食料や生活必需品を降ろし、島からはコプラを積み込む。後述のように船で輸送されてくる物資は、住民の生活にとってきわめて重要な役割を担っており、ラジオで聴いた船の情報が人々の日常的な話題になっている。

　船便は不定期な上、仮に来たとしても貨物が積まれておらずコプラを積み込むだけのこともある。したがって船便の数だけでは、貨物入荷の実状を示すことはできない。しかし船便数は、離島部における物資輸送の状況を示す有力な指標となる。そこで、独立前の1970年代中葉および独立後の1990年代を比較して、タビテウエア・サウスに来た船便数を見てみる（表Ⅱ－2）[*4]。1976年および1977年の船便数は、それぞれ19便と22便あることがわかる。この2年間で船便のなかった月は1カ月のみだった。近年の記録を見ると、1990年および1991年はそれぞれ26便ずつあり、毎月最低1便がタビテウエア・サウスに来ており、輸送は独立前よりも改善されたようにみえる。ところが、1992年および1993年はそれぞれ14便ずつしかなく、船便のなかった月も2年間で計3カ月と、輸送状況は悪化している。1994年および1995年上半期を見ると1年半の間に計3カ

表Ⅱ－2　タビテウエア・サウスへ来た船便数（月別）　　（単位：便）

年／月	Jan.	Feb.	Mar.	Apr.	May.	Jun.	Jul.	Aug.	Sep.	Oct.	Nov.	Dec.	合計
'76年	2	2	2	2	1	2	2	1	1	2	0	2	19
'77年	1	3	1	1	2	1	2	2	3	2	2	2	22
'90年	2	2	1	4	2	1	1	3	2	3	2	3	26
'91年	2	3	2	1	3	1	3	2	2	3	1	3	26
'92年	2	1	2	0	1	3	1	1	1	1	0	1	14
'93年	1	1	2	1	0	1	1	1	1	1	2	2	14
'94年	1	2	1	1	3	0	2	2	0	1	2	3	18
'95年	1	1	1	1	1	0	—	—	—	—	—	—	(6)

出所：'76および'77年は運行計画表から算出、'90～'95年は実際の運行記録から算出

月も船便のない月があった。つまり、独立前の約20年前と比べて調査時点の船輸送の状況は、改善されておらず、むしろ悪化しているといえよう。

　住民が利用する商店は、1994年時点でテオボキアの生協のほか、B村にプロテスタント信徒共同経営の店、個人商店が各1軒、TW村およびTK村に生協支店が各1軒の計5店あった。ところが、1995年になると個人経営や少人数サークル経営の商店が極度の物資欠乏後に林立した。この流通の変化に関しては第Ⅵ章において詳述する。

1－2．N村の概要

　N村はタビテウエア・サウスのほぼ中央部に位置し、北側に境界を接するB村と同一のアイレット上にある。村を通る主要道は2本ある。ラグーン沿いを通る道と、池の縁を通って初等学校や飛行場へ抜ける内陸寄りの道である。大半の屋敷地はこの2本の道路の間およびラグーンに面した土地にある。また、2本の道路の分岐点より南側、ターワエアと呼ばれる土地においては、南のK村に続く道沿いに5つの屋敷地がある。村の中心というべき村集会所とカトリック教会の敷地は、集落北部のラグーン側に位置している。教会の敷地内には、礼拝堂、教会の集会所および説教師の家がある。さらに、ラグーン側の集落北端には、1994年時点ですでに潰れていた生協N村支店の建物がある。

　N村には30世帯約180人が居住していた[*5]。ただし、若者、未亡人とその未婚の子ども、村活動から退いた老人は、比較的頻繁に他村にある親族の世帯を行き来するので、世帯員が固定しているわけではない。さらに、未婚の若者や、重い病気に罹患した者は病院で治療を受けるために、南タラワへ渡航して数カ月から1年ほど村に戻ってこないことも普通であった。前述のように、N村住民は全員がカトリック信者である。プロテスタント信者等の婚入女性は結婚後夫の宗派に合わせるため、形の上ではカトリック信者のみとなっている。

　さて、タビテウエア・サウスでは他の離島部と同様に電気の供給がなく、人々は夜間、既製品または手作りのランプを使用する。村には共有の小型発電機が1台あり、ときに行われる夜間の集会や礼拝時に稼働させ、集会所などで蛍光灯を灯す。また村人共有のアウトリガー・カヌー2艘と舟外機が2機あり、

主に村の協同漁に使用していた。

　1994年時点では、飲料水用の井戸は12個（1995年には14個）あり、他に説教師の家にも1つの井戸があった。井戸は世帯の屋敷地内にあっても必ず隣人との共用である。たいていの井戸は開放式であり、紐をつけた空き缶で水を汲む。ただし、多雨の時には多くの開放井戸は土砂が流れ込んで使用不能になってしまう。一部の屋敷地には、ブッシュに設置された大型の共有井戸から集落までパイプで水を引いてきたポンプ式井戸もある。ポンプ井戸は故障しがちであり、水の出にくいこともしばしばあった。N村南部のターワエアはとくに陸地の幅が狭く、砂地のため淡水が得にくい地域である。1995年に2世帯がポンプ式井戸を設置するまで――新しい井戸も水が出にくく故障しがちだったが――、ターワエア5世帯の住民は道路脇の1つの井戸を共同で利用していた。この井戸から離れた世帯では、女性や子どもが自転車で水を汲みに行っていた。なお、コンクリート製の天水タンクを所有しているのは、トタン屋根の家屋をもつ1世帯のみであった。

　世帯ごとの物品所有率を示したのが、表Ⅱ－3である。比較資料として、1978年および1990年のセンサスに基づくタビテウエア・サウス全体の所有率も提示する（Statistics Office 1980, 1993）。これを見ると独立前と現在の物品所有率には、それほど大きな差は見られない。1978年とはバナバの燐鉱石が枯渇す

表Ⅱ－3　世帯による所有物の比率　　　　　（単位：%）

所有物	N村（'94～'95年）	Tab-South（'78年）	Tab-South（'90年）
ラジオ	63.0（%）	69.7（%）	50.0（%）
自動車	0	0	0
オートバイ	0	4.8	9.6
自転車	83.0	76.0	68.4
船外機	0	0	1.6
カヌー	30.0	64.4	47.6
漁網	57.0	57.7	47.6
ミシン	57.0	44.7	53.2
コンロ	47.0	―	―
ヴィデオデッキ	0	―	0.8

出所：N村については風間の調査による。他は1978年および'90年のセンサスから算出
注：Tab-Southとはタビテウエア・サウスの略

前年にあたる。この時点ではまだナウルの燐鉱石採掘が続いており、出稼ぎ者が持ち帰った物品が多かったのだろうと推測できる。また、N村のカヌー所有率が他と比較して半減している。これはカヌーを持っていると世帯主が言っても、すでにばらばらの板となっていることも多く、これを私は非所有にカウントしたためと考えられる。個人所有のカヌーを使用して実際に漁に出る者は、私の知る限り村で4、5人しかおらず、カヌーを所有していなくても日常生活に支障があるようには見えなかった。むしろ日常的に人々は、浜辺で手軽な網漁を行って魚を獲っていた。また、テオボキアへ買い物やコプラの計量に出かけるとき、あるいは集落から離れたブッシュでの労働時に、人々は必ずといってよいほど自転車に乗っていた。自転車は平坦な島内の移動にきわめて便利かつ重要である。オートバイは、一般の村人ではなく学校教員や一部の公務員が所有しており、N村での所有者はいなかった。

2．植物性食料生産の現状

　この節では、タビテウエアにおける植物性食料生産の現状について概略を述べる。第Ⅰ章で述べたように、キリバス共和国の島々はいわゆる珊瑚礁の「低い島」である環礁やリーフ島からなる。「低い島」の珊瑚性石灰土壌は、火山島や陸島（いわゆる「高い島」）の土壌と異なって有機物の堆積が貧弱であり、陸生の食用植物はきわめて限られている。しかもタビテウエアなどキリバス南部では、降雨量の不安定性という特異な条件も付加している。ここでは、主要な食料用の植物資源であるスワンプタロ、パンダナス、ココヤシ、パンノキの利用法を簡単に説明する。このうち、ココヤシの実は日常的な食料として重要である以上に、換金生産物のコプラの材料としてきわめて有用である。

2－1．ジャイアント・スワンプタロ

　ジャイアント・スワンプタロ（*bwabwai*）は比較的耐塩性であり、収穫しなければ長期間土中に保存できるため、環礁の自然条件に適合した作物である。キ

リバスでは、坑耕作法（pit cultivation）という技術を用いて栽培する。環礁の地下には相対的に比重の小さい淡水が、海水の上に凸レンズ状に浮いた状態の淡水層を形成する。つまり島の内陸部は海岸部よりも地下の浅いところに淡水層があり、かつ層が厚い。坑耕作とは島内陸部に地下水が滲出するまで穴を掘り、人工的に沼状の掘削田を作ってスワンプタロを植える方法である。穴の深さは50cm〜2mに及ぶこともある。そして、掘削田の中に植えたスワンプタロ株の周囲にパンダナスの葉で作ったロープ（*buki*）を巻き、株の根元とロープの空隙に落葉や泥を入れて肥料にする。このような丁寧な施肥作業を繰り返して栽培するのである。品種による差もあるが、イモが成熟するまでに1〜7年かかるという。このようにスワンプタロの栽培には多大な労働投下が必要である。

　スワンプタロは社会的に価値をもつ食料といわれ、かつては集会所でその重さを競い合った。ライバルに打ち勝つために、人々は大きなスワンプタロを熱心に育てたという（Luomala 1970, 1974）。教会や植民地政府によって禁止されて以降このような競争は衰退し、現在では見られない。しかし今でも大きなスワンプタロを栽培できる人は、その知識と技術を高く評価され、他人から羨望の目で見られる。生のイモを集会所などに持ち寄る機会があるときには、供出者は大きなスワンプタロを選んで持っていく。

　第二次大戦以後、スワンプタロ掘削田の放棄について幾つもの報告がある（Catala 1957: 68-69; Watters and Banibati 1984: 52; Lawrence 1983: 66）。タビテウエアのブッシュでも、放棄されて中身のない掘削田が数多く見られ、全く施肥をせずに放置してあるスワンプタロ株も多い。スワンプタロの栽培低下は確かである。しかし一方で、全く栽培していない世帯は皆無である。新たに掘削田を作ったり、長期間放棄していた掘削田を手直しして再利用する例も見られた。スワンプタロは日常食としてほとんど利用せず、その栽培に費やす労働投下は削減されている。同時に、社会的な必要のために人々は栽培を維持している（風間2002）。

　通常の食事では、スワンプタロのイモは皮をむき、切り分けてから鍋で煮て食べる[*6]。主に饗宴用のイモを材料にした料理は2種類あり、ブアトロ（*buatoro*）およびベケイ（*bekei*）といわれる。ブアトロとは皮を剥いた生のイモをすり下ろ

して、ココヤシ・トディーの糖蜜（*kamwaimwai*）で甘く味をつけ、スワンプタロの葉とビニール繊維布で包み、鍋で煮るプディングのことである。さらにココナツミルク（*ran ni ben*）をかけながら、棒を使ってブアトロの形を崩して練り、カスタード状にした料理をペケイという。これらの料理には小麦粉をつなぎとして混ぜるのが普通である。また全くスワンプタロを使わず、小麦粉や米のみを材料にして甘く味付けした食品もある。これもやはりブアトロやペケイとよぶ。

2－2．パンダナス（タコノキ）

　パンダナス（*kaina*）の果実はトウ（*tou*）と呼ばれる。これは主に環礁において食用とされる（Barrau 1961: 36）。キリバスではパンダナスの品種が数多く命名されており、私が村で集めた品種の方名も50種近くあった。しかし一部を除いて品種を見分けることは私には困難であった。パンダナスは、年によって収穫量にかなりの差がある。実際に1994年10月には大量の結実が見られたが、翌年の同時期にはほんの僅かしか結実しなかった。ある長老によると、以前は気根を植えて繁殖させたが、今は行っていないという。むしろ、ココヤシを植え付けるためにブッシュに火を入れ、パンダナスを切り倒してしまう。

　パンダナスの果実は中心の核と外側の小核果からなる。個々の小核果は簡単に取り分けられる。生あるいは煮た小核果は子どもや女性の格好の間食となる。パンダナスが結実する季節になるとブッシュへ長い棒を持って収穫に行く。棒の先端にナイフを挟んで果実の柄を切って落とし、麻袋に入れて自転車やリヤカーで集落に持ち帰る。1つの果実が3～6kg以上もあるため、ブッシュから村まで運んでくるだけでも重労働である。小核果を薄くスライスして煮込み、棒で突いてココヤシ果肉を混ぜたスープ（*totoki*）はパンダナス収穫期の料理である。

　パンダナスには2種類の保存食料が知られている。N村においても数十年前までは、カブブ（*kabubu*）といわれる粉末状保存食品を日常的に食べていた。これに水を加えて飲むのが通常の朝食だった。しかし、現在40歳代の村人は、彼らが子どもの頃にはすでにカブブをあまり食べなかったと語った。カブブを作るのは重労働なので作らなくなったという。現在でも作っているのはトゥアエ（*tuae*）と呼ばれる板状保存食品である。バローは太平洋島嶼部では一般に、

パンダナスは価値の低い食料だと述べているが（Barrau 1961: 36）、トゥアエはタビテウエアでは社会的に重要である。村の40歳代男性によれば以前、集会所で口論が起こったときにはトゥアエをどれだけ持っているかを競い合って決着をつけたと語った。現在でも、スワンプタロと同様に帰省者歓迎の饗宴や来客のために、集会所や来客の寄宿している世帯へトゥアエを持ち寄る機会がある。村の各世帯は必ず供出しなければならない。トゥアエもスワンプタロ同様に、主として社会的必要のために保持されている。今の村人は怠惰であり、トゥアエを少ししか作らなくなったと誰もがいう。単なる嗜好の変化というよりも、人々は日常的なトゥアエの消費を避け、僅かに生産して必要時にのみ消費するように見える。ブキ・ニ・バイ（buki ni bwai［あるいは roo］）という夫婦単位が、スワンプタロやトゥアエ、村の労働のための材料や饗宴の食事などを供出する義務を負う。夫婦の一方が、例えば出稼ぎで不在でも 1 単位に数えられる。

　さて、ブッシュから収穫してきた果実は小核果にばらし、大きなたらいで煮るかあるいは地炉で石蒸しにする。次に木の枝に半円形の金属刃を固定した道具（beeka）で、調理済みの小核果の果肉をこすり取る。半固体の果肉をマカノ（makano）といって、これに削ったココヤシ果肉を混ぜて食料にする。これをタンガウリ（tangauri）という。トゥアエを作るには、この果肉（マカノ）を30cm×50cmくらいに薄く延ばして、4日から1週間天日干しにする。果肉が橙色から赤黒い色に変色し、完全に乾燥すれば出来上がりである。トゥアエは2年から7年は保存可能であるという。トゥアエは通常、ココナツミルクを塗って柔らかくしたロロ（roro）と呼ばれる料理にして食べる。協同労働時には、削ったココヤシ果肉をトゥアエに混ぜてこねた団子（tangana）を持ち寄るように長老が決定することもある。また水にトゥアエを溶かした甘い飲料（meromero）も時折作られている。

2-3．ココヤシ

　パンダナスに加えてココヤシ（ni）も、環礁の自然環境に最もよく適合した有用植物種である。村のある長老によれば、かつてココヤシは今より少なく、ヨーロッパ人との交易が始まって以降に増えたという。現在も人々はブッシュ

に火を入れてココヤシを植え付けている。ブッシュには灌木に混じってパンダナスが生育しているが、構わず開墾している。長期的に見ればパンダナスを押しやってココヤシが増加している傾向があろう[*7]。ココヤシの増加には、唯一の換金作物という経済的な重要性が関係している。歴史的にも、19世紀中葉以降から第二次世界大戦までの期間、住民は島に立ち寄ったり在住したヨーロッパ人や中国人の交易人にココヤシの実を売って現金を入手し、タバコなど外来物の購入にあてていた。そして現在でも、その経済的重要性は変化していない。村人が生産したコプラは、テオボキアにある生協に運んで重量を計測し、換金する。ココヤシの実は現金と等価物と見なされており、成熟したココヤシの実1個が10豪セントの価値をもつという認識が広範に共有されていた。物資欠乏期に首都からタバコを空輸してもらい、小規模商売をしていた男性がいた（第Ⅵ章参照）。彼は現金代わりにココヤシを受け取り、タバコを売っていたのである。また落下したココヤシの実を他人の土地で拾うことは窃盗とみなされ、土地境界線上でのココヤシの実の奪い合いがしばしば喧嘩を引き起こす。

　換金作物としての経済的価値のみならず、食料資源としてのココヤシの重要性も忘れるべきではない。毎朝夕、ココヤシの花芽を切って樹液を採取することは、キリバスの青少年の主要な仕事である。この樹液をココヤシ・トディー（*karewe*）という。これを放置して2～3日もすると自然発酵して、いわゆるヤシ酒になる。生のトディーを飲むこともあるが、通常は採取後すぐに煮て発酵を止める。これに水や紅茶を加えたものが人々の最も日常的な飲料である。さらにトディーを煮詰めると、茶色から黒色をした甘い糖蜜（*kamwaimwai*）となり、長期間の保存が可能である。トディーや糖蜜は調味料、飲料として、村落生活に不可欠な生産物である。ココヤシの成熟した実（*ben*）は、人々が最も頻繁に食べる在地食料である。その果肉をブッシュナイフで切って、あるいはすり下ろして食べる。とくに朝食時にはすり下ろした果肉を甘い紅茶やトディー、水で薄めた糖蜜に加えて飲む。すり下ろした果肉から絞ったココナツミルクはとくに饗宴時の調理に欠かせない調味料である。タビテウエアでは、まだ青いココヤシの実（*moimoto*）の果汁を成人が飲むことは、ブッシュでの労働時を除いてほとんどない。これは基本的に乳幼児や病人の飲料と見なされているた

めであり、健康な成人が日常生活の場で飲むのは恥ずかしいという。ココヤシの実は成熟するまでとっておくべきものである。

　ある長老によれば、昔はパンダナスを収穫しに遠く離れた村のブッシュまで行ったが、今は行かないという。せいぜいN村集落近隣のブッシュまでとりに行く程度である。対照的に、ココヤシの実を採りに遠く離れた土地まで行くことは、普通に見られる。つまり現在の村人は、パンダナスの収穫よりもコプラ加工用のココヤシの実を拾いに行く方を重視しているのである。1994年のパンダナス収穫期には、多くのパンダナス果実が収穫されないまま地面に落下し、ブッシュには独特の匂いが漂っていた。それを見た長老の1人は「人々は怠惰（*taningaroti*）だ」と嘆いていた。また、スワンプタロ掘削田では1、2カ月に一度しか労働しない人がほとんどだが、コプラ生産は誰もが熱心に行っている。現在人々にとって、現金収入源として、また食料としてココヤシは最も重要な植物種である。そして労働投下もココヤシ林の手入れやコプラ生産に傾斜している。

2－4．パンノキ

　ラグーン沿いの集落にはパンノキ（*mai*）が植えられている。これらのパンノキは種子をもつ2品種（*mai kora*および*mai keang*）である[8]。現在村に生えているパンノキは、すでに亡くなった長老がタビテウエア・ノースから種子を運んで植えたものに由来するという。せいぜい30年前のことらしい。またある長老は、パンノキはキリバスの植物ではないと主張した。パンノキは太平洋上に広く分布しているため、この主張は容易には受け入れ難い。しかし旱魃に弱く、2年ほど降雨量が少ないと簡単に枯れてしまうという[9]。実際に1995年には雨が少なく、枯れ始めたパンノキがあった。また島の幅が狭いところでは地下水の塩分濃度の影響があるためか、パンノキは生育していない。パンノキは結実さえしていれば非常に有用な食料資源である。しかし島の自然条件、ことに不安定な降雨量の影響を受けやすいため、安定した食料資源とはいい難い。パンノキの果実は通常、鍋で煮るか直火で焼いて食べる。饗宴時にはスライスして油で揚げたり、砂糖またはココヤシ糖蜜で甘く味付けしたココナツミルク煮が供される。カロリン諸島で作られるような貯蔵パン果は全く見られない。貯蔵す

るまでもなく消費されるためであろう。

　これまで論じてきたように、環礁の自然条件における生存のための技術を人々は発達させ、維持してきた。しかし次節以降に見るように、現在村での生活には現金が必須であり、日常の糖質食料の大部分を輸入物が占めている。一方、糖質食料の輸入物資依存とは対照的に、タビテウエアにおける漁撈活動は現在でも維持されている。日常的な蛋白性食料の消費については、一部缶詰の利用があるものの、魚介類の自家消費や小規模な売買によってほぼ在地で賄われていた。ただし、多くの人々にとって缶詰は贅沢品であり、日常的消費よりもむしろ饗宴時において、きわめて重要である。現在の村人は、環礁の自然条件に加えて、商品連鎖の最末端における物資欠乏への対処が重要となっている。

3．N村における経済状況

　キリバスを含むオセアニア島嶼国に関する国家レベルの経済学的研究は数多い。しかし1979年の独立以降、キリバスにおける離島部村落社会の日常的な経済活動についての詳細な報告は少ない。この節では、キリバス南部離島、タビテウエア・サウスN村における住み込み調査で得た資料に基づいて、村人たちの経済状況を概括的に提示したい。近年まで出稼ぎの主流であったバナバやナウルといった燐鉱石の島は、すでに資源が枯渇している。主要な出稼ぎ先を失った現在では、後述のように一部の若者の外国船への出稼ぎが行われる程度である。首都への移住者は多いが、移住は出稼ぎを目的としているとは限らない。目的もなく親族の世帯に居候する場合が多い。また移住とはいっても、定職や配偶者を見つけて住み着く場合もあるが、とくに期間を定めずに数カ月から数年間、滞在するだけのこともある。首都で生活を営んでいても定期的に仕送りする者はほとんどいないという。首都に住んだ経験のあるナカエウェキアやボーカイ夫妻によれば、タラワの生活は何でも現金が必要であるため貯金もできず、村の生活の方が「よい（*raoiroi*）」とのことだった。首都への出稼ぎとは対照的にバナバやナウルの生活においては、生活物資が雇用主から支給されるの

で「よい」と語っていた。

3-1. 海外出稼ぎの状況

　ギルバート諸島が植民地化されて以降、バナバやその西隣りのナウルへの燐鉱石採掘出稼ぎ労働者からの仕送りが、住民の主要な経済基盤となってきた。ところが1979年にバナバ島の燐鉱石が枯渇し、現在ではナウルでもほぼ枯渇した状態にあり、独立以前に隆盛した出稼ぎ移民および送金の基盤を失った。第Ⅰ章で述べたように、現在の国家財政は、バナバ島の利益を基にした歳入均衡化準備基金（RERF）および外国漁船の入漁料といったレント収入に大きく依存している（佐藤1993b）。

　1974〜1975年のナウルおよびバナバ出稼ぎ者リストによると、ギルバート諸島の各島からナウルへ384人（うち女性22人）、バナバへ309人（同13人）が出稼ぎに出ていた。雇用された職種は、燐鉱石採掘や運転手、配管工、給仕、補助看護婦、タイピストなど、さまざまであった。うちタビテウエア（サウスおよびノース）からはナウルで34人（女性3人）、バナバで24人（同1人）が雇用されていた[*10]。バナバでの雇用は、不熟練労働者12人、半熟練労働者11人、熟練労働者1人であった。また労働条件に関するパンフレット（発行年不明）[*11]には、1日8時間労働の最低賃金として、熟練工が2.4ドル、単純労働者が1.52ドルとあり、住居費、光熱費などは無料、医療サーヴィスが無料で受けられると記載されている。他にも缶詰の肉もしくは生肉、缶詰の魚もしくは生魚が1日あたり1ポンドなど、食料の支給が明記されている（風間1999b）。

　タビテウエア・サウスのN村においても今世紀初頭からバナバ島へ、次いでナウルへ燐鉱石採掘関連の出稼ぎ労働に多くの人々が従事した。帰省時には船が用意されていたため、現金に加えて食器や自転車、木製の衣装箱などを運搬費なしで持ち帰ってきた。しかしナウルの鉱石がほぼ枯渇しているため、1994年時点で村からナウルへ行っている者は皆無だった。村では長老男性6人のうち4人が、バナバおよびナウル両方の出稼ぎ経験者である。残りの2人はそれぞれバナバのみ、ナウルのみに行っていた（表Ⅱ-4）。それ以下の世代でも5人が出稼ぎの経験をもち、うち1人は両方の島へ行っていた。またすでに亡く

表Ⅱ-4　N村におけるバナバ、ナウル出稼ぎ者

氏名	生年	バナバ	ナウル	持ち帰った物資
テアウオキ	1920年？	滞在年不明	—	不明
キマエレ	1922年	1967～68年	1950～51年	自転車、たらい、食器、ラジオ ランプ、布
アントニオ	1930年	1962～66年	1967～68年	材木（カヌー用）、自転車、食器 ミシン、ナイフ、斧
テイオーキ	1933年	—	1956～57年、1958～59年	自転車、食器など
タータ	1936年	1959～61年	1962～64年、1976～84年	材木、コンクリート、食器など
テブアウア	1936年	1956～58年	1979～87年	材木（カヌー用）、自転車、食器 衣装箱、ミシン、ランプ、蚊帳
ボーカイ	1943年	—	1963～66年	自転車、食器、衣装箱、ギター
アンテレア	1944年	1960～63年	1975～87年	食器、衣装箱など
タカレブ	1947年	—	1976～84年	ミシン、衣装箱、ギターなど
カロトゥ	1949年	1973～77年	—	不明
トンガウア	1958年	—	1980～87年	ミシン、衣装箱、漁網 スーツケースなど
ボーバイ	1967年	—	1976～84年	—

注：ボーバイはタカレブの長男であり幼少時に渡航した。その後ナウルの船に雇われた。

なった人のうち、少なくとも4人が出稼ぎ経験者である。また、既婚者は家族をナウルへ連れていくことができたので、女性や子どもの中にも「物資にあふれた豊かな」ナウル生活を経験した者がいる。女性たちはナウルの中国人商店の売り子やレストランのウェイトレスとして働いた。私がナウルへ立ち寄った1996年3月時点でも商店で働くキリバス人女性の姿を見ることができた。バナバおよびナウルの出稼ぎ経験が村社会に与えたインパクトは、計り知れないほど大きい。トタン屋根、コンクリート床と壁のある家屋に住み、生業的食料生産に依存しない消費社会の生活は「白人の生活（maiu ni I-matang）」といわれる。多くの村人にとってそれを具体的にイメージさせるのは、ナウルでの生活体験や、時々見るヴィデオ映画の中のアメリカ合衆国や香港の生活なのである。

　燐鉱石採掘に代わって重要な出稼ぎ先になったのは外国船である。1995年時点で村の青年3人がドイツ商船に、5人が日本漁船に乗り込んでいた。その送金は1カ月当たり50～150豪ドルと大きく、2人の息子を出稼ぎに出した世帯では、コプラを生産しなくなってしまった。首都南タラワには、ドイツ商船に乗り

込むための海洋訓練校（Marine Traning Centre; MTC）および日本漁船に乗り込むための漁業訓練校（Fishing Traning Centre; FTC）がある。キリバス人はドイツ商船で機関室の下働き、給仕や荷の積み降ろしを担っている。日本漁船では鰹船や遠洋の鮪船に乗り込む。漁業訓練校は1995年に海洋訓練校から分離したものである。タビテウエア・サウスで行われる訓練校の入試は両校それぞれ年1、2回であり、入試のために職員が離島に巡回してくる。タビテウエア・サウスからは1995年3月には3人の海洋訓練校合格者がおり、同年6月には1人が漁業訓練校に合格した。正確な受験者数は不明だが、倍率は10倍以上あると考えられる。外国船に乗るにはこれら訓練校に入ることが必要条件である[*12]。訓練校への入学希望者は多いため高倍率であり、ごく一部の若者しか出稼ぎに行けないのが現状である。それでも、親族関係を通じて現金や土産の工業製品（ラジオ、ヴィデオデッキ、衣類等）が広範囲に行き渡るため、少数の出稼ぎ者による経済生活への影響は大きい。なお、N村から日本漁船に出稼ぎに出ている若者から父親のテブアウアに宛てた手紙によれば、彼の買いたい物としてコンピュータ（ゲーム）、キーボード、自転車、ウォークマン、ブーツをあげていた。

　外国船への出稼ぎと異なり、ナウルやバナバへは、健康な男性であれば誰でも出稼ぎに行くことが可能であった。つまり、外国船出稼ぎは現在の村人にとってきわめて重要であるが、かつての燐鉱石を産出する島への出稼ぎの方がより広範囲に人々に現金や物資をもたらしていたのである。ナウル、バナバへの出稼ぎが盛んに行われていた1970年代まで、現在よりもMIRAB経済のMIRという特徴を強くもっていた。その頃、現金や物資の入手は、人々にとって現在に比べて容易であった。

3－2．コプラに依存した現金収入

　出稼ぎ者や定職者のいない世帯では、唯一の換金作物のコプラ生産に依存して現金収入を得ている。人々は生産したコプラをテオボキアにある生協へ運び、計量の後現金を受け取る。表Ⅱ－5にあるコプラからの収入は、生協の買い取り台帳から得たものである。台帳にある全氏名からN村在住者のみを拾い上げて集計した。この時期の買い上げ価格は35〜40豪セント／kgであった。30世帯約180人

表Ⅱ－5　N村における世帯の経済状況

世帯主番号	世帯員数	15歳以上の成員	コプラ収入	1994年定収	1995年定収	外国船仕送り	出稼ぎ経験	商売、その他
1	6	5	61.9				N	ドーナツ、ナマコ
2	8	5	34.0			100+50	N	商店（'95.4）
3	10	5	40.6	地方裁判長官 (120)	地方裁判長官 (120)	50+50	B, N	魚、ナマコ
4	5	3	16.4			娘の夫	B, N	娘教員、公務員
5	6	4	56.1	島議会議長	島議会議長		T, 亡父N	
6	2	2	25.6				亡父N	魚
7	9	4	33.5		臨時教員 (50)			魚
8	4	2	28.3				B, G	
9	11	5	48.7		警察官 (72)	110；80		
10	11	8	83.2			妻の夫	父B	パン、魚、ナマコ
11	3	2	37.5			イトコ	N, T	魚
12	4	2	—	パトロール (19)	パトロール (19)			
13	7	5	51.4			妻の兄		妻の兄船員、姉教員
14	5	2	27.7	航空会社エージェント	航空会社エージェント		G	魚
15	9	4	—	国会議員	国会議員	100		
16	15	9	64.0				亡父N	
17	4	4	82.6					商店（'95.6）
18	4	2	23.3				亡父N	商店（'95.7）
19	3	3	—					
20	2	2	24.0					姉上級公務員
21	10	4	66.8				B, N	
22	7	5	40.0					魚
23	2	2	13.8			100；50	B, N	魚、ナマコ
24	4	3	31.6				B, N	
25	5	2	35.3					
26	3	2	24.0	空港業務補助 (30)	空港業務補助 (30)			
27	7	3	14.7			80+40	亡夫N	
28	7	2	36.1	パトロール (19)	パトロール (19)			
29	4	2	—				G	
30	3	2	27.7				N	
合計	180	105	1,028.8					

注1：単位は豪ドル月額を示す。

注2：外国船出稼ぎ者欄の（+）は1人の出稼ぎ者が世帯内の2人への仕送りを、（;）は2人の出稼ぎ者による1人の世帯員への仕送りを表す。

注3：出稼ぎ経験欄のNはナウル、Bはパラオ、Tはタラワ、Gはドイツ船を示す。

が住むN村におけるコプラ生産量は1994年7月から1995年6月初旬までの11カ月間に31,548kgであった。コプラ収入が不明瞭である4世帯を除く26世帯の平均をとると、1世帯1カ月当たりのコプラからの現金収入は約40豪ドルであった。しかし、コプラ生産は不安定な降雨量に大きく依存する。コプラの買い取り価格は長期的に見て大きく変動しており、この時期の値段は比較的良好であった[*13]。すなわちコプラから得られる現金収入は、降雨量に依存する生産量および国際市場価格に影響される買い取り価格の関数であり、不安定なものである。

1995年時点で村内には、公務員として月50豪ドル以上の定収のある者が2人（首都との二重生活を送る国会議員、教員宿舎に住む臨時教員を除く）、それ未満の定収を得る者が3人いた。また航空会社エージェントは、乗客数によって収入が変動する。欠航が続くと手数料が全く得られない一方で、年末休暇時には乗客が増えて150豪ドルもの月収を得ることもある。また各村代表の議員は、テオボキアで行われる会議ごとに7.5豪ドルずつの収入がある。6村の議員の中から選ばれる島議会議長は月額20豪ドルの報酬の他、会議ごとに12.5豪ドル得られる。通常、長老は会議に参加しても無報酬であるが、委員になると3豪ドルの報酬があるとのことだった。

これらの公的な仕事をもつ者のうち、地方裁判長官、国会議員、臨時教員、航空会社エージェントは中・高等学校に進学した学歴を有し、かつ英語を話すことができる。また、地方裁判長官、臨時教員、航空会社エージェントは海外出稼ぎの経歴をもつ。国会議員は元教員であり、タラワ教員養成学校（TTC; Tarawa Teacher's College）の出身で、ニュージーランドでの1年間の留学経験がある。また、島議員も中・高等学校進学者であった。表Ⅱ－5にはないが、1995年に首都から帰省した後に一時期テオボキアに住んでいた、N村出身の島警察長官も中・高等学校進学者である。さらに、1995年から郵便・無線局に勤務してテオボキアに住むようになった未婚女性も中・高等学校進学者だった。このように定職者は中・高等学校進学者で占められている。公務員の採用試験を受けるには、中・高等学校に数年在籍または卒業したという条件がつくためである。この女性の父親である長老は、「今はコプラを作って現金を稼ぐ時代ではない」といいつつ、4人の息子の誰ひとりとして、中・高等学校へ進学でき

なかったある男性を揶揄していた。そして、地方裁判長官、国会議員、警察長官は兄弟であり、彼らの子どもの多くも中・高等学校へ進学したり、外国船に出稼ぎに出ていることは注目に値する。つまり、安定した収入を得るには一定以上の学歴が必要であり、学歴を有する定職者の子どもも進学する傾向がある。1996年1月から始まる新学期には、N村から新たに進学した児童は約10人中僅か2人だけだった。それとは対照的に、世帯数の少ない学校教員宿舎に住む子どもからは8人もの進学者がいた。

　定職をもたない村人は、学校など政府関係の建物の建設作業、船荷の積み降ろしなど、臨時雇用収入を得る程度である。フカヒレや乾燥ナマコを時折来島する仲買人に売って臨時収入を得ることもある。また1995年4月から7月の間に村内に3つの個人商店ができ、新しい形態の小企業家が生まれてきた。それまで村内には、不足しがちなタバコ、手作りパンやドーナツ、魚を不定期に売る小規模商売があるのみだった（第Ⅵ章にて詳述）[14]。親族が首都に住んでいても、定期的に仕送りをしてもらうことはなく、必要時に無線などで連絡して送金してもらうだけだと村人はいう。近い親族が外国に移住しているのはN村では2世帯のみであった。そのうち1世帯の長老は、ごく稀に子ども用の玩具や絵本を送ってくるだけだと言っていた。このように村人の現金収入を概観すると、外国船出稼ぎ者や定職者を擁する一部の世帯を除いて、ほぼコプラ生産に依存していることがわかる。

　第Ⅰ章で述べたように、現在のキリバスにおける経済状況は、オセアニア島嶼部のMIRAB経済の条件を必ずしも満たしていない。その状況がN村のような離島村落部においても明らかに認められる。さらに国家のレント収入は、官僚制を通じて離島の村人まで充分には分配されていないのである。

4．輸入食料への依存

　この節では、村人が現金を主に輸入食料の購入に当てていることを見る。しかし、交通、流通機構が不安定なため、しばしば物資が欠乏する。その時期に

おいても、在地で生産される食料はココヤシの実を除くと、さほど高い割合を占めていない。人々はココヤシの実や僅かの魚介類を食べて、物資を運んでくる船の到着を待つしかない（風間1997）。

4－1．現金消費傾向

　村の2世帯の現金消費傾向を見てみる（表Ⅱ－6a、表Ⅱ－6b）。調査したのは1995年6月から7月である。物資欠乏期を過ぎて、商品を比較的豊富に入手できた時期である。

　物資欠乏期とは1994年9月から1995年3月までの期間を指す。この時期は首都の卸売公社が経営危機状態にあり、注文しても物資が島の商店にほとんど入荷しなかった。船が来ると人々は商店に殺到し、米や小麦粉を買い占めようとした。客の間で傷害事件が起きるほど緊迫した状態だった。船が来てから1週間もすると物資はなくなり、商店は完全に開店休業となった。1995年が明けてから卸売公社の解散した3月までの間、さらに事態は深刻化した。食料、灯油、石鹸、タバコ、塩などあらゆる必需品が極度に欠乏した。その後、島では個人商店が数多く開店し、首都の別会社から物資を仕入れるようになったため、物資入荷が改善され深刻な欠乏状態を脱した。さらに10月には首都から卸売会社の支店を島に誘致することに成功し、物資欠乏は緩和された。

　調査した2世帯はきわめて対照的な収入に依存している。世帯番号3の世帯は、世帯主が定収を得ているほか、息子の1人が日本漁船で働いている。この収入に加えてコプラ生産を行い、さらには他の村人とグループを作ってナマコや魚を捕っている。村でも屈指の現金収入を得ている世帯である。1カ月当たり300豪ドル以上の収入を確保していると推測できる。世帯員数も10人と平均数を上回っている。一方、世帯番号13の世帯は村の過半数の世帯と同様に、主にコプラに収入を依存している。ただし世帯主の未婚の姉は1994年までタラワで教員をし、1995年にはナウル航空の乗務員となった。また世帯主の妻の兄（隣のB村出身者）が外国船へ出稼ぎに行っている。そのため、必要時には親族から現金を受け取り得る。世帯主の母が頻繁にこの世帯に出入りしていること、母の弟（世帯主の母方オジ）と仲がよいことにも留意すべきである。このオジ

の娘の1人は島内のある村で初等学校の教員をしており、その夫はドイツ船乗組員をしていた。別のもう1人の娘も1995年4月から、郵便・無線局で働き始めていた。通常コプラのみに収入を依存していても、このように何らかの親族関係を通じて、出稼ぎ者や定職者から必要ならば臨時に現金を入手し得る。調査時点の世帯員数は、夫婦と幼児1人の計3人である[15]。

表Ⅱ－6a　世帯の購買記録：世帯番号3（1995年6月12日～6月30日）

品目	購買量	金額（豪ドル）	比率（％）
米	50kg	45	23.3
パン	17個	17	8.8
砂糖	44ポンド	28.95	15.0
紅茶	5箱	12.3	6.4
コーヒー	1瓶	2.5	1.3
タバコ	22本	18.02	9.3
魚	28ポンド＋9尾	27.5	14.2
鯖缶	8個	20	10.4
灯油	20ℓ	10.8	5.6
マッチ	8箱	1.85	1.0
石鹸	4個	6.4	3.3
ベビーパウダー	1本	2.75	1.4
合計		193.07	100

注：世帯員10人、304.84豪ドル／30日、10.16豪ドル／日

表Ⅱ－6b　世帯の購買記録：世帯番号13（1995年6月12日～7月23日）

品目	購買量	金額（豪ドル）	比率（％）
米	79ポンド	36.2	48.9
砂糖	4ポンド	1.8	2.4
紅茶	4パック	9	12.1
タバコ	1／2本	0.35	0.5
魚	1尾	3	4.0
コンビーフ	3個	10.5	14.2
鯖缶	3個	7.35	9.9
カレー粉	1本	3.2	4.3
ガム	4個	0.8	1.1
石鹸	1個	1.9	2.6
合計		74.1	100

注：世帯員3人、52.93豪ドル／30日、1.76豪ドル／日

表Ⅱ－6a、表Ⅱ－6bを見ると両世帯ともに米が支出の第1位となっている。米にパン、砂糖、紅茶、缶詰等を加えると、輸入食料品や嗜好品が全支出額の74%（世帯3）および93%（世帯13）を占めることがわかる。世帯13では独立記念日に贅沢品のコンビーフを買っていた。その他、マッチ、石鹸、灯油などの生活必需品に支出している。人々の現金消費が極端に輸入食料に偏ることが明らかになったところで、次に日常的な食生活に目を転じる。

4－2．N村における食生活

[日常的食生活]

人々の日常的な食生活を明らかにする目的で、隣村との境界にある初等学校で食事に関するアンケート調査を行った。この学校にはN村を含む計4村から児童が通ってくる。アンケートは12～14歳の児童28人を対象に、1994年10月19日、26日および11月2日の3回行った。この時期、物資は不足しがちだったがまだ事態はそれほど深刻ではなかった。キリバス語で書いた質問を教室に貼り、アンケート前日の食事内容について、配布した紙に回答を自由に記入してもらった。結果を表Ⅱ－7および図Ⅱ－2に示す。ただし、児童の食事内容が世帯内の成人の食事と必ずしも一致するわけではない。世帯内では、皆が一緒に同じものを食べるとは限らないためである。個々人が別々に、その場にある食品を適当に食べることが多い。子どもたちが米やパンを好む傾向は、観察やインタヴューから明らかだった。その一方で、児童の食事内容が他の世帯員のものとかけ離れているとは考えられず、世帯の食事をかなりの程度反映していることは確かである。

表Ⅱ－7、図Ⅱ－2から最も安定した主要食品目が米、魚介類、ココヤシの実であることがわかる。3回の調査ともに過半数の児童が、少なくとも日に1回は上記3種の食料を摂っている。次いでパンやパンケーキ等7種の小麦粉料理[*16]、結実期であったパンノキの果実が高い比率を占めている。対照的にスワンプタロ、パンダナス食品（カブブ、ロロ、トトキ、タンガナ）は決して主要食品目になっていない。この時期にはブッシュでパンダナスが大量に結実しており、村の各世帯では板状保存食品（トゥアエ）作りがピークに達していた。

表Ⅱ-7　児童アンケートによる食事調査　　　　（単位：人）

食品目	10月19日	10月26日	11月2日	合計	比率（%）
米	21	16	24	61	73
パン	9	5	5	19	23
パンケーキ	3	1	1	5	6
小麦粉スープ	3	1	1	5	6
小麦粉すいとん	1	0	1	2	2
カブキ	0	3	1	4	5
ドーナツ	0	0	4	4	5
プディング	0	1	0	1	1
パンノキ果実	8	12	8	28	33
スワンプタロ	1	3	2	6	7
イヌビワ	1	0	0	1	1
粉状パンダナス果保存食品	2	0	0	2	2
板状パンダナス果保存食品	1	0	1	2	2
パンダナス・スープ	1	4	1	6	7
パンダナス団子	0	1	1	2	2
ココヤシ果肉	20	20	15	55	65
タマネギ	1	0	0	1	1
魚介類	26	24	22	72	86
鯖缶	0	0	2	2	2
コンビーフ	0	0	3	3	4
スープ	0	0	2	2	2

出所：1994年の筆者調査による。
注1：右端の比率（%）は、合計人数を3日間の延べ人数（84人）で割ったものである。
注2：カブキとは、パンやドーナツ、パンノキ果実など塊状糖質食品を表す。

そのような状況であるにもかかわらず、パンダナスの比率は低い。その一因は子どもたちが「伝統食嫌い」を起こしていることにある。パンダナス料理やスワンプタロよりも米や小麦粉料理、人々の言葉で「白人の食事（amwarake ni I-Matang）」を好む。子どもほどではないにせよ、成人にもこの傾向が当てはまる。また人々は現在、パンダナスを日常食用の粉末状保存食品（カブブ）に加工することはほとんどなく、専ら饗宴供出用のトゥアエのみを作る。加えてスワンプタロも供出用に消費することが多いため、日常食を反映したアンケート結果では低い値が出たのである。糖質食料（油脂の多いココヤシ果肉を除く）の比率を示した図Ⅱ-3から、その傾向は明らかである。

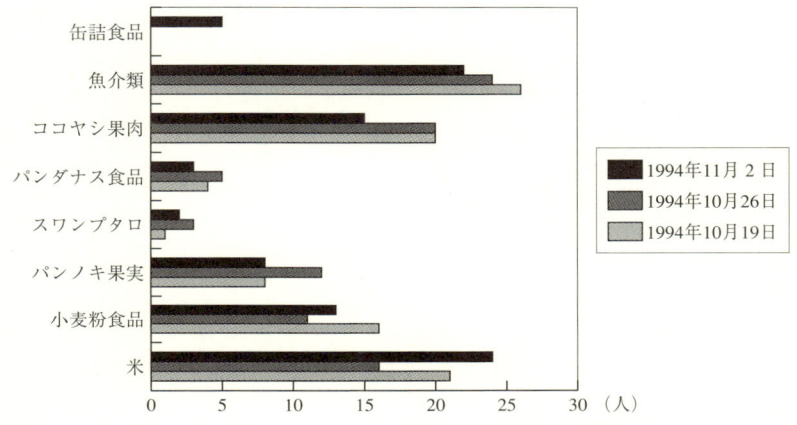

図Ⅱ-2　児童アンケートによる登場食品目頻度の推移

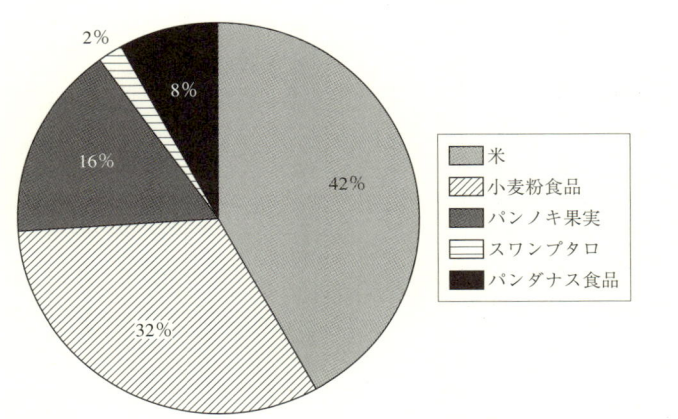

図Ⅱ-3　児童アンケートによる登場食品目（糖質食）の比率

　食品目と船の入荷物資の関係も明瞭に表れている（図Ⅱ-2、図Ⅱ-4）。1994年10月2日に船が到着したが運んできた物資の量は少なく、ほとんどの商品は即座に店頭から姿を消した。次に貨物を積載した船が来たのは10月31日であり、前便よりも多くの物資が入った。つまり2回目のアンケートは物資が不足した時期に行い、3回目は到着直後に行った。2回目では米や小麦粉の割合が落ち込み、在地食料の割合が増加している。逆に3回目では輸入食料の割合が増加し、

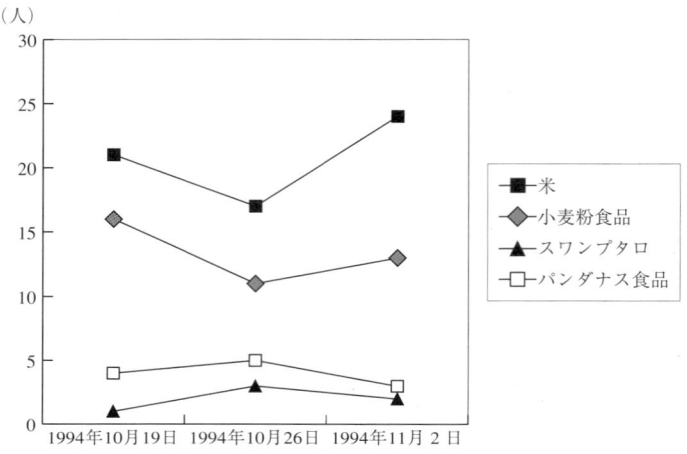

図Ⅱ-4　輸入および在地食品登場頻度の船便に対応した推移
注：貨物を積んだ船は10月2日および31日に島に到着した。

在地食料の割合が落ち込んでいる。すなわち、人々は入手した米や小麦粉を消費し、それが不足してくると在地食料で欠乏を僅かに補填するのである。

環礁の環境から調達可能な糖質食料はスワンプタロ、パンダナス、パンノキ、ココヤシ、タイヘイヨウイヌビワ（方名 bero; Ficus tinctoria）程度しかない[17]。しかもパンダナス果の収穫、加工やスワンプタロの栽培にはかなりの労働投下が必要である。「米や小麦粉は買うだけでいいし女性の調理も楽だ。しかもおいしい」とある長老男性はいう。人々の嗜好も偏り、日常食料として移入物が在地物に置換している状況にある。トゥアエおよびスワンプタロは、物資欠乏時の非常食や饗宴への供出時に僅かに消費するのみである。

[極度の欠乏期における食生活]

1995年の年明け以降、物資の欠乏は深刻化した。年末に船が貨物を運んできたのだがクリスマス、新年の饗宴等でほとんど消費してしまったのだ。1月および2月には船が各1便ずつ来島したが、食料品や必需品はほとんど積載していなかった。このような状況下でN村の2世帯（世帯番号2、9）の食事を、1月15日から19日までの5日間聞き取り調査した（表Ⅱ-8a、表Ⅱ-8b、図Ⅱ-5）。世帯9では1月15日に米を、世帯2では同日にプディング（ブアトロ）を

表Ⅱ－8a　物資欠乏期における世帯の食事内容：世帯番号9

年月日	朝食	昼食	夕食
1995年1月15日	魚（饗宴残り） 米飯	ココヤシ果肉 米飯	パンダナス保存食品 ＋ココナツミルク 米飯
1月16日	ココヤシ果肉	ココヤシ果肉 貝	ココヤシ果肉
1月17日	ココヤシ果肉	パンダナス保存食品 ＋水（メロメロ）	魚（購入） ココヤシ果肉
1月18日	魚（残り） ココヤシ果肉＋トディー	魚（残り） ココヤシ果肉 米飯	魚（購入） ココヤシ果肉
1月19日	ココヤシ果肉	魚（残り） ココヤシ果肉 米飯	魚（購入） ココヤシ果肉

表Ⅱ－8b　物資欠乏期における世帯の食事内容：世帯番号2

年月日	朝食	昼食	夕食
1995年1月15日	ココヤシ果肉＋トディー スワンプタロ	プディング パン 魚（饗宴残り）	プディング スワンプタロ （饗宴残り）
1月16日	ココヤシ果肉＋トディー	ココヤシ果肉 タコ	ココヤシ果肉 スワンプタロ
1月17日	ココヤシ果肉 タコ スワンプタロ	コンビーフ 魚（ウツボ塩干し） 米飯 スワンプタロ	（なし）
1月18日	ココヤシ果肉	パンダナス保存食品 ＋ココナツミルク スワンプタロ	ココヤシ果肉 魚（購入）
1月19日	ココヤシ果肉 魚（網漁）	ココヤシ果肉	ココヤシ果肉 パンノキ果実 魚（網漁）

注：食事は毎日定時に3回とるわけではなかったが、便宜上分けた。

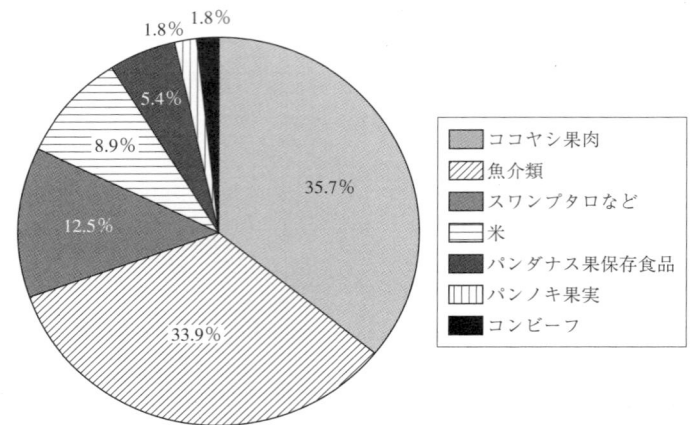

図Ⅱ-5　物資欠乏期の食事：世帯番号2、9（1995年1月15日〜1月19日）
注：2世帯の5日間の食事に出現した全食品目中の各食品目の割合を示した。

食べているが、これは前日に隣村であった結婚式の饗宴の残り物である。また世帯2の17日の食事では米、塩干しウツボ、コンビーフが見られる。これは私がインタヴューの約束をしていたため、用意してくれた食料である。それを除くと魚とココヤシ果肉が食品目の大部分を占めていることがわかる。この時期はパンノキも結実しておらず、僅か1回しか登場していない。トゥアエやスワンプタロの比率は、前述のアンケート結果よりも確かに大きな比率を占めている。しかし主食といえないほど比率は小さい。

　世帯9では、スワンプタロを全く食べていない。スワンプタロやトゥアエは、欠乏期であっても毎日食べるわけではない。極端な物資欠乏時でさえも、安定した食品目とはならず、僅かに欠乏を補填するのみである。村人の食生活から米や小麦粉を除くと、充分に糖質を摂ることができないことがわかる。また比率の高いココヤシにしても、唯一の換金作物であり、降雨量に生産を依存しているため、年によっては充分に得られない。

　植物性食料に関しては在地の食料生産は脆弱な状態にあり、それが極度の物資欠乏期に露呈したということができる。つまり人々にとって輸入食料、さらにはその購入のための現金は、生活の維持にきわめて重要である。ところがコプラに依存した現金収入は不安定であり、また海外への出稼ぎもナウルの燐鉱

石枯渇によって困難な状況に陥っている。一部の若者のみしか外国船の出稼ぎには行けない。安定した収入を得る職に就くには、中・高等学校進学が必要であるが、現実には村からの進学者は限られている。

　以上をまとめると、N村では、厳しい自然条件下にあって生業経済に依存することも難しく、貨幣経済に依存するにも開発するに足る在地資源が限定されており、また地理的・政治的遠隔性により海外への出稼ぎさえ困難な状況にある。国家レベルのレント収入は主に首都の開発に向けられており（Lawrence 1985）、不定期的な賃労働を通して僅かしかタビテウエア・サウスの村人には到達していない。生活必需品や輸入食料もまた、交通・流通基盤の未整備によりしばしば欠乏する。つまり、厳しい自然条件および政治経済学的な位置から構造的に押し付けられた、「二重の窮乏」下に人々の生活は置かれている。現代の村人にとって「二重の窮乏」下にあって、いかに生活を維持していくかという問題こそが重要になっているのである。

第Ⅲ章
集会所の多様化および現代的意義

葺き替え作業中の島政府集会所

キリバスの社会・文化を論じるにあたり、集会所について言及せずにすませることは不可能といえる。この章では、現代の集会所の諸特徴について、主にその多様化と現代的意義に焦点を当てて記述し、考察する。

キリバスの先駆的民族誌家による集会所研究は、研究者のみならず現代のキリバス人の集会所観に、直接、間接に強く影響している。しかし、その民族誌記述には同時代的側面が欠落しており、現代社会における集会所の多様化を分析する上で、有効な枠組みを与えてくれない。ここではまず、N村集会所の現状を詳細に記述し、過去の民族誌記述における「伝統的」集会所との差異を提示する。次に、これまで研究対象とされてこなかった多様な「新しい」集会所を紹介する。各種の集会所は、村人が社会生活を営む上で必然的に関与せざるを得ないものである。この集会所の多様化は、同時代状況のなかで捉えなければならない。さらに、私がN村に滞在していた期間中に行われたカトリック教会の集会所新築作業の過程をとりあげる。新築に関する協同作業は、村人たちの社会生活の凝縮といえる事例である。

最終節では、集会所の分析を通して、「キリバスのやり方（*katei*）」観を提示し、集会所のもつ現代的意義を外来物の「摂取」、および社会集団内部の求心化という両面から論じる。外来の諸制度や来客は集会所における合議や饗宴において、長老を中心とした在地制度の下、集団レベルに作用する平等性に巻き込まれ、摂取されていく。集会所は、外来物や制度を在地の論理へ変換・受容する「摂取装置」といえる。また集会所は社会集団のシンボルとして集団内部を求心化し、人々の協同活動の場となり、協調を強制するのである。

1．集会所研究の現状

1−1．「伝統的」集会所の研究

マネアバ（*mwaneaba*）とはキリバスの集会所を指示する語である。僅かな例外を除いて通常、入母屋形式の屋根をもつ巨大な建築物である[*1]。壁はなく、床には珊瑚屑の白い小石が敷き詰められていることが多い。首都南タラワの道路

第Ⅲ章　集会所の多様化および現代的意義　85

を乗り合いバスで走ると、道路脇に大小さまざまな幾つもの集会所が建っているのを見ることができる。南タラワ、エイタ地区の集会所のように珊瑚性の石柱、パンダナス葺き屋根、白い小石の床からなる「伝統的」建築物もあるし、教会に付随しているトタン屋根、コンクリート柱、コンクリート床の近代的な建築物もある。首都で最もよく目につくのは、パンダナス葺き屋根でコンクリート床からなる、教会下部組織の小型集会所である。土曜日の夜に明かりを灯し、一晩中ヴィデオ映画を上演している光景をこの集会所で見ることができる。

　植民地統治下の初代首相に選出された、ナボウア・T・ラシエタは「我々の文化と伝統の心臓」と集会所を表現した（Lundsgaarde 1978: 67）。独立後の官僚であるナキバエ・タボカイも同様に、集会所を社会生活の中心と位置付ける（Nakibae Tabokai 1993: 23）。このようなキリバス人政治家や官僚の決まり文句には、小島嶼国家が国家として成り立つための不可欠の条件である統一への、特別の強調を容易に読みとることができる。現在国家として統一されている島々は、以前は政治的に統一されておらず、外在的に植民地統治によってもたらされた。1979年に独立を達成した同国は、この統一を植民地統治から受け継いだに過ぎない。ここには島々の経てきた歴史的差異や多様性を排した、同質的な「キリバス社会」のシンボルとして集会所が用いられている。シンボル化された集会所とは、「伝統的」であると同時に、現代でも生き続ける存在でなければ意味をもたない。ナキバエ・タボカイは「伝統的」集会所と現代の集会所を区分しない。そして、あたかも神話時代と歴史的過去、さらに現代を連続させ、またときに混同して集会所を論じている。

　一方、欧米人研究者は集会所が「社会生活の中心」であることを強調しながら、神話的時代に連なる、ヨーロッパ接触以前の「伝統的」集会所を仮想し、それに限定して記述する傾向があった[*2]。そして、このキリバス研究の先駆者たちが遺した記述が、権威をもって現在のキリバス人、とくに政治家や官僚などのエリート層に読まれている。さらに、その影響は演説やラジオ放送を通して、離島部の人々にも及んでいると考えても差し支えない。現代の集会所を記述し分析するにあたって、これら権威をもつ民族誌の内容に触れることは、そのような理由からも意義があると私は考える。

［集会所は］共同体の社会生活全体の焦点であり、その中では戦争や平和、共同体の繁栄に関する数多くの議論がなされていた。そこは慣習的規範の違反者を裁いたり、長老が抗争について聴聞し調停する法廷であった。また、威厳ある共同体の踊りやレクリエーションの場であり、格式ある祭礼の中心であった。集会所は長老のクラブハウス、よそ者の仮宿、逃亡者の避難所であった。その屋根の下での振る舞いの全ては謹厳に、そして厳密に慣習に合致しなければならなかった。集会所に礼を失さないように、忌まわしい罪人にならないようにしなければならなかった（Maude 1977a [1963]: 11）。［　］内引用者

　「伝統的」集会所にはボス（boti）とよばれる座席があった[*3]。座席にはさまざまな権利および義務の職能が付随していた。またこの語は座席のみならず、それを占める人々の集団をも指示していた。グリンブルやモードはこれをクランと書いている。座席集団は共通の神話的先祖まで父系的に出自を辿ることができ、カーインガ（kaainga）という居住地にともに住んでいた[*4]。カーインガは座席開祖の地所であった。カーインガ内にはムウェンガ（mwenga）という核家族レベルの小家族世帯が幾つもあり、それぞれの長（atu n te mwenga; atuは「頭」の意）が日常生活をとりまとめていた。カーインガ内のあらゆる事柄は世帯長たちの話し合いによって決められた。同じカーインガに住む世帯長のなかで、1人の長老がカーインガ長（atu n te kaainga）と呼ばれ、代表として集会所において発言することができた。集会所や座席には、その創設や系譜に関する多くの神話があり、その知識がきわめて重要であった（Maude 1977a [1963]; Grimble 1989）。また集会所を建設する際には、建設技術のみならず、呪文（tabunea）などに関する知識が必要とされた（Maude 1980 [1961]）。
　しかし、ヨーロッパ人との接触以降、キリスト教化、植民地支配を経てカーインガは崩壊し、集会所に関する慣習は急激に変化し、消失していった。以降、現在まで居住単位は小家族世帯となっている（Geddes 1977; Macdonald 1982）。1910年代に植民地行政官としてギルバート諸島に渡ったグリンブルは、ヨーロッパ人の影響下で「原住民の慣習」が消えていくなか、集会所から聖性が失わ

第Ⅲ章　集会所の多様化および現代的意義　87

れていった、と書いている。集会所は従来、騒音を嫌い、思春期前の子どもが周囲の広場に足を踏み入れることさえできなかった。ところがグリンブルが赴任した頃には娯楽のホールと化してしまい、人々はトランプやスキトルズ（ボーリングのような遊び）をするために集まり、子どもたちが1日中、聖性が減じた集会所の中を走り回るようになっていた（Grimble 1989: 198）。

　そのような歴史的な事実があるにもかかわらず、比較的最近になっても神話や座席に固執し、仮想の「伝統的」集会所のみに言及した研究がなされているのは興味深い（e.g. Hockings 1989; Latouche 1984）。当然ながら、島や村によって神話的知識の伝承には多寡がある。ラトーシュが1970年代に調査したニクナウ（Nikunau）島では、座席や神話についての詳細な知識を保持している人がいた。私がニクナウ島を訪問した1996年時点でも、タビテウエアとは比較にならないほど多くの人が座席や神話について語ってくれた[*5]。しかし、タビテウエア・サウスに比べて、集会所に関する知識をかなりの程度保持しているニクナウ島でさえ、「伝統的」と見なされる村の集会所（*mwaneaba n te kawa*）は、普段ほとんど利用されていない状況だった[*6]。人々は村の集会所よりも新しく、定められた座席もないキリスト教会の集会所（*mwaneaba n te aro*）を日常的な集会の場として使用する一方で、村の集会所を使用する機会はごく稀だったのである[*7]。ところが、現代社会においてきわめて重要なキリスト教会の集会所を考察の対象としたり、村集会所の現状について詳細に論じた研究は、現在までのところ全く見当たらない。ラトーシュによるニクナウの集会所および神話研究は、いわゆる「サルベージ人類学」の系譜を引いていると言い得るものであり、同時代的な社会の現状を顧みていない。

1－2．従来の集会所研究の問題点

　集会所を論じた既存の研究においては、その「伝統的」側面が頻繁に強調され、「伝統的」でない事柄については、記述の対象からはずされる傾向があった。ランズガードは例外的に、同時代の集会所について比較的詳細に論じている。彼は村の集会所以外にも、キリスト教宗派や政府出先機関、その他の利益集団の集会所が諸島の至るところで見られると記述し、1978年時点において、

諸島全体で少なくとも300以上の集会所があるだろうと推測している（Lundsgaarde 1978: 69）。しかし、ランズガードが中心に据えて論じるのは、法的な側面のみである。犯罪者を裁く司法権など幾つかの権限が、「伝統的」集会所から法廷などの現代的制度に移行した一方で、村における政治的中心としての村集会所の政治的機能を強調している。またランズガードは、植民地化以降、住民を把握する組織として集会所が採用され、統治組織に接合されたと主張する。モードやグリンブルが述べるように、座席の系譜に関する詳細な知識はすでに「崩壊」してしまったが、集会所の「伝統的」機能が現代でも失われずに生きていることを強調するのである（Lundsgaarde 1970a: 247-249, 254-256）。

　私はランズガードの研究を評価したいが、全面的に受け入れることはできない。第一に、「伝統的」要素をもち政府の下部組織として機能する村集会所、および島集会所のみを視野に入れているため[8]、教会集会所などについては存在を示唆するのみで、正面からとりあげていない。つまり現実にある集会所の一面しか議論の対象にしていない。

　第二に、村集会所や島集会所が過去の「伝統」と連続しているという単純な前提が問題である。確かに多くの村集会所では、かなりの差異があるにせよ、座席が人々によって認識されており、一見「伝統的」である。しかし、現在の村（カーワ；*kawa*）とはあくまでも行政単位であり、カーワという用語そのものの意味も変化している（注4参照）。また、ランズガードのいう島集会所に相当する、島政府の集会所（*mwaneaba n te kauntira*）は、現在の島政府に付随するものである。このように島政府と集会所（教会の集会所を除く）は強固に結合しており、単純に過去からの連続性を強調することは難しい。連続的な要素の存在を認めるにしても、現代の時代状況に即して評価する必要がある。例えば諸島最南端にあるタマナ島においては、集会所は1881年以降一時的に姿を消した。伝承によると、今世紀の初頭に植民地政府の主導によって集会所が再建されたという。タマナの村レベルの集会所は1941年に建てられた（Lawrence 1983: 31）。島による歴史的差異はあるものの、タマナでは明らかに集会所システムの不連続が見られる。

　第三に、ランズガード自身も意識しているように（Lundsgaarde 1970a: 264）、

法的側面のみの強調によって集会所のもつ多様な文化・社会的事象を切り捨てている。換言すれば、欧米の法律に準じた集会所の解釈には、在地の価値や論理が入る余地がない（e.g. Lundsgaarde 1968a）。その結果、欧米の法律との一面的な類似性がきわだってしまっている。また、集会所の内部で実際に行われている具体的事柄が全く描かれていない。

現在、集会所システム自体が全く消滅し機能不全に陥っているのかといえば、当然答えは否である。矛盾するようだが、最も集会所の数が多いのは、生活スタイルの「欧米化」が進行し、都市化の進んだ首都であることは、特筆に値する。仮に、あらゆる集会所が現代の社会において機能していなければ、キリバス人政治家や官僚が集会所を「社会の中心」と評し、それを強調する意味がないだろう。

このように見てみると、これまでほとんど描かれてこなかった集会所の同時代的状況こそが、キリバス離島部の社会を理解するためには不可欠であることがわかる。次節以下、タビテウエア・サウスのN村を中心に集会所の現状を具体的に記述し、分析を進める。

２．村集会所における座席の現状

既存の集会所に関する研究は、座席や神話的由来に関するものが主題となってきた。この節では、N村集会所における座席（イナキ；*inaki*）の現状について記述する。ここでの目的は、従来の集会所研究では回避されてきた、座席の同時代的状況を論ずることにある。N村のように座席や神話的知識が「失われた」現況を積極的にとりあげた研究は全くないことを強調しておく。なお、タビテウエアでは集会所の座席をボスとは呼ばず、イナキというが（注3参照）、ここでは両語をともに座席と記述する。

２−１．職能をもつ座席

N村集会所における座席には、特別な職能を有するものが5つある。ここで

はそれら座席の職能について記述する。なお、座席名は、調査の最初に行った戸別訪問インタヴューで得たものを記し、角括弧内に後から得たものを記す。

1) エタニモーネ（Etanimone）［カロンゴア；Karongoa］：第一の座席（*moa ni bwai*；モアとは「最初」の意）と呼ばれる。村集会所の饗宴・共食時には、最初に食料を供出する。40歳代のタカレブおよび20歳代の息子ボーバイが座る。

2) テ・ブレニウイ（Te Bureniui）［テ・ウィウィ Te Wiwi］：第二の座席（*uoua ni bwai*：ウウアとは数字の2の意）。20歳代の既婚者テイテイが主に座る。

3) ブリブリ・テ・ララー（Buriburi te Rara）：第三の座席（*tenua ni bwai*：テヌウアとは数字の3の意）。年輩女性カラエシウの孫である20歳代のヨアキムが座る。なお、ヨアキムの父親（テカエワウア）は、カラエシウの夫である自分の父（テアウオキ）の座席を継承している。

4) テ・ブエ（Te Bue）：集会所のために「働く者たち（*tani mwakuri*）」であり、また「集会所の足（*wae n te mwaneaba*）」ともいわれる。饗宴時に集会所内を取り仕切ったり、集会所の建設や修理に携わる。50歳代前半のアンテレア、および弟である40歳代のリーノが座る。

5) テ・カタンラケ（Te Katanrake）：上と同じく「働く者たち」の座席である。成員は長老のタータ、ロロブアカ（既婚中年男性）のカーモキ、ボーカイ、テバレレイ、ナカエウェキアなど数多い。

調査時、1) から4) までの座席には長老がいなかった。通常、第一の座席が、集会で最初の発言をするという話を聞いた。しかし実際には、長老のアントニオやテブアウア、タータが話し始め、進行を主導する。この理由について1) のタカレブに尋ねたところ、タカレブはまだ長老ではないので、役目を長老に委ねているとのことだった。2) と 3) の座席は、20歳代の青年のみしか座る資格を有する者がいない。2) の座席には40歳代のテカイワがいるのだが、未婚のため正式な座席の代表とは見なされていない。会話のなかでは「テカイワの座席」という表現も使われるが、実際には既婚のテイテイが代表となる。3) は年輩女性カラエシウの座席といわれる[*9]。カラエシウの息子のうちN村に住んでいるのはテカエワウア1人である。テカエワウアは父の座席、カロンゴア・ラエレケを継承しているため、ブリブリ・テ・ララーは継承者がおらず空

席になってしまう。そこでテカエワウアの息子、ヨアキムが継承することになった。しかしヨアキムはあまり乗り気ではなかった。第三の座席の仕事が負担だからという。それでも必要なときには、ヨアキムがブリブリ・テ・ララーの代表として義務を果たす。

　過去の民族誌によれば、全ての座席には何らかの職能が伴っていた（Grimble 1989）。役割が分担された個々の座席成員が、各自の義務を果たして協調することにより、集会所や共同体が運営されていたという。現在のN村の座席を見れば、僅か5つの座席のみが職能をもち、後述のように他の座席は村における居住を示すだけに過ぎない。全座席が職能をもたずとも、村座席は存続し得るのである。ただし第三の座席の継承例から、職能をもつ座席が空席になることは避けられている。

　以下、これらの座席が職能を発揮する機会の事例を見てみる。

［村集会所の屋根修理］

　1994年9月8日、集会所頂部（棟）の修理が行われた。私がN村に本格的に住み始めて2日目のことである。その時点では、私の家屋建設は着手されておらず、長老、ロロブアカおよびその家族らと村集会所で寝泊まりしていた。当分の期間、長老や私たちが寝泊まりするのに、雨漏りするのは具合が悪いので修理することにしたという。

　昼頃、テ・カタンラケのボーカイとテ・ブエのアンテレアが指図し、テ・カタンラケの若者たち4人およびテルルが村集会所の屋根に登って作業にあたった。マラケイ島出身のテルルが入っていたのは、すでに亡くなっていた彼の義父（妻の父）がテ・カタンラケであり、テルルもテ・カタンラケに座るからであった。アンテレアの説明によれば、村集会所の修理を担当するのはテ・カタンラケおよびテ・ブエの成員のみであり、彼らだけが屋根の頂部に登ってもよいという。この日は、棟木付近のパンダナス葉葺材（*rau*）を補強し、棟木と等しい長さに編んだココヤシ葉の細長いマットで頂部を塞ぐ作業が行われた。

　作業後（13：30頃）、村の集会所で簡単な共食が行われた。第一の座席のタカレブが大きなたらいに小麦粉、砂糖とココヤシ果肉を固めた団子および紅茶、第二の座席のテイテイがスワンプタロの団子および紅茶を供出し、作業にあた

った2つの座席集団の成員に振る舞った。ちなみにその他の共食参加者は食事を持参していた。

［新しいココヤシ葉マット］

　1995年11月24日、村集会所で行われる饗宴に備えて、床に敷くココヤシ葉製マット（inai）が新調された。その日は朝から、各世帯で作った新しいマットが運ばれ、村の集会所のすぐ傍らに置かれた。しかし、特別な座席成員の世帯で作った3枚のマットを集会所に運んできてそれらを敷くまでは、中に運び込むことはなかった。

（11：30）テ・カタンラケのナカエウェキアおよびテバレレイが第一の座席であるタカレブの住居へ赴き、食事を振る舞われた後、タカレブの供出した新しいマットを運んできて集会所内に敷く。

（12：00頃）テ・ブエのリーノ、テ・カタンラケのタータ、ナカエウェキアおよびカーモキが、第二の座席であるテイテイのところへ行く。

（13：00頃）テイテイの住居で食事の後、供出された新しいマットを自転車で運んで来る。

　その後夕方になってから、タータ、ナカエウェキアがテカエワウアのところへ行く。テカエワウアの同居している息子、ヨアキムが第三の座席継承者とされるためである。3枚のマットを敷いて後、集会所の横に積んであったマットを中に運び入れて敷いた。

［饗宴時の食料供出、客の贈与物受け取り］

　1994年8月5日、私たちの歓迎のために、饗宴が村集会所で行われた。供出単位である各夫婦単位が用意した食事の皿をテ・カタンラケのボーカイが集めて回る。まず、集会所の北側中央に座る第一の座席、タカレブの息子から受け取る。タカレブは島政府の集会所に泊まり込んでおり、不在だった。次に南側中央に座る第二の座席のテイテイ、さらに残りはテイテイの横（西側）から時計回りに食事の皿を受け取り、集会所中央の床に並べていく。受け取る際には、供出した男性の名前を呼び上げる。このとき、ヨアキムは説教師を務めており、第三の座席は空席だった。

　食後、私が立ち上がってお礼を言い、ツイスト・タバコ1ブロックを渡す。ツ

イスト・タバコとは黒く棒状の形をしており、ナイフで刻んでパンダナス葉の薄皮で巻いて吸うものである。私からそれを受け取ったのもボーカイであった。ボーカイはテ・ブエのアンテレアにタバコを持っていく。饗宴が終わるまでの間にアンテレアがタバコを全ての人々に分配した。なお、初めて村を訪問した8月3日、村集会所でタバコを贈与した際には、テ・カタンラケのテバレレイが受け取った。つまり、贈与物を受け取るのはボーカイ個人の役割ではない。

[貝笛]

村の集会所で合議（*bowi*）や報告会（*kaongora*）、または作業があるとき、貝笛（*bu*）を吹いて村人を集める。この役割を担当するのも、テ・カタンラケおよびテ・ブエの成員男性のみである。主に、テ・カタンラケのカーモキ、その息子たち、ナカエウェキア、そしてテ・ブエのアンテレアが貝笛を吹く役目にあたっていた。

[踊り]

キリバス・ダンス（*mwaie*）のうち、ルオイア（*ruoia*）やカメイ（*kamei*）と呼ばれるものは、一部の座席に関係した配列をとって集会所内で踊られる。男性は、パンダナスの葉を細かく編んだベー（*be*）という踊り用の腰巻を巻き、女性の毛髪で作ったベルトを締めた格好をする*10。踊る際、男性はカタカナのコの形に並ぶのであるが、そのとき中央には第一の座席を代表する男性が立ち、左右両脇を第二、第三の座席の男性が立つ。村集会所において興が乗ったときには、座席に敷いてある太編みのパンダナス葉マット（*roba*）を男性が腰に巻き、腰布をベルト代わりに巻いて踊る。その際、第一の座席のタカレブが中央に立って音頭をとるが、他は座席に無関係の配列で踊っていた。1995年10月に島政府の集会所において、タビテウエア・サウス6村の踊り大会が行われたときには、第一から三番目の座席までは、原則通りに並んで踊っていた。それ以外の座席は、立つ位置に関して特に考慮されていなかった。

N村におけるこのような事例から、5つの座席に関してのみ職能が付随し、機能していることがわかる。ただし、全ての座席が定まった義務と権利を有するという、過去の民族誌の記述とは異なった様相を呈している。現在のN村では、座席に付随した職能はきわめて簡素化した形で保持されている。

2－2．座席に関する知識の混乱

これまで特殊な職能を伴う座席についてのみ記述してきた。これ以降、職能を伴わないN村集会所の座席を記述の対象に加え、現在の座席のもつ意味を考察していく。

グリンブル、モード、ラトーシュは集会所の座席について、10から20あまりの位置を明確に線を引いて図示している（Grimble 1989; Maude 1977a [1963], 1980; Latouche 1974）。この場合、座席の範囲が柱や葺き屋根の位置を目安にして、固定されていると考えられる。私がニクナウ島の2つの村で調査したときにも確かに、ラトーシュと同様の座席名称と区画図を得ることができた。しかし、N村では全く状況が異なっていた。

1994年8月に初めてN村を訪問したとき、私を迎え入れてくれた長老たちに集会所に特定の座席があるかどうか尋ねてみた。その答えは、バレキアータウ（Barekiatau）という名のついたN村の集会所には、皆が一致して確かに座席があると言っていた。ただし、幾つあるのかとの質問には、誰も明確に答えず、ただ「たくさんある（*A bati te inaki iai*）」との回答しか得られなかった。村集会所で行われる饗宴の際には、人々は毎回同じ位置に座るため、人々が自分の座席位置を認識していることは明らかだった。

村の最長老の1人であるキマエレによれば、タビテウエア・サウスの集会所には2つの型があるとのことだった。タボイアキ（Taboiaki）型とタビアン（Tabiang）型である。この2つは座席の配置が異なり、第一の座席の位置が、タボイアキ型は北側座席列中央、タビアン型は南側中央にあるという説明を私は受けた。建築の規格も違うというが、村の長老たちは詳細についての知識をもっていなかった。

N村の集会所がタボイアキ型であることについては、キマエレを含む長老の誰もの意見が一致した。ところがグリンブルの民族誌には、タビアン型については記述があるものの、タボイアキ型には触れられていない。1930年代に集会所の大工であったモードの「保守的な」インフォーマントは、この2つの型について（侮蔑的に）「新しいもの」であるから知識をもっていないと語ったという。大工が伝統的な集会所と認めるのは、タボンテビケ（Tabontebike）型とマ

第Ⅲ章　集会所の多様化および現代的意義　95

表Ⅲ-1　N村集会所における座席名および居住地の地名

世帯番号	人名	集会所座席名	現在の居住地名
1)	タカレブ	Etanimone (Karongoa)	Maeon te Mwaneaba
2)	テイオーキ	?	Maeon te Mwaneaba
3)	アンテレア	Te Bue	Maeon te Mwaneaba
4)	タータ	Te Katanrake	Auriaria
5)	ナカエウェキア	Te Katanrake	Maeon te Mwaneaba
6)	シエラ	Te Bakoa ?	Maeon te Mwaneaba
7)	ブイヨナ	Te Bakoa ?	Auriaria
8)	カロトゥ（テリアラワ）	?	Auriaria
9)	タビアン	?	Auriaria
10a)	テカエワウア	Krongoa Raereke	Auriaria
10b)	ヨアキム	Buriburi te Rara	Auriaria
11)	ボーカイ	Te Katanrake	Tenkieura
12)	タワンガ	Birimo	Auriaria
13)	ネアウア	?	Te Maunga
14)	テガウン	?	Te Maunga
15)	リーノ	Te Bue	Te Maunga
16)	カーモキ	Te Katanrake	Te Maunga
17)	カイウエア	Te Mauri	Te Neiba
18)	テバレレイ	Te Katanrake	Te Neiba
19)	バレイアキ*	?	Te Neiba
20)	タウアニコナ	?	Tabon te Ba
21)	アントニオ	Tawaea	Tabon te Ba
22)	テイテイ	Te Bureniui (Te Wiwi)	Tabon te Ba
23)	キマエレ	Te Bakoa ?	Tabon te Ba
24)	テブアウア	Te Mauri	Tabon te Ba
25)	バコア	?	Te Bananginang
26)	テルオンナン	Te Katanrake	Te Bananginang ?
27)	カマータイ*（テルル）	(Te Katanrake)	Te Bono
28)	トアリキ	Tawaea ?	Te Bono
29)	テウトゥ	Te Katanrake	Te Bono
30)	トンガウア	?	(Tawaea ?)
31)	ルアシウ	Te Katanrake	Tabon te Ba ?

注1：座席名および地名の後ろに付けた？は、本人は知らなかったが、第三者が主張した名である。
注2：＊印は夫に死別した寡婦を示す。世帯27)のテルルはマラケイ島出身で、世帯唯一の既婚男性。妻の父の座席（テ・カタンラケ）に座る。
注3：世帯番号8)では、'95年にカロトゥが教員宿舎に移り、オイのテリアラワが住むことになった。
注4：世帯番号10b)のヨアキムは、父テカエワウアの座席でなく、祖母カラエシウの座席に座ることが要請されていた。
注5：世帯番号31)は'95年に新居を建てて、世帯番号13)から出ていった。

表Ⅲ－2　集会所座席に対応する世帯番号

集会所座席名	対応する世帯番号	世帯の数
Etanimone（Karongoa）	1）	1
Te Bureniui（Te Wiwi）	22）	1
Buriburi te Rara	10 b）	1
Te Bue	3），15）	2
Te Katanrake	4），5），11），16），18），26），27），29），31）	9
Karongoa Raereke	10 a）	1
Te Mauri	17），24）	2
Te Bakoa	6），7），23）	3
Tawaea	21），28）	2
Birimo	12）	1
Bare te Ngaina	N村には不在	0
Te Maikuike	N村には不在	0
?	9），13）	2
?	8）	1
?	20），25）	2
?	2），14），30）	3
	計	31

注1：世帯27）はマレケイ出身の男性が妻の亡父の座席に座っている。
注2：世帯19）は寡婦と未婚女性のみであり、表には入れていない。
注3：世帯番号は表Ⅲ－1に対応する。

ウンガタプ（Maungatabu）型のみだったとモードは記している（Maude 1980 [1961]: 47）。

　座席についての詳細を知るために、村にある31の世帯を戸別訪問したとき、それぞれの世帯主に集会所の座席名称を尋ねてみた[11]。その結果に加え、後から判明した名称をまとめたのが表Ⅲ－1および表Ⅲ－2である。戸別訪問時には17人が7つの座席名を回答し、残り14人の世帯主が自分の座席名を知らなかった。戸別訪問による各世帯主へのインタヴューの他に、年輩女性カラエシウが、自分の座席はブリブリ・テ・ララー（Buriburi te rara）という名であり、孫（息子の息子）のヨアキムがそこに座ることになったと語った。また、長老のアントニオはN村不在者の座席名として、バレ・テ・ンガイナ（Bare Te Ngaina）、テ・マイクイケ（Te Maikuike）があることをしばらく考えた末に思い出した（表Ⅲ－2）。その後も座席について村人に重ねて質問し、結果的に村不在者の

第Ⅲ章　集会所の多様化および現代的意義　97

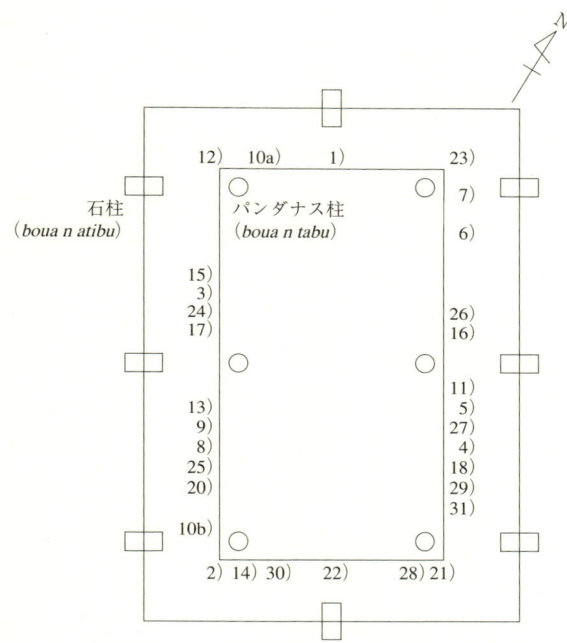

図Ⅲ－1　N村の村集会所における座席の配置
注：図中番号は表Ⅲ－1に対応する。

座席2つを含めて12の名称を収集した。なお、自分の座席名を知らないのは、若年者に限ったことではない。長老男性や年輩女性も自分の座席名を知らないことがあった。また座席名を答えた17人のうち、8人までもが同一のテ・カタンラケ（Te Katanrake）と答えたことも注目に値する。

　村集会所における各世帯主の座席位置を示したのが、図Ⅲ－1である。これらの図表から、現在村に住む人々が14の座席に分かれて座ることがわかる。しかし、座席に関する人々の話を聞くとしばしば混乱が見られた。以下に具体例を示す。

［座席名と旧カーインガ地名の混同］
1）　キマエレと座席の話をしていたとき、彼は私の収集した座席名が、実は全て座席名ではなく、旧カーインガの地名だと主張した[*12]。つまりキマエレは、旧来のカーインガの地名とそれに結合する座席の名称を混同して人々が用い

ているというのだった*13。ちなみにグリンブルやモードの座席配置図に現れる名称を参照すると、N村の人々のいう座席名に共通するのは、テ・バコア（Te Bakoa）とカロンゴア・ラエレケ（Karongoa Raereke）、ビリモー（Birimo）およびテ・カタンラケ（Te Katanrake）しかなかった（cf. Grimble 1989）。また、エタニモーネ（Etanimone）、テ・ブエ（Te Bue）、ターワエア（Tawaea）などの地名がN村内にあるのは事実である*14。

2) 未婚の中年男性テカイワは、彼のキョウダイであるテイテイの座席名はテ・ウィウィ（Te Wiwi）であり、旧カーインガ名がテイテイの主張する座席名テ・ブレニウイ（Te Bureniui）なのだと主張した。これは先のキマエレの主張、つまり旧カーインガ名と座席名の混同と重なるものである。さらにテカイワは彼の父およびキマエレの座席名はテ・バコア（Te Bakoa）であり、旧カーインガ名はテ・ネイパ（Te Neiba）だといっていた。この座席名を長老のキマエレは知らなかった。テ・ネイパは、集落内の地名として存在する。

［土地保有と座席の関連性］

　旧カーインガ地名と座席名が混同されていることがわかり、旧カーインガの土地保有と座席に結合があることを予測して、何人かに質問してみた。調査対象者は、その人物が座席名として答えた名称が村内の地名と一致する者、および上記のテ・バコアに座席をもつ者の計17人である（表Ⅲ－3）。アンテレアとその弟がテ・ブエに、テバレレイとその弟がテ・カタンラケに土地を保有したりその相続を主張していた。しかし、タカレブ、ボーカイ、カーモキらは座席名と一致する土地を保有していなかった。つまり現在、座席の権利を保持するにあたって、座席と結合していたという旧カーインガの土地を保有することが、必要条件ではないことが明らかになった。

［座席名の混乱］

1) 村の最年長男性テアウオキは、すでに公の社会活動から引退しており、稀にしか集会所に姿を見せない。そのテアウオキによれば、彼の座席はカロンゴア・ラエレケ（Karongoa Raereke）という名であり、旧カーインガ名はわからないとのことだった。また、テアウオキは40歳代男性のタカレブの座席名は、彼の主張するエタニモーネではなくカロンゴア（Karongoa）であると主

第Ⅲ章　集会所の多様化および現代的意義　99

表Ⅲ－3　集会所座席に関わる旧カーインガの土地保有状況

世帯番号	集会所座席名	推定旧カーインガの地名	旧カーインガ土地保有
1）	Etanimone（Karongoa）	Etanimone	×
3）	Te Bue	Te Bue	○
4）	Te Katanrake	Te Katanrake	?
5）	Te Katanrake	Te Katanrake	○
7）	Te Bakoa	Te Neiba	×
11）	Te Katanrake	Te Katanrake	×
12）	Birimo	Birimo	△
15）	Te Bue	Te Bue	○
16）	Te Katanrake	Te Katanrake	×
18）	Te Katanrake	Te Katanrake	○
21）	Tawaea	Tawaea	×
22）	Te Bureniui（Te Wiwi）	Te Bureniui	○
23）	Te Bakoa	Te Neiba	○
26）	Te Katanrake	Te Katanrake	×
28）	Tawaea	Tawaea	×
29）	Te Katanrake	Te Katanrake	?
31）	Te Katanrake	Te Katanrake	×

注1：○；土地保有または土地相続権の保有、×；土地および相続権を有せず、△；世帯主本人が知らない、？；不明
注2：Tawaeaとは、N村南部全体を指示することが多いが、ここでは一筆の土地名に限定している。

張した[*15]。なお、タカレブは私が村を離れる直前には、自分の座席をカロンゴアであると主張するようになっていた。

2）タビアンは当初座席名を知らなかったが、ある日突然テ・マウリだと主張した。

3）ネアウアは私が尋ねた際、傍らにいた母親に聞いて自分の座席名を母のテ・カタンラケと答えていた。ただし、実際にはテ・カタンラケでなく父親から継承した座席（名称不明）に座っていた。彼もある日突然、自分の座席をビリビリ・テ・ララーであると私に主張した[*16]。

タビアンとネアウアの主張について、長老を含む何人かの村人に、確認のために聞いてみたのだが、誰もが否定した。2人は同じ座席に座っているとのことだった。

[複数の座席の使用]

　あるとき長老のアントニオは、いつもと異なった場所に座っていた。多人数の来客があれば、客に押しやられて通常の座席と別の場所に座ることもあるが、そのときには村人のみしかいなかった。アントニオに理由を尋ねると、「ここも私の座席なのだ」と笑いながら語った。アントニオは一時的にそこに座っていただけで、後日、再び前の場所に座った。このように、1人の人物が複数の座席を使用することが可能なのである。これは、明らかに過去の民族誌の記述とは異なる事実であった。

[座席の占める範囲]

　N村集会所の座席は、物理的に範囲が固定されて、隣との明確な境界線が引かれているわけではない。テ・カタンラケの成員は村在住の既婚男性30余名のうち3分の1近くを占めている。饗宴時には全ての既婚男性が前列に座ることから、テ・カタンラケだけで大きく場所をとることになる。一方、1人だけあるいは空席の座席もあることから、個々の座席範囲は人数によって大きく変わり得る。つまり、現在の座席範囲は、物理的に明確に境界線が引かれておらず、相互に位置関係が定まっている配置である。個々の座席が集会所内で具体的に占める範囲は、状況によって柔軟に拡大したり縮小したりし得る。多人数いるテ・カタンラケの座席は、境界線が定まっていれば込み合って全員が座れなくなるだろう。その場合、テ・カタンラケから他の潜在的権利を有する座席（例えば母方の座席）への移動が見られてもよいはずである。しかし、選択的な座席の移動は、現状では起こっていないし、その必要もないのである。

　以上のように、ニクナウ島で私が得た資料やモード、グリンブルらの記述とは異なり、N村集会所の座席の明確な名称、関係する旧カーインガなどについて、村人の誰もが納得するような一致した意見はなかった。また神話や座席の由来についての話も全く聞くことがなかった。伝承が比較的豊富に残されているという、ニクナウ島やベルー島のような一部の例外を除いて、おそらくタビテウエアのみならず、たいていの島の集会所は同じような状況にあると推測される[*17]。

2−3. 座席の継承およびその意味

　私が聞いた座席に関する情報は人により、また同人物であってもときにより、相互に整合性を欠いていた。このような情報をまとめると、以下のようになる。

1）自己の座席名を知らない人が多いこと、座席名と旧カーインガ地名の混同が見られることから、村人たちは座席の名称を重要とは見なしていないことが窺える。座席と旧カーインガの結びつき、神話的祖先に関する知識は継承されず、個々人によって異なる断片的な知識を保持している。それらの知識を集会所で相互に出し合い、コンセンサスに到達するまで議論し、知識を固定化したり、知識に正統性や権威を付与することもない。

2）村人が認める座席の総数は、集計すると名称不明および不在者分を含めて16個あった。今後、認識される座席の数は減少していく可能性がある。タビテウエア・ノース、タラワやライン諸島への移住者は帰ってくるか否か確かではない。不在者の座席が忘却されるのは不可避と考えられる。

3）テ・カタンラケに多くの人が座り得ることは、物理的に座席範囲が固定化していない、つまり座席の間の境界線が明確に引かれていないことを示す。この事実も、過去の民族誌とは一致しない。仮に過去の民族誌のように、境界線が固定化されているならば、テ・カタンラケの座席は満員になり、母方の座席に座る者が出てくるはずである。

4）座席は主として父親から継承する。私の尋ね方によっては、漠然と先祖（*bakatibu*）から伝わっているという。しかし、具体的な系譜を辿って先祖からの継承を詳細に説明することができる者はいない。

5）1人の人物が柔軟に2つの座席を行き来する例が見られた。周囲の人々もその行為に対してとくに気に留めなかった。つまり潜在的な権利を放棄せずに、複数の座席を使用することが可能である。

6）複数の成員を有する座席では、成員の長が定まっていない。つまり、過去の民族誌にある「座席の長」という認識がない。民族誌によれば、座席の長（カーインガ長に一致するだろう）のみが集会所で発言できたという。ところが、実際に発言するか否かは別にしても、集会所では既婚男性の誰もが（ときに女性も）発言可能である。

7）日常生活のみならず集会所においても、座席成員は1つのまとまった社会集団を形成していない。参加者は座席というよりも、世帯の代表として参加する。後述するが、村集会所に入って座る資格を与えるものとしてのみ、継承された座席は認識されている。

　以上指摘した通り、現在のN村集会所の座席が、民族誌に出てくる座席のモデルと異なることは明らかである。以下、現在の座席のもつ意味を考察する。

　たいていの村人はN村で生まれ、幼少時から村に住んでいるので、特に座席に関する知識を意識化する必要はない。子どもの頃から躊躇なく村集会所に入って遊び、やがて親から座席を継承することができる。男性であれば、思春期までは父親の後ろに、結婚後は父親の座席の隣に座ればよい。女性であれば結婚前は父親の後ろ、村内の男性と結婚した場合は夫の後ろに座る。また、村外もしくは島外からの婚入女性も同様に夫の後ろに座る。N村に親族をもつ近隣の村人は、親族の座席に座ることができる。通常はこのように、座席や旧カーインガの名や系譜を知らなくても、集会所を利用する上で混乱することはない。

　厳密にいえば、座席を継承しえない男性が村に居住している例もある。テルルはマラケイ島出身の男性で、N村の妻の家に居住している。当然彼は継承された座席をもたないが、村集会所の饗宴などの機会には、世帯で唯一の既婚男性であるため前列に座る。テルルの座る場所は妻の亡父の位置であった。男女を問わず、婚入者が集会所に入って座る資格は保証されている。もし、座席をもたず、村に配偶者もいない全くのよそ者（*iruwa*）が来たならば、来客として集会所のラグーン側に座らされる[18]。

　さて、座席の継承に関する興味深い事例がある。N村には近年になって、新たにタビテウエア・ノースからやってきた世帯が2つあった。その世帯員はN村に血縁者がいた。既婚男性であるブイヨナとトアリキは、集会所では血縁関係を辿れる長老の傍らに座っていた。私が彼らに座席名を尋ねたところ、2人とも知らなかった。代わりに、自分の座席は血縁関係のある長老（それぞれキマエレ、アントニオ）と同じであると、2人は答えた。現在彼らが座る座席が、過去の民族誌に描かれた規則通りの父系的継承を経ている保証は全くない。このように考えると、単に村に居住することが、座席を継承することの必要十分条件となってい

るのである。村での居住は、ある人が少なくとも1人の村出身者に系譜を辿ることが可能であり、土地保有や相続を主張し得ることによって認められる。そしてまた、その妻（場合によっては夫）も村に居住できるのである。

　民族誌に登場するカーインガに結合した集会所の座席は、共住親族集団を表していたという*19。ところが現在では、個々の座席成員は社会集団を形成していない。たしかに父子やキョウダイなど近い血縁者が同一の座席に座る傾向がある。しかし座席には、それをとりまとめる長もおらず、成員の居住地も世帯ごとに別々であり、村内の狭い区域に隣接して居住しているわけではない。日常生活において、座席は同じだが世帯の異なる者どうしが、協同作業を行うとは限らない。むしろ、座席や血縁にかかわらず、近隣に住む者どうしや個人的に親しい者どうしが協同作業を行う。せいぜい、職能をもつ座席成員が集会所に関わる協同作業を時折行うだけに過ぎない。人々は座席の代表として集会所に集まるのではなく、村の世帯（または夫婦単位）の代表として集会に参加するのである。その意味で座席の継承・保持とは、過去の民族誌に描かれるような親族集団に関わるものではなく、単に村の居住と結びついている。ランズガードは、座席の成員権について以下のように書いている。

　　座席の成員権（membership）には、複雑に絡み合った系譜によって準神話的な開祖との出自的絆を証明する、煩わしい論議はもはや必要ない。座席成員との親族関係を示せば、それで充分である。（中略）村集会所の特定の座席区画に参加する一般原理は、成員権の所属（membership affiliation）に基づいている。（中略）所属の原理は「浅い」血縁関係もしくは直接的な婚姻関係の認定に基づいている（Lundsgaarde 1978: 72-73）。

　この記述はほぼN村にもあてはまる。しかし彼はノノース環礁を事例とした別論文で、「（座席集団は）その代表を通じて、公的な福利や共同体の意志決定プロセスにおいて、1つの政治的な単位として活動する（Lundsgaarde 1970a: 254）」と述べている。少なくとも私が観察した限り、N村では、異なった世帯に属する同一座席の成員が相互に繋がっておらず、座席成員は政治的単位とは

なっていない。単に世帯の既婚男性が、集会に参加する権利を保証するのみである。この差異は、タビテウエア・サウスとノノースという島によるものかも知れない。そうであるならば、タビテウエアでは各世帯の独立性がきわめて強いことを示すことになろう。もし仮に、ランズガードがノノースに限定せずに記述しているならば*20、座席成員を独立した社会集団として、過度に実体化するという誤謬を犯していることになる。N村集会所の座席は、現代の小家族世帯ごとの居住形態に対応し、座席の保持は、世帯の集合である村という社会集団の成員権に結びついているのである。

　既述のように、世紀の変わり目頃、人々は植民地政府によってラグーン沿いの道路脇に移住させられた歴史的経緯がある。そのため、現在の屋敷地は旧カーインガとは全く一致していない。このような変化に伴い、旧カーインガの土地は、神話的な先祖からの系譜や座席との結合を失い、他と変わらない単なる土地になった。つまり、土地（旧カーインガ）と座席とのつながりは、意味を失ったのである。結果として、血縁関係や養子関係によって村の成員権が認められれば、村集会所に入ることができ、座席を保持できるのである。

2－4．行政末端機関としての村集会所

　以上見てきたようにN村集会所の座席は、モードやグリンブルの再構成した民族誌とは著しく異なった様相を呈している。この状態を単なる「伝統」の衰退として捉えることはできないであろう。N村では、村集会所における一部の座席のみに職能が伴っていた。村集会所における座席の職能は、現代の村落のなかで「より古い」ものと人々にみなされている。すなわち、過去から引き継いだ要素と歴史的に受け入れてきた要素が入り混じり、再編成されて現在の村集会所のシステムが成立している。これより以下、歴史的に受け入れてきた要素である、村集会所に伴う行政的な機能について論じる。

　村集会所は政府の末端として村人を統合し、中央政府からの情報を伝達する機能を有している。おそらくその機能をもつがゆえに、歴史的に植民地時代を経て村集会所が存続し得たのであろう。植民地政府は文化政策として集会所を保護しようとしたのではなく、間接統治をする上で保護政策以上の実質的な便

宜のために、既存の集会所システムを利用したと私は考える。

N村では、基本的に村集会所と教会集会所の2つを使い分けている。村集会所は宗派を超えた公共の目的に使われる。村代表の議員選挙、大統領選挙、首都からの政治家の訪問、私を含む村への来客歓送迎、日常的な島政府事務所からの情報伝達は、主に村集会所で行っていた。また、首都から来た医師や歯科医師の巡回、島在駐の看護婦による乳幼児健診などを行うのも村集会所であった。

ただし、N村はカトリック信徒のみなので、村集会所はしばしば教会の集会所に代替する機能を果たす。例えば、日曜日のミサ後の共食において、従来ならばカトリック教会集会所を使用するはずが、屋根が穴だらけで雨漏りがしたり、ブタに荒らされてココヤシ葉マットを敷いた地床が凸凹になったなどの理由で、村集会所を代わりに使用することがあった。しかしキリバスでは、カトリック信徒とプロテスタント信徒が1つの村に共住する方が普通である。その場合、村と2つの宗派の教会集会所は厳しく使い分けられる。宗教に関わらない村集会所が、島政府からの連絡事項を伝達する唯一の場となるのである。その例を私はニクナウ島で観察した。私の滞在したニクナウ島のM村はプロテスタントが多数を占めていた。両宗派信徒は対立していたが、島政府からの情報伝達のときだけは宗派を問わず、関係者が村集会所に集まるのだった。日常的には両宗派信徒ともにそれぞれの教会集会所を使用しており、村集会所には人の出入りがなかった。

村集会所が行政単位の村と連結していることを明確に示す例がある。タビテウエア・サウスのK村は、1950年代半ばに南側の一集落がN村から分離し、独立した行政単位の村となったという。そのとき、同時に村集会所が新たに建築されたのである[21]。つまり、K村が新たな独立した行政単位となったことが、村集会所を必要たらしめたのである。

中央政府の立場からすれば、自らの情報（*rongorongo*）を伝達する受け口を必要としていたと考えられる。つまり、後述する島政府集会所の出張所として、村集会所は上から変形され、利用されている。一方、村人の側から見ると政府からの情報を受け取り、それを吟味する場として村集会所を利用し、内外の状況に対応していると考えることが可能である。村の外部と村との接点に村集会

所は位置している。首都から村へ役人が来ると、まず村集会所へ通される。先導するのは村の長老と島政府の村議員であり、役人は集会所のラグーン側に座る。まず、食事が出され情報を伝える。そして村側からの出席者が質問をし、話し合いが続く。村の議員も、島政府集会所で話し合った内容を村集会所で人々に伝える。国会議員が帰島したときにも、議会の状況を村集会所で報告する。村人たちは長老を中心に話し合い、村としての意見をまとめる。

現在の村は、カーインガが複合した旧来の共同体が解体され再編されて、世帯を構成要素に形成された、新たな行政単位となっている。村は、自然発生的共同体からの歴史的連続性を強調した解釈が必ずしも成立しない、中央政府に連なる行政単位といえる。このうち村側の組織的行動は、主に村集会所における長老を中心とする合議によって、検討され決定されるのである。

3.「新しい」集会所

3－1. 島政府の集会所（*mwaneaba n te kauntira*）

タビテウエア環礁は、1つの島が2つの行政府に分割されているキリバス離島部で唯一の島である。しかし、植民地期の長期間に亘り、島は1つの行政地区であったという[22]。その頃、南部（現タビテウエア・サウス）は、島統治の中心である島北部（現タビテウエア・ノース）から遠隔の地にあった[23]。後に分割されてから現在に至るまで、タビテウエア・サウスの中心地はB村南西端にあるテオボキアである。そこには島政府の事務所、公務員住宅、ゲストハウス、診療所、生協店舗、生協のコプラ取引所などがある。それらの公共建築物に加えて、島政府集会所（*mwaneaba n te kauntira*）という巨大な建築物が道路沿いに建っている。正確な年は不明だが人々の話によれば、島が2つの政府に分割されるより以前にこの集会所は建てられていたという。

タビテウエア南北の分離以後、テオボキアは政治経済的な中心地として独立した位置を与えられた。それに伴い、島政府集会所の重要性が増したと考えることは容易である。N村のアントニオやキマエレによれば、昔は饗宴や合議の

ためにカヌーで島北部へ出かけていったという。1979年の独立後もしばらくの間、独立記念式典はノースのみで行われていたという話を聞いた。N村の20歳代女性は幼少の頃、独立記念日にはカヌーを使ってノースへ出かけていったという。彼女はその状況を大変だったと語った。現在では、タビテウエア・サウス6村に関わる会議や饗宴は、すべてテオボキアの島政府集会所を使っている。

島政府集会所を直訳すれば、「カウンシラの集会所」となる。カウンシラ (kauntira) とは英語のcouncillorのキリバス語であり、村ごとに選挙で1、2人ずつ選出した各村代表の議員である。さらに、議員8人の中から島議会議長 (chief kauntira) が選ばれる。島政府の集会所とは、したがって、字義通りにはこの村代表議員の集会所を意味する。しかし、実際に島政府集会所で行われる饗宴や合議では、各村の長老や狭義のロロブアカが参加し、強い発言権をもつ。村選出の議員たちは時折、長老の後ろで発言するのみである。議員はたいてい、40歳代の男性であり、年齢が上の長老に圧倒されている感がある。彼らは中央政府と島政府、村人の橋渡し役を務め、合間に挟まれているのである。村ではテオボキアの情報を長老たちに説明し、説得したり意見を聞く役割を担う。

議員のみならず、テオボキアの公務員やクラーク (kiraka)、さらには国会議員 (tia tei) でさえも、長老たちを説得するには困難を伴う。1994年8月、私が予備調査で初めてタビテウエア・サウスに上陸したとき、宿泊していたゲストハウスにおいて、クラークを務めていたブタリタリ出身の男性が小声の英語で、「本当は、長老会議は公式の権限を全くもっていないのだ」と愚痴を言っていたことが強く印象に残っている。首都の中央政府から派遣されてきたクラークは、島では単なるよそ者に過ぎない。島政府集会所の主役は、テ・ウエア・ニ・カイ (Te Uea ni Kai;「人々の長」の意) という名称をもつ6村の長老会議である。

村集会所とは異なり、島政府集会所には固定された座席はない。6村の長老や議員が集まるとき、個人でなく、村ごとに割り当てられた区画に座る。例えばN村住民は常に東南隅付近に座席を割り当てられている。島政府集会所には、長老や狭義のロロブアカのみが村に割り当てられた座席の前列に座る。来客や公務員などはラグーン側の席を与えられる。

さて、島政府集会所の使用目的をあげると以下のようになる。

1) 独立記念日関連の饗宴
2) 島全体で迎える来客（着任してきた公務員、土堤工事関係者、外国人、政治家など）を歓迎する饗宴
3) 島政府などからの賃労働の割り当てに関する合議
4) 島全体に関わる事柄（多くは中央政府から島におりてきた政策に関連する）の合議や説明会

饗宴については次章で詳述するため、ここでは3）と4）について具体例をあげる。

[各村への賃労働の分配]

1992～93年頃、日本からの援助で漁具を売るための店舗がテオボキアに建設された[24]。日本人の現場監督を歓迎する饗宴を開いた後、仕事の割り当てについて話し合いがもたれた。日本人監督は、定まった期間内に建設を終えたかったため、24時間3交代制で島の人々を雇用して作業することにした。島政府集会所における長時間の話し合いの結果、6村の男性に均等に仕事を配分することに決定した。すなわち、1日目の最初にA村、次にB村、最後にC村の男性が作業を担当する。2日目はD村、E村、F村が順に作業する。3日目には一巡して、再びA村、B村、C村という具合である。しかも、1日目と3日目の作業員は異なる。村の中でもローテーションで均等に労働が割り振られるためである。監督は常に違う顔ぶれの労働者に、繰り返し仕事の要領を教えねばならない。あまりにも効率が悪いので、同じ作業員が再び仕事に来るよう要請したという。

この話に限らず、学校校舎などの建設、船荷の積み降ろし、土堤道路補修作業など、同様に島政府集会所で話し合いがもたれ、均等になるよう調整が行われる。私が調査を始めた1994年8月からは、ラグーンの内湾化による水質低下を防ぐ目的で、外洋とラグーンとの間で海水が行き来できるように、環礁のアイレット間を結ぶ土堤道路に穴を開けるチャンネル造成工事が行われた。この際も、北から南の村へ順に仕事を回し、島の全ての男性が作業に参加して報酬を受け取れるように決められた。N村のなかでは、居住地によって3つの作業グループが作られ、日毎に交替で作業現場へ通うように調整された。もし村間に不平等があると話し合いは紛糾し、誰もが納得いくまで話し合うことになる。

［冷凍庫の設置］

　キリバスでは、日本からの漁業援助資金により、幾つかの離島に冷凍庫が設置されている。タビテウエア・ノースにもあるという。1995年7月、島政府集会所における合議で冷凍庫についてとりあげられた。まず、タビテウエア・ノースに冷凍庫があって、サウスにないのは不平等であるとの発言があった。そして、ノースよりも大きな冷凍庫を作ってもらうように、中央政府に要請（*bubuti*）しようということになった。冷凍庫を作ったとして、それを皆のためにどのように利用するか、次の話題となった。島の中北部には、島の人々が共有する大きな人工池が造成されており、そこでミルクフィッシュ（*Chanos chanos*）を養殖している。その養殖を本格化し、捕獲した魚を冷凍保存して人々に売買するという意見が出された。その売り上げ代金を島政府の資金にしようという提案である。

　ここで問題になったのは、仮に魚を冷凍保存し販売したところで、人々が正規の値段で買うかどうかであった。ある公務員は先の漁具店の話を持ち出した。当初は必ず金を払うことが条件だったのだが、結局、掛け売り（*taarau*）が横行してしまった。親族のいない別の島出身者を店員にすれば、掛け売りは防げるのではないか、との意見も出された。しかし公務員は、島の住民が「これは我々皆の魚である」と掛け買いを要請したら、別の島出身者であっても、断れるものではないと反論した。この話は結論が出ないまま、冷凍庫の懇請だけが行われたようである。

　以上の例からも、中央政府と島住民の接点に島政府集会所が位置することがわかる。つまり、中央政府を経た海外からの援助、中央の政策などを島に受け入れ、島内に「摂取」する場として島政府集会所はある。ここでは、クラークのいう「公的な権限のない」長老会議が主導権を持っており、強固な在地の平等論理が支配している。そのため、島政府集会所の合議を経て、賃労働は各人均等に分配される。また、冷凍庫などの援助物資に関しては、政府や援助側よりもむしろ在地側の主導で話が進められていくのである。

3－2．学校の集会所（mwaneaba n te reirei）

　村人が英国植民地政府の悪口を言う際、離島部では学校教育を行わなかった点を指摘することがある。タビテウエア・サウスにおいて、中央政府によって初等学校が作られたのは独立後約10年を経てからであるという（第Ⅱ章参照）。

　タビテウエア・サウスには初等学校が4校あり、そのうち1つの学校は1～3年生のみが通う小さなものである。最も大きな学校はN村内のB村との境界近く、飛行場のすぐ傍らにあり、N村を含む3村の子どもたちが通っている。これらの学校のうち、小規模な学校については確認できなかったが、少なくとも3つの学校には集会所が付随している。学校の集会所（mwaneaba n te reirei）は、学校ができたときに建設されたという。これらの初等学校ができる以前、教会学校を運営するための合議には、教会の集会所が使用されていた。

　学校集会所においては、着任してきた教員の歓迎、離任する教員の送別の饗宴を行うほか、長老やロロブアカから選ばれる村の学校委員（komete n te reirei）と教員による合議、年度終了時（12月）の饗宴などに使用される。教員のみの集会を除くと、饗宴を開催する際に主催するのは村人であり、食事の準備も村の女性が行う。その場合、教員たちは客として扱われる。学校の集会所は学校に付随しているが、運営は教員によるのではなく、委員を中心とした村住民によって主に行われている。委員は、島政府集会所における議員と同様に、学校の話を村に持ち帰って人々に伝える。必要があれば村や学校の集会所で合議を開き、その決定に従って話が進められていくのである。

　学校の集会所は、学校の（つまり教員中心の）ものであるはずだが、島政府の集会所と同じく、実質的な運営は住民の側に委ねられている。つまり、学校に関しても長老やロロブアカの発言が強い影響をもつ。学校にせよ島政府にせよ、外来の制度と在地の制度との接点に集会所は存在し、そこでは在地の人々が主導しているのである。

3－3．教会の集会所（mwaneaba n te aro）

　キリバスでは通常、キリバス・プロテスタント教会（KPC）およびカトリック教会のあらゆる礼拝所に教会の集会所（mwaneaba n te aro）が付随している。

第Ⅲ章　集会所の多様化および現代的意義　*111*

通常、礼拝所のすぐ傍らか、道路を挟んで集会所が建てられている。カトリックとKPC信者の共住村では、それぞれの教会に集会所が付随しており、村集会所を含めて少なくとも3つの集会所があることになる。人口規模の大きな村では、教会信徒の下位グループ (*makoro*) が独自に集会所を建てることもある。この場合、社会集団の分節化に伴った新集会所の建設と解釈できる。

　N村ではカトリック信徒のみしかいないので、村住民と教会信徒が完全に重なり合う。私が滞在した時期には、説教師も村出身者であった。教会関連の問題は、村の長老やロロブアカ、説教師が話し合う。若い既婚男性から任命される委員 (*komete n te aro*) は、教会関係の雑事を任される。教会集会所は、日曜日のミサ後の共食、来村した教会関係者の饗応、献金集めなどさまざまな饗宴に利用される。また、カトリック教会女性団体 (Te Itoi ni Ngaina;「明けの明星」の意) のビンゴ大会が開催されたり、首都のカトリック教会本部へ送る手芸品製作の作業を女性たちが行うこともある*25。また、クリスマスなどの饗宴で披露する合唱や踊りの対抗戦に備えて、練習 (*rei*) を行うのも教会集会所である。説教師のテイオーキによれば、彼が幼少の頃、教会は踊りを性的にいかがわしい行為に繋がるとして禁じていたという。人々はブッシュへ行ってこっそりと踊りを楽しんだとのことである。しかし今は、神を楽しませ、人々が楽しむために踊ることを教会は禁止しない。N村にイタリア留学から帰省中の若い神父がやってきたときも、教会の集会所で踊りをして饗応した。今は踊りに対して「開いている (*E uki*)」という。

　歴史的に見るとタビテウエアでは19世紀中葉以降、プロテスタントのミッションが上陸した。その後、19世紀末に激しい宗教戦争が起こり、ポリネシア人の宣教師が率いる北部のプロテスタント勢力が、南部のシオバ (Anti n Tioba) 信徒を虐殺した (第Ⅰ章)*26。そして一時的に全島住民がプロテスタント信徒になったが、皮肉にも結局はカトリック信徒多数の状況に落ち着いたという (Maude and Maude 1981)。キリスト教が定着して後、今世紀初頭には、フランス人神父が厳しく異教的な慣行や、村集会所への信徒の出入りさえも禁じた。カトリック教徒が集会所に入ったならば、破門にされたという。神父による禁止が、集会所システムに強いインパクトを与えたとゲッデスは主張する (Geddes

1983: 39-41)。

　歴史的な紆余曲折があったにもかかわらず、現在、ヨーロッパ人の持ち込んだキリスト教と集会所システムは、複雑に融合しているかに見える。一見、教会の態度は寛大であるが、基本的にはあくまで教義に反しない「伝統」だけを容認している。例えば通常、教会は初潮儀礼を悪習と見なす。説教師の資格を持つテカエワウアは、娘の初潮儀礼時に村全体で饗宴を行うことを避け、近い親族だけで小規模に行ったという。

　ここで指摘したいのは、圧倒的な影響力を持つ教会上部組織による巧妙な支配の構図である。例えば、プロテスタントでは各村ごとに直接、義務的に献金額を割り当てており、頻繁に集金している。その集金のために人々は奔走し、村の教会主催で献金集めの饗宴を開催する。またプロテスタント説教師は島外出身者であるため、毎日の食事の用意を村の信者が持ち回りで行わねばならない。カトリックでも首都の教会の要請により、踊り用の腰巻きマットを作ったり、教会付属の土産物店に並べる手芸品を無償で送らねばならない。さらに、クリスマスなどキリスト教関連の饗宴が教会集会所で行われ、神父の来訪時には歓迎の饗宴が行われる。上部組織による支配構造は、次の2点に要約できる。

1）教会の集会所システムは、あくまで教会が容認する限りのものである。
2）教会の集会所が信徒の結束を促し、教会のための協同労働や献金を行うのに便利な状況を作り出している。

　一方で、教会の集会所システムは上部の支配下にありながらも、村や島レベルにおける人々の自律的な活動によって支えられていることを見逃すわけにはいかない。そこでは、あらゆる社会活動と同じく、長老を含む既婚男性が合議によって物事を決定し、協同労働によって目的を達成する。教会上部組織と直接的には無縁なN村カトリック信徒の自律的な活動として、次の第4節ではカトリック集会所の新築作業を見てみる。

4．カトリック集会所の新築

　私がN村に滞在していた期間中に、村のカトリック集会所の新築作業が行われた。それまで使用していた集会所は、パンダナス葺き、地床式の建築物であり、しばしば雨漏りしたり床をブタに荒らされたりしていた。さらに他村のカトリック信徒を含めた饗宴を開催するには狭すぎることもあり、村集会所で代用することもしばしばあった。そこで、より大きな集会所に建て替えることになったのである。1995年が明けてから、カトリック集会所の新築の話が具体化した。幾つもの準備段階を経て、実際に古い集会所を取り壊し、建設に着手したのは1995年11月のことであった。私が去った同年12月時点では、集会所の骨組みがほぼできていたが、完成には至らなかった（風間1999c）。ここでは、とくに集会所の建設に至る過程に着目して記述を進める。新築までの過程は、大まかに4つの段階に分けることが可能である。ほぼ時系列的に進行してはいるものの、前後の段階と相互に時間的な重複があることを明記しておく。

  1）　石柱の切り出しおよび運搬作業
  2）　村の3グループによる資材調達
  3）　建設資材購入用の資金調達
  4）　取り壊しおよび建設作業

　新築計画の当初は、集会所の屋根を従来のパンダナス葺きにするという話であった。そのため、村の女性たちは供出用の葺材の製作に勤しんでいた。ところが、遅くとも2月末にはトタン屋根にするという話になり、葺材製作は行われなくなった。この経緯については明らかではない。ただし、首都では当然のことながら、タビテウエア・ノースをはじめとする多くの離島部においてもトタン屋根、コンクリート床製の教会集会所が増加しており、村人がその影響を受けたことは確かである。また、タビテウエア・サウスにはこれまでトタン屋根の集会所が建てられたことはなく、これが初めてとのことであった。私がなぜパンダナス葺きにしないのか質問したところ、長老たちは、トタン屋根の方がいつまでも丈夫であり、葺材を作る女性が辛くない（*A aki kainnano aine*）から

よいのだという。そのかわり、従来の集会所建設には必要でなかった、トタンなどの購入資金を調達するためにさまざまな活動が行われた。

4－1．石柱の切り出しおよび運搬

多くの集会所は重い屋根を支えるため、パンダナスの柱と石柱（*bouan atibu*）の双方を用いている。まず石選びから建設準備が始まった。

[石柱切り出し作業]

＜1995年1月24日＞　朝8：00頃、集落を出発し外洋側の浜へ向かった。最初のメンバーは、アントニオ、テイオーキたちと私の6人だったが途中、テカイワが加わった。またテバレレイはいつの間にか姿を消してしまった。テイオーキにその日の参加者を尋ねると、長老のみであるとの返事が返ってきた[27]。外洋の浜に到着するとすぐに岩盤を見て回る。島のラグーン側は砂浜からなるが、外洋側は灌木の生えた狭い砂浜のすぐ外側を、珊瑚性の岩盤が覆っている。岩盤はそのままリーフフラット（礁原）に連なっている。長老たちは、岩盤のひびの入っていない適当な箇所を探し、棒を使って大きさを測る。

集落に戻り、アントニオの住居で簡単な共食を行う。テバレレイの妻がお茶を運んでくる。テバレレイは、妻にお茶の用意をするよう伝えに行ったため、途中で去っていったようだ。長老のキマエレがやってくる。いつ石の切り出しをするか、何を持っていくか話し合う。26日に、朝食（板状パンダナス保存食とココナツ果肉の団子〔*tangana*〕、紅茶などの入ったポット）を持っていくことに決まる。なお、作業の前夜は、全村人がマトゥ・ラオイ（*matu raoi*）でなければならないという。この語を直訳すれば、「よく眠る」である。作業前夜は、食後21時には床に入り、静かに眠らねばならない。夜中の食事、喫煙、カードなどの遊び、性交は禁忌とされる。破る者がいると事故が起きたり、けが人が出るという[28]。

＜1月26日＞（04：50）テイオーキが私を起こしにくる。まだ夜明け前、周囲は真っ暗である。その後、道すがら次々と6人の長老およびロロブアカを起こして回り、バコアの住居へ向かう。バコアの家は、主要道路から外洋側の石切場へ続く別れ道の分岐点に最も近いため、ここが男性の集合場所になった。バ

コアの高床家屋でお茶を飲み、煙草を吸い、長老、狭義のロロブアカが集まるのを待つ。

(06：00) 日の出前、空の一部が赤くなり始めた頃、浜へ向かう。キマエレらによるとマトゥ・ラオイの他にも、石切りの労働には、幾つかの禁忌が課せられるという。1）集落から浜へ出るまでの間、仮に人に会ったとしても会話を交わしてはならない。2）個々ばらばらに浜へ出てはならない。皆一斉に浜に出る。3）魚を食べてはならない[20]。また4）女性は浜に立ち入ってはならない。どれかが破られると、石柱が折れたり、けが人が出るという。浜に出る手前の灌木の茂みで一休みし、ちょうど日の出に合わせて一斉に浜へ出た。その前に禁忌を知らぬ私1人が浜へ出ようとしたら、たしなめられてしまった。

浜へ出ると、まず座って神へ祈りを捧げ、持参した団子とお茶で食事を摂る。この時点で私を含め、長老、ロロブアカの計13人が集まっていた。なぜ団子を食べるのか尋ねると、労働時の食事（*amwarake ni mwakuri*）だからという答えだった。またカイウエアは、金を使わなくて済むからと言っていた。

(06：30) 三々五々作業を開始する者が現れ、遅れて集落から数人のロロブアカがやってきた。作業は2m近い長さの鉄製掘削棒（*koro bwa*）および鉄斧（*tanai*）で石を砕くという重労働であった。男性たちは、3つに分かれて作業を行った。私も掘削棒を使って作業を手伝ったが、すぐに手の平の豆が潰れてしまった。

(08：30) 石柱となる3つの石塊が岩盤から切り離される。何本かの鉄棒をテコにして割れた石を持ち上げ、完全に岩盤から切り離す。疲れた人は休み、それまで休んでいた人と交替して労働は続いた。

(10：15) 既婚未婚を問わず、若者が一斉に作業場へやってきた。若者は14、5人がかりで切り出した石柱を、木の棒とロープを使って陸まで運ぶ。伝令役のボーカイが女性を集落まで呼びに行く。

(11：30) 女性たちが米、スワンプタロ、パンなどの食事を持ってくる。男性たちは陸に上がり、めいめい食事を摂る。

(12：40) 作業を再開する。午後は主に若者たちが働いた。石切りおよび石柱運搬作業が続く。女性たちは浜に入らず、陸でおしゃべりを楽しんでいる。

(16：30) 潮が徐々に満ち始めてきて、この日の作業は終了した。

石柱の大きさは、長さ約2～2.6m、幅0.6～1m、厚さ0.15～0.3mであった。翌日も同様の作業が行われた。その後も断続的に石切り作業が行われた。当初16本と聞かされていたのだが、結局、12本の石柱を切り出した。

[石柱運搬作業]

＜1995年6月8日＞　外洋側のブッシュには残り5本の石柱が置いてあった。残りは私が首都に滞在している間（3月初旬～5月中旬）にバコアの住居近くの道沿いまで、すでに運搬されていた。6月7日夜もまた、マトゥ・ラオイであった。

（08：40）教会のベルが鳴った。男性を作業へ向かうよう促すためである。

（09：10）男性たちがぽつぽつと徒歩や自転車でバコアの家へ向かっていった。テカエワウアによると、これは若者のみが行う仕事だという。外洋からラグーンまでの道のりをロープで縛った石柱を棒で担ぎ上げて運ぶ労働であった。約1,000kgも重量のある石柱を人力で運搬するのは容易な作業ではない[*30]。

（13：00）3個の石柱を運搬した後、バコアの高床家屋において、各自が食料を持ち寄る共食が行われた。

　1週間後の6月15日に最後の石柱を、若者のみならず長老も含めて運搬し、計12本の石柱がバコアの住居近くに置かれた。この日もバコア宅で同様の共食が行われた。

＜9月27日＞　集落南部のバコアの住居近くに置いてあった石柱は、しばらく放置されていた。3カ月ほど経ってから、集落北部にあるカトリック教会まで、カヌーを使って石柱を運ぶ作業が主に若者によって行われた。9月11日を皮切りに、12日、15日、26日と石柱運搬作業があった。早朝行う際には、既婚の若者のうち各グループ（後述）ごとの代表3人が人々を起こして回った。

（10：00）男性たちがバコアの住居へ向かい、石柱をまず浜辺まで運んだ。

（17：00）潮が満ちてきたため、教会の鐘が鳴らされた。再び男性がバコアの住居へ向かう。2艘のアウトリガー・カヌーでそれぞれ1個ずつの石柱を運ぶ。先頭のカヌーは櫂で漕ぎ、後続のカヌーは帆で進んでくる。アウトリガーと舟体の間の海面下にうまく石柱を吊してバランスをとり、時折カヌーから降りては押して進む。教会近くの浅瀬で石柱を降ろし、この日は陸に運び揚げなかっ

た。カヌーは2往復したので4本の石柱を運んだことになる。
　翌朝午前5時頃、満潮になり、再びカヌーを使った運搬が行われた。同様の方法で10月3日にも、バコアの住居から教会までの石柱運搬が行われた。

4－2．村の3グループによる資材調達
　新しいカトリック集会所は、在地の材料と輸入物の組み合わせから成っている。屋根部分には輸入角材も用いられたが、ココヤシ材も必要であった。また、主柱には、石柱の他にパンダナスが用いられた。これらの在地物の調達は、村を3分した教会グループ（makoro）単位で行われた。これらのグループは以前からあり、ほぼ現在の居住地別に村を分けている。それぞれ聖書からとった名前もあり、北はテ・マリタウ（Te Maritau）、中はイーシマルーベ（Iitimarube）、南はカウスタエカ（Kautitaeka）という。しかし通常は、グループを指示する場合、グループ北、中、南（Kurubi Meang, Nuka, Maiaki）と呼んでいた。ここでは北グループ、中グループ、南グループと表記する。

＜1995年5月22日＞　中グループがココヤシの木を2本、切り倒す作業を行った。このグループの中心となる長老はキマエレであった。

（09：30）キマエレ、タウアニコナらが斧を持って村の北はずれのブッシュへ向かった。集まったのは13人の男性であった。2人の未婚者がいた他は、全て既婚男性であった。

（10：00）高くてなるべくまっすぐなヤシの木を探し、キマエレと若者が簡単に切り倒す。そして即座に斧で樹皮を剥ぐ作業に入る。

（10：30）半分皮を剥いだヤシの木を中央から半分に切る。ヤシの葉を使って幹を回転させ、樹皮の残っている側を上にする。

（10：40）若者が別のヤシの木に登り、ロープを幹に縛り付ける。キマエレおよびテガウンが斧を入れる。

（10：55）ロープを引いてヤシを倒す。この頃には、最初のヤシの皮むきがほぼ完了する。

（11：30）ほぼ作業を終える。後日、ヤシの材木を浜に運んで行き、ラグーンの海水に浸けていた。海水に浸けると材木は固くなり、腐りにくくなるのだという。

翌23日には、北および南グループによるヤシの切り倒し作業が行われた。ところで、村の3グループ成員間には競合意識がある。北グループのヤシの加工作業を横目に見て、私たちが通り過ぎようとしたとき、作業していたボーカイが私たちに向かって、「どうして中グループの作業だけ見て、北グループには来ないのか」とやや強い語調で言った。次章でも類似した例を提示するが、村をグループに分けると、いつもこのようなライバル間の競合に私たちは巻き込まれてしまう。どうにかして自分たちのグループに私たちを引き寄せようとし、他のグループには行くなという。そして、他のグループからは、どうしてあのグループのところばかり行くのか、と責められるのである。5月31日には、北グループが隣村からチェンソーを借りてきた。次は中グループ、そして南グループもチェンソーを借りるということだった。

4－3．資材購入用の資金調達

タビテウエア・サウスにはトタン屋根の集会所はなかったので、村人は輸入資材を使った集会所建設の経験はない。しかし、トタンとセメントを使った民家が、B村に僅かにあるほか、N村内にも1軒の民家、教会の礼拝堂および商店（倒産して後、しばらく放置されていた）がある。さらに島政府の賃労働として、学校校舎やテオボキアの公務員宿舎建設に人々は従事しており、トタンやセメントを使った建設の経験を、多少なりとももっている。またナウル出稼ぎ者の中には、建設労働に従事していた者も僅かにいる。このような技術や知識が、輸入材を使ったカトリック集会所の建設を可能にしている。

建設技術の問題は少ないにしても、輸入資材購入資金の問題が残る。この集会所の新築には、在地調達の石柱や材木、ヤシ縄のほかにも、屋根用のトタンや角材、釘、床用のセメントが必要であり、その購入資金が必須である。私が島を去ったときには、まだ集会所は建設の途中であり、資材もすべて揃っていたわけではないため、実際にどれだけの資金が必要だったか正確にはわからない。当初、村人がいうには、資材購入に3,000～4,000豪ドルかかるとのことであった。

隣村のプロテスタント教会やニクナウ島では村の教会信徒経営の商店があり、教会に関する資金調達に一役買っていた。しかしN村には、私の滞在して

いた時点で教会経営の商店はなかった。資材購入資金を得るために、前述した3グループが複数の手段で資金を集めて饗宴時に供出したり、村全体で資金調達のための饗宴を開催して、物資購入資金を蓄積した。また、1995年に行った学校の教室および看護婦の家屋建設で得た賃労働収入は、当初は個々人に分配されるはずだったが、結局、資材購入資金に回されることになった。資材購入は、集めた金を村出身の国会議員が首都へ持っていき、物資を買って船で島に輸送するという方法をとった。この節では、村内3グループの資金調達について記述する。

［魚やパンダナス葉製マットの売買］

　私の知る限り、6月初旬から各グループによるさまざまな資金集めが始まった。このうち、魚、太編みパンダナス葉製マットを売買するのが主要な集金源であった。

＜1995年6月23日＞　村の多くの女性たちが一斉に太編みパンダナス・マット、トンゴ（*tongo*, ココヤシ果肉を糖蜜で固めた団子）などを持って、村の外へ出ていった。北グループの女性は北端のTW村と土堤工事関係者へ、中グループはテオボキアの公務員へ、南グループは学校教員へ売りに行った。マットは1枚10～25豪ドルで売ったという。

＜6月28日＞　この日は3グループすべてが漁に行った。南グループは昼間、鈎棒（*kaukamea*）やウツボ用筌（*uu*）を使った漁を行い、タコやウツボを獲ってきた。タコ3豪ドル、ウツボ5豪ドルの値段により、学校教員に売ったという。夕方、村共有の舟外機を中グループのヨアキムが教会から借りていった。夜から朝にかけて網漁をするとのことだった。一方、北グループは釣り竿をもって外洋方面へ向かっていった。魚は売買用であり、ほとんど自分たちの取り分はないため、漁は盛んなのだが村では自家消費用の魚が不足していた。

＜6月29日＞（16：20）テカエワウアの妻が私たちを迎えに来た。南グループの既婚の若者4人が舟外機付カヌーで早朝漁へ行ったが、そろそろ帰って来るという。集合場所のテブアウアの家屋では、長老のアントニオらが来ていた。間もなくボートが戻ってきて、獲物を陸揚げする。

（16：40）タコ、ウツボ、何種かのリーフフィッシュを、米袋を開いたビニー

ルの上に広げて、女性たちが処理を始める。早速、N村出身の臨時教員がタコを買っていく。別の教員の息子が14ポンド分の魚、タコ1匹、ウツボ2匹を買っていく。リーフフィッシュは、1ポンド（約500g）当たり35豪セントの値段だという。

(17：05) 漁に行っていたテイテイが高床家屋の上で、パンノキ果実とココヤシ果肉を混ぜた団子（manam ni mai）を食べ始める。テカエワウアが来て、舟外機用のガソリンが手に入ったと報告する。私たち4匹の小魚をもらい、家に帰る。

＜7月13日＞　中グループでは、20～30歳代の既婚男性4人が舟外機付きカヌーで漁に出て、巨大なサメ（人々の話では5～6m以上）を獲ってきた。口を開くと人間が呑み込まれるほどの大きさだったという。あいにく、私は独立記念日の泊まり込みでテオボキアに滞在しており、そのサメを見ることができなかった。このサメの胃袋には、人の髪の毛が入っていたとか、人の骨盤や頭が入っていたという噂が流れた。人々は気持ち悪がっていたのだが、その人喰いザメも資金調達用に売ってしまった。独立記念日の泊まり込みで込み合っていたテオボキアにも、ある既婚女性がリヤカーでそのサメの切り身を売りに来ていた。

[ケンボロ（kemboro）の饗宴]

　ケンボロとはギャンブルのキリバス語であるが、ここでは賭け一般を指示するのではなく1つのゲームを指している。主催者側のディーラーは、20豪セントと引き替えに伏せたトランプカードを配って回る。2枚ずつカードが行き渡ると、次に3枚目を配りながら、先に配ったカードを開いていく。この3枚のカードが絵札ならば当たりであり、賞品が貰える。3枚カードの数字の合計によって、当たりには優劣がある。集会所に集まった参加者（数十人規模）が一度に参加する。

＜1995年6月23日＞　南グループでは前日夜に網漁を行い、饗宴に備えた。タコや塩干しウツボの他に、直径15cmほどもあるココヤシ果肉と糖蜜の団子（tongo）、パンダナス・マットなどの賞品を準備していた。

(19：50) ピックアップ・トラックでアントニオの息子が私の家にやって来て、初等学校へ向かう。途中、村人を拾っていく。

(20：00) 学校の集会所に到着する。南グループ長老のアントニオ、テブアウアのそばに私と妻は座る。賞品が集会所後方に並んでいる。

(20：30) 臨時教員のカロトゥが進行役（bira：笛の意）を務める。食事が始まる。村人は自分で持参した食事を摂る。教員や私たちには、皿が用意されている。私の皿にはタコ、ウツボ、米が乗っている。食事中、南グループ成員が合唱する。

(20：50) 花輪を1豪ドルで売る。それとは別に皿が回ってきて、皆小銭を寄付する。

(21：00) 食事の皿が下げられる。女性たちがタコなどの入ったヤシ籠（baba）、マットを集会所の中央に運ぶ。皿やたらいに団子を入れ、上にタコを乗せる。ウツボはヤシ籠に入ったままの状態である。マットは4枚、皿は8枚ある。団子は合計25個ある。

(21：15) ケンボロ開始。既婚の若者がカードを配る。私たちも1豪ドル分、5枚のカードを受け取る。2巡目のトランプを配り、さらに3巡目を配りながら、前のトランプを開けていく。3巡で1ゲーム終了である。1ゲームごとに勝利者に賞品を渡していく。

(22：15) 3回のゲームが終わったところで、私たちは退散する。賞品はなく手ぶらで帰る。

　ケンボロを開催すると、一晩で100豪ドル以上の利益があるという。中グループも6月9日にケンボロを学校の集会所で行った。

[ヴィデオ映画上映]

　調査当時、タビテウエア・サウスにおいて、ヴィデオ・デッキを所有しているのは3人だけという話を聞いた。しかも、うち1台は故障しているとのことだった。所有者の1人は長老タータの娘の夫であり、ドイツ船乗組員をしていた。このヴィデオを使った中グループの資金集めも行われた。1995年7月9日夜、ほぼ一晩中タータの住居ではヴィデオが上映されていた。1人20豪セントの料金であった。首都では50豪セントだったので、かなり低い額である。しかも、電気のある首都とは異なって、発電機を一晩中稼働させねばならず、実質5〜10豪ドル程度の利益だったのではないかと推測できる。

[合唱隊]

　男女数人が他村の各戸を廻り、合唱しては献金を募ることも行われていたという。具体的にN村の誰がいつどこへ行ったかという資料は得られなかった。私の滞在中、島でこの種の合唱隊が他村から来たのは3回ほどであった。各戸に廻ってきた合唱隊は3曲ほど歌い、小銭を受け取って立ち去る。首都では頻繁に、献金集めの合唱隊が各戸に廻ってくる。

[資金供出（*kaoti mane*）の饗宴]

　以上のような方法で各グループが得た現金を供出するための饗宴が、日曜日の礼拝後に行われた。7月2日、10月8日の例を提示する。なお7月16日にも予定されていたが、私たちを含む多くの村人は、独立記念日の泊まり込みで村にはいなかった。

＜1995年7月2日＞　朝からグループごとにそれぞれ民家に集まり食事を摂っていた。教会での礼拝後、カトリック集会所で集金の饗宴が行われた。通常、教会集会所において饗宴があるときには、人々は村集会所の座席と同様の座席位置に座る。ところが今回は、いつもと同じように座った後で、グループごとに集まるように決まり、座り直した。南グループが集会所の南側、中グループが東側、北グループが北側に移動する。学校教員たちも参加する予定だったが所用があって不在であり、ただ1人、若者（ある教員の息子）が代表者として出席した。

(12：20)　急遽、机と椅子を使うことになり、若者がタータの家から机1つ、椅子4つを運んでくる。

(12：25)　説教師のテイオーキが開会の弁。アントニオが村長老の代表としてこれに応える。各グループ代表の長老たち（北：タータ、中：キマエレ、南：テブアウア）および教員代表の若者が椅子に座る。

(12：36)　全員が立ち上がり、讃美歌を合唱する。タータが議長と決まり、挨拶する。その後、リーノの提案でグループごとに讃美歌の対抗戦をする。歌が終わるごとに、手拍子で3本締め。

(12：55)　祈りの後、南グループのアントニオが50豪ドル、中グループのテガウンが60豪ドル、北グループのボーカイが60豪ドルずつ机に持っていき、タータ

に渡す。教員代表の若者は説教師に50豪ドル渡し、説教師が机に持っていく。金を渡すごとに手拍子で3本締めをする。
(13：35) 代表が机を離れて各グループの席に戻る。机と椅子が片づけられる。
(13：40) 食事をグループごとに供出する。米、パン、パンノキ果実のフライ、ラーメン入りスープ、ウツボ、パンノキ果実を甘いきんとん様にした料理（*tubu ni mai*）、貝入りスープなどがある。これらが集会所中央に並べられる。
(13：45) この日はカトリック説教師の研修生が来ていたので、彼が祈りを捧げる。私と妻、説教師、研修生、学校代表、そして村の代表の順に前に出て、セルフサーヴィス形式で食事を取っていく。
(14：10) 食事が終わり、タータとアントニオが一言ずつ感謝の意を述べる。
(14：15) 食事を片づける。説教師から村の長老へ感謝の言葉。
(14：22) ヤシ籠に入った薫製や塩干しの魚が、各グループから出される。学校教員に協力のお礼として渡す。その後雑談が続く。賃労働（学校校舎建設、看護婦の家屋建設）の報酬500豪ドルを個々人に分配せず、集会所の建設資金にあてることに決まる。
(15：00) 説教師の研修生が魚の入ったヤシ籠の1つを受け取ってB村へ帰っていく。集会所の新築について話し合いが続く。建設資金を首都や外国に住むN村出身者に懇請しようという話になる。帰る人も増える。
(16：40) 私たちは家に戻る。ゲームをする人がいる一方で、雑談が続く。
〈10月8日〉 2回目の資金供出の饗宴が行われた。
(12：50) 私たちは少し遅れて行った。各自持参の食事が始まる。
(13：00) 説教師が挨拶する。そのなかで参加者が少ないことへの不満を述べる。アントニオがそれに応えて、理由および謝罪を述べる。多くの男性が、首都から誘致したアバマコロ交易のタビテウエア・サウス支店開店準備、および首都からの商店関係者を迎えるために、島政府の集会所に泊まり込んでいたのである（第Ⅵ章）。しかし、それとは無関係の多くの若い既婚者がカヌーの模型（*makei*）で遊ぶため、浜に出てしまった。それが、参加者数の少ない主な原因であった。再び説教師が不満を述べる。別の長老がそれに対して一言謝罪する。参加者は、私たちと説教師の他に、長老など7人の既婚男性とその妻たちくら

いだった。ボーカイが、今日は机がない、とおどけて言う。食事前に集会所で激しい口論があったことも、饗宴の雰囲気を重くしているように私は感じた。
(13：20) 各グループからの代表が中、北、南の順にテブアウア、テガウンに金を渡す。中グループが450豪ドル、北が330豪ドル、南が360豪ドルの合計1,140豪ドルであった。渡すごとに手拍子3回。この金額は、各グループの成員数に応じて割り振られた額である[*31]。その後、私が以前要請した小型の細編みマットを、テバレレイから私が受け取る。
(13：45) 説教師が合計額の報告をする。ピックアップ・トラックがテオボキアからやってきて待機している。15時30分までに島政府の集会所にテカエワウアら2人は戻らねばならないという。
(14：15) 2人が車に乗って立ち去る。
［その他］
　3グループの資金集め以外に村人が資金を集めるためにとった手段が幾つかある。
1）　首都のラジオ局の放送でメッセージを流し、首都在住者や外国船に乗っているN村出身者（村の子ども；*nati ni kawa*）から送金してもらう。外国まで伝わるのかとの問いに、キリバス近くまで船が来ていれば聞こえる、キリバスに休暇で帰省している船員がラジオを聴き、その後船に戻ったらN村出身者に伝えてくれる、との返事だった。しかし、外国はおろか、首都から送金があったという情報を私は聞かなかった。
2）　村全体で資金集めの饗宴を開催する。これは、「船航行（*kabuti kaibuke*）」という名称であった。集会所を船に見立てて乗客に食事などのサーヴィスをし、乗船料を取るというものである。この饗宴では、パンダナス細編みマット（*kie*）などの競売を行って資金を集めた（第Ⅳ章）。私たちが立ち去るときに村に置いていった灯油ストーブや衣類、ノートなども2回目の資金集めの饗宴で売却して資金にするとのことだった（第Ⅴ章参照）。
3）　前述のように、賃労働で得た現金を個人に分配せず、建設資材購入資金に当てることも行われた。
　このようにして集めた現金は、1995年7月22日時点で計1,700豪ドルあった。

現金を国会議員に渡し、トタンや角材を送ってもらう手順を整えた。資材の正確な値段はわからないが、当初の見積金額では不充分のようだった。私たちが島を去る時点ではまだ資金は不足していたので、資金集めの饗宴を再び行う予定だった。

4－4．取り壊しおよび建設作業

　1995年8月から9月にかけて、相次いで2組の若夫婦が首都へ行ってしまった。このことを長老たちが問題にした。物や労働の供出は夫婦単位ごとに行う。夫婦の片方がいれば1単位としてカウントするのだが、2人ともいなくなると単位が消滅してしまう。この事態は、集会所の新築作業に支障を来すというのである。それ以降、既婚者が首都へ行くことを規制することになった。もしどうしても渡航する必要があれば、皆の承認を得なければならないという。この対応は、長老を中心とした社会集団による個人的行動規制の一例である。

　1995年9月21日に船が到着した。積み荷には、資金を託された国会議員が首都で購入したトタンや角材が積まれていた。入荷したトタンは52枚あった。トタンが紛失するのを恐れ、荷揚げしたテオボキアからその夜のうちに、村の説教師の家へ運んで保管した[*32]。

　パンダナス葺きの古い集会所が取り壊されたのは、11月8日のことであった。その後、本格的な新カトリック集会所の建設作業が行われるようになった。11月12日には、アントニオら7人と妻が村集会所に集まり、しばらくの間泊まり込むことになった。泊まり込みは、私たちが去った12月16日時点でも続いていた。建設作業は、石柱を立てるまで3グループのローテーションで行い、それ以降は基本的に男性全員参加で行うようになった。アントニオとテカエワウアは責任者として、毎日作業に参加していた。

＜1995年11月8日＞　古い教会集会所の取り壊し作業が行われた。
(08：30) 最初のベルが鳴る。9時には2回目のベルが鳴り、取り壊しが始まる。まず、若者が屋根に登りパンダナスの葺材をはずして地面に落としていく。次いで屋根の細い骨組みをはずす。その後、1本のロープを屋根に結びつけ、一気に引っ張って一瞬のうちに崩してしまう。残ったのは鉄木（ミズガンヒ；

ngea) の主柱4本のみであった。屋根の骨組みを構成していた柱を村集会所へ、不要のパンダナス葺材を海岸へ運ぶ。

（11：30）教会のベルを鳴らす。村集会所に集まって、簡素な共食を行う。

＜11月20日＞　石柱を立てる作業。男性全員が参加する。午前中に集会所の四隅にあたる4本の石柱を南西、北西、南東、北東の順に立てる。立てる順序は集会所の型によって決まっているという。今回はカトリックの集会所なので、厳密にはどこから立てても構わないというが、N村集会所と同じタボイアキ型に準じていた。タビアン型の場合には、南東から立てるという。最初の柱を立てる前には、説教師が祈りを捧げた。

　約1,000kgある石柱を立てる作業は容易ではない。石柱を立てる場所には穴が掘ってあり、そこに丸太が差し込んである。石柱を穴に直接差し込んで立てるとすれば、落としたり倒れる危険がある。その危険を避けるため、丸太を介在させる。まず、石柱を穴近くの地面に置く。次に穴に差し込んである丸太に向けて地面の石柱を引きずっていく。そして石柱の一端が丸太に接するようにする。このとき、穴に立てられた丸太と石柱との接点は、穴の上に位置することになる。次に数人の男性によって徐々に石柱と丸太を同時に起こしていく。石柱の下端は丸太に接したまま穴の底にゆっくり滑って降りる。石柱が立つと丸太は除かれる。さらに穴を少し深く掘り、石柱の高さを調節し、最後に穴を土砂で埋める。

　この日の昼食は屋外で摂る。午後からは、残りの石柱を立てる。3日ほどで12本の石柱を全て立て終える。

＜11月23日＞　桁（*tatanga*、または梁）を石柱の上に乗せる作業。男性全員が参加する。集会所の長辺に3本ずつ、短辺に2本ずつ、計10本のココヤシの丸太を石柱の上に乗せ、木釘（*bokai*）で固定する。東側（道路側）の長辺、西側（ラグーン側）の長辺、南側の短辺、北側の短辺の順に乗せる。村集会所の建設のときには、「働く者」の座席成員が木釘を打つのだが、教会の集会所の場合には、誰が打ってもよいとアンテレアが説明してくれた。つまり、特定の座席のない教会集会所の建設は、村集会所よりも規則が緩いのである。石柱の位置を調整したり、木釘を打つために開けた穴を合わせるのに手間取り、午前中に始まった作業は夕方までかかってしまった。

16時前、一通り終わったところで簡素な饗宴がある。食事は前日に団子が指定されていた。板状パンダナス果保存食品の団子、小麦粉やパンノキ果実の団子、塩干し魚を女性たちが籠に入れて持ち寄る。教会委員のテイテイが回ってきて、人々から少しずつ団子を集め、説教師に渡す。国会議員の差し入れのキャビン・ビスケットを若い既婚男性が配っていく。お茶に入れた砂糖は、教員たちからの差し入れであった。
　食事前の作業では、1本の丸太が反り返っているのでうまく木釘で固定できなかった。そこで食後、まっすぐなヤシの木を切り出しに若者たちがブッシュへ出かけて行った。
＜11月28日＞　集会所の内側に位置する柱（boua n tabu）を立てる作業。作業後、簡単な食事を建設現場で摂る。この日の食事は、特に団子という指定はなかった。後に10本の柱が立てられ、11月30日には、その上に桁が乗せられた。
＜12月13日＞　12月に入ると、輸入角材を使って屋根の骨組みを組み立てる作業が進められた。この日は、屋根頂部の棟木（taubuki）を乗せる作業であった。集会所の最も高い位置までヤシの丸太を運び上げるため、作業はなかなか進まない。1本の丸太を乗せて固定するのに昼頃から15時くらいまでかかる。残りもう1本の丸太を乗せ終わったのが16時半前であった。
　その後、建設現場で饗宴が行われた。この日はパンダナス果保存食品の団子や塩干し魚を各自が持ってきた。他に、N村出身の臨時教員と公務員の妻から差し入れられた、米、コンビーフがあった。コンビーフはカレー粉や小麦粉と混ぜて、スープとして出された。米とスープは教会の委員2人が各人の皿に分配した。食事が始まる直前に、委員2人は人々から少量ずつの団子を集めて説教師に渡した。また食事中、委員のボーバイはヤシ縄未供出の女性の名前を呼び上げ、早く出すよう催促した。
　食事前には土堤工事の宿舎から女性2人が自転車でやってきた。工事常勤者からの贈与物である50豪ドルを届けに来たのである。さらに、教員たちからの20豪ドルを臨時教員が長老に渡した。アントニオと説教師がそれに対して礼を述べた。棟木の固定は、集会所の建設が始まった11月以降、最も大きな節目の行事であった。

5.「在地の論理」の場としての集会所

　この章の冒頭では、キリバスにおける先駆的民族誌家であるグリンブルやモードによる、「伝統的」集会所の記述について触れた。彼らが想定したのは、同時代の村集会所に相当するヨーロッパ接触以前の共同体の集会所である。しかしN村の事例を見ると、「伝統的」集会所に関する彼らの記述と私の観察した村集会所の間には、当然ながら大きな乖離を看て取ることができる。

　N村の集会所では、一部職能をもつ座席があるものの、集会所に関する知識はきわめて簡素化しており、座席のもつ意味合いが過去の民族誌とは異なっている。現在、ある人が集会所に座席をもつことは単に村に居住することに等しい。村の居住は、現在または過去の村成員と何らかの系譜関係を辿ることによって保証されている。新たに村に移住してきた人と村人との系譜関係は、必ずしも父系を辿らなくてもよい。また、他島出身者は配偶者が村成員であれば、配偶者の座席に座ることができる。民族誌にあるような、座席にまつわる神話や、半神半人の座席開祖にまで遡る系譜に関する知識は、座席の成員権を確保するための必要条件とはならないのである。

　ただしN村の事例が、タビテウエア・サウスの他村やキリバスの他の島々にあてはまるとは限らない。ニクナウ島のある村落のように、集会所に関する知識が比較的豊富なところもあれば、同じニクナウ島でも、村集会所が消失した村もある（注7参照）。こうした多様な状況のなかで、当然ながら、グリンブルらの「伝統的」集会所の像と重なる例を見い出すことはできない（Kazama 2001）。

5－1.「キリバスのやり方」と集会所

　民族誌家のいう「伝統（tradition）」を意味するような、キリバス語の語彙はあるだろうか。充分に一致するわけではないが、カテイ（*katei*）の語が「伝統」の意味を含むと考えられる。ただし、この語の意味はより広く、やり方、慣行、文化などと訳し得る。人々の日常会話では、「キリバスのやり方（*katei ni Kiribati*）」という言葉 ── 私の目前で発せられた言葉であるから、外国人を意識したも

のとも考えられるが ── を頻繁に聞くことがある。村人は、村集会所を「キリバスのやり方」のうちでも、より古い（ikawai riki）ものと見なしている[*33]。しかし、古いことが村集会所の評価や価値を保証するわけではない。例えば、長老のタータは「昔、キリバスに集会所はなかった。昔の人々は出会えばいつも喧嘩（unun）をしていて、集会所のつくる平和（raoi）はなかった。キリスト教の光（ota）が来てから集会所ができた」と語っていた。このタータ独自の解釈は、集会所の成立自体がキリスト教に由来しているというものであり、集会所が平和をもたらすことを含意しながらも、その「古さ」を否定している[*34]。

また、「キリバスのやり方」とはいっても、キリバスという語自体が英語のギルバートの現地語読みであり[*35]、時間的な古さを喚起させない。人々は、日常的に「キリバス」の語を多用するが、かつて諸島を表したというトゥンガル（Tungaru）の名称を一般にほとんど使用しない。さらに長老さえも、過去への憧憬を語ったり、現在の状況を過去との対比の上で否定することはほとんどない。むしろ、過去をキリスト以前の邪悪な暗い時代と位置付けるのである。つまり、「キリバスのやり方」である集会所に対する肯定的評価と「古さ」は分離すべきものであり、評価に「古さ」は必ずしも必要ではない[*36]。

このように「やり方」という語には、暗い邪悪な過去からの連続性を汲み取ることは難しい。ここに、民族誌家のいう「伝統」とキリバス語の「やり方」の間には、顕著な相違がある。英語（あるいは日本語）の「伝統」の語には、過去からの連続性が強く含意されているのに対して、キリバス語の「やり方」にはそれが弱いか、認められない。さらに、村集会所のみならず、他の集会所も「キリバスのやり方」であるといわれる。古いか新しいかにかかわらず、あらゆる集会所が等しく人々にとって「キリバスのやり方」なのである。集会所に限らず、輸入物のタバコ、キリスト教はもとより、植民地統治期以降もたらされた諸制度なども、「キリバスのやり方」の範疇に含まれ得る。そこでは、欧米文化との対比や差異を強調して、自らの文化を対抗的に純化し、それに正統性を付与することはない。むしろ人々は、あらゆるものを「キリバスのやり方」のなかに吸収してしまう。

政治家や官僚はしばしば、集会所を対外的にキリバスの「伝統」、国内向けに

「やり方」であると述べ、その正統性を強調する。ここで、「伝統」とは、英語で外国向けに演説や文章で表現する場合に用いられる。「やり方」は、キリバス語で国内向けに演説するときに使われる。ラジオ放送の国会中継や、島における公務員、国会議員の演説を村人は日常的に聞いており、政府関係者の発言が村人の意識に影響していることは確かである。集会所が「キリバスのやり方」であるという表現は、村人も容易に受け入れることができるものである。ただし、政治家や官僚は外国との差異化を図り、国内の統一および国民の同一性を鼓舞する道具として、集会所を意識的に強調する。そこでは、集会所をシンボル化し、「キリバスのやり方」や「伝統」を西欧や他の太平洋諸国の文化と峻別し、固定化するという操作を施しているように見える。さて、政府の「伝統」に対する姿勢を示す例として、集会所で踊られるキリバス・ダンス（*mwaie*）に関する2つのエピソードを紹介する[*37]。

1） 1995年、日本で行われる行事に派遣するため、踊りチームの一般公募をラジオで放送した。当初、7チームからの応募があった。後に、政府側が踊りの服装や装飾品を在地の材料のみに指定し、一般に主流となっているビニールやビーズ製の装飾を禁じたところ、4チームは棄権してしまった。残り3チームのうち、技術的にまともに踊れたのはたった1チームのみであり、選考はあっけなく済んでしまった。

2） 一時期、タムレ（*tamure*）というポリネシア由来の踊りが流行した。その頃、集会所で開催される踊りは、ほとんどタムレばかりになっていた。そこで、集会所ではキリバス・ダンスを踊るよう政府が推奨し、結果としてタムレの流行は下火になった。そのため、現在ではクリスマスや独立記念日時に集会所で、キリバス・ダンスを見ることができるのだという[*38]。

このような例からも、人々よりもむしろ官僚・政治家の方がキリバスの「伝統」を強調し、保護するべきであると捉えていることがわかる。そのような態度や意識は、「伝統」を実体化したがる、欧米の民族誌家や観光旅行者のものに近いだろう。一方、タビテウエアの村人たちは、中央政府のように集会所を外国との対比物とし、「キリバスのやり方」を固定化することはない。人々の側は「キリバスのやり方」に対して、より無自覚である。ただし、N村における日常

の会話で「欧米人のやり方（*katei ni I-Matang*）」と「キリバスのやり方」を対比的に語ることはしばしばある。その場合、食料・家屋など生活文化の差異を引き合いに出し、欧米の物資の優越性を語ったり、在地の平等性を無視する利己的な人を、欧米人に見立てて揶揄する程度に留まっている[*39]。政府の見解とは多少のずれを保ちながら、村人たちは過度に正統性を付与することなく、多様化した集会所をいずれも「キリバスのやり方」として捉えている。

5－2．社会集団のシンボルとしての集会所

　集会所は、それに対応する社会集団を構成する人々に対して、いかなる意味を与えるのだろうか。ここではまず、集会所は単なる集会を行う建物ではないことを強調しなければならない。まず、人々は集会所の形態にこだわる。首都の漁業訓練校が、海洋訓練校から独立して新たに発足した際、キリバス人職員から集会所を建てるよう提案があったという。日本人職員は、コストのかからず建設の容易な平屋根の建築物を建てるよう主張したが、キリバス人は集会所の形態は平屋根ではなく、入母屋の屋根でなければならないとして譲らなかったという。通常集会所は、入母屋式屋根で壁のない地床の建築物である。壁がある集会所は、おそらく国会議事堂（*Mwaneaba ni Maungatabu*）くらいであろう。

　集会所は、成員が明確な社会組織（学校、村、島、教会）に必ずといってよいほど付随している。ときには、B村の教会信徒のように下部グループ（*kurubi* または *makoro*）が集会所を建てることもある。集会所の存在は、さまざまな社会集団を目に見える形で体現しているといえよう。ヨーロッパ由来の諸制度が島にやって来た際、多様な集会所を建てることによって在地側が反応したと捉えることが可能である。

　ところで、キリバス語で社会に相当する語は、アオマタ（*aomata*）もしくはボータ・ン・アオマタ（*bota n aomata*）であり、字義通りにはそれぞれ人、人の集まりと訳すことができる。そして、人の集まりには集会所が必要である。社会が多様化すれば、新たな集団が形成され、それに伴って多様な集会所が建設されるのである。そしてある集会所が存在することは、成員とその他の人々との間に、明確に線を引くことを必然的に伴う。言い換えれば、集会所は社会

集団の独立性を示し、成員以外の他者を排除するのである。このような集会所が、個人の社会集団への帰属を否応なしに意識させることが容易に理解できる。

　個人が社会集団に帰属するならば、その集会所の成員権を保持することになる。それは同時に、社会集団の義務がその個人に課せられることをも意味する。社会集団と集会所への無私の奉仕として、集団主催の饗宴の準備、そして集会所の建設や修理への貢献が必須となる。前節でも見たように、集会所の建設には多大の労働投下が必要となる。カトリック集会所の新築作業を観察していて、私は人々の熱意に驚かされた。長老主導による強制的な作業では決してなく、逆に社会集団の集会所建設を人々は誇りにし、働くのを楽しんでいるかのような印象を受けた。

　集会所に関わる協同作業は、集団に帰属する個々人の社会関係を強化するのであり、完成後の集会所は社会集団のシンボルとなる。集会所があってこそ、特定の社会集団に帰属する人々が、主体的な集団活動を行うことが可能となる。翻って考えるならば、集会所がもつ社会集団の求心化作用に依拠することにより、教会上部組織が一般信徒の組織化に利用し得るのであり、政府関係者が繰り返して集会所に言及し、国民の均質性と国家統合を強調し得るのである。

5－3．集会所と平等性の結合

　集会所に関しては、遵守すべきとされる幾つかの規則が人々に共有されている。通常、人が集まっている集会所の前を乗り物で通り過ぎるときには、スピードを落とさねばならない。とくに、ある村の住民が他村の集会所前を通るときには、このような行為が適当とされる。N村集会所の前を他村住民が自転車で通り過ぎる際、わざわざ降りて自転車を押して歩く姿を私はしばしば目撃した。バイクで島政府の集会所の前を通り過ぎた国会議員が、速度を落とさなかった罰として、紅茶とパンやドーナツを供出させられたこともある。

　N村では一時期、村集会所内にイヌが入ってきたら、飼い主が罰金2豪ドルを支払うという罰則が設けられたことがあった。実際に飼い主が罰金を支払った話はついに聞かなかったが、イヌが入って来そうになると、飼い主が石を投げたり大声を出して、イヌを追い払う光景が見られた。その滑稽な慌てぶりが

人々の高らかな笑いを誘っていた。また、現実にはしばしば破られるのであるが、集会所内での喧嘩も禁じられていた。これらの行為や、動物の侵入は集会所に対して失礼（matauninga）なのだという。

　罰則を明文化している集会所もある。B村のカトリック集会所には罰金表が掲示されている。書かれている順に記すと、1）集会所内での飲酒が50豪ドル、2）物を庇に吊り下げることが50豪セント、3）イヌの侵入が1豪ドル、4）金を賭けた遊びが10豪ドル、罰金を払うようにそれぞれ規定している。このような例から、集会所はただ人が集まるだけの場所ではなく、日常生活よりも厳しいさまざまな規則が作用している場であることが理解できる。罰則は通常、集会所における長老を中心とした合議で決定される。

　合議の場では、集会所内の罰則のみならず、労働配分や饗宴の日程などさまざまな事柄が話し合われる。その際、頻繁に使用される語が平等（boraoi）および対立する不平等（bobuaka）である。また、平等／不平等の語には、物の表面が円滑／凸凹、値段が安い／高い、平和／抗争などの意味やニュアンスも含意されている。通常、合議で問題になるのが、作業や報酬の配分、協同作業へのある個人のサボタージュ、少数者や個人の排他的受益、社会集団の資金の使途などがあげられる。論点はいずれも、単純化すれば平等や不平等に帰着し得る。そしてこれらの事柄は、常に平等であることが必要であり、合議に参加する人々が納得するのは、平等な決定である。集会所の饗宴においても、在地の平等性が繰り返し再生産されている（第Ⅳ章）。饗宴のなかで招待客から手渡されるタバコなどの贈品も、均等に人々に分配されなければならない。

　集会所における合議には、突出した決定権をもつ個人はいない。島政府の集会所では、取りまとめ役を長老会議議長（tia babaire）が担い、ほかに進行役の司会者がいるだけである。また村集会所の合議では、このような役割分担さえもなく、個人が意見を述べ合うのみである。たいていの場合、既婚の若者は合議に参加しても口を閉ざしたままである。主に意見を述べるのは、長老と狭義のロロブアカである。なかには、若者と同様にほとんど意見を言わない長老もいれば、40歳代前半なのに活発に意見を述べる者もいる。意見のなかで、長老の発言のみが影響力をもつわけではない。長老の意見であっても、ロロブアカか

ら反論が出されることもある。そして、多数決などで短時間に結論付けることなく、話し合いは延々と続く。

　出された意見が長老会議議長や村の長老によってまとめられ、合議に参加した人々に容認されると、それが「長老が決めた（E taku unimwane）」こととして島または村の住民に伝えられる。この決定に対して、人々は少なくとも公には従わざるを得ない。しかしときには、違反者が出ることもある。それが問題化した場合には再び話し合いがもたれ、ときに違反者に対して罰が科せられることもある。合議に参加した人々が決定に同意したとき、平等性が長老の権威と結合し、集団レベルにおける平等化が、理想的には社会集団全体に発動することになる。これを簡略化した図式で示すと以下のようになろう。

　　　在地の平等性＋集会所システム（長老の権威）＝集団レベルの平等化の発動

　集会所を通した長老の権威による社会集団の統制や合議の決定を、人々に遵守させる機構を、「集団的メカニズム」の用語に置き換えることが可能である。当然ながら、個人が集団的メカニズムに常に従うわけではない。しかし、それが人々の社会生活にきわめて強い影響を及ぼすことは確かである。平等性が社会集団全体に作用するにあたり、集団的メカニズムは重要である。さまざまな問題を通して、在地の平等性が実現化され、集団的メカニズムが作用する場として、集会所の合議を位置付けることが可能である。

5－4．「摂取装置」としての集会所

　ここで村や島と外部世界（首都や外国）との関わりを考えてみる。より広い現代的な視野から集会所を見てみると、キリスト教化や植民地支配を経て、キリバスが独立国家となった現在という一時点において、多様な集会所が存在していることに着目しなければならない。既述のように、島政府や学校の集会所は明らかに、現在の中央政府から来た法や制度に対応している。さらには、村集会所も行政末端の村における中央からの情報伝達の一端を担っているのである。

　島政府の集会所を例にすれば、キリバス独立記念式典後に饗宴という形で祝

賀が行われることからも、中央政府の離島統治に利用されていることが明らかであろう。また、教会集会所はキリスト教会上部組織に認められたものであり、村人の教会関連活動や場合によっては献金集めに利用されているといい得る。仮に教会上部組織が集会所の使用を禁じれば、教会集会所は存続し得ない可能性がある。つまり集会所は、政府にせよ教会にせよ、外部からの支配と矛盾しないか、または支配に利用し得るという条件が与えられてこそ、存立し得ると理解できる。

　しかし反面、その実際の運営は、島政府の集会所や学校集会所であろうとも、在地の人々の手中にあることをすでに述べた。この点については、第Ⅰ章において論じたFFAB経済のB、すなわち官僚機構のタビテウエア・サウスにおける浸透に関わる問題である。中央政府から派遣されたクラークや、選挙で選ばれた議員は、国家の制度のなかに位置付けられる。ただし、彼らは中央政府と島政府、島政府と村との間において、情報を長老や村人に伝達し、またときに彼らを説得する役割を果たすのみである。集会所の合議においては、長老を中心とする人々が決定権を握っている。また、教会集会所に関する主体的活動については、建設作業の項で充分例証できただろう。

　島の公務員や教員は、他島出身者が多い。仮にタビテウエア・サウス出身者であっても、外来者（*irua*）と同様の位置に置かれる。彼らが住むのは主に公務員住宅であり、村人の住む集落とは別の場所である。彼らと村人が顔を合わせ、政府の新政策などに関して合議したり、饗宴を行う場所が集会所である。つまり、集会所とは中央政府由来の制度や外来者と、在地の制度や人々が接触し交叉する空間である。

　仮に新しく教員が島に着任してきたとする。まず島政府の集会所に招かれ、島の長老たちによる饗宴が行われる。そこでは、出身地や名前、親の名前が尋ねられ、在地の人々への顔見せが行われる。次いで、学校集会所で委員や教員と対面し（*bo mata*：「目を合わせる」）、歓迎の饗宴が行われる。この過程で、外来者の属性は住民によって認知され、島や村のなかで固有名詞をもつ外来者として位置付けられる。そして頻繁に開催される饗宴などの場において、外来者としての適切な行為が期待されるようになる。また、首都を経由して来る外

国からの援助なども、まず島政府の集会所で受け入れられる。そしてすでに見たように、在地の平等性に従い、長老やロロブアカの合議によって仕事が均等に分配されていく。

　島政府の集会所は、中央政府の官僚機構が島の人々と接触する点であり、中央政府の政策が遮断され、在地の論理に変換された後に摂取される場所である。村はさらに一段下がった行政の末端として機能する。つまり、村の集会所やそこでの合議は、外部の制度の一部を構成しているものの、在地の論理や制度のなかで動いている。外来の制度や来訪者はまず村集会所において、在地の多数の人々に晒され、長老中心の合議や饗宴の場で在地の論理に再編または変形され、解釈し直された後に取り込まれていく。言い換えれば、集会所は、外来物を在地の論理に変換し摂取する装置として、位置付けることが可能であろう。

第IV章
饗宴の氾濫

饗宴における女性の踊り

この章では、タビテウエアで頻繁に開催されている、共食を伴った饗宴に焦点を当てる。村人は饗宴を中心に生活を営んでいるといっても過言ではない。キリスト教や国家の行事、人生儀礼、来客歓迎などのさまざまな機会にそれは行われている。さらにその規模や内容も多様性に富むため、一括して分析することは難しい。そこでまず饗宴を四型に分類し、具体例を示した上で諸側面を分析する。

饗宴の頻発はきわめて現代的な現象であり、参加する社会集団は島全体の長老会議、行政村、キリスト教信徒組織などである。それらの構成単位は、旧来の共住集団であるカーインガとは切り離されたムウェンガ（共住小家族世帯）や夫婦単位となっている。また饗宴の食事は輸入食料に高度に依存し、そこで贈与される物は在地の食料（スワンプタロ、板状パンダナス果保存食品）よりも、むしろ現金や輸入物のタバコが主である。饗宴のなかで人々は社会的規則や秩序を強調し、ときに破り、再び秩序を回復させようと試みている。また、多様な集団間の競合関係を顕現させた上で、友好関係に転換している。さらに大型の饗宴における贈与では、招待客である有職者が現金やタバコを村人に繰り返し分配する図式を看て取ることができる。

このように幾つかの角度から考察してみると、頻発する饗宴とは、人々を巻き込み、輸入食料や現金を消費しながら平等性を再生産する場、外来の制度や外来者に在地の平等性を付加して取り込む、活きた場と考えることができる。

1．饗宴の現状

1－1．ボータキという用語

ボータキ（*botaki*）とは現代のキリバス語で①饗宴、共食、②団体、政党、集会を指示する語である[*1]。ところが、キリバスの社会・文化研究の先駆者というべきグリンブルやモードの民族誌のなかには、その語を見いだすことはできない（e.g. Grimble 1933-34, 1972, 1989; Maude 1977a [1963], 1980 [1961]）。私が調査前に読んだ文献には、ボータキという用語の使用例を見ることはほとんどなく、

とくに気に留めていなかった。しかし、実際に調査に行き村に住み着いてみると、①の意味におけるボータキが頻繁に行われており、きわめて印象的だった。キリスト教布教者の編纂したキリバス語・英語辞書には、現在頻発している饗宴という意味のボータキという語を正確に表す訳語は出ていない。比較的詳しいサバティエの辞書では、ボータキの項に名詞としてassembly、reunion、choir、society、group、clubとあり（Sabatier 1971 [1949]: 77）[*2]、人々の集合、集会、集団を示すのみである。ここから食事に結びついた饗宴の意味を汲み取ることは難しい。さらに、ビンハムの辞書では僅かにassemblyとあるだけであり（Bingham 1953 [1908]: 74）、カウエルの著した文法書に付随した語彙集でも、全く同様の記載があるだけである（Cowell 1951: GV7）。これらの辞書編纂者がキリスト教布教者であったことを考えると、キリスト教における集会の用語をキリバス語訳したのがボータキであり、後に現在使われている意味が付加された可能性がある。

　ボータキの語について、饗宴や共食の意味が汲み取れる例もいくつかある。イーストマンによる英語・キリバス語語彙集のpartyの項には、ボータキ・ニ・ククレイ（*botaki ni kukurei*, ククレイとは「喜び、楽しみ」の意）と出ており、現代のボータキと相通じる訳がなされている（Eastman 1948: 99）。1940年代後半に調査したルオマラは、食料分配のための集会（reunion for sharing food）をボータキと呼び、集会所の屋根の葺き替えや新しいココヤシ葉製マットを敷くときに全ての座席代表が食料を持ち寄って仕事の完了を祝う（Luomala 1965: 40）と書いている。

　またランズガードによると、私が実地調査で経験したのと同様の饗宴をボータキとしている。ボータキは単調な日常生活を破るものであり、踊り、歌、食事、談話、礼拝、カヌーレースなどが伴うという。ボータキを開催するのは、子どもの出生、1歳の誕生日、初潮、結婚、養子縁組、死、名前の変更、擬似的親族の縁組（*bo*）、友人や外部者の歓送迎、（英国の）女王誕生日、イースター、クリスマス、新しいカヌーの建造や進水、家屋の完成、長老の集会などさまざまな種類の機会をあげている（Lundsgaarde 1966: 110）。

　一方、モードは古典的民族誌のなかで、重要な集会所においては、儀式的集会（ceremonial meeting）が数多くあると記述している。全島あげての大規模な

祭礼（nikiran te toa aba）から人生儀礼など個人的なものまで、さまざまな規模の集会があるという。モードのいう儀礼的集会とはほとんどが集会所の座席に関わるものであり、1）集会所の屋根を閉じて完成させるとき、2）最初の葺き屋根を切るとき、3）最初のココヤシ葉製マットを敷くとき、4）屋根を葺き替えたとき、5）パンダナス収穫の終わる時期、6）集会所の首長（uea）の頭骨を箱に収めて吊すとき、7）戦争での勝利、8）その他（植民地統治時代の）高等弁務官の訪問など、特別な行事のときに行うという（Maude 1977a [1963]: 43）。これらはルオマラがボータキと記述したものにほぼ一致し、現代のボータキにある程度対応すると考えてよい。

　さらに1970年代に調査したホッキングズは、ボータキとは単なる談笑や談話（kakaki botu）とは異なるより形式的な集会であり、祝宴から計画的な儀式（programmed ceremony）までを含むと記述している（Hokings 1989: 115）。ホッキングズはその具体的な内容については全く言及していないが、上記のルオマラの説明からは、ボータキが集会所の座席に関わる食料分配を伴った集会や儀礼を指すことがわかる。ところがモードは、ほぼルオマラの言及と同じ内容の集会について、なぜかボータキという語を用いていない。モードが調査した時期には、集会所における儀礼を指示する用語として、ボータキの使用が普及していなかったか、あるいはモードがボータキという語を「伝統的」ではないと見なし、あえて使わなかった可能性もある。

　ランズガードも書いているように現代のボータキは、モードやルオマラのいう「集会所における座席に関わる集会」とは比較にならないほど、広範で多様な饗宴や共食を指示している（Lundsgaarde 1966）。また、私の調査したタビテウエア・サウスでは、多くの座席の職能や名称がすでに忘却されているので、座席に基盤を置いた集会自体が、厳密に言えばほとんど成立し得ない。座席は旧来の居住地であるカーインガ（kaainga）に連結していたが（Maude 1977a [1963]）、現在の人々の共住集団は旧来のカーインガの一部が分散し、独立性をもった小家族世帯となっており、日常的な活動単位はこの世帯である（Geddes 1977: 388-390, 1983: 41-44）。少なくとも私の知る限りにおいて、タビテウエア・サウスの村々で旧来のカーインガについての詳細な知識を保持している長老は

いなかった。さらに、特定の座席がない新しい集会所も数多く建てられ、そこでもボータキが開催されている。つまり当然のことながら、現代の村人の生活にモードやルオマラの記述をそのままあてはめることはできない。ボータキについても同様であり、旧来の民族誌からは現在のボータキの内容、頻発化の実態について窺い知ることはできないのである。

　調査地の人々があるボータキについて言及するときには、1）主催集団の名、主催者の個人名や場所などにボータキの語をつける場合、2）開催目的にボータキの語をつける場合、3）開催目的をボータキの名称のようにいう場合、がある。例えば、1）はテ・イトイ・ニ・ガイナ（Te Itoi ni Ngaina: カトリック女性団体の名）のボータキ、テオボキア（地名）のボータキ、タワンガ（主催者名）のボータキ等という。2）では、「送別のボータキ（*botaki n te karaure*）」などという。3）はボータキという名称をつけずに送別（*karaure*）、来客（*kairua*）、クリスマスなどという。あるいはボータキの語を使わずに地名や主催者名、方角のみで会話が成り立つことも多い。上記のように目的や場所を言わずとも、たいてい会話の脈絡から何を指示するのか明らかであり、単にボータキとしか言わないこともある。

　現代では多様な饗宴、共食を総称して漠然とボータキと呼ぶが、この用語について、以下の可能性を指摘することができる。①ボータキの語は以前、集会や集団一般のみを表していた、②ボータキの語はキリスト教語彙による影響を受けている、③ボータキが集会所における饗宴一般を指示するようになり、その呼称が普及したのは20世紀以降である。さて本書では、ボータキを集会とは訳さずに「饗宴」の語をあてる。集会には幾つもの種類があり、ボータキはそのうちの1つである。通常、集会所で行う合議はボーウィー（*bowi*）、何らかの報告会はカオンゴラー（*kaongora*）、歌や踊りの練習にはレイ（*rei*）というように、ボータキとは異なる固有の用語を使って、人々は幾つもの集会を区別しているためである[*3]。

1－2．頻度、種類および分類

　私の観察した饗宴とは、通常集会所で行われる既婚男性の形式的な共食であ

る。既婚男性のうちでも長老が主導する。饗宴の参加者は、長方形の集会所の四辺に沿って、あぐらをかいて内側を向いて座る。通常、女性や未婚の若者、子どもはその外側に座り、正式の参加者とはならない。既婚男性たちは主催者の用意した、または自ら持ってきた食事を共に食べる。饗宴を構成するのはa）共食、b）贈与、c）歌や踊りなどの遊び（*takakaro*）、d）食料分配である。ただし、これらの要素が全ての饗宴において見い出されるとは限らない。4つの要素の適当な組み合わせによって饗宴は成り立っている。

私がタビテウエア・サウスに滞在した延べ13カ月の期間中に、N村の人々が関わった饗宴の数は80回に上った[*4]。その月別の回数を図Ⅳ－1に示す。最低でも月2回（1995年2月）、多いときには月9回（1995年9月）、平均して月約6回開催されている。後述するが、饗宴にはキリスト教会や国家の年中行事として毎年同じ時期に開催されるもの、来客、出産や初潮など、状況に応じて開催されるものがあり、月によって多寡がある。いずれにせよ平均すれば、毎週、村内外のどこかしらで、N村住民の少なくとも一部の参加する饗宴が行われていた。

開催場所は民家が一番多く27.2％である。ただし多種の集会所をひとまとめにしてしまうと67.8％になり、饗宴の主要な開催場所は集会所といえる（表Ⅳ－1）。また饗宴を行事の種類別に大まかに分類して頻度を見ると、キリスト教会

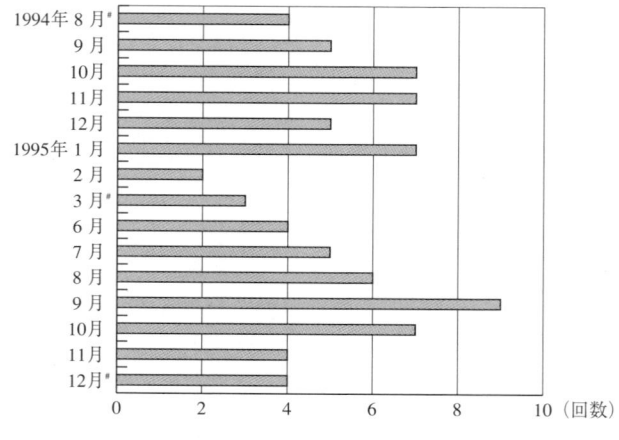

図Ⅳ－1　饗宴の月別頻度
＃：調査者の島滞在期間が2週間以下だった月

表Ⅳ-1　饗宴の開催場所別頻度（'94年8月～'95年12月）

開催場所	回数	比率（％）
民家	22	27.2
N村集会所	15	18.5
N村教会集会所	13	16.0
他村教会集会所	11	13.6
島政府集会所	10	12.3
学校集会所	6	7.4
その他	4	4.9
合計	81	100

表Ⅳ-2　饗宴の行事別頻度（'94年8月～'95年12月）

行事種類	回数	比率（％）
教会	19	23.5
来客	18	22.2
人生儀礼	14	17.3
村労働後	12	14.8
政府・学校	11	13.6
帰省者	6	7.4
その他	1	1.2
合計	81	100

および来客歓送迎の饗宴が20％以上、続いて人生儀礼、政府・学校の行事、村人の協同労働後の饗宴が10％以上となっている（表Ⅳ-2）。ここでまず、饗宴を目的別に見てみる。

①キリスト教会：クリスマス、イースターなどの年中行事、教会集会所の建設などを目的とした資金集め、信者の下位グループがしばしば行う定例の饗宴・共食がある。

②来客歓送迎：首都から来た役人や政治家、土堤道路補修工事のために来たオーストラリア人技術者、神父、村人の個人的な客など、さまざまな客の来島、来村に伴って開催する。島や村への来客を指す語（iruwa）には、別の島から来た「よそ者」という意味もある。その場合、よそ者とはタビテウエア（あるいは村）に土地を持たない者だと説明される。通常、短期間しか滞在しないよそ者は、自由に行動することが許されない。全ての食事を受け入れ側の

者（村や島の人々）とともに摂り、どこへ行くにも受け入れ側の誰かが案内するのである[*5]。

③人生儀礼：出生、初潮、婚姻、死に伴う儀礼を含む。第一子の満1歳の誕生日前後にコロ・ン・リリキ（*koro n ririki*）という饗宴を行う。それが男児ならば、女児よりも盛大に行うという。第二子以降でも親の意志で行うことがある。村では2例を除き、1歳の誕生日は世帯だけでひっそり行っていた。村在住の国会議員によると、これは首都から入ってきた饗宴だという[*6]。

④政府、学校関係：政府に関する饗宴として、独立記念日前後に行うものが最大であり、タビテウエア・サウス6村から人が集まる。学校関連の饗宴には、学期末の12月に学校の集会所で行うものがある。

⑤協同作業後の共食：村の男性が協同で建設や漁などの労働をした後に共食を行う。これを饗宴と呼ぶかどうかは人によって異なる。村内だけの小規模の共食である。

さて、饗宴とはこのように多様な行事や目的を含み、規模も島レベルから世帯の主催までさまざまである。これより以下、開催目的とは独立して、饗宴を図Ⅳ－2のように四型に分類する。目的による分類のみでは、饗宴のもつ構造的側面やパターンを見落とす恐れがあるためである。分類に関して、規模の大小および客と主催者の交換の有無を指標とする。1）規模：同一村居住者のみ

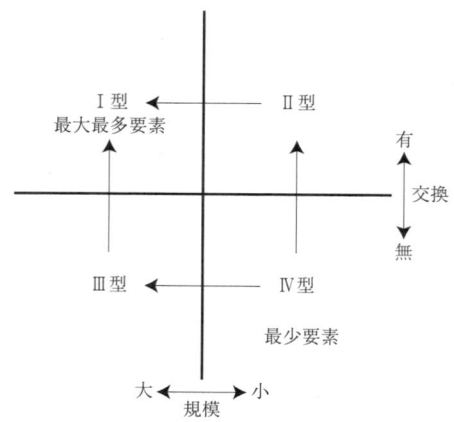

図Ⅳ－2　饗宴四型の分類概念図

が参加するか否か、集会所で開催するか否かを規模の指標とする。さらに、2)贈与*7：饗宴参加者が主催者と客に区分でき、何らかの贈与を行うか否かを基準にする。ただし、この基準によって饗宴を完全に分類できるわけではなく、例外的な饗宴もあることを明記しておく。なおここで客は、正式な招待（*kakao*）して呼ぶ招待客（定職者や外来者）と、自由意志で参加する多数の村人に分けることができる。

I）大規模交換型（表IV－3a）：定収入をもつ公務員や教師などを招待し、集会所で行う。食事を提供された返礼として、招待客はタバコを1、2ブロックもしくは現金を主催者側に贈与する。教会関係の資金集め、独立記念日前後の夜に島政府の集会所で行う饗宴が代表的である。通常複数の村から参加者がある。首都や外国からの来客を村や島で迎える場合も、この型に含まれる。a）共食、b）招待客からの贈与、c）歌や踊り、d）その場で食べたり世帯に持ち帰るための、客への食料分配がある。最大最多要素の饗宴といえる。

II）小規模交換型（表IV－3b）：主に人生儀礼を含む。ほとんどの場合、主催する世帯の大型高床家屋で行う。定職をもたない村人が主たる参加者であり、客となっている。村在住の有職者も参加するが、他の村人や村外から教員や公務員を呼ぶことはほとんどない。人生儀礼では、客の村人が定められた額の小銭（2または3豪ドル）を主催者に渡す。主催者の世帯は食事を提供する。外国船などからの帰省者を歓迎する場合もこの型に入る。ただしこの場合、村人は小銭ではなくスワンプタロおよび板状パンダナス果保存食品を持ち寄り、村や教会の集会所で行うことが多い。通常a）共食、b）贈与、d）主催者から村人への食料分配が行われる。世帯で開催される人生儀礼ではb）の小銭は食事前に主催者に渡す。

III）大規模共食型（表IV－3c）：クリスマス、新年、イースター、独立記念日の昼の饗宴を含む。基本的に参加者は自分の食事を持参する。外来者の参加があっても、現金やタバコの贈与はない。この型の饗宴では、参加者の一部が会場である集会所に数日から1カ月以上の間泊まり込む。複数の村からの参加者がある。I型と同様に村もしくは教会信徒グループ間の対抗形式で

表Ⅳ-3a　Ⅰ型饗宴の特徴

種類	場所	主催者	客	物の流れ（主催者から客）	物の流れ（客から主催者）
独立記念（当日昼を除く）	島政府集会所	島（6村長老）	有職者	食事、パンダナス食品、プディング	現金、タバコ
3村友好	3村の村集会所	3村（3村長老）	有職者	食事、スワンプタロ、パンダナス食品	現金
資金集め	教会集会所	教会信徒集団	有職者	食事、競売やくじの賞品	現金
来客歓送迎	島政府集会所、村集会所、世帯	島、村（長老）、世帯	来客	食事、パンダナス食品	タバコ
説教師息子の1歳誕生日	N村教会集会所	N村、説教師世帯	教員	食事	現金
集会所建設資金献金	N村教会集会所	信徒下位グループ	教員	干し魚	現金

表Ⅳ-3b　Ⅱ型饗宴の特徴

種類	場所	主催者	客	物の流れ（主催者から客）	物の流れ（客から主催者）
出生	世帯	世帯	村人	食事、食事分配	現金（2、3豪ドル）
死亡	世帯	世帯	村人	食事	現金（5豪ドル程度）
初潮	世帯	世帯	村人	食事	?
婚姻	N村教会集会所	世帯	村人、他村親族	食事	現金（5豪ドル）、プディング
家屋建設	世帯	世帯	村人	食事	屋根持ち上げ労働
帰省者	世帯、村集会所、教会集会所	世帯	村人	食事、食事分配、現金、タバコ	スワンプタロ、パンダナス食品

合唱や踊りを行う。通常 a）共食およびc）歌や踊りからなる。ただしc）は食事と切り離して、別の日に設定されることがある。

Ⅳ）小規模共食型（表Ⅳ-3d）：漁や集会所建設などの協同作業後に行う共食や、日曜日の礼拝後、教会の集会所で行う共食を含む。食事は各自が持参することが多い。基本的に村内のみで行い、通常、参加者を客と主催者に分割することができない小規模な共食である。饗宴とそれ以外の共食の境界にあると位置付けられる。a）共食のみからなる。最少要素の饗宴といえる。

饗宴にはさまざまな形式がある。Ⅲ型やⅣ型のように、必ずしも客との贈与交換が必要なわけではないし、客と呼び得る参加者がいないこともある。有職者や外来者を招待したり、踊りや合唱の競合を行うのもⅠ型、Ⅲ型のように大

表Ⅳ-3c　Ⅲ型饗宴の特徴

種類	場所	主催者	客
クリスマス	B村教会集会所	島（6村）信徒	（神父、教会役員）
イースター	B村教会集会所	島（6村）信徒	（教会役員）
マリアの祭り	TK村教会集会所	島（6村）信徒	（—）
教員の教会信徒団体	N村教会集会所	教員信徒団体	（N村長老）
新年	B村教会集会所	島（6村）信徒	（—）
独立記念（当日昼）	島政府集会所	島（6村）長老	（教会関係者）
青年の日	島政府集会所	島（6村）長老	（—）

注：教会とはカトリックを指す。

表Ⅳ-3d　Ⅳ型饗宴の特徴

種類	場所	主催者	客
集会所建設資金献金	N村教会集会所	村人（教会信徒）	（—）
実習生饗応用漁後	指定の世帯	各村下位グループ	（—）
船航行饗宴用漁後	説教師用家屋	村人（教会信徒）	（—）
集会所建設資金用漁後	指定の世帯	村信徒下位グループ	（—）
日曜礼拝後	教会集会所、村集会所	村人（教会信徒）	（—）
教会集会所建設労働後	教会敷地	村人（教会信徒）	（説教師）
通常の1歳誕生日	世帯	世帯	（—）

注：教会とはカトリックを指す。

規模な饗宴に限られる。小規模のⅣ型を見ればわかるように、饗宴の最小の必要条件とは、異なった世帯の既婚成人男性が計画的に1カ所に集まって共食することである。それ以外の要素は饗宴の規模や性格によってそれぞれ付加され、内容に多様性を与えているのである。

2．饗宴の具体的事例

　上記の類型に沿って、幾つかの饗宴の様子を具体的に見てみる。なお饗宴の前に、参加する人々は水浴び（*tebotebo*）しなければならない。他村の人々が集まる大きな饗宴（Ⅰ型・Ⅲ型）では、男性はラバラバ（腰布）にシャツ、女性はラバラバにTシャツやシブタ（*tibuta,*スモークの入った袖無しシャツ）、または

ワンピースという服装が原則である。またあらゆる饗宴において、男女とも普段はあまり着用しない下着を着けなければならない。水浴びや定まった服装の規則は、教会の礼拝と同様である。

2－1．大規模交換型饗宴（Ⅰ型）

[N村カトリック集会所の新築資金調達のための饗宴；1995年11月25日]

場所：N村集会所。主催：N村（カトリック信徒）。招待客：有職者およびその家族、プロテスタントのパスターなど

背景：N村のカトリック集会所の建設資材（輸入角材、トタン、釘など）を購入する資金調達のため、饗宴を開催した（第Ⅲ章）。この饗宴は、集会所を船に見立てて仮想のクルージングをするという想定で、「船航行（kabuti kaibuke）」という名が付いている。招待客を乗船客に見立て、進行役を務める長老のアントニオは船長として振る舞う。客は集会所に着くと乗船料（5豪ドル）を支払い、席に着く。そして仮想のクルージングを楽しむという設定である。しかし入場料を取る以外には、内容はとくに他の饗宴と変わらない。

（10：20）送迎のピックアップ・トラック（島政府所有）で客が到着する。村の集会所の入口には机が1つ出されており、受付のタウアニコナが客から乗船料を受け取る。集会所ではまず2人の長老が客に挨拶する。ツイスト・ダンス用のスピーカーとレコードプレイヤーが運び込まれ、集会所の隅に置かれる。

（11：10）ナカエウェキアが、事前に招待状を配っておいた者の名を読み上げ、出席をとる。この日、他村でも饗宴が行われていた。出席が期待されていた土堤工事関係者は、他村の饗宴に参加していてN村には来ない。

（11：25）集会所の南側にはN村の長老たちが座る。その他の席は全て招待客用である。長老たちの背後、集会所の外には客用に準備した食事の皿が並べられている。N村の参加者は狭義のロロブアカ4人、長老4人、そしてカトリック説教師である。また上記4人とは別のロロブアカ3人が雑務を行う。

　まず全員が起立して讃美歌合唱、そして神への祈りで饗宴が始まる。入場料未払いの人から5豪ドル、招待状を忘れてきた人から罰金として2.5豪ドルを集

第Ⅳ章　饗宴の氾濫　149

める。このような資金集めの饗宴では、何かにつけて罰金をとり、その度に笑いが起こる。村出身の臨時教員がふざけながら何か理由をつけて、10豪セントずつ集めて回る。

（12：00）客用に食事の皿が出てくる。この皿はココヤシの葉を編んだもの。米飯の上にはカブキ（パン、ドーナツ、蒸しパン）と焼き魚などが乗っている。それとは別に米飯、貝（*were*）のスープが入った大きなたらいが客に回ってくる。客たちはこのたらいの食事だけを食べる。ココヤシ葉の皿に乗った食料は、ビニール袋（米袋など）に皿ごと入れて持ち帰る。

（12：20）食事終了。説教師の妻が20豪セント支払った人に香水スプレーをかけて回る。手を洗うのに石鹸を貸してくれ、とある客が言う。水と石鹸がたらいに入ってくる。そのサーヴィスに対して小銭を取る。またある客が踊りを許可して下さい、という。許可料としてまた小銭をとる。アントニオが10分間だけ、ディスコ・ダンス様のツイストの時間を与える。このように何かと小銭を集める。

（12：50）ツイストの後、手芸品の競売（*ororake*）が始まる。まずテガウンが村の女性の編んだパンダナス・マットを、1枚ずつ客に見せながら集会所内を歩く。参加者から声が掛かり、値段が吊り上げられていく。細かい図柄を編み込んだマットには、とくに高値がつく。80豪ドル、70豪ドル、95豪ドル、50豪ドル、55豪ドルと次々に競り落とされる。続いて箒が2〜7豪ドルで、匂いをつけたココナツ油（750㎖瓶入り）が10〜20豪ドルで競り落とされる。

（14：00）再びツイストが行われる。

（14：14）競売再開。パンダナス・マットなどの手芸品が次々と売られる。

（15：00）蒸しパンと紅茶が客に出される。

（15：40）今日集まった金の集計を発表する。現金で約600豪ドル、掛け売り分1,800豪ドル、計2,400豪ドル。長老たちが参加者と談話。

（16：10）讃美歌と祈り、饗宴終了。客はピックアップ・トラックを待つ。

［独立記念日後、テオボキア公務員の饗宴；1995年7月15日］
場所：島政府の集会所。主催：長老会議（Te Uea ni Kai）、島議員。招待客：テ

オボキアに住む公務員

背景：キリバスの独立記念日は7月12日である。タビテウエア・サウス6村の長老およびその世帯員（妻、未婚の娘、孫など）は7月9日から島政府の集会所に泊まり込んでいた。そこでは1日3回の食事を、長老たちは各自持ち寄ってともに食べていた。独立記念日当日の昼に行われた饗宴（後述）の他、3回にわたって夜、土堤工事作業員（オノトア島出身者）とオーストラリア人技術者、テオボキアの公務員、学校の教師をそれぞれ招待して、饗宴が行われた。また昼間、共食とは別に各村で競う踊りや合唱大会、バレーボール、カヌーレース、レスリングなどが並行して行われていた。ここで記述するのは、そのうち公務員を招いての饗宴である。ちなみに私は、テオボキアの公務員住宅に住むN村の長老タータ——彼は長老会議の議長（*tia babaire*）である——の娘の家に宿泊して一連の饗宴や行事に参加していた。

（19：30）私はタータとともに、自分たちの食事を携えて島政府の集会所へ向かった。集会所は各村から持ち寄った発電機と蛍光灯で明かりが灯されている。私たちは集会所の南東隅辺り、N村長老の席に座る*8。N村からはほとんどの長老、中年既婚男性が来ている。また説教師は、B村カトリック集会所で別の泊まり込みに参加しているために不参加。招待客は開始時間の19時30分を過ぎても集まりが悪い。結局12人の招待客のうち、2人は欠席した。また招待客の看護婦は後ろに退いていて、無職の夫が彼女の代わりに前列のパンダナス・マット上に座っている。慣例として招待客は西側（ラグーン側）の席に座る。

（20：05）議長のタータが笛を吹き、「行儀よく座って下さい（*Tekateka raoi*）」と叫ぶ。次いで各村で準備した、ココナツミルクにつけた板状パンダナス保存果（*roro*）と、スワンプタロのプディングを潰し、甘く味付けしたカスタード状食品（*bekei*）を客の座席の前へ運ぶ。

（20：15）私たちとタータは、持参した甘い紅茶をカップについだ。ところが国会議員が供出した紅茶入りのやかんが座席に回ってきたので、すでについだ分をわざわざポットに戻し、差し入れの紅茶を再びカップに注いだ。続いて、国会議員からのパンもたらいに入って回ってきた。この紅茶とパンは、朝方、バ

イクの速度を落とさず集会所の前を通り過ぎた国会議員に対する罰（tua）として、饗宴の参加者全員に提供されたものである。
（20：20）祈りの後、食事開始。今回の饗宴では、公務員たちも食事を持参している。ロロとペケイの2つが、彼らへの贈与物である。ちなみにタータと私たちの持参した食事は米飯とパンノキ果実のフライ（いずれも昼の残り）、カツオの塩干し、ペケイ（贈与物の余り）、インスタントラーメン（スープは入っていない）であった。

　ある村の人々が立ち上がり合唱する。ついでN村の島議員と女性たちも合唱。そのとき議員はヤシ酒を飲んで酔っており、歌詞を勝手に作り変えて、ある村をからかうような歌を歌った。集会所は静かになってしまい、重い雰囲気になる。議員の妻は泣きじゃくってしまう。
（20：49）話し合い。侮辱された村の長老が立って苦言を呈する。N村の長老としてアントニオが謝罪する。結局、司会役のタータがN村に罰を科すという提案を行い、集会所の人々の承認を得て落着する。明日の夕食は、集会所に来た全ての長老の食事をN村で用意することになってしまう。
（21：10）テオボキアの公務員代表が立ち上がって挨拶する。饗宴の開催、長老からの贈与物へのお礼を述べ、ツイスト・タバコ2パックを長老たちへ渡す。N村のカーモキが手拍子に合わせて感謝を表す短い踊り。集会所内は、カーモキの精霊を模した滑稽な動きと声に笑いが起こる。次いで、ある村の男性が集会所の中央へ、警察隊の行進をまねしてふざけ気味に歩いていき、客に向かって敬礼する。
（21：20）村の人々の合唱。返礼としてテオボキアの公務員たちも3曲合唱。再びタバコ1パックを看護婦らが長老へ贈る。今度は、別の男性が手拍子に合わせて感謝の短い踊り。
（21：40）国会議員の提案で集会所を北、南、西に分けて歌（anene）とキリバス・ダンス（mwaie）を行うことにする。西とは客の公務員である。まずN村を含む南組（男性のみ）が歌を2曲、踊りを3曲披露する。
（22：00）北組の男性も踊り。次いで公務員たちが合唱。これを2巡繰り返す。途中、キリバス・ダンスではなくツイストのように男性が女性を、女性が男性

を誘って集会所中央で踊る*⁹。

(23：15) 再び短い談話の後、饗宴は終了する。私たちは集会所を去る。しかし集会所内の人々はまだ雑談を楽しんでいた。

2－2．小規模交換型饗宴（Ⅱ型）

[子ども誕生の饗宴；1995年9月28日]
場所：アンテレア宅。主催：アンテレア。客：村人
背景：アンテレアの家で孫が生まれた。子どもの父親はアンテレアの次男であり、日本漁船に乗り込んでいるため不在だった。母親はニクナウ島出身。この若い夫婦にとっては初の子である。村で子どもが生まれると、何日か経った後に数人の長老が世帯を訪問し、饗宴の日取りを決める。通常はその世帯の一番大きな高床家屋（*buia*）で行う。アンテレアの世帯では新しく高床家屋を建てている最中であった。そこで今回は高床のない建てかけの家屋で開催した。地床の白い小石の上に敷いたココヤシ葉製マットの上に既婚男性は座った。

(13：00) 今日の饗宴は人の集まりがよい。一昨日の饗宴（ドイツ商船からの若者の帰省）では、多くの男たちがラグーンでカヌー模型を走らせて遊ぶのに熱中し、贈与物だけ供出して饗宴にはあまり集まらなかったのである。その状況に対して長老たちが苦言を呈し、不参加者に罰を科すことに決めた。そのため人々は早々に集まって、高床家屋や饗宴会場の未完成家屋で双六（*sorry*）をしたり、雑談していた。参加者はアンテレアに3豪ドルずつ、すでに手渡しているようだった*¹⁰。

長老のアントニオが「子どもたちの食べ物はどうなったか」と調理中の女性に尋ねる。この言葉は、女性が持ち帰る分配用料理の出来具合を尋ねたものである。
(13：15) アントニオが高床家屋で遊んでいる男性に声を掛け、そろそろこちらへ来るようにと促す。直後にたらいに入った米飯とドーナツが運ばれてくる。男たちは会場の家屋へ来て、車座（正確には長方形）になって座る。女性は持参した皿とスプーンをココヤシ葉製の籠から取り出し、男性に渡す。
(13：20) 男性の座っている家屋から10mほど離れた調理小屋で、集まった女性

たちに対して持ち帰り用の米飯、スープ、紅茶の分配が始まる。

（13：35）アントニオが祈りを捧げる役にテブアウアを指名する。祈りの後に讃美歌を1曲合唱し、食事開始。米飯、ドーナツ（半分に切ってマーガリンが塗ってある）、魚フライ、鯖缶とココヤシトディーのスープ、缶詰スパゲティのスープが食事メニューである。

（13：55）男性の食事がほぼ終わる。男たちはタバコを作り、ふかし始める。一方、女性と子どもたちは残りの食事を屋外や高床家屋で食べ始めている。このような饗宴では、主催者は前面に出てこないことが多い。この日もアンテレアは別の高床家屋の方にいて、食事に参加しなかった。また通常、生まれた子どもやその両親も全く人々の集まりには関与せず、裏方に徹する。食事前後の談話で子どもの話題が僅かに出る程度である。人々は集まって食べ、雑談し、双六などをして遊んで、饗宴は終わる。

　食事の後、島議員からテオボキアの新しい店舗の建設作業について話がある。協同作業の話が出たところで、過去の仕事への参加、不参加を巡って激しい口論が起こった。口論は仕事の報酬の分配方法にまで及んだ（第V章）。

（15：20）口論がやっとおさまった頃、人々は遊び始める。私たちも家に帰る。

［外国船帰省者の饗宴；1995年2月16日］
場所：村集会所。主催：帰省者（タビアンの弟テバノ）の世帯。客：村人
背景：日本漁船へ出稼ぎに行っている未婚の若者が、一時帰休で村に帰ってきた。出稼ぎに行ってから初めての帰省である。村では、長期間首都や外国へ行っていた者が最初に帰省したときに饗宴を行う。2度目以降の帰省には饗宴を伴わないという。帰省者の饗宴では、村人がスワンプタロおよび板状パンダナス果保存食品を持ち寄る。そのため、饗宴の前日もしくは当日朝、村人はスワンプタロを掘り起こしに掘削田へ行く。私はその日の朝、キマエレのスワンプタロ収穫を見に行った。帰ってきて間もなく、帰省者本人と兄タビアンが私の住居へやってきた。話を聞くと午後に行う饗宴出席の招待であった。

（11：30）村集会所には長老のアントニオと帰省者の兄が来ており、何やら相談

している。

（12：10）三々五々男性が村集会所に集まり始める。男たちは双六を始める。

（13：00）少女2人が米飯、ドーナツの入ったたらいを集会所に運んでくる。女たちが続々とココヤシ葉製の籠と空のやかんを持って来る。帰省者本人と同年代の若者が持ち帰り用の紅茶が入った巨大な鍋を運んでくる。女性がスープを運んで来る。

（13：14）双六中止。男たちは自分の座席に座る。米飯の入った大きなたらいを3人の若い女性が運んでくる。分配用の食料が入った巨大な鍋やたらいは、集会所の北東角の外側に置かれている。アントニオが座ったまま、もう1人の長老テブアウアに向かって「そろそろどうか」と話しかける。

（13：21）アントニオが立ち上がって話し始める。テバノが無事帰って来られたのは神のおかげ、という内容である。他の長老たちも立って話す。

　2人の既婚男性が供出者の名前を呼び上げながら[11]、スワンプタロおよび板状パンダナス果保存食品を集めて回る。アンテレアが供出者の名を呼びあげたが、全員ではなかった。供出物を男たちが帰省者の兄の座席後方に運ぶ。

（13：39）説教師が祈りを捧げ、食事開始。煮て切り分けられたスワンプタロとロロの一部が、私たちと説教師の席へ運ばれてくる。男たちは空の皿を用意してきている。食事の入ったたらいを回していき、自分で取る方式である。食事内容は米飯、ドーナツ、ラーメン・カレー粉・ブタ肉入りスープ、コンビーフとカレー粉入りスープ。2種類のスープは小麦粉が入っており、どろどろしている。女性と子どもたちは男性の後ろで食べている。

（14：00頃）帰省者の母親が座ったまま、タバコ1ブロックと現金50豪ドルをカーモキに渡す。カーモキはアンテレア、次いでテバレレイにそれを持っていく。すぐにアンテレアは立ち上がってタバコを参加者に分配していく。

　説教師が立ち上がって招待に対する礼の言葉。タビアンがそれに応じて発言し、村人に参加の礼を言う。これで饗宴は終了する。一方、集会所の傍らでは若者2人が供出者の名前を呼びながら、女性たちにブタ肉、米飯、スープ、紅茶を分配している。

（14：15）アントニオが座ったまま、村のカトリック集会所用の石柱切り出しや

小学校教室建設など、仕事の話を始める。
(14：25) 双六再開。子どもたちは分配の余りを集会所の端で食べている。私たちはタビアンに招待の礼を言い、集会所を去る。

　今回の饗宴には、帰省者であるテバノは姿を見せず、既婚者である兄タビアンと母親が参加しただけだった。

2－3．大規模共食型饗宴（Ⅲ型）
［独立記念日当日、昼の饗宴；1995年 7 月12日］
場所：島政府の集会所。主催：長老会議、各村の島議員、政府事務所の公務員
背景：午前中、政府の事務所前で独立記念式典が行われた。初等学校の児童が
　　　緑のココヤシ葉製スカートを纏い、警察官が制服を着て広場に整列する。
　　　島の長老たちは襟付きシャツにネクタイ、揃いのラバラバ姿で隅の方に
　　　並んでいた。このネクタイは長老会議の資金を使って首都から取り寄せ
　　　たものである。皆ネクタイの締め方がわからないため、私も何人かに教
　　　えてあげた。ただし数が足りず、長老全てには行き渡らなかったため、
　　　ネクタイをしていない長老は一般見物人のなかに混じっていた。

　　　　式典ではまず、B村のカトリックの説教師が祈りを捧げる。そして合
　　　唱。次に国旗掲揚台の下で、島議会議長（*chief kauntira*）は、中央政府か
　　　ら送られてきた文書を読み上げる。文書には、首都の式典で大統領が読
　　　み上げる演説がそのまま書かれている。国会議員や長老会議議長の演説
　　　の後、式典終了。その後饗宴がある。

(10：40) 子どもたちはすでに島政府集会所の端でコンビーフを食べていた。
(10：45) 司会者が笛を吹いた後、プロテスタント合唱隊による讃美歌斉唱。食事が始まる。人が多くて集会所は込み合っている。N村からは長老 3 人、狭義のロロブアカ 1 人、島議員が前列に座っていた。またカトリック、プロテスタントの説教師たちもそれぞれ揃いのシャツとラバラバを着て前列で食事していた。基本的に、参加者は食事を持参していた。我々の食事は米飯、パンノキ果実のフライ、汁なしラーメン、ラーメンと木の葉の入ったスープである[*12]。紅茶、コンビーフのサンドイッチが回ってきた。他の参加者の食事も米飯、汁な

しラーメン、コンビーフ、パンが主だった。式典で演説した国会議員はすでに普段着のシャツと短パンに着替えていた。遅れてきたので、彼は集会所の端に座って食事していた。

（11：10）再びプロテスタントの合唱隊による讃美歌。少しの間談話があるが、騒々しくて内容はよく聞きとれない。

（11：25）司会が皿を片づけるように指示する。食事が終わる頃には、長老たちはネクタイをはずし、Tシャツに着替えてリラックスしていた。

（11：45）各村から来た説教師が帰る。ただ食事をしただけで、あっさりと饗宴は終了し、カード・ゲームなどが始まる。集会所の外では若者が集まり、バレーボールを使って蹴鞠のように遊んでいた。

［クリスマスの饗宴；1994年12月25日］

場所：B村カトリック教会集会所。主催者：6村カトリック信徒、説教師、委員等の教会関係者

背景：毎年クリスマスの饗宴は、隣のB村にあるカトリック教会集会所で行う。この年は12月17日から1月11日までの間、6村のカトリック関係者が集会所に泊まり込んだ。N村からは説教師、教会の委員の3家族が泊まり込みに参加した。私たちは村からの要請を受けて、12月23日から27日まで、彼らとともに宿泊した。このときも独立記念日の泊まり込みと同様に、基本的に1日3食を集会所で参加者全員が共食した。25日の午前中にタビテウエア・ノースから神父（*Tama*）がモーター・ボートでやってきた。礼拝堂ではまず希望者が神父の前で懺悔して、その後クリスマスのミサを行った。昼頃ミサが終わり、集会所で饗宴が開催された。この日は日曜日であったため、共食の後、各村の対抗形式で讃美歌を合唱した。この日のためにN村では連夜、カトリック集会所において歌の練習（*rei*）をしていた。翌26日には、村の対抗形式で踊りが1日かけて行われた。

（13：00頃）12時過ぎにミサが終わった後、人々は集会所に集まる。N村の席は島政府の集会所と同様に南東隅近辺である。西側の客用の席には、神父を中心

にタビテウエア・サウスのカトリック教会委員が座るようになっていた。しかし神父は昨夜眠っておらず、体の不調を理由に姿を現さない。結局、神父不在のまま饗宴が始まる。N村からは長老、ロロブアカのほとんどが参加していた。
　西側の客席に座った教会委員には皿が用意されていたが、その他の人は各自で食事を持参していた。私たちは客席でなくN村の席に座ったが、国会議員の妻が食事の皿を用意してくれた。内容は米飯、パンケーキ、チキン、魚、汁なしのラーメン、鯖缶であった。食事中、ある村の若者グループがギターに合わせて歌う。食後、村ごとに順に讃美歌の合唱。各村とも1曲歌い終わると教会の委員長に献金し、6村全てが歌い終えたところで2巡目に入った。
(15：55)　2巡終えたところで合唱は終わり、明日の踊りについて相談が始まる。饗宴は終了し、集会所に宿泊しない人々は村へ帰っていった。

2－4．小規模共食型饗宴（Ⅳ型）

［N村北グループ協同漁後の饗宴；1994年10月24日］
場所：タワンガ宅の高床家屋。主催：N村北グループ
背景：首都の教員養成学校の学生が教育実習のため、タビテウエア・サウスの初等学校に約8週間来ていた。学校はB村との境界近くのN村寄りにある。この学校に通う児童は主にB村、N村、K村からであり、この3村が教育実習生の面倒をみることになった。まず人口数の多いB村が2週間、次いでN村、K村の順に1週間ずつ、そして再びB村に戻るというローテーションを組んで世話をした。実習生たちは、学校集会所に教員や3村の学校委員の家族とともに寝泊まりした。1日に3度の食事と午後の間食を担当村の女性が準備した。実習生への饗応に関して、N村はB村に対抗意識を燃やしていた。実習生に未婚女性が多かったためだろうか[*13]、長老と若い男性を中心にして熱心に土産物を準備した。N村では、村を南北2つのグループに分けて活動していた。この饗宴は首都への土産のウツボをとるため、北グループが行った漁の後に行われたものである。
(16：15)　潮が満ちてきて、南北両グループ2艘の舟外機付きアウトリガー・カ

ヌーが、村に戻ってくる。北グループの集合場所に指定されたタワンガ宅には、午後早くから人が集まっていた。タワンガの大きな高床家屋の上では、双六やカード・ゲームが行われていた。

カヌーが着いて魚を陸に揚げる。麻袋やウツボ用の筌から獲物を取り出す。しかし主目的のウツボは僅か2匹であった。ウツボ以外の魚はその場で食べてしまう。女性たちはまず魚の内臓を取り除く作業を協同で行う。そして、浅い穴にココヤシ殻（*boua*）を敷き詰めて火をつけた簡易炉の上に、内臓を取った小型の魚をそのまま乗せて焼く（*tinima*）。また大型の魚はぶつ切りにして鍋やたらいで煮てしまう（*kaburoa*）。北グループの既婚男性たちは高床家屋の上でゲームをして調理が終わるのを待つ。

料理が女性によって男たちの待つ高床家屋へ運ばれてくる。祈りの後、今日出漁した20歳代の既婚男性5人と私たちがまず食事。続いて残りの男性たちも食事を開始する。この夜の食事は焼き魚の他に、スライスしたパンダナス生果を煮たスープ（*totoki*）、削ったココヤシ果肉を小麦粉に混ぜて煮た団子（*nibuabua*）、そして板状パンダナス果保存食品に削ったココヤシ果肉を混ぜた団子（*tangana*）であった。男性たちの食事が終わると、饗宴自体も明確な区切りがないまま終わってしまう。屋外や海岸沿いの高床家屋では、男性たちが遠慮なしに食べてしまった、魚の僅かな残りを女性たちが食べ始め、高床の上ではカードと双六が再開した（20：30）。

3．饗宴の諸側面

3－1．参加者の分類と座席

通常、饗宴の参加者は主催者と客からなる。ただし、客がいない場合もあり、そのときは主催する社会集団の成員が参加者の全てである。饗宴の主催者を分類したのが表Ⅳ－4である。主催者には、村の1世帯から村内を分割したグループ、村、村の教会信徒、村を超えた教会信徒などの社会集団、タビテウエア・サウス全6村まで、さまざまな規模がある。主催者が1村の範囲を超える

表Ⅳ－4　饗宴の主催者別分類

主催者	種類、目的	場所	客
島（6村長老）	独立記念日、島の客	島政府集会所	有職者、来客
3村（長老）	3村友好	3村村集会所	有職者
N村（長老）	村の客	N村村集会所	来客
N村下位グループ（長老）	協同労働	指定の世帯	
世帯	人生儀礼、帰省者	主催世帯、村・教会集会所	村人
島教会信徒	クリスマスなど	B村教会集会所	
村教会信徒	資金集め、礼拝後	N村教会集会所	有職者
教会女性団体	資金集め	各村教会集会所	有職者
N村教会下位グループ	資金集め、協同労働	N村教会集会所	
信徒教員団体	2団体友好	N村教会集会所	（N村長老）
学校関係者	教員歓送迎、学期終了	学校集会所	教員
幼稚園関係者	発足記念、資金集め	島政府集会所	有職者

注：教会とはカトリックを指す。

　饗宴は前述した分類のⅠ型およびⅢ型にほぼ対応し、村内部で行われる饗宴はⅡ型およびⅣ型にほぼ対応する。Ⅰ型およびⅢ型饗宴では、島全体の住民や各村のキリスト教宗派信徒が集会所に集まる。なおグループとはこれら組織の下部集団を指示し、キリバス語のマコロ（分枝）に相当する。社会集団の用語はこのグループを含む。

　タビテウエア・サウス全6村の行事は、島政府の集会所で行われるが、このとき中心となるのは長老会議という、各村の長老や狭義のロロブアカが集まった組織である。島議員たちは出身村の長老と島政府の間の連絡を担っている。またすでに述べたように、現在の共住集団は、核家族構成を基本とする小家族世帯である。この世帯が村や教会組織などの多様な社会集団の構成単位である。教会女性団体や学校組織の場合には、成員である個人が構成単位となるが実際には、世帯やその一部（夫婦や子ども、孫）も活動に参加することが多く、実質的には世帯が参加の構成単位となる。饗宴のみならず、それ以外の社会活動においても同様である。いくつかの世帯は、父親と息子およびそれぞれの配偶者からなる複数の夫婦を含み、分割可能である。その場合、賃労働や村の作業分担、饗宴用食料などの供出分担について、それぞれが別個の単位となる。この夫婦を基準とした単位（*buki ni bwai*）は、夫婦のどちらか一方が出稼ぎや死亡

の理由で村に不在であっても、食料や建築資材等の供出義務を負う。さらに細かく、夫婦単位ではなく成人個人が供出単位となることもある。しかし、実際に何かを供出するにあたっては、世帯内で協同作業を行うため、世帯を実質的な最小単位としても全く問題はない。

　さて、複数の村が集まる饗宴のとき、集会所内で参加者が座る場所は各村ごとに割り振られている。上記の具体例でも示したように、招待客は西側（ラグーン側）、N村からの参加者はどの饗宴でも相対的な南東隅近辺に座る。N村の村集会所で行う1村規模の饗宴の場合、座る場所は定まった座席である（第Ⅲ章）。N村のカトリック集会所で行う場合でも、村集会所の座席に対応する場所に慣例的に人々は座る[*14]。

　座席の割り当てを見ると、饗宴の参加者はある社会集団（村、村の教会、世帯等）への帰属が明示された一定の場所に座ることがわかる。すなわち単に個人がめいめい勝手に集まるのではなく、何らかの社会集団の代表として参加していることが示唆される。換言すれば饗宴とは、異なった社会集団に帰属する人々が集まって、食事を共にとることを意味する。第Ⅲ章において、村集会所の座席について詳述した。教会集会所や島政府集会所においては、村集会所と異なり特定の座席はない。しかし、特定の座席がない集会所であっても、その座席位置は、社会集団の帰属を同じくする者どうしが集まることが当然とされる。例えば、第Ⅲ章で示したカトリック集会所新築のための資金供出の饗宴を想起するとよい。通常、カトリック集会所内では村集会所の座席に準じた位置に座る人々が、資金供出単位のグループごとに集まって座ることになったのである。カーインガ崩壊といった歴史的変化以降、現在の村集会所の座席は親族集団を形成していない。しかし、集会所の座席位置が集団の帰属を明示するという観念が強く働いており、慣例としてグループや村などの成員が近接して座ると解釈できる。

　社会集団のなかで、とくに長老男性が対外的に村の代表となる。島政府の集会所で行う独立記念日に関連した饗宴では、各村の代表として、長老を中心とした既婚男性が参加する。クリスマスでは村説教師、村の教会委員に加えて村の長老や狭義のロロブアカが信徒の村代表として参加する。この場合、同じ村

人どうしが決められた範囲内に座る。また、20～30歳代の若い既婚男性は集会所の前列に座ることはなく、来ない人さえいる。若い既婚男性は村を代表するとは見なされないためか、饗宴に参加せずとも構わないようである。仮に来たとしても、単に長老の後ろに座るに過ぎない。

　一方、規模の小さい村内の饗宴においては、各世帯や夫婦の代表として既婚男性が老若を問わず、全員参加するように期待される。例えば、アンテレアの孫出生の饗宴では、正当な理由のない不参加者に罰則が科せられることになっていた（前節）。村の集会所で行う饗宴では、若い既婚男性は実際に発言することはほとんどないが、長老と同じく前列に座る。有職者等の特別な招待客もまた、主催者とは別個の集団の成員と一括して見なされ、集会所の西側に座席を与えられるのである。

3－2．参加集団間の競合関係

　饗宴時に集まる各単位集団（各村、各村教会、村内のグループ、世帯）は潜在的に競合的な関係にあり、ときにその競合関係が明らかになる。以下にいくつか例を示す。

［歌と踊り］

　大きな饗宴で行われる合唱や踊りは、各村単位のローテーション形式で行う。合唱や踊りは、饗宴のときに1カ月以上前から集会所で練習することもある。N村では1994年のクリスマス前に、讃美歌の練習を毎晩カトリック集会所で行っていた。何日か経ち練習の参加者が少なくなると出席者を確認し、欠席者の世帯で紅茶を出して皆に振る舞うという罰則をもうけた。村ではこのようにして、既婚者全員の練習参加を強要したのであった。

　踊りについても村間の対抗意識がある。私たちは、村に入ってすぐにキリバスの踊りを強制的に覚えさせられ、その後饗宴があるごとに踊らされた。しかもN村代表として衣装を纏って踊るのは、常に私たち夫婦だけであった。1995年の独立記念日の踊りにおいても、いつものごとく私たちだけが踊った。ところが、ある2村は事前に村をあげて練習し、大多数の女性が踊った。これに刺激を受け、長老のタータがN村の長老が怠惰だからこのような状況になるのだ

と、後日教会の集会所で主張した。以後、N村では長老の指示に従い、女性たちは踊りの練習を熱心に行った。8月に最南端のTK村で開催された聖母マリアの祭り（Te toa ni Nei Maria）の饗宴では、N村とTK村が他を圧倒した数の踊りを披露した。さらに他の村にも刺激を与え、踊り熱が島中に波及した。10月末に島政府で行われた饗宴の踊りでは、どの村も踊り手が多く、朝から始まった踊りの大会は延々と途切れることなく、夜11時過ぎまで続いた。

　前もって踊りの予定がなくても、興が乗れば饗宴の最中に踊りを踊ることがある。その場合には通常客と主催者が対抗する。首都からの教育実習生が村集会所に来たとき、人数の多い村側を2分し、それに実習生を入れた3者間で踊りの対抗戦を行った。独立記念日後に教員を島政府の集会所に招待したときには、教員側と島の長老側に分かれて対抗戦を行った。このとき人数の少ない教員側が明らかに不利な状況だった。教員側は踊り手が不足し、結局、翌日長老たちに紅茶とパンを提供するという罰が科せられた。

［教育実習生への饗応］

　饗宴の具体例（N村北グループ漁後の饗宴）でも述べた通り、1994年9月から11月にかけて、首都からタビテウエア・サウスの初等学校に教育実習生がやってきた。このときN村では、村内を居住地別に南北2つに分けて実習生たちへの食事や土産物の準備をした。競合関係は、B村に対するN村、さらにはN村内の南北両グループの二重構造として表面化した。いずれもどちらが客を盛大にもてなすかが、競合の焦点となった。

　N村内グループ間の競合には、私も巻き込まれてしまった。ウツボ漁後の饗宴では、双方とも私たちを自分のグループに引き入れようとしたため、2つのグループに挟まれてしまったのである。北グループの饗宴は、私たちの住居前にあるタワンガの家屋で行われていた。そこで北側の長老に言われた通り、最初のうちは北グループの饗宴に参加していた。しかし2、3日後には南グループの長老から、今度は南の饗宴に来るよう要請された。北グループの主張は、私たちの住居が北側に位置するので北に参加すべきだといい、南グループの方では私は村の客であるため、北だけに参加するのは不平等（*bobuaka*）だという。結局、途中から南グループの饗宴に参加したが、北側の長老は「南の長老

たちは悪い（buakaka）」と罵っていた。一方、南グループの長老たちは、北より多くのウツボを獲ったことで優越感をもっていたようである。漁後の饗宴にウツボを食べることができたのは南グループだけであり、それを私たちに食べさせ、誇示したかったのだと私は解釈した。

　学校集会所での食事は、南北両グループが日ごとに交替で準備した。双方の女性たちは、自分たちのグループともう一方のどちらの料理がおいしかったか、相手方はどんな料理だったか私たちにしつこく尋ねてきた。そして、私たちが少しでも相手の料理をほめると、憮然としてしまうのだった。

　村内のグループ間で競合意識を燃やしていても、B村に対峙する立場に立つと一転してN村の鷹揚さを強調する。B村の出す食事は大した量ではない、N村のように村を2つに分割したグループで準備せず、1日2、3世帯ごとに食事を準備するから少ないのだ、とテイオーキは語った。N村が担当する週の週末には、長老ら5人が学校に赴いて実習生を村集会所に宿泊させるよう教員に懇請し、村をあげて饗宴を開いた。また、実習生が帰る際に持たせる土産についても、B村の情報を聞きつけB村より多くの土産を与えようと熱心に活動した。塩干しウツボの他に、板状パンダナス果保存食品、スジホシムシ（*ibo*; ラグーンに棲息する *Sipunculus indicus*）の干物、女性には踊り用のココヤシ葉製スカート（*riri*）とノースリーブのシャツ（*tibuta*）、男性には名前を刺繍した腰布等を与えた。

［カトリック集会所の建設］

　カトリック集会所を新しく建て替える際にも、N村では居住地ごとに南、中、北の3グループで対応した（第Ⅲ章4節）。N村のテカエワウアによれば、この3グループは以前からあったというが、私の滞在期間中、グループとしてまとまって活動したのはこのときだけである。パンダナス柱、ココヤシ柱などの建設資材割り当ても、グループごとに行った。またトタン屋根、釘などを買う資金調達にも各グループで対応した。女性が編んだパンダナス・マットや、男性が獲った魚をテオボキアの公務員、土堤工事関係者、教員など定職者に売り、また学校でくじ引きの饗宴を行うなどして金を集める活動をした。各グループで集めた資金をまとめて供出する際には、「金を出す（*kaoti mane*）」饗宴を開催

し、それぞれの成果を示し合ったのである。

　以上のような村の下部グループの活動や歌と踊り以外にも、競合の例は数多く饗宴内で見ることができる。集会所における饗宴にスワンプタロやパンダナス果保存食品を持ち寄るときには、集会所で「働く者」の座席成員が持参者の名を高らかに呼びあげて、人々に見せつつ集めて回る（第Ⅲ章2節参照）。食事の皿を集める際にも、全く同様である。これは各世帯の生産物を皆に提示する行為であり、とくにスワンプタロの大きさは人々の関心を強く惹く。テイオーキやキマエレによれば、第二次大戦前には棒を天秤として使い、スワンプタロの重さを競争したという[15]。このように饗宴に参加するさまざまなレベルの集団間には、競合関係がある。

3−3．競合関係から友好関係への転化

　饗宴とは参加する競合的な社会集団が、平和的に対決し、共食する場である。集団間の平和的な関係の再確認を明らかに目的とした饗宴もある。
［3村共同饗宴（Te Reke Tenua）；1995年9月2日、TG村集会所］
　毎年8月下旬から9月初旬にかけてN村、北部のTG村、最南端のTW村の3村が集まる饗宴がある。開催場所は3村の持ち回りであり、1995年はTG村集会所が会場であった。集会所では、土堤工事関係者が招待客として西側の席に座った。この饗宴では初めの挨拶の後に、3村の全既婚男性の持ち寄ったスワンプタロおよび板状パンダナス果保存食品が供出され、集会所の中央に並べられる。供出の順番は会場のTG村から、TW村、N村の順であった。村集会所で行う饗宴ということで、各村集会所の「働く者」が回収し、N村からの供出の順序も3番目までは特定の座席に従っていた。食事の後には客からの贈与物（現金）があり、3村対抗の踊りが夕方まで続いた。また客にはスワンプタロなどが与えられた。

　この饗宴は村集会所で行い、スワンプタロなどの供出があり、他村との共同開催で、なおかつ多くの招待客もいるため、いかにも形式張ったもののように私には見えた。3村饗宴がいつから行われているのか、N村の長老に尋ねると「昔々から」という答えが返ってきた。また、この饗宴は「3村が会った記念の

ため (te kauringa n te bo: uringaとは記憶するの意) に行う」と説明された。N村は子ども (nati) であり、他の2村は父親 (karo) なのだという。タータによれば、これはバナバ島へ燐鉱石採掘の出稼ぎに行った際に、3村の村人が仲良くした記念なのだという。誰も饗宴の行われるようになった経緯を詳しく知らないが、3村が何らかの理由で友好関係を樹立したということ、その記念のために開催するということが、饗宴に関する共通した意見である。

これと類似した友好関係の樹立は島の間にもある。キリバス中部のマイアナ島とタビテウエアの間には、やはりバナバ島での出会いを契機とした友好関係がある。この場合、タビテウエアが父親でマイアナは子どもなのだという。私の村滞在中、マイアナからの呼びかけがラジオで流され、1995年2月にはタビテウエア・ノースとサウスの長老による代表団がマイアナを訪問した。このとき代表団は村人から集めた現金に加え、スワンプタロ、板状パンダナス果保存食品、生きたブタを持っていった。逆にマイアナからは、1996年にタビテウエア・ノースに、1997年にサウスに代表団が来るという話だった。来訪者を歓迎する饗宴の場合にも、新たな関係を確立する場として饗宴を捉えることができる。機能的な解釈をすれば、緊張関係を孕んだ単位集団が饗宴で共食し、歌い、踊ることによって、緊張を伴った競合関係を友好関係に転化し、それを繰り返し確認すると考えられる。

日常生活の場において、社会集団間の対立が顕在化することはあまりない。ただし、村がグループに分かれたときにはライバル・グループを悪し様に中傷する。他村に対するときにはグループ成員でなく村人として、他村を中傷する。タビテウエアの人々は人を誉めることも多い代わりに、平気で他人の悪口を言う。日常的な会話では、他世帯員の陰口、噂話がいつも飛び交っている。悪口の対象として、常に自己を中心とした他者がやり玉にあげられる。自世帯／他世帯、N村／他村、タビテウエア・サウス／ノース、タビテウエア／南部の他島、南部／中北部の島々、キリバス／ナウルや外国、と比較の対象は話題に応じてどこまでも拡大し得る。宗教についても、カトリック信者であるN村の人々はプロテスタントを中傷し、あるときは同じキリスト教ということでプロテスタントを擁護しながらバハイを激しく嫌悪する。つまり異なる集団に帰属する

者たちの間には、潜在的な対抗意識があると考えることが可能である。

　個人の帰属する集団のレベルが、上記の悪口の例のように状況に応じて容易に変化する例がしばしば見られる。つまり、集団は常に一枚岩的に固定されているわけでない。むしろ、あえて分節化させることさえある。教育実習生の饗応やカトリック集会所建設の事例で示した村を分割する労働グループ、独立記念日に関連する饗宴の事例で示した、参加者を即興で分割して行う競合的な踊りを見てもわかるように、集団は流動的に分節化して対抗したり、逆に統合することが頻繁に起こる。この分節化は、社会集団の一枚岩をあえて分割し、随時緊張関係を作り出すことに他ならない。分節と統合は、状況に応じて作り出され、顕在化する。饗宴のなかでは、これらの緊張／友好、分節／統合が潜在的に常に併存している。上記の議論をまとめると、以下のようになる。

　　①潜在的に対立的な関係をもつ単位集団間の友好関係を築き、維持する。
　　②単位集団をあえて分節化して緊張関係を作り出す。

　つまり、社会集団の分節と統合という全く逆方向の動きが、社会活動一般や饗宴のなかで見られる。饗宴において最終的には①の結果を確認するが、たいてい②の過程を経る。例として3村の饗宴を見てみる。

　　　a）村間（さらに細かく見れば個々の既婚男性）のスワンプタロなどの提
　　　　示と集積
　　　b）3村の既婚男性や招待客など参加者全員の共食
　　　c）友好的談話、それに続く外来の招待客からの現金贈与
　　　d）村間の踊りの対抗戦
　　　e）饗宴最後の談話
　　　f）スワンプタロなどの招待客への分配

　ここでa）では村間あるいは全既婚男性の競合関係が見られる。またかつては、スワンプタロの重量競争も行われており、義務的な食料供出は競合関係を明示している。d）も明らかに村間の競合である。一方でb）共食、c）とe）の談話、c）とf）の贈与は友好的である。このように3村饗宴では招待客と3村の、さらに3村間、個人間の競合関係とその解消を見ることができる。独立記念日に付随する饗宴においては、招待客がタビテウエア・サウス6村と踊

りや歌の対抗を行う例が見られた。つまり招待客も主催者との競合関係に入れられる。饗宴においては、緊張した競合関係をあえて顕在化させ、その後に予定調和的な対立解消と友好関係の再確認に至るのである。

　緊張を一度作り、解消する例として、饗宴における行為の規則と違反者への罰則の適用をあげることもできる。饗宴では友好や秩序を乱す行為には罰則が科せられ、たいていの場合、罰金あるいは紅茶やパンなどを人々に振る舞うことが違反者に要求される。このような規則は、饗宴の規模が大きくなるほど厳しいものとなった。村内の世帯で行われる饗宴は、日常生活で慣れ親しんだ村人が和やかに行う。その対極として、島政府集会所で行う饗宴には、ある種の緊張感を私は感じた。島政府集会所で行われた独立記念日の泊まり込みにおいて、罰則を科せられた違反行為は、1）食事時間への遅刻、2）女性、子どもの騒音、3）喧嘩や争い、4）悪口、性的な意味をもつ発言（*taetae buaka*）、5）バイクで集会所前を通過する際に速度を落とさなかったこと、6）無断欠席などがあった。このような違反は5）の国会議員の例を除き、村、テオボキアの公務員、学校教員といった社会集団ごとの連帯責任であった。違反行為は恥であるがそれほど深刻ではなく、人々はゲーム感覚で楽しんでいるようにも見えた。とりたてて違反のない日であっても、司会者は、毎日いずれかの社会集団に難癖をつけて罰を与えたのだった。深刻な違反は例外だが、そのたびに集会所は甲高い笑いの渦に巻き込まれた。司会者は意識的に、どの集団にも均等に罰を与えようとしているように私には見えた。

　饗宴における規則は、出席者の緊張を作り出す。次に違反者が現れ（あるいは、あえて違反者を割り当て）、形式的な緊張は増す。そして帰属集団全体で罰を受け、違反集団が食事などを参加者全員に振る舞い、共食することによって再び緊張は緩和される。まとめると、饗宴における友好的な集団間関係は、競合関係を顕現させたり、形式的な秩序や規則を一度破壊し、再び秩序ある友好関係を回復する過程によって達成される。この過程には定まったパターンがあり、贈与、談話、笑いと共食を伴い、最後は平和的な帰結を迎える。

3－4．主催者と客間の物および現金の流れ

　饗宴には、主催者と客を含む参加集団間の緊張／友好関係が内在していることを見た。ここでは、饗宴において顕著に表れる主催者と客との関係を、取り交わされる物の流れから見ることにする。分析対象とする饗宴は1）Ⅰ型、2）帰省者の饗宴、3）Ⅱ型（帰省者の饗宴を除く）、である。

［Ⅰ型饗宴］

　Ⅰ型饗宴には有職者や外来者が招待される。有職者は政府などから給料を得ておりコプラ生産にほとんど依存しない、金銭的に余裕のある人々である。予め主催者は小さな紙片にタイプで打った招待状をこれらの招待客に配布する。招待状を受け取った側は、よほどのことがない限り出席が期待される。通常、大型饗宴の前と終了後には、島政府所有のピックアップ・トラックが各村を巡り、招待客や参加者を乗せて送迎する。

　Ⅰ型饗宴の場合は主に、集会所中央に並べた料理の入ったたらいに客が歩み出て自分の好きな物を自由に皿に盛り、自分の席に戻って食べる形式と、食事がすでに盛りつけられた皿を客に配る形式との2通りがある。また時に食事の前に、客に対して香水スプレーを両脇に、ベビーパウダーを首に振りかけることもある。食後、ポピュラー音楽のテープをかけてツイストを皆で踊り、客を含む参加者全員が楽しむことも頻繁に行う。この際には主催者側の女性が客の男性を、男性が客の女性を積極的に誘う。おどけた踊りで観衆を笑わせ、饗宴を盛り上げる。

　主催者から、輸入食料や魚を主とした食事の皿、調理済みスワンプタロ（ブアトロ、ペケイ）や板状パンダナス果保存食品（ロロ）など在地食料の贈与によって、あるいはパンダナス・マット、ココナッツ・オイルなどの競売によって、物は招待客側へ流れていく。招待客に渡る食料や手芸品は主催者側の村人が手分けして事前に準備する。

　招待客から主催者側への返礼として、タバコや現金が贈られる。食事の後、談話（maroro）の時間が設定されており、客は司会者に呼びかけて立ち上がり、長老を中心とした主催者に礼を述べた後、贈り物をする。明らかに資金を集める目的で開催する饗宴の際には、客からの贈り物がないこともある。客は代わ

りに、パンダナス・マット、ココナツ・オイルなどの競売やトランプ・カードを使って金を賭けるくじ引き（第Ⅲ章4節）を通して現金を支払うのである（下図）。

調査期間中にタビテウエア・サウスで開催されたⅠ型饗宴の招待客の顔ぶれはいつもほとんど同じであった。学校教員、テオボキアで働く公務員、土堤工事のために来島しているオノトア島人およびオーストラリア人技術者、その他航空会社エージェントなど村に住む有職者である。このような常連の招待客は毎週のように、何らかの饗宴に招待される。その多くはキリスト教宗派に関わりなく、プロテスタント、カトリック双方の饗宴に呼ばれる。

教員を例にとると、13カ月間に行われたN村に関わりのあった饗宴のうち、延べ29日間参加していた（表Ⅳ−5）。そのうち12回は贈り物や競売などによる出費があった。N村はカトリック信者のみのため、この数にはプロテスタントの饗宴は3回しか含まれていない。また、他村でも饗宴が行われていたはずであり、実際に教員が参加した饗宴の数はこれを上回るはずである。また1995年8月に来島した土堤工事関係者は、島政府集会所で行われた6村あげての歓迎饗宴の他に、6村でそれぞれ歓迎饗宴が行われた。全てに出席したならば、それだけで7回も贈与を繰り返したことになる。このように招待される有職者たちは、多くの饗宴でタバコや現金を島の人々に贈り続ける。

第Ⅲ章で既述のように、N村カトリック集会所の建設用資金集めのターゲットになったのも教員、公務員、土堤工事関係者だった。ここで興味深いのは、外来者（他島出身者）のみならずタビテウエア・サウス出身者であっても、教員やテオボキアの公務員である以上は数多くの饗宴に招待されることである。島出身の有職者は、外来の客に準じた扱いを受け、普通の村人とは切り離され

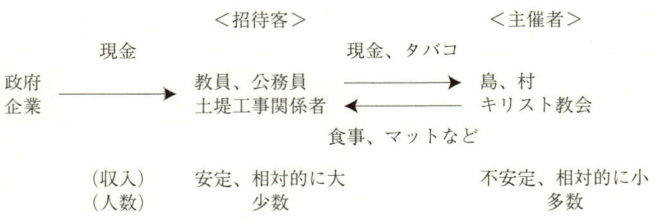

表Ⅳ-5　教員の参加した饗宴一覧

開催日	種類	場所	教員からの贈与
'94/9/9	1歳誕生日	N村村集会所	贈与（現金）
9/17	カトリック女性	B村カトリックM	贈与（現金）、競売
10/2	豪企業歓迎	N村カトリックM	
10/7～9	教育実習生	N村村集会所	
10/29	幼稚園発足	島政府集会所	贈与（現金）
11/1	教育実習生	N村Mおよび学校M	
11/7	教育実習生	N村村集会所	
11/17	教育実習生送別	学校集会所	
11/20	プロテスタント	B村プロテスタントM	贈与（現金）
12/6	教員送別	学校集会所	
12/7	学期終了	学校集会所	
'95/5/19, 20	カトリック教員	N村カトリックM	
6/23	集会所資金集め	学校集会所	くじ引き
7/2	集会所用献金	N村カトリックM	贈与（現金）
7/12	独立記念日	島政府集会所	
7/18	独立記念日続き	島政府集会所	贈与（タバコ）
8/1	若者の日	島政府集会所	
8/20, 21	マリアの祭り	TK村カトリックM	
9/2	3村	TG村村集会所	贈与（現金）
9/9	プロテスタント	TK村プロテスタントM	入場料、競売
9/30	カトリック女性	B村カトリックM	贈与（現金）、競売
10/21	プロテスタント	TW村プロテスタントM	贈与（現金）
11/25	集会所資金集め	N村村集会所	入場料、競売
12/7	学期終了	学校集会所	
12/7	教員送別	N村村集会所	
延べ日数　29日			

注：Mとは集会所の略

た扱いを受ける。つまり、安定した収入を外部（政府や企業）から得ている者は、コプラ生産に依存した村人とは区別され、その収入を現金またはタバコにとして、人々に振る舞うように常態的に期待され続けているのである。

　招待客と主催者の間には収入手段の違いのみならず、圧倒的な人数の差がある。少数派の常連招待客たちは、島の各所で開催される多様な饗宴に駆り出される。そしてそれぞれの饗宴において、主催者側に対して贈り物をしなければならない。

[帰省者の饗宴]

　私が村に滞在している間、帰省者のための饗宴が6回あった。うち3回は外国船乗組員、2回は首都で職に就いている者、残り1回は首都への婚出女性の帰省であった。この種の饗宴は前節でⅡ型に分類したのであるが、他のⅡ型饗宴とは共通点と同時に異なる特徴をもつ。共通点は個人の通過儀礼であり、その個人の属する世帯が主催し、村人が客となることである。特徴的な差異は、主催者と客である村人間の物の流れである。村人が持ち寄るのは主に生のスワンプタロおよび板状パンダナス果保存食品であり、主催する世帯は村人に饗宴の食事と持ち帰り用の食事を与える。ブタを殺して振る舞うこともあるが、輸入食料品が必ず食事の皿に載る。外国船乗組員や首都の有職者が帰省した場合には、さらにタバコと現金を客の村人に与える。

　この図式で明らかなのは村人が在地生産の食料を供出するのに対し、帰省者側が輸入食料やタバコ、現金などの外来物を村人に渡すことである。このような在地食料／外来物が明確に逆方向に交換される饗宴は他に見られない。テイオーキによれば、島に土地をもたず食物を手に入れられる外来者と同様に、帰省者も長期間島を離れていて土地が荒れ、すぐには食料を生産できないため、スワンプタロなどを形式的に贈与するという。

　帰省者の饗宴では、Ⅰ型饗宴において主催者が客に与える食事に加え、招待客が主催者に渡すタバコや現金までも、帰省者の世帯が負担している。食料やタバコは帰省者が首都で買って持ち帰ったものとはいえ、主催世帯はかなりの額の現金消費を一方的に強いられることになる。帰省者世帯という主催者側の特徴は、在地のコプラ生産では得られないような、安定した比較的多額の現金を外部から得ていることである。これはⅠ型饗宴と共通した特徴といえる。Ⅰ型および帰省者の饗宴においては、現金を持っている者が村人に対して鷹揚さ

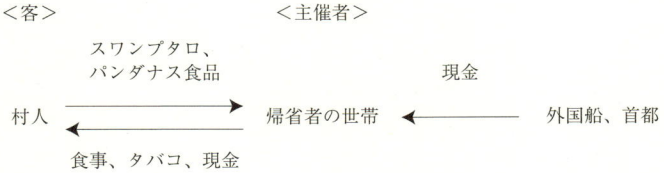

を発揮することが期待されるのである。

[Ⅱ型饗宴]

　Ⅱ型饗宴は子どもの出生、初潮儀礼などの人生儀礼に伴う。前二者と異なり、この饗宴では主催者と客の間に収入面で大きな差はない。第Ⅱ章で見たように村内でも数人の定職者がおり、また外国船出稼ぎ者からの仕送りを受けている世帯もあるため、正確にいえば現金収入は均質ではない。しかし、定職者がいて比較的大きな収入を得ている世帯は少数であり、Ⅱ型饗宴ではコプラ依存世帯ととくに区別されることなく、同じような交換が行われる。この場合、収入自体よりも村に住んでいることが重要であると考えられる。経済的に多少の不均衡はあるが、同等の村人が饗宴の主催者となり、客になるといってよい。

　主催者側の準備する食料について、聞き取りおよび観察した結果を表Ⅳ－6にまとめた。計算の結果、主催側世帯の出費は約120豪ドルとなった。ただし、物資の欠乏しがちなこの島では、全ての商品が入手できるとは限らない。とくに缶詰や小麦粉、砂糖は入手できないことも多い。ある饗宴において、主催の世帯主がコンビーフを出せないことについて、人々に詫びる一幕もあった。その饗宴前日には、貨物を積載した船が到着する予定だった。饗宴は貨物の陸揚げ後に開催するはずだったが、船の到着が遅れてしまった。そのためコンビーフの荷下ろしが饗宴の当日になっても行われず、予定通りに入手できなかったのである[*16]。このような流通の事情もあって、100豪ドルほどあれば世帯での小規模な饗宴開催は充分可能と考えられる。

　人生儀礼において、客側が主催者に贈与する現金の金額は村内で決められていた。私が村に住み着いた当初、人生儀礼に持ち寄る現金は1夫婦単位あたり2豪ドルであったが、それでは少ないという意見が出て、合議の結果1995年9月に3豪ドルに値上げした。仮に参加が30組あったと仮定するとそれだけで90豪ドル得ることができる。つまり自己負担は最終的には、10～30豪ドル程度で

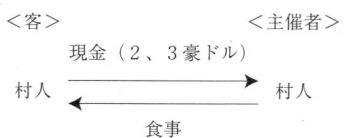

表Ⅳ-6　Ⅱ型饗宴開催の必要物資と金額

物資	必要量	単価（豪ドル）	金額（豪ドル）
米	1袋（25kg）	20／袋	20
小麦粉	1／2袋（13kg）	20／袋	10
鯖缶	10缶	2／缶	20
コンビーフ	10缶	3.4／缶	34
ラーメン	20個	0.7／缶	14
紅茶	2箱	2／箱	4
砂糖	10ポンド	0.5／ポンド	5
醤油	3本	4／本	12
		計	119

済む。主催者側の現金収支は、大きな赤字になることなくほぼ均衡しているといえる。饗宴の準備段階で、輸入食料を購入するための現金がいくらか必要であるが、島の店では掛け買いが可能であり、事前に全金額を準備しておかなくても困ることはない。

　つまり、人生儀礼の饗宴は帰省者やキリスト教会の饗宴とは異なり、主催者あるいは客のどちらかが、一方的に現金を負担せずに開催することができる。N村内でⅡ型饗宴（帰省者の饗宴を除く）が行われた回数は私の知る限り11回あった。村の世帯数が約30あるから、どの世帯でもこの種の饗宴を3年に1度は開催する可能性がある。現金の贈与による収支の均衡は、村人たちの相互扶助的な意味をもっているのである。

　近年顕著になりつつある有職者と村住民間の現金収入の格差が、饗宴における物の流れの不均衡化を起こしている。有職者は鷹揚さを示すことが常に求められ、村の人々は「持つ者」を賞賛しつつ、彼らから財を放出させるのである。一方、同等者間では現金消費に関して相互扶助的な経済負担の均衡性が保たれているのだといえよう。

3-5．饗宴における輸入食料依存

　客から主催者への贈与物は、現金あるいはツイスト・タバコであることをすでに見た。タバコはパプア・ニューギニアからの輸入物であり、有職者が得る収入も政府や企業から得たものである。つまり大規模なⅠ型饗宴の招待客や、

帰省者の饗宴における主催世帯からの贈与物は、いずれも島の外部世界からもたらされたものである。一方で、主催者から客へ供されるのは食料である。この場合、主催者は食事を持参することもあれば、客と同じように大皿やたらいから食事を取ることもある。また、招待客がいない饗宴の場合、参加者は食事を持参することが普通である。

　日常的に消費される食料が輸入物に依存している状況について、すでに第Ⅱ章で詳述した。饗宴で消費する食料についても同様に、輸入食料に依存している。ここでは饗宴において客に供される食事、あるいは参加者が持参する食事について検討してみる。とくに輸入物資の欠乏した時期の調査記録から、具体例をあげる。物資欠乏期には、通常目立たない饗宴の食事の特徴が浮き出るため、検討に値すると考えられる。

　饗宴における主要な食料は、輸入物の米、パンなど小麦粉食品、鯖缶、コンビーフ、ラーメンなどがある。在地食料では魚、パンノキの果実、ブタ、ニワトリがあげられる。魚やパンノキの果実は油で揚げたものが好まれる。缶詰やブタ肉は、ラーメンを入れ、醤油やケチャップで味付けし、さらに小麦粉を加えてとろみをつけたスープとして供されることが多い。これは少ない材料を多人数分に膨らませるための工夫である。女性たちにとって、「少ない材料をいかに大きく膨らませるか」は重要な調理技術である。それができる女性は賞賛され、饗宴の準備に頻繁に呼ばれる。また水にココヤシ・トディー、ココナツミルク、カレー粉を加え、切った生魚を入れた料理（*oraora*）もしばしば登場する料理である。スープやオラオラは、日常生活では口にしない饗宴用の料理である。飲料としては、極度に甘く味付けした薄い紅茶かインスタントコーヒーが出される。

　一方、スワンプタロや板状パンダナス果保存食品は饗宴の贈与に用いられても、食事としてはそれほど重要な位置を占めない。出されたとしても少量であり、しかも人気が低くほとんど手をつけられない。私の滞在期間中、村人がスワンプタロを供出したのは8回（帰省者饗宴6回、3村饗宴1回、マイアナ島への土産1回）だった。マイアナ島への土産は、一部の長老が供出義務を負ったのみであった。他にスワンプタロのブアトロを持ち寄った機会が3、4回あ

った。未調理のパンダナス果保存食品もしくはロロを供出したのは10回（帰省者饗宴6回、客への土産3回、教師の送別1回）であった。饗宴の回数が約80回あったことに比べれば、供出の頻度は少ない。現在、スワンプタロ栽培やパンダナス果実の加工がそれほど熱心に行われないなかで、人々はこれらの消費を抑制していると考えられる。供出の機会が少ないとはいえ、スワンプタロおよび板状パンダナス果保存食品は、社会的に重要な食料であり、必要時に供出できないことは何にもまして恥（*mama*）である。日常的な消費のみならず饗宴においても消費を抑え、重要な機会に供出できるようにとっておくのである。

　饗宴の場での食事や来客に供する食事には、輸入食料が必要不可欠である。米、小麦粉がなければ饗宴の開催、客の饗応は不可能になってしまう。1994年10月に教育実習生を饗応した際には、米や小麦粉、砂糖の不足が村で大きな問題になった。そのときには、村出身の国会議員が首都へ行った機会にわざわざ空輸してもらい、何とか調達することができた。島では船便の不定期性、流通機構の未整備のため、しばしば物資不足が起こる。不足の時期に饗宴を開催するのは、主催者にとって深刻な問題となる。タビアンは1995年1月に大きな高床家屋を建て直したが、そのときこの問題に直面した。家屋を建てる際にはまず屋根の骨組みを組み立て、それを柱に乗せる。この重い屋根を持ち上げる作業には村中の男性による協力が必要であり、手伝ってもらった世帯では簡単な饗宴を開いて人々に食事を振る舞わねばならない。屋根を持ち上げる予定の前日になってタビアンは、食料がないので船が来るまで作業を延期しなければならないと語っていた。結局、予定通りの日に作業は行われたが、人々に出されたのはポークランチョンと小麦粉の入った薄いスープ、米飯、スワンプタロ、パンダナス果保存食品（ロロ）といったやや物足りないメニューだった。このスワンプタロとロロは、輸入食料の不足を補うためのものであろう。

　1995年1月、物資欠乏が厳しい時期に若い夫婦の客が村に来た。このときは客用に毎食2世帯ずつ食事の準備をした。饗宴における客用の食事を示したのが表Ⅳ－7である。村からの参加者は自分の食事を持参していた。表を見ると客には米、小麦粉食品がほぼ毎回出されていることがわかる。缶詰の頻度は低いがそれを補うように魚が出されている。

表Ⅳ-7　物資欠乏期における来客用食品の登場頻度（1995年1月19日～1月23日）

輸入糖質食品	(回)	在地糖質食品	(回)	輸入蛋白質食品	(回)	在地蛋白質食品	(回)
米	10	スワンプタロ	1	鯖缶	3	焼き魚	3
ドーナツ	7	ブアトロ	1	コンビーフ	2	揚げ魚	1
パン	4	パンノキ果実	2			塩干し魚	4
パンケーキ	2	ココナツ	1			生魚＋カレウェ	3
ペケイ（小麦粉）	1	パパイヤ	3			ウツボ	4
		木の葉スープ	2			ブタ肉	2
						ニワトリ	2

注1：数字は計11回の食事のうちの出現頻度を表す。
注2：木の葉とはトゲミウドノキ（*Pisonia grandis*）の葉である。
注3：ブアトロとはスワンプタロや小麦粉のプディング、それをココナツミルクでこねたのがペケイである。
注4：カレウェとはココヤシ・トディー（花穂から採った樹液）を表す。

　来客への饗応のみならず、村内で開催される小規模の饗宴時における持参食料についても、輸入物が好ましいと考えられている。テイオーキは、完全に米や小麦粉を切らすのは恥ずかしいことだ、饗宴に持参するときのために少しはとっておくのだ、と語っていた。実際に物資が欠乏していた1995年1月29日、日曜の礼拝後に行われた饗宴では参加者の誰もが米の粥を持ってきていた。さすがに粥でなく固い米飯を持ってきた者はいなかったが、スワンプタロだけ、パンノキの実だけ持参した者は皆無だった。参加者の誰もが、粥を作る程度の米は保持していたのである。おそらく、米を持たない人は恥ずかしくて参加しなかったと推測できる。

　以上の例から、客を招待したり歓迎したりする饗宴を開くには最低限、米および小麦粉が必要であり、缶詰もよほどのことがない限り料理の1つに入れなくてはならないことがわかる。饗宴で充分な食料を客に出せないこと、あるいは持参できないことは恥である。スワンプタロなどは、時折饗宴に供出するために必要な贈与物である。それに加えて、実際に饗宴で客が食べる食料として輸入物が必須となっており、これもある種の社会的重要性が賦与されているということができる。輸入食料は単なる外来物ではなくなっており、深く人々の生活に取り込まれている。月に平均6回行われる饗宴を支えているのは実質的に輸入食料であり、在地食料だけで頻発する饗宴を賄うことは不可能である。

物資欠乏期には、日常食における消費を抑制してまで米や小麦粉を僅かでも保持し、饗宴や来客に備えるのである。

4．平等性の再生産

4－1．饗宴の頻発化 —— 現代的側面 ——

　タビテウエア・サウスがノースと分離して、独立した行政区になったのは第二次大戦後であった。初等学校の開校は1989年頃、幼稚園の発足はさらに遅く1990年代半ばである[17]。このように大戦後、さらにはキリバス独立以降、教会以外の社会組織が首都からやってきたことに伴い、新たに集会所が建設されて島で開く饗宴の数も増加した。また経済状況の変化も重要である。ランズガードは、［伝統的］戦争の放棄、キリスト教の受容といった歴史的変化、そして第二次大戦後の好ましい経済状況が、大規模の浪費的な饗宴の機会を増加させたという見解を示している（Lundsgaarde 1966: 110）。第二次大戦後、植民地下の多くのオセアニア島嶼部において、宗主国からの投資が増大し、経済的な変化が起こった（Bertram and Watters 1985）。キリバスもその例外ではない（第Ⅰ章参照）。ランズガードのいう「好ましい経済状況」とはこれを指すのであり、大戦後に饗宴が現在のような形態になり、頻発化が起こったとする私の見解と大枠で一致する。すなわち、キリバス経済のレント収入が、輸入食料を消費する饗宴の頻発化を支えている。

　前節において、饗宴では輸入食料が不可欠であることを強調した。輸入食料は首都から輸送されてくるため、饗宴は首都との交通・流通機構に依存しているといえる。輸入食料は船で運ばれてくるため、飛行機はさほど重要ではない。しかし人の移動に関しては、飛行機はきわめて重要な役割をもつ。来客として歓迎饗宴を開催するべき政治家、公務員、教員、外国人はたいてい飛行機でやって来る。また外国船乗組員などの帰省者も飛行機を利用することが多い。つまり、1980年代になって開設された飛行機便が人の往来を容易にし、客や帰省者の歓迎の饗宴を増加させたと考え得る。

N村ではカトリック集会所新築の資金集めを行い、それに関連する多くの饗宴を開いた。島で初めてのトタン屋根、コンクリート床の集会所を建設するために、多額の資金が必要だった。従来のパンダナス葺き屋根、地床の集会所ならば、このような饗宴を開催せずに済む。つまり、新たな外来資材の共同購入が、饗宴の開催数を増加させた。今後、競合意識をもつ村や宗派が、トタン屋根の教会の集会所建設を行う可能性はきわめて高い。そうなれば、資金集めの饗宴が頻繁に開催されるのは必至である。

　饗宴のために他村まで出向くときには、送迎用のピックアップ・トラック（*bao*）が利用される。この車はテオボキアの島政府事務所が所有する。運転手は複数村にまたがる饗宴が開催されるごとに要請を受け、朝夕、島の北から南まで道路でつながった5村の間を往復していた。また、土堤道路補修工事用の小型トラックもしばしば利用されていたのだが、オーストラリア人技術者は仕事用の車を取られてしまい、困惑を口にしていた。確かに徒歩で通うことも可能だが、さまざまな饗宴に招待される有職者に来てもらうためのサーヴィスとして、あるいは歩くのを嫌う村人のために、主催者が送迎車を仕立てることは慣例となっていた。送迎車に便乗せず、自転車で他村の饗宴へ行く人もいる。各アイレットを結ぶ土堤道路が作られたのは1960年代半ば以降である。土堤道路があるからこそ、自動車や自転車での往来が可能となっている。こうして島内交通の便が改善されて、より広範な地域から参加者を容易に集められるようになり、大規模な饗宴の頻繁な開催が可能になったのである。

　このように饗宴は近年になってますます増加傾向にあり、現代的な様相を呈している。これまでの検討から、頻発する饗宴は多種多様であり、きわめて現代的な現象であり、人々の社会生活を大きく規定していることがわかった。現在の饗宴形態の原型は、行政村に再編成される以前、地域の中心であった旧来の集会所における共食を伴った儀礼に求められる。この儀礼には神話的、呪術的意味合いが強く残されていたという（Grimble 1989; Maude 1977a [1963], 1980 [1961]）。しかし現在の饗宴には、そのような意味合いを看て取ることはできない。以下、饗宴のもつ意味について、島社会の内部および外部という対照的な2方向の視点から考察してみる。

4－2．平等性の再生産

　貨幣経済の浸透によって一般に、共同体や親族内における個人間の紐帯が弱まり、個人主義が台頭してくるという議論がある。例えばフィニーは、タヒチにおける貨幣の浸透、賃労働者化に伴って「親族はもはや親族の面倒をみなくなってしまった」というタヒチ人の嘆きの声をとりあげ、食料分配や協同作業の機会が都市部ほど減少している実態を示している。共住集団の核家族化は、性的な不道徳の回避をもくろむキリスト教布教者の思惑、あるいは開発推進のためにタヒチ人の共同体的生活を壊そうという政府の思惑が関係していたという。こうして起こった親族集団の解体が、経済変化によって固定化、強化されたのである。さらに、タヒチ人は現金収入を秘匿し、購入した食料の贈与は現金の贈与と同じであると感じているという（Finney 1973a: 96-98）。またキリバスでは、植民地統治により旧来の居住単位カーインガが解体し、その一部を構成していた小家族世帯が現在の居住単位、経済単位となっている。ゲッデスは、タビテウエアでは小家族世帯化により個人主義が台頭したと主張する（Geddes 1977, 1983）。

　このような親族集団の解体に着目した議論は、確かに現実の一面を捉えている。しかし親族以外の社会集団を顧みることなく、単線的に個人主義へ移行したという主張は、現実の社会生活がもつ別の一面を恣意的かつ極度に矮小化しているといわざるを得ない。饗宴の事例を見ると、さまざまな社会集団が別個に饗宴を主催していることがわかる。それに所属する単位は世帯や夫婦、個人であり、旧来の集会所における儀礼は無関係である。その点では親族集団の解体と、新たな饗宴の頻発とは矛盾しない。また日常的に輸入物資や現金が人々の生活を支えているのと同様、饗宴もそれなくして成立しない。貨幣経済の定着や親族集団の解体がタビテウエアにおいて明らかに見られる。しかし、同時に新たな社会集団が登場し、個人を取り囲む状況にある。人々は集会所を建て饗宴に参加し、多様な集団の成員として社会生活を営んでいる。

　頻発する饗宴においては、共食や讃美歌合唱、踊り、贈与が繰り返し行われ、客と主催者の間、あるいは主催集団の間、すなわち異なった集団間にある潜在的な緊張関係を友好関係に転化させている。また、ある者が集会所の規則を破ったならば、所属集団全体に罰則が適用され、パンや紅茶の供出、あるいは罰

金が科せられる。それによって集会所の形式的な秩序は安定する。第Ⅲ章で触れた平等の語には、戦争や抗争から平和が回復した状態をも意味するという。在地の平等性には物資や現金、労働の均等配分のみならず、秩序回復といったニュアンスも含まれている。つまり集団間の友好関係の生起および維持、逸脱者への罰則適用も「平等」として捉えることができる。さらに饗宴では、物資の均等な分配という字義通り平等性も顕現している。有職の招待客から得た現金は主催者共有の資金として蓄積され、個人の手に渡ることはない。贈与されたタバコは人々が見ている目前で、一個人による独占の嫌疑がかけられぬように均等分配される。このように多様な意味の平等性が、饗宴の中で繰り返し顕在化し再生産されている。

　饗宴をみると、貨幣経済の浸透や親族組織の解体が、ゲッデスのいう社会の個人主義化を引き起こすという結論に到達することはできない。タビテウエアでは、親族集団以外の多くの社会集団やその下部グループが活発に活動している。集団的活動の最も凝縮した中心点が饗宴であり、そこでは平等性を再生産している。饗宴はあくまで多様な社会集団が開催するのであり、個人は集団レベルの平等性の下に置かれているのである。さらに、饗宴の準備、外来者への食事や土産の準備といった実際の作業も、人々の協同で行われることを強調すべきである。饗宴の外で行うこれらの社会的活動は、長老を中心とした合議の決定の下に、社会集団全体で行う。例えば、客が村に滞在している期間中、全ての食事は1、2世帯ごとに準備して負担を村全体に行き渡るようにする。

　前述の通り、教育実習生が来たときには村を2つのグループに分けて大がかりに準備し、土産の用意も合議により、村全体で行った。村全体とはいっても、厳密には個人による多少の不均衡が当然起こる。そうであっても、名目上は村全体による社会活動と見なされるのであり、一個人が前面に出ることはない。例えば、教育実習生への土産として作られたココヤシ葉製の踊り用スカートは、主に技術をもつ一部の女性が実際には作った。また、土産のウツボを獲りに海へ出たのは長老に指名された、2グループ各4、5人の若い男性であり、他の者はカードで遊んで待っているだけだった。ところが、歓送の饗宴時に土産を受け取った客は、直接労働に携わった個人に礼を述べることはあり得ない。あくま

で、まず長老、次にロロブアカ、そして女性や村の人々全体に対して礼を言う。つまり労働は、一個人ではなく村全体が行ったものと見なされるわけである。

4－3．饗宴のなかの贈与

　Ⅰ型やⅡ型に分類した饗宴の一部は、外来者や帰省者を島や村に取り込む通過儀礼として位置付けることができる。ただし、歓迎の饗宴以降も、大型饗宴が開催されるたびに外来者が頻繁に招待されること、島出身の有職者も外来者と同等に招待されることから、来訪者の通過儀礼という捉え方のみでは、饗宴のもつ特徴を理解できない。ここで特殊な位置にある、外来の客と同等に見なされる島出身の有職者に着目する必要がある。彼らは、島の内と外の境界線上に位置すると考えることができる。

　彼らが普通の村人と異なる点は、村の外にある公務員宿舎に住むこと[*18]、外来者と同様にコプラ生産に収入を依存しなくてもよいことがあげられる。有職者は収入を首都から定期的に受け取る者である。島出身か否かにかかわらず、両者を島に住む有職者として1つの範疇に括ることができよう。彼らは現金をたくさん持ち（kaumane）、外来物資をたくさん持つ（kaubwai）、相対的に「持つ者」である。普通の村人とは異なり、首都へ頻繁に渡航することもできる。有職者は饗宴に頻繁に招待され、そのたびに主催者に現金やタバコを繰り返し贈与する。つまりⅠ型の饗宴では、通常の村人と現金を定期的に首都から得る者が区別され、逆方向に流れる贈与の当事者となる。

　サーリンズは自己からの社会的な距離によって、一般的互酬性、均衡的互酬性、否定的互酬性のように互酬性を3形態に分けた（Sahlins 1972）。互酬性という用語は曖昧であり議論の余地はあるものの（MacCormack 1976）、否定的互酬性の対象者にあてはまるような外来者は通常、饗宴において確かに多くの財放出を強いられている。しかし、帰省者や島出身の有職者までも、同じように財を放出する状況に置かれている点に着目すべきである。

　外来者であっても、受け取るものの方が格段に大きい場合もある。具体的にいえば、首都から来た教育実習生や若い夫婦は、外来者でありながらも、与える以上の返礼を受けた。彼らは毎食ごとに饗応を受け、去るときには踊り用ス

カートやパンダナス果保存食品など多くの贈与を受けた。つまり、「持たざる者」は外来者であっても受け取る方が多いのである。ここで外来者は、集会所における歓迎の饗宴に参加した時点で、否定的互酬性の対象にあてはまる位置から、社会のなかで友好的な位置を与えられた範疇に移行したと考えることができる。この場合、社会的な距離が遠いにもかかわらず、外来者は一般的互酬性のような一方的な贈与を受け得る。逆に外来者でなくても、定期的な現金収入のある有職者は、饗宴の場で一方的かつ繰り返し、食事と引き替えに現金やタバコを贈与することが義務づけられている。つまり、客が主催者に対して相対的に現金をもつか否かが、饗宴における贈与のバランスを決めているのである。

　通常、有職者は首都から定期的に、尽きることのない収入を得ていると見なされる。有職者は厳しい肉体労働（*matoatoa mwakuri*）をせずに、安定した大きな収入を得る。彼らは普通の村人よりも学歴があり、英語などの知識（*rabakau*）をもつ。有職者は羨望されるが、そのかわり人々に鷹揚さ（*tituaraoi*）を見せ続けねばならない。仮に収入を蓄え、自分のためにしか使わなければ平等性に反し、不平等を生み出す。饗宴の場で財の一部を贈与し、分散化することはまさしく平等性に則るのである。他方、外来者の若い夫婦や学生は、専ら受け取る立場にあるが[*19]、これもまた平等である。財の不均衡が歴然としている場合、一方向に何度でも財が流れていくためである。主催者側は、仮に客から繰り返し贈与を受け続けても深刻な「負債」観念を負うことがない。仮に多くの現金やタバコを与えた客は、その鷹揚さを評価されるであろう。そして、ある饗宴で多くのものを与えたならば、別の饗宴でも、同様に大きな贈与をする必要が生じるだろう。さもないと不平等と見なされる危険が生じる。その客が島を去る際には、多くの贈与を受けるかもしれないが、何らその保証はない。定収のある者から多くを受け取っても何ら平等に反することはない。この意味で、グレゴリーの「贈与経済は負債経済である」という命題（Gregory 1982: 19）は、必ずしも饗宴時の交換には当てはまらない。

　島側から見て、首都や外国から現金が流入してくる状況は目に見えない過程であり、肉体労働やコプラ生産とは全く異なる性質をもつ。しかも貨幣は一部の個人のみに絶え間なく流入する。この状態は、コプラ生産依存の生活を営む

者にとって羨ましいものであり、だからこそ不平等性を生み出し得る。したがって、饗宴における有職の招待客からの贈与は当然と見なされる。その贈与は、不平等の状態を平等へ転化する過程ということができる。こうして見ると、饗宴において有職者が頻繁に招待される理由は明らかである。少数派の彼らは多数の人々に財を贈与し、鷹揚さを見せることによって、ある種の名誉（*tabomoa*）をあくまで一時的に得る。

　ただし、有職者が招待客として贈与するタバコの量や現金の額は、現実にはある程度定まっている。少なければ不評を買うが、多ければよいというわけではない。目立ちすぎると妬みを買う恐れがある。通常人が何かを与える場合、自分を窮乏させるほど大量に贈与したら嗤われるだけであり、余裕をもって与えるべきである。したがって大量に贈与しすぎると、それ以上の量を背後に保持していると見なされかねない。逆に、贈与分が少な過ぎると、吝嗇（*kaiko*）あるいは利己的（*katei n rang*）と悪口を言われかねず、財の贈与は強制的といい得る。招待状が来たら、有職者は参加せざるを得ない状況にある。一方、人生儀礼で同等者たる村人から相互扶助的な資金援助が行われるのも、若い「持たざる客」に過剰といえるまでの贈与を行うのも、ともに平等である。これをまとめると以下のようになる。

1）　有職者と普通の村人の間には財の不均衡があり、饗宴の場で少数の有職者が繰り返し現金やタバコを贈与する。外国船帰省者の場合、1回の歓迎饗宴で現金とタバコに加え、食事までも振る舞う。
2）　人生儀礼などの饗宴における同等者間の交換では、ほぼ均衡した現金と食事の交換がある。
3）　外来者が無職の若者や学生の場合、多数の村人が協力して饗応し、多くを贈与する。この際、客は贈与するよりも受け取る方が多くなる。

　饗宴における贈与を外部との関係から見ると、饗宴とは外から来た輸入食料や現金を参加者全体で一時的に消費し、拡散させる場ということができる。ここには財の個人的蓄積および個人的消費の排除が含まれており、在地の平等性を体現する。さらに、外部から来るのは現金や食料のみではない。ある程度以上の学校教育を受けた者が定職をもち、定収入を得るという制度は、まさしく

外来のものである。この制度そのもの、あるいは制度から利益を受けている少数者を平等性に導き、多数者の中に取り込むのが饗宴である。つまり、前章で見たように集会所が外来の社会組織を取り込む装置であるならば、その装置を活性化させて、外来の人や財を島や村に取り込む、活きた場が饗宴ということができる。

4－4．「二重の窮乏」下の饗宴

　饗宴の頻発とタビテウエア・サウスの「二重の窮乏」状況は、一見すると矛盾しているように見える。饗宴の頻発化状況を人々は必ずしも望んでいるわけではない。饗宴において物資を大量消費したことにより、日常食の欠乏を招いたと考えられることさえある。1995年9月、饗宴が数多く行われるなかで長老のキマエレは、多くの饗宴は疲れさせる（*kakua*）と語っていた。しかし、仮に来客や帰省者があれば饗宴を行わねばならない。また、年中行事として毎年行う饗宴をある年に限って開催しないというわけにもいかない。人々に饗宴を開催する理由を問うても、当然その明確な理由など誰も答えられない。そして、饗宴には輸入食料が必要であり、物資の欠乏しがちな状況にあって輸入食料の確保は、饗宴の開催者にとって重大な問題となる。日常的な食料消費を抑制したり、首都やタビテウエア・ノースに住む親族から米などを送ってもらってまでも、饗宴の食料を確保する。このような状況下において、饗宴の料理は水と小麦粉で薄めたスープ類が毎回登場してくる。原材料が少なくても参加者に充分行き渡るよう工夫されているのである。

　さて饗宴においては、徹底した平等性の再生産が起こる。そこでは「持つ者」が「持たない者」へ繰り返し贈与し、参加者の全てがその場で満腹（*tibutaua*）することが必要とされる。饗宴において、主催者が用意した大きな器から客が料理を自ら取り分ける形式においては通常、集会所の前列に座る既婚男性が料理を自分の皿に盛る。祈りの後の共食では、その男性が料理を食べ、残りを後方に座る女性や子どもに回す。さらには、参加者が各世帯に持ち帰る食料が分配される饗宴も数多くある。饗宴の場においては、食料や招待客からの贈与物が人々の間で平準化されるべきものと考えられているのである。

「持たない者」の立場から見ると、実質的な食料分配が重要な意味を帯びる。ここで、コプラや不定期の賃労働のみに現金収入を依存し、かつ成員数の多い、ある世帯を「持たない者」の例としてとりあげてみる。この世帯（仮にAとする）が多くの食料を饗宴で得ていることは明らかだった。物資欠乏期に村に来た若夫婦を饗応する饗宴が連日行われていたとき、1日に3度の食事を村人たちは若夫婦とともに摂っていた（本章3－5節参照）。共食の参加者は基本的に自分の食料を持参していた。持参した食事の他にも参加者に対して、主催世帯からパンやドーナツなどの差し入れがあった。世帯Aの既婚男性も毎回この共食に参加していた。彼は僅かの持参物を携え、代わりに多くのパンやドーナツを得ていた。そして主催者からの差し入れを妻や子どもたちに与えていた。さらに彼の持参する食事も、前回の食事で得たパン数切れのみであった。彼は、他の村人にからかわれながらも饗宴で得た食料の残りを持参し、毎回新たなパンやドーナツを得ていた。つまり客が滞在していた数日間、世帯Aはほぼ全食料を饗宴によって賄っていたのである。

これは世帯Aのみに当てはまるわけではない。私も実は、物資が極度に欠乏していたこの時期、世帯Aの成員同様、上記の饗宴によって食べつなぐことができた。私たちには、客の若夫婦と同様に村人が食事を準備してくれたのである。客が村を離れた後、世帯Aの若者は他世帯に住み込み、コプラ作りなどあらゆる労働を手伝って賄われていた。また世帯Aの年少の子どもが、親族の家屋で食事している光景もしばしば見られた。

「二重の窮乏」下にあって、饗宴は在地の平等性を繰り返し再生産する。饗宴は徹底して平等の論理を貫徹させている。そして、実際に食料を均等に社会集団の隅々まで行き渡らせていた。とくに「持たない者」にとって、これは重要な意味をもつ。困窮した者が饗宴の場において、社会集団により食料欠乏から救済されているのである。ただし、他者に食料を依存する者は、他者から嘲笑の対象とされる点を忘れるべきではない。

第V章
在地の所有観念と平等性

ジャイアント・スワンプタロの施肥作業

第Ⅲ章では集会所に、第Ⅳ章では饗宴に焦点を当て、社会集団の外部からの諸制度の摂取、および内部の統制に着目しつつ記述を進めてきた。そこではいずれも、集団レベルに作用する平等性が強調されていることを見た。本章では具体的なエピソードを紹介しながら、主に個人や少人数の経済活動に焦点を当て、それを社会集団との関わりにおいて考察する。社会集団と個人との軋轢を視野に入れ、人々の所有観念を考えてみたい。

　村における集会所の外での日常生活では、当然ながら全ての個人が自発的に、常に平等性に忠実に生きるわけではない。他者への鷹揚さが期待される反面、日常生活においては他者を出し抜く抜け目なさが賞賛されることがある。個人はときに集団から隠れたところで、個人的所有物を保持しようとする。しかしたいていの場合、社会集団に個人は取り囲まれ、所有は懇請や相互監視、噂によって制約を受ける。結果的に社会集団内では、日常生活においても平等性が卓越するのである。この点は、個人にとってきわめて重要な財産といえる知識・技術についても例外ではない。理念的には、知識・技術は世帯内もしくは個人的に保持されるものである。しかし、知識・技術は同時に社会集団に貢献すべきであり、実際にはその保持も懇請によって親族外の人々にまで伝わることもある。

　平等性が強く作用する社会集団のなかにある個人は、所有の範囲を常に制約されている。個人の所有物であっても、他者や集団による介入を受け、当該個人のためだけに使用・処分が可能なわけではない。人々のもつ所有観念は、排他性を必ずしも含まない。そのようななかで、個人は繰り返し物資や利益を保持あるいは秘匿しようと試みるのである。

1．社会集団による個人的受益の分散化

　個人や少人数の村人はときに、物資や利益に排他性を付与する試みを行うが、他者により結果的に挫折させられる。また個人が自己の所有物を自ら処分することが、社会集団によって制約を受けることがある。この節では、受益を巡っ

第Ⅴ章　在地の所有観念と平等性　189

た社会集団と個人との相克を示す具体的事例を列挙してみる。なおここでは、社会科学で定義されてきた所有概念や、マルクス主義的な意味における領有概念をそのまま用いるのではない（cf. 杉島1999）。本章ではあくまで在地の観念を翻訳し、説明することを目標とする。しかし、そのための適切なキリバス語語彙が見当たらないため、ごく簡単に定義した上で「所有」、「領有」の用語を用いることにする。ここで個人的所有とは、ある人が何らかの交換によって、あるいは労働によって獲得した財や物資に対する、当該人物と物との支配的関係としておく。また、領有（appropriation）とは、ある人物の所有物を第三者または社会集団が介入し、使用または消費する試みとしておく。領有が起こる契機として、集団的メカニズムの発動や平等性の実現過程があげられる。

１−１．平等性に反する個人
［警備員の仕事の分散化］

　1994年7月末からオーストラリアの企業関係者が、アイレット間を結ぶ土堤道路の補修工事のためにタビテウエア・サウスに来ていた。オーストラリア人技術者2、3人および常勤労働者のオノトア島人とその家族は、テオボキアの北に位置するニクシリ（Nikutiri）とよばれるアイレットに居住していた。ニクシリには工事用の車両や建設資材が置かれていた。それらが悪戯されたり盗難にあうことを回避すべく、島の6村の持ち回りで警備員が雇用されることになった。そこで、6村間で平等に仕事を割り振り、長老やロロブアカが各村の代表として警備にあたった。夕方18：00から翌朝6：00まで眠らずに事務所で待機し、時折辺りを見回るのが警備の仕事である。警備員の仕事には1週間で約50豪ドルの賃金が支払われていた。

　当初N村からは、長老のタータ、ロロブアカのタカレブおよびカーモキが警備員として雇用されていた。この3人は7月以降、工事関係者のための家屋が完成する8月までの間、村代表としてテオボキアの島政府集会所で、他村の長老らとともに泊まり込みをしていた。したがって、3人が警備員の任にあたったのはごく自然な決定だったと考えることができる。1994年8月末にはタータ、10月にカーモキ、12月にタカレブが働いた。カーモキは週給50豪ドルの報酬に

「大きなお金だ」と満足気に私に語った。

　ところが、詳細な経緯は不明だが、私が首都に滞在している間（1995年3～4月）に状況が変化した。当初、仕事をしていた3人以外の長老とロロブアカが、報酬50豪ドルの警備に2人1組で参加するようになったのである。1995年7月初旬にはアントニオとキマエレ、8月中旬にはテブアウアとテバレレイ、9月末にはテカエワウアとカイウエアが、それぞれ働いた。つまり、定職をもたない村内の長老と狭義のロロブアカの全員が警備員として働くようになり、当初3人だけが行っていた仕事は分散化した。

［マイアナ島派遣団］

　タビテウエアの「子ども」にあたるマイアナから、ラジオを通じて招待があった（第Ⅳ章）。早速、島政府集会所で話し合いがもたれ、タビテウエア・サウスから長老やロロブアカを派遣することに決めた。各村から2～6人、計19人の代表を出すことになった。N村からはタータ、タカレブ、テカイワの3人がマイアナ島への派遣団に加わった。

＜1995年2月5日＞　各村からスワンプタロと板状パンダナス果保存食品、生きたブタを贈品としてマイアナへ持っていくことになった。N村では、キマエレなど長老を含む5人が比較的大きなスワンプタロを掘り起こし、村集会所に運んできた。5個のスワンプタロのサイズは長さ30～70cm、最大幅20～30cmであった。パンダナス果保存食品は夫婦単位ごとに集会所に持って来た。ブタはある30歳代既婚男性が供出した。その他、各夫婦単位が9豪ドルの現金を供出した。

　代表団は翌2月6日に乗船して首都へ行き、そこで船を乗り換えてマイアナへ向かった。タビテウエアのマイアナ島派遣団の動向やメッセージは、しばしばラジオで流され、村人たちもその情報を気にしていた。その後、派遣団はマイアナに到着し、4月頃タビテウエアに無事戻って来た。ところが問題はその後に起こった。

＜1995年6月15日＞　カトリック集会所用の石柱運びが行われた後、バコアの高床家屋で小さな共食があった（第Ⅲ章）。食事の後、ロロブアカたちが、マイアナへ行った3人が持ち帰った布を巡って、突如口論を始めた。怒声の応酬の後、ボーカイが高床家屋から降りてしまった。そのとき、激昂したボーカイは

持ってきたカップを地面に叩きつけて壊した。慌てて2人の男性がボーカイをなだめに走った。ボーカイは高床家屋に近づいて、一言謝罪した後、妻とともに自転車で去って行ってしまった。ボーカイの妻がテガウンに向かって何か言うが、テガウンは勝ち誇ったように笑い、「行ってしまえ」と繰り返した。

マイアナへ行った3人は、村人から計約300豪ドルもの現金、スワンプタロ、パンダナス果保存食品、ブタを預けられ、村の代表として出かけていった。それにもかかわらず、マイアナから持ち帰った布を3人で分けてしまったことが問題となった。騒ぎの後「布は村人全員のものだ。3人に対して皆が怒っている」と30歳代男性は語っていた。共食の席上でテガウンらは3人に罰を科すべきだと強く主張し、ボーカイとナカエウェキアはそこまでしなくてもよいと反論した。この主張の食い違いが激しい口論を引き起こした。ちなみに、口論に加わらなかった人々は、仲裁することもなく黙って聞いているだけだった。なぜ長老は止めなかったのかと聞くと、30歳代男性は「頭が悪くてできないのだ」と揶揄していた。当事者のうち、テカイワは高床家屋の下で黙って座って口論を聞いていた。残りのタータとタカレブは、長老会議の合議のためタビテウエア・ノースへ行っていて不在だった。

その後、村集会所で、布は村人に配られた。さらに3人は、それぞれ50豪ドルもの罰金を村人に払ったとのことである。マイアナからの布は、村の各人に配るには足りなかったはずであり、買い足す必要があった。この時期、3人から受け取った同じ黄色い腰布を皆が着けていた。3人を擁護していたボーカイの妻もこの腰布を使っていた。

[布事件後日談 ── 長老会議議長の怯え ──]

マイアナ島派遣団が持ち帰った布の分配を巡る事件の後、タータは人々から疑念を受けないよう腐心していた。彼は長老会議の議長であり、独立記念日の島政府集会所における泊まり込みの際には、土堤工事常勤者などから長老たちへの食料の差し入れを受け取る立場にあった。米の袋に入った食料をテオボキアの娘の住居で受け取ると[*1]、中身を見ずに即座に集会所へ運ぶようにしていた。自分のところに置いておくと、横領を疑われてしまうというのである。

1995年9月2日に行われた3村共同の饗宴（第Ⅳ章）において、私が客とし

て分配を受けた食料（スワンプタロ、ロロ）は、あまりにも量が多く処置に困ってしまった。そこで、どうすればよいかN村のタータの住居へ相談に行ったところ、彼は「（誤解を招くから）とにかく私の家にあなたたちの食料を持ってくるのはやめてくれ」と怯えていた。タータは、全ての世帯に食料を分けるとしたら、1人当たりの取り分が少な過ぎてよくないという。思案の末、3村饗宴の翌日、日曜日の礼拝後にカトリック集会所で行われる饗宴時に、参加者に分配すればよいと助言してくれた。この食事の参加者はB村から来た教会関係の客（男性3人、未婚女性8人）、説教師、長老やロロブアカとその妻、そして私たちであった。

[私たちの処遇]

　私が本格的にN村に住み始めた1994年9月初旬、私たち夫婦をどこに住まわせるかを巡って村集会所で議論が起こった。私たちがある世帯に世話になった場合、その世帯は必ずしも何らかの利益を得るわけではない。むしろ出費がかさむであろう。しかし、外国人を自らの世帯に住まわせることが、他の村人から羨望を受けるのは確かである。

　私たちの滞在が1カ月程度ならば、村集会所で長老たちと寝泊まりすることになるが、1年間ともなるとそうはいかない。議論が長引く中、ドイツ船出稼ぎ経験をもち英語を話せるカロトゥが、私たちを自分の住居で世話すると提案した。ところが、その提案はあっさりと却下された。私たちは個人的な客ではなく、村全体で受け入れた客であり、特定個人の家に住まわせることはできないというのである。議論の末、私たちに2つの方法が提示された。1つは村の各世帯を1週間ごとに移動して生活するというもの、もう1つは新たに家屋を建てて、そこに住むというものであった。私は家屋を建ててくれるよう、お願いした。家ができるまでの2週間、村集会所において長老たちと寝泊まりし、その後自分の家屋に移って生活した。私たちの家屋は道路を隔てて村集会所の正面に建てられた。

　私は別の島でも類似の体験をした。N村を去った後、1996年1月から2月にかけて、タビテウエアとほぼ同緯度にあるニクナウ島に1カ月ほど滞在したときのことである。N村では独立した家屋に住んでいたため、個々の世帯の詳細

な日常生活を観察できなかった。そこで、ニクナウ島では1つの世帯に住むことを私は希望していたのだった。

ニクナウの飛行場で偶然にも、1995年5月に船で乗り合わせたある青年に私たちは再会した。そして即座に、彼の世帯に住ませてもらうことに決めた。ところが、到着した日にプロテスタント集会所の饗宴に出席した際、私たちの処遇を巡って、N村に初めて入ったときと同様の議論が起こった。村のプロテスタント信徒の長老は、個人よりも信徒全体で外国人の客を世話した方がよい、と主張したのだった[*2]。結局、教会の集会所に隣接するパスター用のゲストハウスに私たちは宿泊することになった。そして、毎日の食事（朝昼晩と夕方のおやつ）を集会所で人々とともに摂ることが義務づけられた。毎日2世帯ずつが組になって食事を準備してくれた。私たちに自由な行動は許されず、どこへ行くにも集会所の人々の許可が必要であり、案内人の付き添いがあった。その処遇に私は従わざるを得なかった。

2週間ほど経ってから青年は、2、3日でよいから私たちを自分の家に泊めたいと集会所で人々に懇請した。しかし、彼のオジを含む誰1人として賛同する者はおらず、議論の結果、彼の希望は通らなかった。

1－2．社会集団による個人的所有の制約

上記の事例は、集団レベルに作用する在地の平等性に抵触し得るものであり、少数者による排他的受益の試みや、外国人の世話を1世帯で行うもくろみが、実現困難であることを示している。通常賃労働は、村内の合議で割り当てられるべきであるが、警備員の仕事はその過程を経なかった。また「マイアナ島派遣団事件」では違反者に厳しい罰が科せられた。その後、違反者の1人であるタータが周囲の目を気にして嫌疑をかけられぬように腐心していたことがわかる。私のような「村の客である外国人」を個人の世帯で独占的に世話することは、社会集団が許可しなかった。しかし、直接的には平等性に反していないにもかかわらず、単純に自らの所有物を処分することが、集団によって制約される事例が数多く起こっている。

[ガソリンの供出]

　1994年9月中旬、N村の私の家屋がようやく完成した。新居に移り住んだ後もしばらくの間、私は1日3食を村集会所で長老たちと摂っていた。その頃、村集会所の夜間照明のために発電機を使っていたが、燃料のガソリンが不足してしまった。そうした状況下の9月30日、大統領の選挙が行われた。村集会所には人が集まり投票が行われた。その夜は一晩中照明を灯し、ラジオの開票速報を皆で聞くことになっていた。発電用のガソリンを確保するため、村の5つの漁グループから供出してもらうことになった。

　このとき供出を強硬に拒んだ男性がいた。この日の午前11時頃、村集会所においてある長老が、「おまえだけが（ガソリン供出を）拒否している」と彼に言った。それに対して彼も興奮して怒鳴り返した。彼のオジの長老も彼を激しく責めた。そして村集会所は激しい口論の場となってしまった。後に、そのオジの娘は「彼は長老のことを尊敬していない」といっていた。

[ココヤシ糖蜜生産の相互扶助]

　ココヤシ糖蜜（*kamwaimwai*）とは、ココヤシの花序を切って採取した樹液（ココヤシ・トディー；*karewe*）を煮詰めた、黒ないし茶色の甘いシロップのことである。砂糖と同様に飲料や調理に使用する。主に若い男性が毎朝夕、歌を歌いながらココヤシの木に登り、トディーを採る仕事を担う。糖蜜を作るには大量のトディーが必要なため、1世帯で糖蜜を生産するには、日常消費より多くのトディーを採らねばならない。村では、出稼ぎや就学などのために首都や他島へ多くの若い男性が流出してしまうことから、余剰のトディーを得るための労働力は不足していたと考えることができる。

　1994年11月時点で長老のタータを中心とする6世帯が、相互扶助的な糖蜜作りを行っていた。この時期、砂糖がしばしば欠乏していたので、糖蜜はどの世帯でも必需品であった。各参加世帯は毎朝、トディーを3、4本の瓶（約750㎖）に入れて持ち寄り、ある1世帯に与える。受け取った世帯では、そのトディーを煮て糖蜜を作る。そして受け取る世帯を毎朝順に回していくのである。

　タータらのサークルは1994年末には消滅した。年が明け、物資不足が深刻化した1月以降、村の5世帯が1瓶2豪ドルの値段で、それぞれ糖蜜を売り始め

た。彼らは自家消費分以上の糖蜜を作っており、欲しい人に分売していた。シエラは5本、オジのテイテイは6本のココヤシからトディーを採取しており、多くの糖蜜を作っていた。この時期、村の方々から空き瓶を持った子どもが、これらの世帯へ糖蜜を買いに行く姿が目についた。2月末のある日曜日、ニクシリの土堤工事常勤者が、糖蜜を売っているという噂を聞きつけてN村へやって来た。ニクシリでも砂糖不足に陥っていたのである。大きなたらい一杯の糖蜜をテイテイとシエラたちの世帯で買っていったという。数十豪ドルの臨時収入を得たと、シエラは嬉しそうに語っていた。

　ところが4月になると、村全体で糖蜜の相互扶助を行うようになったという。各世帯から、毎朝1本の瓶詰めトディーをある1世帯に持ち寄るのである。相互扶助にはほぼ全世帯が参加していた[*3]。足が痛いことを理由にあまりトディーを採らなかったある男性も朝夕作業を行うようになった。トディーを持って行けないことは、恥ずかしいと彼は語った。結果として、一部世帯の糖蜜商売は機能しなくなってしまった。やがて、個人商店の林立に伴って砂糖が順調に島に入荷し始め、カトリック集会所建設のグループ作業が忙しくなると、この村全体の相互扶助も消滅してしまった。

［労働報酬の分配］
　カトリック集会所の資材調達資金として、個人に分配されるはずの労働報酬（学校の教室および看護婦の家屋建設で支払われた賃金）が流用された例をすでに第Ⅲ章で見た。これとは別に1995年10月に行われた賃労働の報酬の使途を巡って、村は紛糾した。

＜1995年9月28日＞　アンテレアの孫出生を祝う饗宴が行われた（第Ⅳ章）。共食後、男性の間で口論が起こった。当初は、過去の協同労働に参加したか否かを巡って言い争っていたが、話題は次第に10月に始まる賃労働（石油備蓄所雇用者の家屋建設）の方へ移っていった。この労働は中央政府から賃金が支給される。島全体で8,000豪ドルもの現金を受け取ることになっており、N村には千数百豪ドルが割り当てられていた。ボーカイはこの金をカトリック集会所の資金に回してはどうかと提案した。それに対してテガウンらが反発し、口論になった。10月7日に説教師に聞いたところによると、ボーカイの主張に沿ってカ

トリック集会所建設の資金に使われるとのことだった。

＜10月10日＞　朝7：00頃、テバレレイの妻が道路から道沿いの屋敷地に向かって、仕事に行く準備をするように促した。男性たちは8：00から10：00の間に、パンダナス葉製の屋根葺材1つを持って自転車で仕事場へ向かった。この日はN村を含む3村が作業する日であり、この3村の男性が水浴び用の囲い（roki）、炊舎（uma ni kuka）を作るという。楽な仕事で賃金が良く、「平等（boraoi）だ（この場合「割りがいい」の意）」と人々は言っていた。

＜10月24日＞　ボーカイや説教師の主張は実現せず、結局、報酬は個々人に分配されることになった。建設用の材木と労働力を提供した男性に19豪ドル、ヤシ縄と葺材を提供した女性に2.8豪ドルが支払われた。ある30歳代男性よれば、「人々が（集会所の建設資金にするのを）嫌がったから」分配したのだという。「米やタバコなどを人々は買いたいのだ」とのことだった。その決定に当初反対していたボーカイも怒らなかったという。

　現金分配の際に、些細な事件があった。カーモキが島政府事務所から現金を村集会所に持ってきた。カーモキは、2人の男性に現金を数えて分配してくれ、と嬉しそうに手渡した。ところが、2人が何度数えても7豪ドル足りない。カーモキはあせり、必死の弁明をする。「私にはわからない。アントニオがキマエレに金を渡し、それを受け取って持ってきただけだ」と今にも泣きだしそうな、困窮した表情だった。翌日になって、事務所に置き忘れた金があったことが判明し、笑い話で済んだ。私はこの日のフィールドノートに以下のように記している。「物や金の分配に関して大変厳しい社会である。公共労働の賃金、来客からの贈品の分配に関して、人々に寛大さは微塵も見られない。疑われそうになったカーモキの浅黒い顔が、青ざめた（ように見えた）のも無理のないことだろう。」

［置き土産の処分①］

　私たちがN村を離れる際に苦労したことがあった。1年以上村に居住していたため、置いていく荷物の量が多くなった[*4]。私たちは「村全体の客」だったので、ある特定の個人に物を与えるのは原則違反だった。何か物を贈与するならば、村人全てに均等に与えねばならない。しかし実際には、日頃よく世話を

してくれた人に個人的に何かを渡したいと私は考えた。そこで大半の物を村全体に贈り、一部を世話になった人々に贈ろうと思った。私が頭を悩ませたのは、村全体への置き土産を各世帯に対し、平等に分配する方法であった。そこで考えついたのは、なるべく均等になるように物品を30世帯分に小分けにし、私たちの送別の饗宴時にくじ引き（*katekeraoi*）して分配する方法だった。

　1995年11月27日に村集会所へ行き、長老とロロブアカに相談した。まず私はアントニオに説明し、集会所の人々に伝えてもらった。アントニオはくじ引きの提案に同意した。ところが、日頃世話になることの多かったテカエワウアが反対した。くじ引きにすれば、当たりはずれがあって平等とはいえない、というのである。おそらく、テカエワウアは自分が私たちと仲良くし、充分世話もしたのに、はずれだったら損だと考えたのだろうと私は解釈した。結局、くじ引き案は却下された。私たちの村への置き土産は、資金集めの饗宴で競売にかけて現金化し、カトリック集会所の建設資材購入にあてることに決まった。

　この後、テカエワウアに個人的にドライバー・セットなどをあげたところ、彼はとても満足していた。しかも、それを人目に触れぬように気を遣っていた。私がもし、事前にテカエワウアに何かを与えていたならば、彼もくじ引きに同意していたかも知れない。

1－3．個人に対する社会集団

　まず、上記の具体的事例をａ）焦点となった利益（または私たち）、ｂ）一時期所有した者、または所有（世話）しようと試みた者、ｃ）反対者、ｄ）帰結に着目し、簡略化してみる。

①警備員：ａ）週給50豪ドルの警備員の仕事、ｂ）長老、ロロブアカの3人、ｃ）ｂ）以外の長老や狭義のロロブアカ、ｄ）村の長老および狭義のロロブアカ全員が、警備員の仕事を順番に行うことになった[*5]。

②マイアナ島派遣団：ａ）マイアナ島から持ち帰った布、ｂ）派遣された長老やロロブアカ3人、ｃ）ｂ）以外の村人。ただし3人を擁護する者もいた、ｄ）排他的所有を試みた3人は全ての布を村人に分配した上で、さらに罰金を支払った。

③饗宴で得た食料の分配：a）饗宴で私たちが得た食料、b）横領の意志は全くなかったが、タータは嫌疑がかかることを極度に恐れていた、d）タータの助言に従って、私はカトリック集会所で食料を饗宴参加者に分配することになった。

④私たちの処遇：a）私たち、b）N村のカロトゥ、ニクナウ島の青年、c）b）以外の社会集団成員、d）私たちは特定個人の客ではなく、社会集団全体の客として扱われた。

⑤ガソリンの供出：a）村へ供出するガソリン、b）30歳代男性、c）長老たち、d）激しい口論が起こった。なお、30歳代男性が最終的に供出したか否かは不明である。

⑥糖蜜生産の相互扶助：a）糖蜜生産およびその売却、b）テイテイとシエラらの5世帯、c）不明、d）一部の世帯を除く村人が、相互扶助的に糖蜜を生産することになった。結果的にb）の世帯による糖蜜の売却は廃れてしまった。

⑦労働報酬の分配：a）島政府の賃労働で得た賃金、b）テガウンは個々人に分配すべきであると主張し、c）ボーカイはカトリック集会所建設用の資材購入の資金にすべきであると主張した、d）結局、個々人に分配することになった。ただし、その前の賃労働の報酬は建設資材購入に充てられていた。

⑧置き土産の処分：a）私が置いていったさまざまな物資、b）なし、c）テカエワウアはくじ引きでは不平等であると主張した。d）資金調達の饗宴で競売にかけ、集会所建設用の資材購入に充てることになった。

　前章までの議論および具体的事例から、社会集団における意志決定に関わる幾つかの特徴を抽出することができる。

1）　集会所などにおける合議の決定に、人々は基本的に従わざるを得ない。合議のなかでは主に、長老や狭義のロロブアカが発言する。ただし、長老であっても特定の一個人の発言が権威をもつことはない。村代表の議員や長老会議議長、国会議員、集会所の「第一の座席」代表といった人物は、社会集団のなかでは単に一発言者でしかない。必ずしも長老のみが決めたわけではないが、人々は「長老が決めた」と語り、決定は権威づけされる。

第Ⅴ章　在地の所有観念と平等性　199

2）人々を納得させるには、合議の結論が平等と認められる必要がある。合議においては、個人が何らかの資源や財を排他的に所有することが強制的に排除される。このとき個人の排他的所有は不平等と見なされ、抑圧の対象となる。私たちの処遇、警備員の仕事、マイアナから持ち帰った布、3村の饗宴で得た食料、私たちの置き土産は、全て平等性に従うよう方向付けられた。賃労働の報酬は、カトリック集会所の建設資金に用いるか、個々人に均等分配するか、意見が対立した。社会集団全体への貢献も、個人への均等な分配も、いずれにせよ平等性に合致する。結局この事例では口論を経て、個人による現金の必要を満たすように分配する、という決定がなされた。

3）たいていは失敗するのだが、少数の人々による受益や資源の排他的所有の試みが繰り返し見られる。個人はときに、人々のもつ平等性にそぐわない行動をとり、それが発覚することがある。その場合、ときに強い抑圧や罰を受ける。逆に少数者の試みがあるからこそ、多数者による抑圧が強化される。つまり少数者による排他的所有の試みと多数者による抑圧が不可分の対になっているのである。また、個人の試みは、後述の知識・技術を個人が秘匿しようとすることと共通性をもつ点にも留意すべきである。

4）上記3）のような平等性にそぐわない行動がなくても、社会集団が個人的受益や所有物の処分を制約することがある。例えば、賃労働の報酬が分配されずにカトリック集会所の建設資金に組み込まれた例、漁グループのガソリンを村のために供出するという決定などがあげられる。これらの例はいずれも、個人や下位グループによる受益、所有物の使用や処分について、社会集団による領有の可能性が常に起こり得ることを示している。

5）社会集団の合議は必ずしも円滑に結論に達するわけではない。有力な発言力をもつ個人が存在せず、常にさまざまな反対意見が出される可能性がある。意見の食い違いが、口論や暴力沙汰にまで発展することもしばしばある。長老さえもそれを防ぐことはできない。あるときカトリック集会所において、激しい口論が起こった。口論をタータら長老が止めようと発言したが、全く効果はなかった。口論が静まった後、タータは涙を流して発言し、口論が起こったこと、長老が口論を止められなかったことの無念さを表明していた。

6）その場に居合わせた者だけで食料などを分配し、参加者のみが受益を得ることが、全く問題にならないこともある。例えば、私が3村の饗宴で得た食料をカトリック集会所で分配した際には、説教師を含む村の既婚男性10人とその妻や子ども、孫しかいなかった。このときは村の人口の大半がいなかったが、全く問題にならなかった。また警備員の仕事は、当初、島政府集会所での合議に参加していた3人だけで行っていた。その場に居合わせた者による、排他的な分配が容認されることもある一方、ときに軋轢を引き起こす要因になる。

7）個人差の問題を見落とすべきではない。マイアナ派遣団の事件や賃労働の報酬を見ると、ボーカイは寛大さを強調する傾向がある。テガウンはたいていの口論に関わる人物であり、他者の抜け駆けに厳しい態度をとる。カイウエアとテバレレイも、テガウンと類似した態度をとることが見られる。さらにこの2人は、村の糖蜜生産の相互扶助に参加していなかった。またタータとタカレブは島の長老会議に積極的に参加しており、結果的に警備員やマイアナ島派遣団事件の当事者となってしまった。一方、アントニオやキマエレは口論に参加することもなく、比較的中立な立場をとる。

8）同一人物でも状況に応じて行動や発言に変化がある。例えば、私たちの置き土産について、テカエワウアは公共の場では平等性を強調する発言をしていた。ところが、私たちの個人的な贈品を喜んで受け取り、人々の目からは隠すようにしていた。人目を離れたところで物資などを秘匿する行動が、日常生活の場においてしばしば見られる。

以上のように合議の場では、集団レベルに作用する平等性が卓越していることは明らかである。さらに在地の平等性から外れた場合のみならず、日常生活における個人的な所有物の処分さえも、社会集団による介入を受け、領有される可能性がある。その内実においては、個人と社会集団の相互関係や、個人間関係の複雑な絡み合いから、さまざまな事件が引き起こされる。集団と個人との関係は、平板で静態的なものではない。続く第2節および第3節では、日常的な生活において他者が個人的所有物を領有する事例を見てみる。

2．懇請による財の平等化

　ブブシ（*bubuti*）とは懇請、懇願、要請、要求と翻訳し得る語である。本書では、ブブシの訳として懇請の語を用いている。これは人に何らかの要求をするときの丁寧な表現である。懇請という語は、日常的なごく些細なお願いを表す場合から、より形式的な要請を表す場合まで広く使われる。懇請の語を日頃耳にするのは、離れたところに置いてある物をとって欲しいとき、ライターなどの小物をその場で使用するために借りるときなどがある。子どもが親に叱られ、棒で脚を叩かれているときに「ごめんなさい、お願いです（*Kabwara au bure, bubutiko*）」などと訴えるときにも懇請という語を使う。このような使用法の場合、英語のpleaseに相当する意味をもつタイアオカ（*tai aoka*）という語を文頭に付けて、何かを依頼するのとほぼ等しい。

　また、懇請という言葉は、物や財、サーヴィスなどの形式的な要請を表す。既述のように、村の長老数人が集まって学校へ行き、教育実習生が週末N村集会所に宿泊するよう、教員たちに懇請したことがあった。日本からの援助の冷凍庫設置を政府に陳情するのも、島の長老たちから政府への懇請と表現される。首都のラジオ局に歌などをリクエストするのも懇請といわれる。

　私の見た限りN村では、近隣の世帯からタバコや調味料、食器などの物をもらったり借りるときに、必ずしも懇請という言葉を使う必要はない。言い換えれば、懇請の行為には懇請という言葉が必ずしも伴わない。人々の相互行為に何らかの要請が含意されていれば、懇請と考えてよいのである。ここには余剰の物資、今現在使っていない道具、あるいは人のもつ技術は、現時点で必要とする人に与えられるべきであるという了解がある。余裕のある者が鷹揚に振る舞うことが当然とされており、懇請を断るのは恥ずかしいことである。実際上はともかく、もし1回目の懇請で断られても、2回目の懇請は必ず受け入れられるという言葉を私は何度となく聞いた。また、自転車などの貴重品を借りた場合には、使用後返却するのが普通であるが、貸与された者は返済の義務を必ずしも負わないことも大きな特徴である。頻繁に懇請を受ける者は、容赦ない

仕打ちに愚痴をこぼしていた。

　以下、この節で考察の対象にするのは、物資、財、サーヴィスの多様な懇請である。ここでは形式的な要請のみならず、懇請という言葉を口に出さないような、日常的な物資の貸借までも含めることにする。

2－1．懇請の具体的事例

　ある1つの世帯を中心として、日常の細かな貸借まで含めた懇請の事例を把握することは、きわめて困難であった。また村全体を対象として、懇請による物や金銭の流れを網羅的に追うことも不可能だった。懇請という行為の実態を把握するのを妨げていた理由は、私たちが独立した世帯に居住していたこと、懇請という言葉を使わずに些細な物の貸借やサーヴィスの要請が日常的に行われていたことによる。ここでは私の把握した、主に物の懇請に関するいくつかの事例を提示するに留めたい。

［国会議員の首都渡航］

　N村で最も多く物資の懇請を受けるのは国会議員であろう。1995年7月、国会議員は首都へ出かけていった。彼が首都へ行く前になると、他村から人が集まって懇請しに来る。国会議員は人々の要求を逐一ノートにメモして、首都で買ってくる。しかし「その代金をもらったことは一度もない。運んでくるのも大変だし、大きな物は輸送費もかかる」とこぼしていた。人々の側からすると、国会議員を選ぶのは島の住民であり、そのおかげで彼は高い給料を得ているので、懇請に応えるのは当然なのだという。国会議員の妻は「それほど多くの報酬を貰っているわけではないし、懇請で給料のほとんどを使い果たしてしまう」と言っていた。9月初旬に戻ってきた彼の家には、品物を取りに再び人が集まって来ていた。ラジオカセット、バケツ、タバコ、シャツ、食料品、さらには自転車まで懇請する人がいるという。国会議員は今後、人々の共有できる物を買ってきたら皆で使い回してもらうこと、要求された物の全額を彼が負担するのでなく、一部を援助するに留めたいと私に語った。しかし、彼の要望が実現したか否かはわからなかった。

[土堤工事関係者]

　土堤工事関係者やオーストラリア人技術者もしばしば懇請される。物資の欠乏期には、彼らの住むニクシリにタバコなどを懇請しに行く者が見られた。カーモキは「タバコは店から消えてしまったが、ニクシリにはたくさんある」と言い、息子に行かせていた。また、どこかの村で饗宴があると参加者の送迎のために、工事用のピックアップ・トラックを懇請することが頻繁に行われていた。ピックアップ・トラックに関しては、仕事の遅滞を招くという理由でオーストラリア人技術者が長老たちに断ったという。貴重なガソリンも当然、貸した側が負担することになり、返済されない。週末にさまざまな饗宴に招待されること、そして物資や工事用車両の頻繁な懇請にオーストラリア人技術者は困惑していた。

[出稼ぎ者の家族]

　アンテレアの息子の1人は日本漁船で働いていた。彼がN村に戻ってきたとき、首都で多くのプラスティック製食器を買ってきた。アンテレアは「どうせこれらも1、2週間で人々が持って行ってしまうだろう」と不快そうに言っていた。タータもまた同様のことを語った。マラケイ出身のタータの妻は、懇請されると気軽に物を与えるので、ナウルから持ち帰った食器やたらいの大部分がなくなってしまった。首都へ行く機会があると買い足すのだが、結局はなくなってしまうという。1995年6月、ドイツ船出稼ぎ者であるタータの娘の夫が、帰省の折に大きなたらいを持ち帰ってきた。それからほどなくして、村の北グループの料理用に懇請され、穴を開けられてしまったとタータは不平を言っていた[*6]。また、外国船出稼ぎ者を弟にもつタビアンも、近隣のある女性が食器などを持って行ってしまうことに憤っていた。タビアンの母がこの女性と派手に喧嘩したこともあった。このような状況に対する与える側の反応は、一様に懇請する側を悪く言う。「人々は悪い（*buakaka*）」「懇請は悪い慣行だ」と述べるのだった。

[ココヤシ糖蜜]

　1994年、私が村に住み始めた頃、ボーカイは勤勉にトディーを採取してココヤシ糖蜜を作り、大きな瓶に溜めていた。ところが村中の人から懇請され、ご

く僅かになってしまったという。ボーカイは一部の世帯とは異なり、糖蜜を売買していなかった。それが、多くの人が懇請に来た理由の1つであろう。「人々は怠惰だ」と彼はいう。また時折パンを作って売っていたボーカイのところには、小麦粉やイーストなどを懇請しに来る人もいた。「あなた方も逆に懇請に行ったらいいではないか」と私が言うと、「恥ずかしくてできない」と彼の妻は語った。ボーカイは人に与えるばかりで、自分から懇請して物を得ることはほとんどないという。「懇請を恥じてはいけない」と主張する人がいる一方で、このように「懇請することは恥ずかしい」と語る人もいるのだった。

[ミンサーの循環]

　1995年10月頃、私の妻はスワンプタロをすりつぶすためにミンサー（taaberi）をターラワ（20歳代女性）の世帯へ借りに行った[*7]。彼女は家の中を捜し回ったが、ミンサーは見つからなかった。以前、ある年配女性に貸したことを思い出し、取りに行ったがそこにもない。別の女性が持っていったようだという。しかしその女性は全く覚えていないようだった。ターラワは自転車に乗って、村のあちこちの世帯を回ったが結局見つからなかった。

　その日の夕方、説教師の家へ水浴するために私たちは出かけていった。そこで家の片隅に置いてあるミンサーを見つけた。「このミンサーはあなたの物か」と説教師の妻に尋ねるとそうだという。私の妻の記憶では説教師所有のミンサーはこれとは違う形であり、彼女が自分の物と主張するミンサーはターラワの物に似ているという。説教師の妻と話しているうちに、これがターラワのミンサーであることがようやく判明した。説教師の妻は私たちがミンサーを持ち去るとき、少し不満そうな態度をとっていたように見えた。

　ターラワが年配女性に貸したのは1995年2月頃、物資が欠乏してタイヘイヨウイヌビワを人々が頻繁に食べていた時期と考えられる。8カ月もの間、ミンサーは方々に貸し出されていたことになる。そして貸した方も借りた方も、貸与の事実をすっかり忘れていた。

[技術をもつ女性への懇請]

　物資のみならず、技術者が物を作るように懇請されることも多い。ンキアーはパンダナス葉マットを編む技術について評判が高かった。技術者への要請は

個人的に行われるだけではない。彼女は村の長老からの要請でパンダナス葉製マットや、パンダナス葉製の男性の踊り用腰巻きを編む仕事に追われていた[*8]。ある世帯で行われた饗宴でも、ンキアーは1人屋外で腰巻きを編み続けていた。饗宴に来た周囲の女性たちは全く手伝おうとしなかった。ンキアーは「毎日忙しいし、目が疲れる。私はかわいそうだ」とこぼした。しかし、夫のテカエワウアは、人に羨まれる技術をもつのはよいことだと語っていた。

　島政府の集会所の話し合いにおいて、タビテウエア・サウス全体の長老が正装用に揃いの腰布を作ることに決まった。布が到着した後、N村の長老たちが腰布製作の仕事を自分たちの村で進んで引き受けたという。国会議員の妻は、学校で裁縫を教えていた経験をもつ。彼女が長老の要請を受けて、60枚もの腰布を作ることになった。村で引き受けたのだから、他の女性たちにも手伝ってもらい、皆で作るのだと彼女は言っていた。しかし実際には、国会議員の妻以外誰も集まって来ず、村の集会所で仕事をしていたのは彼女ただ1人だった。

　その他にも裁縫の得意な女性が数人いた。年末が近づくとクリスマス用のシャツやスカートを作ってもらうために、彼女らのところに懇請が殺到する。島では既製品の服が売られることはほとんどなく、布さえ入手しにくい。布があったとしても、種類が限られているため、同じ柄のシャツやスカートが時を同じくして村中に氾濫することになる。1994年12月、私たちの近隣に住む女性は、毎日手回しミシンで作業していた。目が疲れたと文句を言いながらも、クリスマスまで作業に追われていた。

[夜の訪問客]
　私たちの住居に夜間、人目を避けて来る者がいると懇請であることが多い[*9]。日本から柔道の本を送ってもらって欲しいと言ってきたり、大きな絵柄の入った新品のTシャツやカセットテープを懇請されたことがあった。これらの懇請者は全て若い男性であった。また、首都から来た教育実習生の調理のために塩を使いたい、とある女性から懇請されたことがあった。すぐに返してくれるという彼女の言葉は実現せず、僅かしかない塩をすべて持っていかれ、しばらくの間全く塩無しの生活を私たちは強いられた。その一方で、私にとっては意外だったのだが、金銭を要求されたことは全くなかった。

2－2．懇請の社会・経済的諸相

具体的事例を見たところで、懇請の諸相についてまとめてみることにする。

1）平準化装置：懇請とは、物資や金銭を他人より多く所有する者、高い技術をもつ者に対して、「持たざる者」が請求する行為である。言い換えれば、持たざる者はごく当然に持つ者に請求し、またそれは社会的に容認されている。経済的観点に立つと、持つ者の多くは海外出稼ぎ者、公務員、国会議員、土堤工事関係者などの定収者であり、第Ⅳ章で見たⅠ型饗宴の構図がほぼ当てはまる。この意味で懇請は、村落社会における平準化装置といえる。ただし、Ⅰ型饗宴との相違点もある。懇請においては、饗宴の招待客のような有職者のみならず、糖蜜作りを勤勉に行う者やパンダナス葉製マット製作に秀でた女性など、一般の村人までも懇請される側に置かれるのである。つまり懇請とは外来者、島出身の有職者、一般の村人を含む全ての人々を巻き込んでいる。物資の所有や技術について突出した人物が、それ以外の人々に対して鷹揚さを示すのは当然と捉えられているのである。

2）相互扶助の拡大：キリバス南部の厳しい自然条件を考慮すると、懇請慣行が自然環境への適応性をもってきたという機能的な解釈が可能かもしれない。この解釈はある程度の妥当性をもつだろう。ところが、かつて懇請可能な範囲はきわめて限定されていたという主張がある。懇請について、人々のいう「昔（*ngkoangkoa*）」に行われていたかどうか尋ねると、たいていの人から「昔からのキリバスのやり方である」との答えが返ってくる。しかし、テイオーキは「昔、懇請は親族（*utu*）に対してだけ行われていた。キリスト教が来てから誰にでも懇請してよいことになった。教会が誰にでも懇請することを許したのだ」という。またN村最年長のテアウオキも「昔は親族以外の人に懇請することは他の者を恥ずかしくさせた（*kamama*）」と語った。この2人の長老の話が歴史的な事実に即しているという確証はない。しかし、ヨーロッパ人との接触前には、各カーインガが独立に生計を営んでいたといわれるため（Geddes 1983）、彼らの言葉を無視するわけにはいかない。

さらに、アントニオら複数の長老は、彼らが幼少の頃、飢饉があったときに植民地政府による食料援助を「私たちには食べ物がたくさんあるからいら

ない」と拒絶したという。理由は、外部から食料を受け取ることが恥だったからという*10。この話は島の外部から食料を援助されること、すなわち食料が自給できないことは恥であるという認識を前提としている。外部者に食料を依存することは、自分たちの窮乏（kainnano）状態を認めることになるがゆえに、恥だったのである。ヨーロッパ人との接触以前、カーインガが食料生産に関して自律的であったならば、カーインガ間の懇請も起こり難かったと類推することができよう。つまり懇請は、厳しい自然条件下にある島全体の相互扶助ではなく、より狭い範囲に限定されていたと考えることができる。そうであるならば、あるカーインガが窮乏状態にあっても、懇請可能な親族外の人へ食料を依存することは困難だったといえる。

　食料などの物資はカーインガ内部や親族に依存して調達するべきであり、それ以外の者への依存が社会的な恥をもたらした。さらに既述のように、自律的な経済単位であったカーインガは植民地化によって完全に分裂し、より小さな世帯が現在の生活単位となっている。小規模な世帯は経済的に多様であり、全ての必需品を世帯内で賄うことが困難な場合も充分にあり得る。そこでは、世帯外への物資の依存が重要性を帯びてくるのである。

　このような視点に立つと、テイオーキらのいうように懇請による相互扶助はキリスト教化や植民地化以降、一般に拡大して行われ始めたという説の蓋然性は高い。彼らにとって、キリスト教の教義と懇請は相容れるものである。そして「昔」との対比において、現在は相互扶助がより広く村などの共同体内で、あるいは外部者まで範囲を拡大して行われていることに注目すべきである。タビテウエアが世界システムに包摂され、小家族世帯が居住単位となり、人々の生活は外来物資や現金に依存せざるを得なくなった。それ以降、キリスト教的な倫理観の下で、親族外の人々まで巻き込んで懇請が行われるようになり、広く一般に定着したと考え得る。この状況を、世界システムへの対応として懇請が人々により再解釈され、現在においても維持されていると理解することができるだろう。

3） 欧米人の見解：植民地下の欧米人による懇請に対する見解は、興味深いものである。キリバス南部において導入された貨幣は、西欧諸社会におけるの

と同等な経済的機能が付与されないまま、社会的な互酬性や義務の伝統的システムに順応するよう調整されてきたとランズガードは主張する。この複雑なシステムが、経済的利潤を生み出したり、よりよい物資を得るために、獲得した貨幣を資本として再投資することを阻むというのである。首都の有職者は絶えず離島からの懇請に晒されていると彼は強調する。戦後、経済発展の可能性が拡大してきたが、このような状況が続く限り、充分に発展することはあり得ないとランズガードはいう（Lundsgaarde 1966: 70-74; 1968b: 24-25）。要約すればランズガードは、西欧をモデルとした経済発展を目指すには、懇請による相互扶助が最大の障害であると主張するのである[*11]。

　実際、貨幣経済をより浸透させようと意図する植民地政府は、金銭や貴重品の懇請を法的に規制しようという動きを見せた。懇請をした側、受けた側ともに有罪にするべきという1960年代の記録がある（GEIC 23／1, vol.3）[*12]。ただし、実際に規制が執行されたかどうか、文書資料で確認することはできなかった。N村においても、懇請が1960年代に禁じられたという話は全く聞かなかった。懇請は規制されなかったか、あるいは規制が全く浸透しなかったかのどちらかであると推測できる。このように、植民地統治下の欧米人の懇請に対する見解はきわめて否定的であった。そうであるにもかかわらず、現在でもN村のみならず、キリバスでは広範に懇請が行われているのは興味深い[*13]。

4）在地側の見解：具体的事例を見てもわかるように、懇請される側の者はしばしば不快そうに懇請された経験を話す。タータは自分の食器に関して懇請を評した折には、懇請を悪い「やり方（katei）」と断じた。ところが別の機会に私と懇請の話をした折には、物を持たない者も苦しむことがない、キリバスの良い「やり方」であると語った。このように相互に対立する言葉が、懇請に対する人々の見解を端的に表している。また個人差があるものの、ボーカイ夫妻のように懇請は恥ずかしいからできない、と語る人もいる。この態度は、他者への依存を恥としており、懇請を躊躇していると考えることができる。私たちに懇請しに来るのが主に夜であることも、人目を避ける必要があったのだろう[*14]。

　人々による懇請の見解は、個人の社会的評価に強く関わる。テカエワウア

が妻の腰巻き作りに関して述べたように、他人に羨ましいと思われることは個人の社会的評価の上昇に繋がるであろう。N村で生活していると、頻繁に「彼（彼女）は××の知識・技術がある（rabakau）」「彼（彼女）は××ができる（bwati）」という表現を聞く。そしてこれらの技術者は、共同体の労働などで長老たちの指名を受け、中心になって働くことになる。そこで鷹揚さを示すことが要求され、社会的評価の上昇をもたらす。ただし、これらの技術・知識の保持が社会的に固定化された地位の上昇には、全く結合していない点を強調しておきたい。つまり、この評価はあくまで部分的、一時的なものであり、知識・技術に結びついた地位は存在しない（第4節）。

5）懇請できない物：懇請できない物は何かと尋ねると、通常スワンプタロと板状パンダナス果保存食品であるとN村の人々は口を揃える（風間2002）。これらの懇請不可能性には、2つの解釈ができる。第一に、知識・技術および土地での労働に結合した、在地食料としての重要性があげられる。これらがなぜ懇請できないのかと尋ねると、恥ずかしいからという。2つの食料はきわめて特別視されており、自分たちの知識・技術をもって、土地や掘削田で働いて得るべきものである。島に住む者が在地のスワンプタロやパンダナス果保存食品を持っていないとすれば、相当の怠惰であるか、知識・技術あるいは土地を保有していないかであり、通常は考えられない。懇請できない物が、長期保存の可能な食料であることも注目に値する。すなわち、厳しい自然条件下でこれらの食料を生産することが、タビテウエアで生活するためには必要と見なされてきたのである。これは、先に述べた他者への食料依存を恥とする観念に結びつけて考えることが可能である。当然、これらは現金で売買されることもあり得ない。

第二に社会的重要性があげられる。この2種の食料が懇請あるいは売買不可能であるのは、これらが単なる食料ではなく、集会所や村の成員権に関連した特別な食料だからと考えることができる。スワンプタロとパンダナス果保存食品は自家消費も僅かにするが、主に集会所に（すなわち社会集団に）供出すべきものである[*15]。長老の決定にもかかわらず、供出できないことは相当の恥である。人々はこれらの日常的な消費を抑制して供出に

備えているため、現実に供出できないことはほとんど起こり得ない。土地を保有しない外来者や、村に長期間不在だった（つまり土地で働けなかった）帰省者は、饗宴でこれら食料を受け取る（第Ⅳ章）。対照的に、特別な食料を饗宴時に供出することが村居住者の強い義務となっている。現在、日常食のみならず饗宴においても、輸入食料への依存が増している。そして、スワンプタロ掘削田の多くが放棄され、板状パンダナス果保存食品を加工する量は減っている。しかし、これらの生産は低下しながらも、社会的必要性のために維持されている。

3．相互監視下における個人

　日常的生活において個人的所有を制約するのは、懇請慣行に限ったことではない。人々は常に他人の行動を観察し、他人の行動に関する噂が村の中を飛び交う。このような状況は、キリスト教の到来や植民地化の後にカーインガが分裂し、道路沿いに居住地が制限されたという歴史的影響にも一因がある。それ以前においては、居住地は現在よりも広く分散していたとされている。つまり、集落形態および家屋様式の変化が、相互監視を強めたと考え得る[*16]。さらに、植民地政府による人々の生活の厳しい統制が、隣人間の相互監視を生み出したといえるかも知れない。ここで、相互監視の具体的事例を見ることにする。

[置き土産の処分②]

　私が村を去る前に、大部分の置き土産を村全体に贈与したことはすでに述べた。それ以外の一部の物は、世話になった人に個別に配った。その際にも面倒なことがあった。ある世話になった長老はポットを置いていってくれと言っていた。確かに彼には大変よく世話をしてもらったのだが、他の人々に妬まれないかと私は心配だった。彼が言うには、とても仲良くし世話もしたから、小さな物を貰うのは心配ないとのことだった。しかし、昼間堂々と目立つポットを持ち運ぶわけにもいかず、1995年12月3日、日が暮れてから持って行った。彼は私たちが去るまでそれを隠し、しばらく経ってから使うと言った。長老の家

からの帰りに40歳代女性が家から出てきて、どこに行っていたのか問いただされた。言い訳するのが一苦労であった。翌12月4日朝、タータが私たちの家へ来て「昨夜村の北の方へ行ったか」と聞いてきた。誰もが私たちの行動を注意深く見張っていたのである。

　通常、私たちが個人的に物を与えた場合、受け取った側はそれを人目につかないように隠す。しかしなかには、わざわざそれを人目に晒す行動をとる男性（30歳代）もいた。私たちが物を配っているとの噂がタータに伝わったと、ある20歳代の既婚女性が小声で教えてくれた。その男性が私のあげた物を見せびらかす行為を、タータの孫が見ていたという。さらに、私の妻が彼女の夫にある工具を与えに行ったとき、近くのココヤシの木でトディーを採っていた男性が、私の妻が何をしに来たか即座に確認に来た。彼女は大慌てで贈品を隠し、その場をごまかした。それまで彼女は無邪気に、金だわしや小型の鍋を欲しがっていたのだが、態度が急変した。怯えた彼女は結局、薄汚れた小型の鍋を受け取らなかった。

　村人のなかにはさして親密でもないのに物を要求してくる者もいた。テガウンは灯油コンロを自分にくれと言ってきた。人に妬まれたら困るのであげられないと断ると、妬み（bakangtang）など気にしなくてもいい、欲しいと言ってきた者に与えればそれでいいのだと語った。

　なお、私たちが去る日になると、広口瓶で作ったランプ、簡易炉に使っていた鉄の棒を貸してくれていた人がそれぞれ、他人に取られないように回収しにきた。私は些細な物であるから、さして気にしていなかったのだが、彼らにしてみれば貴重品だったようだ。

[米の秘匿]
　物資が欠乏していた時期、入手した食料を隠そうと試みる者がいた。しかし、その行動を注意深く見ている隣人もいたのである。
＜1995年2月5日＞　私たち含めて人々が待望していた船が来た。しかし、食料品は期待していたほど充分には積んでいなかった。
＜2月6日＞　私もその日、隣村の店で久々に米や缶詰類を買うことができた。タビアンの家では25kg入りの袋ごと米や小麦粉を買ってきた。しかし、テガウ

ンら多くの者は米を入手できなかったという。
＜2月7日＞　朝早くから、タビアン夫婦は壁のある倉庫のなかで、入手した米を空缶や空瓶に小分けする作業をしていた*17。そのため25kg入りの袋は一挙に半分以下に減ってしまった。彼らは小分けした米を人目につかぬよう隠していた。この日は学校校舎の建設作業をするために、男性たちは仕事に出かけているはずだった。タビアンはそれに参加せずに米の小分けをしていたのである。
(12：10)　建設作業に出かけていた男性たちが、早々と村に戻ってきた。村集会所でナカエウェキアが貝笛を吹く。既婚、未婚の男性が5人来る。しばらくして今度はカーモキの息子が貝笛を吹く。続々と男性たちが集会所に集まる。誰も食事は持ってきていない。
(13：10)　興奮したテガウンの大声が響く。ボーカイがそれに応じる。学校の労働で今日は8人しか集まらなかった。男性たちは女性の作ったパンダナス葉の葺材やヤシ縄を持参して作業に行くように申し合わせてあった。ところが、参加者が少ないため建材が足りなくなり、作業できなかったのである。そのことに関して、作業へ行った男性が不満を述べたのだった。
(13：40)　カロトゥも興奮して話す。話し合いがしばらく続く。
(14：10)　テガウンがタビアンに「今日なぜ来なかったか、説明しろ」と怒鳴る。タビアンの世帯には成人女性が4人おり、彼がその割り当て分の建材を持参するはずだった。タビアンが来なかったから、材料が足りなくなったとテガウンは主張したのだ。タビアンは買い物をした後、隠れて妻と米を小分けにしていたのだから、正当な言い訳などできない。逆に「おまえこそ海岸での石切り作業になぜ来なかったか」とテガウンに言い返す。テガウンは「おまえは私のブシカ（*butika*）だ。私の方が賢い（*wanawana*）のだ。おまえは子ども（*ataei*）なのだ」と言い放ち、口論になる。ブシカとは夫と妻の男性キョウダイの関係をいう*18。タビアンの亡くなった前妻はテガウンの妹なのである。
(14：20)　突然、村集会所内が騒然とする。トンガウアが兄のテガウンを殴り、止めに入った男性も巻き込まれてつかみ合いの喧嘩を始める。女性や子どもがそれを見に集会所へ走って来る。一部の若者や女性が止めに入る。やがて、集会所からトンガウアが出てくる。テガウンが「走って去れ」と叫ぶ。後のンキ

第Ⅴ章　在地の所有観念と平等性　213

アーの説明によれば、トンガウアは兄の態度が恥ずかしくなって、興奮して殴ってしまったのだという。
（14：35）集会所内は少し落ち着き、笑いも起こる。タビアンの妻と姉が「はしたない喧嘩だ」などと言いながら去っていく。
（14：50）トンガウアが集会所に戻ってくる。
（15：00）教会ではビンゴの始まりを知らせる鐘が鳴る。人々が帰っていく。
　テガウンとタビアンの家は近接している。タビアンが米を買い込んで隠れるように作業していたことを、隣家のテガウンは知っていた ―― 私でさえわかったのだ ―― と考えられる。しかもテガウン自身は米を買いそびれていた。そこでテガウンは、作業に参加しなかったタビアンを名指しで責めたのだろう。タビアンの妻および同居している姉が早々に集会所を去ったのも、恥ずかしかったからだろうと解釈できる。

［食料への強欲］
　「強欲（ngenge）」とは他人の食料、タバコなどを無闇に欲しがる行為や態度をいう。強欲であることは、食料がなく窮乏状態であると見なされる。これは、恥を知らない卑しい行為なのである。親は子どもに対して、食料などを他人に鷹揚に分け与え、強欲にならないように、人の物を欲しがらないように躾けようとする。1995年2月11日、テイテイの子どもの誕生饗宴が行われた。そのとき初等学校に通うタカレブの三男が現れ、母に「僕の食べ物ある？」と言って近づいた。しかし母親は食物を与える代わりに、幾つもの仕事を息子に言いつけた。息子は泣き出し、走り去ってしまった。彼女は追い打ちをかけるように「あんたは強欲だ」と怒鳴った。
　食事をしている世帯にはなるべく近づかないようにするのが、礼儀とされている。食事中の家の近くを通った際には、呼ばれてもすぐには行かず、何度も世帯主に勧められてから食事に参加するのである。しかし、とくに1995年1月から2月にかけて、極度の欠乏期においては、子どもを躾けるべき親さえも強欲な態度をとることが多く見られた。その頃は、賃労働で男性が出払っていたり悪天候が続いたりして、漁に出る人が少ない時期だった。そのため、村では魚さえも不足しがちであった。私たちはこの時期、ココヤシの実などを人から

貰うこともあったが、基本的には自分たちの米や小麦粉など僅かの食料を少しずつ食べてしのいでいた。

　島では野菜や果物がほとんど栽培できないので、私たちはビタミン摂取のためにもココヤシ・トディーを1日1瓶か2瓶、テイオーキのところから貰っていた。朝は通常、小児が届けてくれるのだが、なぜかパンケーキを焼くときに限って母親が子どもを連れて来るのであった。私の妻が調理しているのを見て「おいしそうだね」などと言い、「そろそろ帰る」と言うが、なかなか去らない。パンケーキが焼き上がり、こちらから勧めるといらないという。しかし、まだ立ち去らない。私たちも食事ができないので再び勧めると、「子どもにあげる」といいながらパンケーキを受け取る。そして抱いてきた子どもに食料を渡し、ようやく重い腰を上げて去っていくのであった。夕方、テイオーキのところに水浴びに行ったとき、年輩女性が「今朝うちの娘は強欲だっただろう、その後パンケーキを子どもから取りあげて自分で食べてしまった」と教えてくれた。後にも何度か、パンケーキを焼いていると決まって親子連れで現れた。おそらく遠くから見ているか、調理時の油の音を聞きつけてやって来るのだろう。

　2月2日の夕方、私たちが食事していると、上述の親子や年輩女性らが遠くからこちらの様子を窺っているのが見えた。またその隣の家からも18歳の既婚女性がこちらをじっと眺めていた。物資欠乏期には、人々は他人の世帯の様子をとりわけ注意深く窺うのである。例えば、ある40歳代女性はタバコが店から無くなると、村を見渡して煙の上っている家へ行くのだと話していた。通常タバコは同席した人と回し飲みするので、吸っている現場へ行けば必ずありつけるのである。強欲は恥ずべき行為であるが、それと同時に、持つ者は鷹揚さを見せねばならない。持たざる者はわざわざ懇請せずに、タバコを吸ったり食事している現場を見つけては、何気なく押しかけていくのである。

　集会所で規則を遵守すべき饗宴や合議に参加するのは、既婚男性である。世帯内で物や現金の管理は既婚男性が行う。既婚男性にとって、世帯内の食料など必要物資の欠乏は恥ずかしいことである。ところが物資が欠乏したときに、物資が底をつかぬよう消費を制御するのも既婚男性の役割であり、結果的に他の世帯員に耐乏を押しつけざるを得ないこともある。例えば、私がある世帯を

インタヴューに訪れた際、その世帯の四男が「日本人に吸わせるため」に父親が保持していたタバコを受け取ったものの、結局自分と兄弟で吸うだけで、私に回ってくることはなかった。息子たちはかなりタバコに飢えていたようだった。強欲な行為は、主に女性や若者、子どもに見られる。上記の事例の他にも、ある若者は人が集まってタバコを回し飲みする場に必ずといってよいほど現れ、強欲だと陰口を言われていた。また、私自身の知る限りでは、長老と呼ばれる男性がタバコや食料について、強欲な行為をしたことはほとんどなかった。

4．個人的所有における排他性の強化

　前節までは主に物資について、個人的所有物の処分がいかに周囲の他者によって制約されるかを具体的に示した。社会集団のなかの個人がときに物資を隠すことがあっても、結局は隣人の目を逃れることができないという事例が数多く見られた。しかし、個人が密かに排他的所有に成功した例はないのだろうか。当然のことながら、個人が排他的所有に成功したり、所有物の処分を行使できれば、人目につくこともなく問題とはならない。つまりその成功例を示すことはきわめて困難と言わねばならない。そこで本節では、物資のみならず個人の知識・技術にまで視野を広げ、個人が行う所有物の処分や知識・技術の自己のための使用と周囲の人々の対応を見てみることにする。

4－1．物資の秘匿

　昔の人は秘匿・節約（*kaiko bwai*）をしていた、という話をよく聞く[*19]。よく働いてスワンプタロなどの食料を生産し、節約（*kaiko*）して少ししか消費しなかったという。だから昔の人は身体が丈夫だったのだという[*20]。この場合、節約という行為は肯定的に価値付けされている。ところが日常、節約・秘匿という言葉を使うときには、吝嗇、鷹揚さに欠けるなど否定的な意味合いが含まれる。

　ある20歳代女性は、国会議員やその兄は金をもっているのに金を賭けたカード・ゲームをやらない、吝嗇（*kaiko*）だと言っていた。また、私がキリバスに

来た当初、オノトア出身の教師と話をしたことがあった。タビテウエアの南に位置するオノトアは、節約で有名であった。私がオノトアの節約に興味をもっているというと、この教師は、節約は研究するに値しないと困惑して語っていた[*21]。当時は気づかなかったのだが、「オノトア島人は秘匿・節約する」と言うとき、吝嗇という侮蔑的な意味合いが込められているのである。N村で「おまえは吝嗇だ。オノトア島人なのか」などと揶揄する発言を聞いたことがある。

　饗宴の場においては当然、集団レベルでの平等性が支配する。日常的な生活でも懇請が横行しており、さらに相互監視のなかで、人々が財や物資を個人的に蓄積することは困難といえよう。しかし、そのような状況下にあっても個人的な物の秘匿が行われていることを見落としてはならない。例えば、現在のN村で誰もが物を秘匿している、とテイオーキは主張した。またタータはそれに同意しつつ、もしタバコが無くなってきたら、人前ではなく夜家屋のなかでこっそりと吸えばいいのだと語った。現金、貴重品、欠乏してきた物資をこっそりと人目に触れないように隠すのは、当然のことなのである。たいていの世帯にはナウルなどから持ち帰った木製の衣装箱がある。鍵の付いた箱のなかには貴重品が人目につかぬよう、隠されている。仮に懇請されても「もう無くなってしまった」と言って断ってしまえばよいという。僅かしかない物を懇請されたら、所有を他者に知られていない限り、要求に必ずしも応えなくてもよいのである。

　前節で見た通り、周囲の人々は相互監視によって個人的な蓄積を起こさせないようにする。秘匿しようとする個人と、それを監視し、噂して悪口をいうことにより抑圧する周囲の人々との駆け引きが日常的に行われている。さらには具体的な物資のみならず、知識・技術は物資以上に個人的に隠され、保持されているのである。

4－2．知識・技術の保持と拡散

　N村では、知識・技術（*rabakau*）を持っていると見なされる人が多くいる。個人の特殊な技術・知識は多様な領域に及んでいる。例えば、外洋の漁ならばタワンガとトアリキ、捻挫や打撲に効くマッサージならばカーモキ、カヌー作りならばテカエワウア、キマエレやアントニオ、きれいな模様を編み込んだパ

ンダナス葉マット作りならばンキアー、ネイマケやネイナンら、踊りならばタウラキやテカンタンらといったように、誰もが認める技術者が数多くいるのである。これらの技術者は村や集団のために仕事をし、また個人的には懇請を受ける。そのとき当然、報酬を受け取ることはない。物質的、経済的な平等化が集団レベルに作用するのと対照的に、知識・技術については基本的には個人的に保持されることが普通である。知識・技術をもつ人は、前述のように集団のための仕事に追われることもある。そして多くの人々から羨望（*mataai*）を受けるのだという。テイオーキによると秘密にしておくべき知識・技術には、スワンプタロ栽培（*ribana*）、糖蜜作り、板状パンダナス果保存食品作り、いい匂いのココヤシ油（*bwa*）作り、漁（*akawa*）、マッサージ（*riring*）、キリバス・レスリング（*kaun rabata*）、カヌー（*wa*）作り、ウツボ漁の筌（*uu*）作り、細編みパンダナス葉マット（*kie*）作り、ココヤシ・トディー採取（*koro karewe*）など、多くの種類があるとのことだった。

「白人や日本人は本にして知識・技術を皆に教える。知識・技術を隠すというキリバスのやり方は悪い」とテイオーキは語った。確かに「自分だけに××を教えてくれ」といった言葉をしばしば聞く。20歳代既婚男性2人が夜、私の家へ来た際、「柔道の技を自分たちだけに教えてくれ」と言っていた。テオボキアのゲストハウスで液晶画面の付いたヴィデオカメラを見せたとき、管理人は「こんなにいい物を他の人には見せないでくれ」と言っていた。また、研修や留学で外国へ行ったキリバス人は、その知識を自分だけのものにしてしまい、帰国しても教えない。結局、技術の普及が進まないという話を首都で聞いた。

タビテウエア・サウスでも類似した話を聞いたことがある。国会議員の妻は野菜などの植物栽培に興味をもっていた。ところがテオボキアに住む農業省の公務員は、栽培の知識・技術を教えてくれないと彼女は愚痴を言っていた。農業省の役人は当然、栽培技術を普及させるために派遣されているはずであるが、知識・技術を隠していると噂されるのである。この小さな農園で作った僅かの野菜は、大きな饗宴があると懇請され、すぐに無くなってしまうという。彼は知識・技術を使って育てた野菜を、懇請に来た人々に鷹揚に分け与えるのである。

知識・技術は秘密にし、他人に教えるものではないという通念があることは

強調されるべきである。その一方で、知識・技術は完全に閉じられているわけではない。世帯内で親から子へ継承されるほかにも、懇請してきた他人に伝えられることもある。

［スワンプタロ栽培］

スワンプタロ栽培には、施肥などさまざまな技術が必要である（第Ⅱ章）。長老のキマエレは大きなスワンプタロを栽培することができ、しかも彼の作ったイモは美味であるという。キマエレの使う肥料がスワンプタロの成長や味に重要なのだといわれている。キマエレが日本船出稼ぎ者帰省の饗宴のためにイモを掘りに行ったとき、私はその作業を観察させてもらった。私たちがキマエレの作業を見ていると、ある女性が未婚の若者とともに通りかかった。彼女はキマエレが70歳を過ぎたのに、いまだ誰にも栽培の知識・技術を教えていないと言っていた。若者はキマエレの作業を食い入るように見つめ、まだ誰にも継承されていない技術を盗もうとしているかのように私には見えた[22]。

スワンプタロ栽培について、テイオーキに詳しい話を聞くことはできなかった。インタヴューをしていたとき、それまで普通に話していたのだが急に声をひそめ、栽培の知識・技術を話すのは禁止されている（*katabuaki*）、と言った。かろうじて栽培法の名称をいくつか収集することができた。彼はもし遠くの島の人に栽培法を懇請されたら、教えてもよいだろうという。しかし、同じ集会所にスワンプタロを持っていくN村の人には、絶対に教えられないのだと語った（風間2002）。

ところが逆にテイオーキの弟であるタータは、現在はそのような栽培法の秘密はないと言い、私たちに施肥作業を見せてくれた。また、ある30歳代男性はカーモキに栽培法を教えてもらったという。タカレブの長男は他村の人に栽培法を習ったという。いずれも親族から伝授してもらったとのことだった。30歳代男性が言うには、カーモキは親族であるが遠いので、栽培法を教えてもらうのは本来禁じられているという[23]。教えてもらえたのは運が良かった（*tekeraoi*）とのことである。

［パンダナス葉製マット作り］

1995年10月18日、夫と離婚した女性ネイナンが、タビアンの妻にパンダナス

葉マット作りを教えていた。タビアンは、彼女は親切だ（akoi）といっていた。タビアンによるとタカレブの妻なども他の女性にパンダナス葉マット作りを教えるという。しかし、ある1人の女性は他人に教えないという。「彼女は教えるのを嫌がる。悪いことだ」とタビアンは言っていた。当の女性は「私は（マット作りが）できない（babanga）」と言い訳をして、他人に教えるのを嫌がるという。ところが、タビアンとは逆に、20歳代のターラワはマット作りを教える女性に対して「愚かしい（tabaua）」と言っていた。そして、私が技術を隠す女性に作ってもらった小型マットの編み込みをじっくりと観察し、技術を盗もうとしていた。タビアンは知識・技術を教えないことを理由にある女性を悪く言い、ターラワは教える女性に対して愚かしいと言うのであった。

村や教会のために行う女性のマット作りは、集会所で談笑しながら行うことが多い。そのような機会に、技術を教えてもらうことがある。協同作業の機会を与える教会などの女性団体が、マット作りの技術普及に一役買っている。

[航海術の講演]

1995年10月から11月にかけて、隣村のカトリック集会所にオノトア島のウリアムという男性（40歳代という）が1カ月以上滞在していた。その村のある男性によれば、ウリアムは外洋航海術についての知識・技術を保持しているといい、オノトアからわざわざ呼んできたという。彼には食事を提供するが、金銭を与えることはない。ウリアムは島が見えなくても、波やうねりで島の場所がわかるという。実際にウリアムを交えて数人の男性がタビテウエアから隣島のオノトアへ舟外機付きカヌーで出かけてきたという*24。人々はウリアムの知識・技術を賞賛していた。

オノトア島出身の官僚が、外洋航海術に関するパンフレット（Botaki ni Mwakuri 1987）を刊行しており、それを首都で入手することができる。ウリアムが、このパンフレットの編纂者や知識の伝授者と関わりがある可能性は高いだろう。男性たちは感銘を受けていたが、このような知識はすでに出版されているのである*25。

[新しい知識・技術]

ニーニーは国会議員の息子の妻であり、息子がドイツ船から帰ってきた折に、

首都からN村へやってきた。彼女は以前、プロテスタント女性団体（RAK; Reitan Aine ni Kiribati）で裁縫や料理を教えていた。村で饗宴があると、ニーニーはその準備に頻繁に呼ばれ、忙しそうであった。彼女は村ではあまり目にしないような、肉の煮込みやプディングを饗宴のために作り、評価が高かった。新しい知識・技術が首都からN村に導入された1例といえよう。このような新しい知識・技術は、個人的に保持されることもあるが、他者によって模倣され、拡散していく。人は評価の高い知識・技術を懇請によって教えてもらうだけでなく、観察して盗み、自分のものとするのである。

　また、テイオーキの妻はマット用のパンダナスの葉を漂白するのに粉洗剤を使う方法を見つけだした。葉を煮るときに粉洗剤を入れるときれいに脱色することができるのだという。この方法はまだ私しか知らない、と嬉しそうに彼女は語っていた。

5．交錯する個人の行動

5－1．知識・技術に対する妬みと羨望

　知識・技術について、たいていの人は親族内で保持されるのものであり、他人に教えるのは禁じられているという。理念的には、知識・技術は世帯や近い親族内で閉じているべきである。しかし、タータはそれを隠すのは昔のことであり、今は開いていると主張する。

　親族集団が拡散し世帯が小型化し、親族間の結びつきが弱体化した現在、個人的な友好関係が重要となっている。さらに、新たな社会集団の統制が多様化した集会所を中心として強くなっている。知識・技術は、世帯内であるいは個人的に保持されると同時に、一方では社会集団内に拡散している。なかには、パンフレットとして出版された知識・技術まである。教会などの協同作業、饗宴の準備などの機会において、知識・技術が他人の目に触れやすくなり、模倣や拡散が起こることにも着目すべきだろう。言い換えれば、知識・技術は個人化と拡散化という逆方向の両極に向かっているのである。

前述のように、実際の生活においては知識・技術を隠す人がいるのと同時に、教える人もいた。パンダナス葉マット作りの知識・技術を教えない人に対してタビアンが悪いと評し、教える人に対してターラワは愚かしいと評したことは、きわめて示唆的である。知識・技術を教えることは、一時的に鷹揚さを発揮できるが、もし技術が広まってしまえば、技術者がもつ知識・技術の価値を低下させることになり得る。テイオーキが同じ集会所にスワンプタロを持ち寄る人には、栽培法を教えないと語るのは、この文脈から納得できる。

　知識・技術を保持する人は他人に羨望（*mataai*）を受け、あるいは妬み（*bakangtang*）をもたれる。多少の羨望を受けることは、その個人にとって喜ばしいことである。日常的には女性が冗談混じりに、自分の髪飾りや踊りについて、「私のことが羨ましいでしょう」などということもある。しかし妬みを買うことは慎重に避けねばならない。仮に冗談でも「妬ましいでしょう」などということはない。適度に羨望をもたれることが個人にとって望ましいが、度が過ぎて妬まれるのは、利己的（*katei n rang*）と非難されかねない。知識・技術をもつ人は、社会集団のための作業で能力を発揮して鷹揚さ（*tituaraoi*）を示し、そのことによって羨望され賞賛を受ける。同時に、妬みは回避しなければならない。ンキアーが男性の踊り用の腰巻を1人で編んでいる際、誰も手伝うために近づいていかなかったのは、彼女が技術を教えないことへの周囲からの反発と解釈することができるかも知れない*26。

　ここで妬みと羨望について、簡単にまとめることが必要だろう。英語では、妬みも羨望もenvyやjealousyの語で表される。フォスターによれば、英語のenvyとjealousyは多くの場合、混同して用いられるという。彼は語源について調べた上で2つの語を区別する。envyとは「持たない者（have-not）」が「持つ者（have）」、つまり人物に対して抱く感情である。一方jealousyは「持つ者」の所有する物や人間、つまり当該の対象物（人）に対して、失う恐れを抱くことにより引き起こされる感情である。例えば、ある男性Aが美しい妻Bと結婚したとする。第三者の男性Cが羨ましく思った場合、CがAに対して抱くのがenvyであり、Aが、失うかも知れないBに対して抱く感情がjealousyだという。通常、混同されて使用される2語は、多くの場合envyの方が妥当ということになる。そして、「未開社

会」やペザント社会においては、生活を維持し生き残るために必要な食料、子ども、健康が妬み（envy）を喚起させる（Foster 1972: 165-169）という。

キリバス語のマターイ（羨望）とバカンタン（妬み）は、いずれも「持たない者」が「持つ者」に対して抱く感情であり、フォスターの定義に照らすとほぼenvyに相当するだろう。2語の違いは感情の強さによって分けることができる。羨望はより軽く、冗談めいた会話で使用されるが、妬みの方はより強い意味合いをもつ。フォスターによるとjealousyとenvyは、感情を抱く対象の違い、つまり「持つ者」か当該物（人）か、によって狭く区別できるという。しかし、実際には「持たない者」が「持つ者」への感情を抱くのは、当該の対象物（人）への感情があるからこそ、引き起こされる。このような対象物への感情と「持つ者」への感情を区別するのは容易ではない。キリバス語において、羨望と妬みは「持つ者」への感情でありながら、対象物への感情を排除することができない。一方、食料などの対象物を欲しがる直接的な態度は、強欲の語で表される。

羨望と妬みの分岐点こそが、知識・技術をもつ個人に対する周囲からの評価の分かれ目となる。知識・技術保持者の評価が低下して非難を受けるのは、次の場合が考えられる。

①社会集団へ貢献が少なく、自己（あるいはその世帯）のためのみに使用する。

②社会集団への貢献が仮に大きくても、他者に教えるのを強硬に拒む。

ここでいう貢献とは、要請した社会集団や他人のために知識・技術を用いて、パンダナス葉製マットを製作したり、大きなスワンプタロを供出することを示している。貢献を拒否したならば、利己的と非難を受け、当該個人は恥をかく。つまり知識・技術をもつ人は、必ず社会的貢献が期待されるのであり、自己のためだけに知識・技術を使うことは、強い妬みを喚起する。知識・技術の保持者は、頻繁に社会集団や他者のために働くことを余儀なくされる。また、仮に同じ種類、同じ技能レベルにある知識・技術の保持者が、同じように社会集団に貢献していても、知識・技術を他者に教えるか否かで評価は2つに分かれ得る。知識・技術を秘匿することは、保持者としては当然であろう。知識・技術を他人に鷹揚に伝授すれば、それ自体の価値が低下する危険があり、前述した

ターラワの発言のように「愚かしい」と言われかねない。知識・技術をもつ者は、当然社会集団に対して生産物を供出し、懇請されれば物を作ってあげて鷹揚さを発揮する。しかし、知識・技術を教えるか否かの選択はきわめて微妙な問題である。知識・技術の保持者は、個人的に秘匿して非難されるか、鷹揚に他者に伝授して、技能者としての稀少価値を落とすかというジレンマに挟まれている。保持者は、羨望と妬みの間に置かれており、潜在的に正反対の評価を受ける可能性がある。個人的な友好関係や周囲の状況に応じて、知識・技術を伝授したり秘匿する必要がある。最も個人的と考えられる知識・技術でさえも、他者の懇請から完全には逃れられない。

5－2．所有物に対する個人の行動選択

　物資に関しても、他者の羨望や妬みと鷹揚さとの間に個人は置かれている。1995年1月中旬、アンテレアの息子が日本漁船の出稼ぎから帰省したとき、自転車、食器、ガソリン、米、小麦粉など多くの物資を首都や日本から持ち帰ってきた。私がアンテレアの隣の世帯へ水浴に行ったとき、女性たちが、じっとアンテレアの家の様子を見つめて羨ましがっていた。アンテレアの家では、遠くからでも目立つ高床の上に、持ち帰った米の袋を置いていた。翌日には米袋の中身は半分ほどに減っていたが、まだ目立つところに置いてあった。中身が極度に減っていたのは、タビアンがテガウンと喧嘩したときと同様、小分けしたものと見られる。そして、目立つところに置かれている間に懇請しに来た人には、鷹揚に分け与えるのである。2日後、インタヴューのためにアンテレアの家を訪れたとき、米袋は姿を消していた。しかし、私に米飯が供されたことから、人目につかない場所にしまってあるのは確実だった。

　人々の懇請が容赦ないことは国会議員などの例によって、すでに述べた。国会議員は、実際に金銭的余裕があるか否かにかかわらず、余裕があると見なされている。彼に懇請を断るに足る弁明の余地は与えられていない。一方、アンテレアの行為は自分の消費分を確保しつつも、まず他人の目から即座に米を隠さずに、所有していることを示し、仮に他人が懇請に来れば与える余地を残している。またタビアンの事例では、公共の労働に参加せずに米を小分けしてい

たことが、合議の場で他者から非難される事態を招いた。ここで着目すべき点は、個人的所有物に対する当該個人の自由な裁量による処分が必ずしも可能ではないことである。ある人物の所有物はもし懇請されれば、今現在必要としている人に与えられるべきである。ここには、所有者自らあるいはその世帯員のための消費が制約されてしかるべき、という集団的な平等性が働く。また、社会集団や集会所への供出が合議で決まれば、それに応えるのは当然の義務であり、個人的所有は集団的メカニズムによって制約を受ける。一方、個人は自分や世帯員のための消費分もまた、同時に保持している。

　資本主義的な論理の下では通常、個人的（あるいは私的）所有とは、他者への排他性に基づいて規定されるものである。ところがこれまで見たように、タビテウエア・サウスにおける所有とは、潜在的な他者の要求や社会集団による制約を排除し得ない。つまりここでは、個人的所有は排他性を伴わない。ある人に対して他者がその所有物を見る、持っているという噂を聞く、あるいは持っていると疑うことは、その人の所有物が他者（社会集団）に潜在的に要求され得ることを意味する。他者に所有を知られた物は他者の要求や合議の決定に応じて、必ずそれに応えねばならない。つまり、それらの所有物は譲渡の可能性を潜在的に伴っており、自己が処分できる可能性は制約されている。排他性を伴わない在地の所有観念の下において、全てを失わないために所有者は他者（社会集団）の要求を制御する必要がでてくる。そこで人々は自らの行動に対する選択肢をもち、所有物を巡る駆け引きを行う。主にとられる行動は2つある。

　　a）他者の噂、知識や嫌疑を遮断するために秘匿し、自らの所有物の排他性を強化する。

　　b）あえて他者に見せ、鷹揚に与える。

　個人が秘匿した所有物は、仮に他者に懇請されても「無くなった（*E a bane*）」といって断ることが可能である。こうして断ることは、懇請の拒絶には相当せず、したがって恥ずべきことではない。個人は、懇請を断り自己の世帯で消費することも、懇請に応じることもできる。ただし人々は日常的に物資の秘匿に勤しむわけではなく、所有物を他者に見せることを厭わない。もし仮に、ある人が所有する全ての物資（例えば米など）を人目に触れさせ、全て懇請されて

しまったら、鷹揚さを賞賛されるよりもむしろ「愚かしい」といわれる。過度の蓄財や秘匿はきわめて強い非難を浴びる。しかし、誰もが少ないものを「隠す」のは当然であり、それを非難する者はいない。物資を「持たない者」に対して懇請することはない。「持つ者」と見なされた場合のみ、懇請を受けるのである。既述のように、極度の物資欠乏期でも多くの人は僅かな米を蓄えて、底をつかぬようにしていた。上記のａ）とｂ）を状況に応じて適宜組み合わせ、人々は行動を選択する。一方では非難を受けないように他人の要求に応じ、他方では社会集団への供出や饗宴における消費、世帯内の日常的な消費のために物資を要領よく秘匿することが、平等性の卓越する社会に生きる個人の行動である。自己や世帯員の窮乏を回避すること、そして鷹揚さを示すことが個人に求められるのである。

さて、ルオマラが1948年にタビテウエアで収集した昔話にも、大きなスワンプタロを多く持つ個人と社会集団の駆け引きが滑稽に描かれている（Luomala 1965）。個人は悪知恵を働かせて所有物を守り、自分と家族だけで食べてしまう。

　　タビテウエアのある村でスワンプタロの重量を競う集会が行われることになった。［主人公の］タレシは自分のイモを人に与えるのが嫌だった。そこで村々から人が集まる前の夜、タレシは盗まれたように見せかけて、彼のスワンプタロを収穫するように、３人の息子に命じた。息子たちは命令通りに実行し、イモを埋めて隠した。タレシは自分のスワンプタロが夜の間に盗まれたと人々に訴えた。そして競争に参加できないこと、威信が失墜してしまったことに憤り、泣いた。タレシは彼のイモを盗んだ人を捜しに出かけたが、当然見つけることができなかった。（中略）スワンプタロの重量を競う集会が行われた。そこでは、食料のないタレシに人々からイモが与えられた。彼はもらったイモを村に持ち帰り、そして自分のイモも保持していた。盗まれたというのは嘘で、本当は盗まれていなかったのだから（Luomala1965:43）。［　］内引用者

また、タレシの時代にはネウェアバ（*newe-aba*：旅行、探検）といわれるス

ワンプタロの略奪旅行があったという。これは、スワンプタロを大量に栽培していると噂される村へ、他村の人々が徒党を組んで出かけていき、掘削田のイモを儀礼的に略奪することをいう。略奪を受けた村の集会所では饗宴が行われ、イモは一度に消費される。略奪を受ける村は、スワンプタロが豊富であるという評価を受け、誇らしいことなのだという。

　［タレシがイモを隠した］事件の約5、6カ月後、タレシの村にネウェアバの集団がやってくることになった。村の長老たちは、全ての掘削田のスワンプタロを掘り起こすことに決めた。タレシはこの話を聞いて、自分の掘削田をココヤシの葉や木の枝などで覆って掘り出せないようにした。やがて他村から人々がやってきた。大きなスワンプタロを持つ人々は、タレシ以外は誇らし気だった。タレシはイモを無駄に消費したくなかった。自分で食べるためにとっておきたかった。やがて人々は掘削田からイモを掘り起こしていった。さて、略奪団がタレシの掘削田へ来ると、大きなスワンプタロが見えた。人々は掘り起こしたかったが、邪魔な物が多くてできなかった。結局、タレシの掘削田は手つかずで残されたまま、人々は去っていった。村人はタレシの掘削田を見て妬ましく思い、皆でイモを掘り起こすことに決めた。タレシは怒り、自分を殺してから掘り起こすよう主張した。タレシの親族も加勢し、掘削田のイモを手つかずのまま守ることができた（Luomala 1965: 44）。
［　］内引用者

　このように、集団的メカニズムや平等性に反する個人の行動が、滑稽に語り継がれてきたことは興味深い[27]。個人が悪知恵を駆使して要領よく人々を欺き、非難を受けながらも勝利を収めるという話の筋書きは、おそらく現在の人々の日常的行動にも相通じるものがあるだろう。鷹揚さや平等性を強調する社会のなかに生き、日常的にも懇請や相互監視の下におかれている人々が、実際の日常生活では実現不可能な集団的メカニズムに反する行動をとって、結局は英雄的に成功するタレシの話に共鳴するのは当然であろう。
　在地の所有観念は排他性をもたないことを私は強調した。平等性や集団的メ

カニズムの卓越する社会のなかで、個人は所有物を他者に鷹揚に分け与え、社会集団に供出することが求められている。具体例を見た通り、現実の生活においては多くの場合、個人による財蓄積や排他的所有の試みは社会集団によって介入され、制約を受け、物資は分散化する。在地の平等性に沿わないと見なされる行動をとった個人が、誹謗や中傷を受けることも多い。懇請されれば知識・技術を他者に教えざるを得ないこともあり、やっと手に入れた物資を根こそぎ社会集団に領有されることもある。

　ただし、人々は所有する物資を秘匿することにより、所有物に排他性を付与することが可能である。つまり在地の平等性に反することなく、個人は自己の所有物に対してある程度の制御を加え、排他性を付与する余地が残されている。個々人は、集団的メカニズムや平等性に従うと同時に、それにそぐわない行動をもとり得る。しかしN村において実際には、タレシのような反集団的な企てがあからさまに試みられることは少ない。むしろ個人による所有物への排他性付与の試みが、社会集団によって容認し得るか否かを巡り、個人と社会集団の軋轢が繰り返し起こる。排他性を伴わない在地の所有観念は、集団的メカニズムや平等性と連動している。そのなかで個人はときに鷹揚さを発揮し、ときに密かに所有物を秘匿して日々の生活を送っているのである。

第VI章
貨幣経済と贈与の論理

開店した村の商店

本書の第Ⅰ章において、タビテウエア・サウスは資本主義世界システムの中核から最も遠い位置にあり、その位置ゆえに商品連鎖が途切れ、物資欠乏が起こることを示した。続く第Ⅱ章で明らかにしたように、人々の生活はとくに衣食に関して、生業活動による生産物よりも輸入物資に大きく依存している。

　本章では、日常生活の場における物資の売買を主題とする。具体的には、極度に物資が欠乏して以降、小規模商売が盛んに行われ、新たに個人商店が林立し、結局は消失した事例をとりあげる。そこで、平等性の卓越する社会における、在地の論理と貨幣および市場経済の規則との関係を見る。

　物資が島に入るまでの過程では、必ず外部世界の市場経済を通過している。しかし、在地社会において物資の売買は、個人的な財蓄積を生み出す可能性をもち、それは他者の妬みを喚起させ、平等性にそぐわない。

　在地社会は流通媒体としての貨幣を受容しているが、同時に市場経済の領域を遮断し、資本の論理を拒絶する。貨幣経済は、あくまで贈与の論理が許容する範囲内で浸透しているのみである。市場経済の萌芽といい得る個人経営商店がことごとく消失したのは、不可避であったことを在地の論理に則って例証する。

1．貨幣が喚起するイメージ

1－1．貨幣に付与された負のイメージ

　人類学の古典的な研究においては、「伝統社会」に侵入してきた外来の異物として貨幣経済を捉える傾向があった。貨幣を明確に視野に入れた人類学的研究では、市場経済に由来する商品と在地社会の贈与とを明確に峻別する視点が主流であった（e.g. ポランニー1980; Gregory 1982）。多くの場合、貨幣は本来的に在地社会の論理と対立する、否定的な意味合いをもって論じられることになる。ただし、市場交換と贈与とが対立するのは、人類学者の理論的枠組みのなかでだけではない。市場経済に巻き込まれた在地の人々によって、貨幣に負のイメージが付与され、贈与と市場の論理を対立させる事例が数多く見られるのも確かである。

例えば、ビジネスの成功に伴って蓄積された貨幣は、市場経済にうまく対応した成功者の証として、ネガティヴな意味付けがなされる。ボリビアの事例では、富裕な成功者はしばしばキリスト教の神を裏切った「悪魔との契約」を密かに行った者として、またフィジーでも、ビジネスの成功者は反キリスト教的な呪術に結びついた存在として、人々により捉えられてきた（Taussig 1980; 春日1992）。

一方、在地社会が貨幣を受容した初期から、積極的に市場交換に参入し、ビジネスに才能を発揮した人々がいた例もあり（Finney 1973b; 春日2001）、必ずしも市場交換の規則が在地の論理と対立するわけではないことにも留意すべきである。

さて、私の調査時点でタビテウエア・サウスでは、貨幣と反キリスト教的な悪魔や呪術との結合は見られなかった。しかし、貨幣を用いた物資の売買や貨幣の個人的（世帯個別的）蓄積に関しては、在地の平等性に反するものとして、負のイメージがつきまとう。すなわち、従来の人類学において見られる市場交換およびその象徴たる貨幣と、在地の贈与との二項対立が、タビテウエアでも観念的レベルにおいて明らかに認められる。ところが、実際の人々の生活において、米・小麦粉やタバコなどの生活必需品である輸入物資を入手する際、現金は必須の媒体として、人々自らも現金を欲することを憚らずに口にすることがある。貨幣に関わる観念レベルにおける負の意味付けは、実生活においては顕著には見い出し難いという、一見矛盾した状況が見られるのである。

1－2．キリバスにおける社会・経済的研究

第二次大戦後のキリバスにおける社会・経済的な研究の動向においては、経済開発と在地社会の相克を強調する視点が主流であった（eg. Lundsgaarde 1966, 1968b）。経済開発のためには、まず企業家精神を鼓舞することが重要であり（Fairbrain 1988）、そのとき在地の「平等主義」が障害になるというのである。このような論調は通常、西洋的な個人主義を基盤にした、直線的な経済の発展図式と在地側の平等性を明瞭に分離する傾向がある。

ニュージーランドのヴィクトリア大学研究チームが1971～74年にかけて、ギルバート・エリス諸島植民地の離島部における経済状況について、現地調査に基づいた詳細な報告を行っている。キリバスでは、ブタリタリ（Sewell 1983）、

アベママ（Watters and Banibati 1984）、タビテウエア・ノース（Geddes 1983）、タマナ（Lawrence 1983）の各島で調査が行われた。調査対象となったこれら4つの島には歴史的な差異があり、一概に論ずることはできないが、報告には以下のような特徴が見られる。

1) まず、キリバス離島部の「平等主義（egalitarianism）」を強調し、それが西洋的な市場経済の論理と相容れないことを指摘する点があげられる。例えばワターズとバニバスは、英国政府の援助が西洋的な資本主義の発展図式を仮定していることに対し、その仮定自体をキリバスに当てはめることに警告を発している[*1]。彼らはタビテウエアの農業開発の例をあげる。それによると、一個人を選択し、先導的な農民（leader farmer）に指定して開発プロジェクトを行ったが、周囲の人々は個人的な成功者に妬みを集中させた。開発推進のため島を訪れた派遣員が拒絶されるなど、村では大きな混乱を招いたという。個人を指定する代わりに、近接した土地を持つ15〜25人を集団として指定すべきであると、ワターズとバニバスは提言している（Watters and Banibati 1984: 197-199）。

2) 人々の側も、個人的な企業よりもむしろ小規模な経済サークルを自主的に作ってきた。研究チームの報告の全ては小規模な商売のサークル、ムロンロン（mronron,「円環」の意）をとりあげ、個人による商売は妬みを引き起こすが、サークルで活動を行うことによってある程度の成功を収める例をあげている。

　　ローレンスはムロンロンのリーダーの発言を紹介している。タマナ島のリーダーは、ムロンロンによる活動は個人の利益を目的とするのではなく、海外出稼ぎなどによって得た現金を共同体のなかで循環させ、外来の物資を提供するという役割を強調する（Lawrence 1983: 131）。一方、ゲッデスは逆に、タビテウエア・ノースのムロンロンは共同体の利益のためではなく、あくまで参加した個々人の利益のために活動するという。集団で活動する意義は、利益を得る個人が妬みによる社会的制裁を避けることができることにある（Geddes 1983: 153）。ローレンスおよびゲッデスの活動目的に関する解釈は逆にせよ、経済活動を行う際、個人よりも集団が当該社会で重視される点は一致する。またタビテウエア・ノースにおいて、個人レベルで商売する場合、

魚やヤシ酒、ドーナツやパンを小規模に売るだけであり、しかも短期間のみ行われたという（Geddes 1983: 154）。

3) このような活動はいずれも規模が小さく、ヨーロッパ人の想定する経済開発にはほど遠い（Watters and Banibati 1984: 197）。そして貨幣は資本として蓄積されて再投資されるのではなく、消費のみに使われる。ローレンスによれば、タマナ島の人々は貨幣を2種に分類している。1つは即時消費のための貨幣（*kabirongorongo*）があり、日常生活のために消費される。もう1つは蓄積するための貨幣（*karinimane*）があり、将来的な税金支払いや子どもの学費のためにとっておくものである。ここで、後者のカリニマネは資本に類似するが、さらなる利益を生み出すような資本とは異なる。つまり両方とも、遅かれ早かれ、使い果たしてしまう種類の貨幣である（Lawrence 1983: 131）。

4) 貨幣が歴史的に古くから導入されているにもかかわらず、世帯間の売買はモラル的に正当とは見なされていない点も指摘される（Lawrence 1983: 130-131）。キリバスの島々のなかでは比較的、経済発展の見られるブタリタリでは、貨幣自体を悪とは見なさない点でやや様相が異なる。しかしブタリタリにおいても、露骨に現金を欲することは恥であり、売買はきわめて慎重に行わなければならない（Sewell 1983: 128-129）。

ヴィクトリア大学のチームによる報告は興味深い。しかし、少なくともローレンスを除いて、島の人々の価値観や視点を議論に充分に取り入れていない。したがって、西洋的な経済合理性との単純な対比、および外部からの分析という手法が支配的である。ここでは貨幣の「反モラル性」の強調と在地の「平等主義」を単純に対立させたところで考察が止まっている。

これらの先行報告の調査が1970年代初頭に行われたことを考慮すれば、1990年代半ばの私の調査結果と多少の相違は当然予想できる。しかし年代の違いを考えても、N村で数多くの小規模商売が個人的に行われ、さらに多くの個人商店が生まれたことは、きわだった相違である（次節で詳述）。また、ゲッデスの調査したタビテウエア・ノースでは、私が立ち寄った1995年時点でサウス以上に個人商店が数多く生まれていた。

ここで、ヴィクトリア大学研究チームが強調する「平等主義」や貨幣の「反

モラル性」だけを前提としては、平等性の卓越する社会で個人商店が興った事例を説明することは困難である。さらに、人々が外来物および現金を欲する事実について、これらの報告ではほとんど考察していない。

　貨幣を欲することが在地の論理に反するという例は、N村においても容易に見いだすことができる。例えば、商売熱心な商店主に対して妻や娘が不快感を示したことがあった。また国会議員が「人々は現金を欲しがらない」と私たちに語ったこともあった。ただし、貨幣への欲望が平等性に反することだけを強調するのは一面的に過ぎる。実際に、人々が現金を欲するのは人々の発言や行動から、明らかである。例えばある中年男性は、「キリバスでは以前、スワンプタロがたくさんあれば物持ち（*kaubwai*）だった。しかし今は、現金がたくさんあることが金持ち（*kaumane*）なのだ」と語った。このような貨幣に対する相反する態度は、「キリバスの生活（*maiu ni Kiribati*）」に対する「白人の生活（*maiu ni I-Matang*）」への反発と憧憬を同時に見いだすことができる。

　個人の経済的突出は他者に妬まれたり、集団によって抑圧される。妬みや抑圧が起こるという事実は、逆説的にいえば、貨幣に対する肯定的な価値付けがきわめて強いことを示している。誰も見向きもしない物を秘匿し、蓄積しても妬みや抑圧は生じ得ない。そして、貨幣の肯定的な価値付けと、在地の論理に反する個人（あるいは世帯）の間で行われる売買が、相互に矛盾しながらも併存し得ることについて、さらなる説明が必要となる。

1）　タビテウエア・サウスの社会においては、平等性および集団的メカニズムの卓越が見い出される。それは、次節で詳述する小規模商売や個人商店の勃興と相容れ難い。にもかかわらず、どのような理由で、そのような状況が起こったのか。
2）　従来の人類学的研究と同様に、観念的なレベルにおいては、市場交換の規則と贈与を強調する在地の論理は、明らかに二項対立を免れ得ない。タビテウエア・サウスにおいて、貨幣はいかなる属性をもって人々に捉えられているのか。

　上記の点を考察するに先立って、個人商店の盛衰に関わる具体的事例を紹介する。

2．物資欠乏打開への模索

2－1．輸入物資の欠乏

　私が調査を開始した1994年9月以降、1995年3月にかけて、タビテウエア・サウスでは、輸入物資が慢性的に不足していた時期だった。人々は生活必需品や主要食料品を輸入物に依存しており、物資の欠乏は人々の生活に大きな影響を与えていた（風間1997）。この時期タビテウエア・サウスには、島の中心地テオボキアの生協店舗、B村のプロテスタント信徒共同経営の商店およびカミロの個人商店、島の北端の村にある商店、南端の村にある商店、計5店があった。これらの店は主として首都の生協卸売り公社KCWS（Kiribati Cooperative Wholesale Society）から物資を仕入れて小売りしていた。ところがこのKCWSの経営状況が振るわなくなり、結局1995年3月に解散してしまった[*2]。島の各商店が首都のKCWSに注文しても物資が届かなくなり、物資欠乏は引き起こされた。米、小麦粉、タバコ、石鹸、缶詰、砂糖、塩などあらゆる物資が常態的に不足していた。また島政府が販売している灯油やガソリンもしばしば欠乏した[*3]。

　1994年11月16日午前10時頃から、N村集会所でテオボキアのKCWSおよび生協の職員による経営状況の説明会が行われた。各村から生協への出資者が続々と集まってきた。N村からも数人が出席した。以前、ある女性は、生協に出資すれば配当金が戻ってくるのだと嬉しそうに語っていた。しかし、この日の説明会は険悪な雰囲気であり、集会所には時折怒声が響いた。出席した人は詳細を語ってくれず、私は詳しい説明を得ることができなかった。出資と無関係だった男性によれば、生協の21,000豪ドルが無くなってしまったという。首都へ物資を注文しても何も届かず、払い込んだ代金もどこかへ消えてしまった。何の対策も解決への糸口も見えないまま、17時頃まで合議は続いた。この後、翌年3月にKCWSは解散し、テオボキアの生協店舗は残ったものの、ほとんど機能しない状態が続いた。

　表VI－1に、1994年7月から9月の間、テオボキアの生協店舗に入荷した物資の記録を示す[*4]。これは1995年1月20日に私が店舗において直接台帳を調べ

たものである。台帳の記載によれば、米や小麦粉は1994年8月3日に入荷したのを最後に全く入っていない。その後、タバコ、バター、ヘアバンドなどが僅かに入荷しただけだった。9月30日に粉ミルクが入荷して以降、台帳を調べた1月20日までの間全く何の記載もなく、生協は実質的に機能していなかった。生協以外の店には時折物資が入ったが、その量は不充分であった。

表Ⅵ-1　タビテウエア・サウスの生協店舗における入荷物資

日付	物資種類	量	単位	単価（豪ドル）
1994年7月7日	米	80	袋（25kg）	18.9
	小麦粉	43	袋（25kg）	19.1
	砂糖	22	袋（50kg）	46.3
	塩	2	袋	17.7
	コンビーフ缶	10	カートン	67.35
	カレーチキン缶	5	カートン	83.7
	バター	1	カートン	82.4
	紅茶	1	カートン	39.5
	粉ミルク	1	カートン	66.1
	インスタントコーヒー	1	カートン	52
	ツイストタバコ	2	ブロック	19.8
1994年7月14日	漁網用ライン（20ポンド）	4	巻	4.15
	漁網用ライン（15ポンド）	1	巻	3
	ツイストタバコ	4	ブロック	19.8
	コンビーフ缶（大）	1	缶	21
1994年7月25日	ツイストタバコ	4	ブロック	19.8
1994年7月28日	漁網用ライン（15ポンド）	1	巻	3
1994年8月3日	米	71	袋	19.05
	小麦粉	34	袋	19.25
1994年8月4日	ツイストタバコ	3	ブロック	19.8
1994年8月10日	ツイストタバコ	4	ブロック	19.8
1994年8月16日	洗濯石鹸	1	カートン	33.13
	ヘアバンド	1	ダース	25.85
1994年8月19日	ヘアバンド	1	ダース	25.85
1994年9月5日	粉ミルク	1	カートン	66.1
1994年9月12日	インスタントコーヒー	1	カートン	43.8
	調理用油	1	本	3.1
1994年9月16日	マーガリン	1	カートン	59.1
1994年9月30日	粉ミルク	1	カートン	66.1

出所：テオボキアの生協店舗台帳による。1995年1月20日調べ。

第Ⅵ章　貨幣経済と贈与の論理　237

　船がタビテウエア・サウスに到着すると、ラグーンの沖合に停泊する。ラグーンは遠浅なので船が陸地に近づけないためである。満潮時を見計らって船からモーターボートが降ろされ、荷揚げ地との間を何度も往復して客や物資を降ろし、コプラを積み込む。干潮になると作業は中断する。船が来ると、若者や女性が物資の入荷量を確認したり、個人宛ての荷物を受け取りに荷揚げ地テオボキアに集まってくる。物資欠乏期には、陸揚げされた物資が店に入ると、人々が殺到した。そして瞬く間に僅かの物資は売り切れてしまった。そして不確定な次の入荷まで、商店は開店休業状態になった。物資が順調に入荷していれば、N村の人々はB村の2軒の店か、テオボキアの生協まで足を運ぶ程度である。ところが欠乏期にはわざわざ入荷の噂を聞きつけ、島北端の村の店にまで出かけていった。また南端の村の店には、ほとんど物資が入っていなかったという。1994年10月30日には、テオボキアで乱闘騒ぎがあった。N村のテイテイは、首都から入荷した物資を巡ってB村の若者と喧嘩になり、若者にナイフで斬りつけられたという。

　1994年末、相次いで2便の船がタビテウエア・サウスにやってきた。しかしその積み荷は、クリスマスおよび正月の前後に饗宴などで大量に消費されてしまった。年が明けた1995年1月から3月までの期間が、私の調査中、物資が最も欠乏した時期である。B村において商店を経営するカミロは、タビテウエア・ノースまで物資の調達に行っていた。またN村では、個人的にタビテウエア・ノースの親族から米などを送ってもらい、欠乏に対応する者もいた。ある店に商品が入ると、別の店から仕入れのために購入に来ることも見られた。3月2日、タビテウエア・サウスに待望の船が到着した。その積み荷を巡って、人々は半パニック状態になり、カミロの店には入荷したら即座に買おうと、夜遅くまで人だかりがしていた。

2−2．小規模商売の勃興

　物資欠乏期にN村では幾つもの小規模商売が行われていた。ここでいう小規模商売とは、1）政府の出店ライセンスを取得しているとは限らないこと[*5]、2）売買専用の店舗を持たないこと、3）品物があるときのみ不定期的に売買

を行うこと、4) 商品が1種類から数種類しかないこと、といった特徴をもつ小規模かつ不定期な個人的商業形態を総称している。その点で次節に登場する個人商店とは異なっている。既存の商店や生協店舗に商品が不充分にしか入荷せず、物資の需要が高まるという状況下、これらの小規模商売は人々の生活に必要な物資を僅かながら提供していた。

[カイウエアのタバコ売買]

　1994年11月、成熟したココヤシの実20個でツイスト・タバコ1本を売る小規模商売をカイウエアが始めた。タバコと交換して得たココヤシの実を割り、果肉を干してコプラを作り、生協のコプラ取引所で換金するのである。コプラの値段は、10月21日に1kg当たりの値段が30豪セントから40豪セントに上昇したばかりだった。この頃、カイウエアは天日干しするコプラをブタから守るため、屋敷地に新たに柵を作り始めていた。

　カーモキによれば、カイウエアは国会議員に頼んでタバコ6パックを首都から送ってもらったという。タバコ1パック32〜34本入っているから、約4,000個のココヤシの実が集まることになる。現金でなくココヤシの実で売るのは、より儲けがいいためという。しかし全ての実を割り、ブタの侵入と天気を気にしながら天日干しをして、さらに取引所までコプラを運んで換金するのは、かなりの重労働である。当時、どの店にもタバコがなかったため、カイウエアがタバコを売っているという噂は広く他村まで伝わっていた。

　11月15日、30歳代男性は子どもにココヤシ9個を持たせてカイウエアのところへタバコを買いに行かせた。当時一般にココヤシの実1個が10豪セントという認識があり、9個（90豪セント）で充分1本のタバコが買えるはずだと考えたためである。ところが、カイウエアはココヤシの実20個でタバコ1本というレートを設定しており、子どもが持ち帰ってきたのは半分よりやや短いツイスト・タバコであった。11月16日には、麻袋にココヤシの実を詰めて自転車に乗せ、わざわざ隣村からタバコを買いに来た女性を私は目撃した。

　カイウエアの小規模商売は、どの程度の利益があったのだろうか。通常、成熟したココヤシの実1個から平均で約200gのコプラが取れるという。しかし、キリバスではこれより低い値が出ることが確かめられている（Catala 1957）[*6]。

ココヤシ1個当たり150gのコプラが取れると仮定すると、4,000個の実から600kgのコプラが取れ、240豪ドルの売り上げがあることになる。首都の卸売価格でタバコ1パック約20豪ドルであるから、差し引き120豪ドルの儲けという計算になる。

その後2週間ほどでタバコがなくなり一時休業したが、再び国会議員に頼んでタバコを買ってきてもらい、カイウエアは小規模商売を再開した。12月5日、ある集会のときに村の男性たちは「カイウエアのところにはココヤシの実がたくさん転がっているから、そこで20個集めてタバコを買えばいい」と揶揄していた。カイウエアの小規模商売は繁盛していたが、評判はあまりよくなかった。

1995年2月には、カイウエアほどの規模ではないが、村のあちこちでタバコを売る人が現れた。この時期、商店の物不足はより深刻化していた。カロトゥの妻はタバコ1本80豪セントもしくはココヤシの実15個と交換していた。彼女は2、3パックほど首都から取り寄せていた。他村の親族に頼まれて、タバコ1本80豪セントで売る者もいた。また、アンテレアもタバコを少し売っていたが、すぐに売り切れてなくなってしまったという。なお、通常店で買うと1本の価格は70〜75豪セント程度であった。

[ボーカイのパン屋]

ボーカイ夫婦は、4、5年間タラワのパン屋で働いた経験をもつ。1989年に彼らがN村に帰って来た後、時折不定期にパンを作って売っていた。夫婦は1994年9月から11月頃まで、熱心にパンを作っていた。理由を尋ねると、首都の中高等学校に通う娘の学費（年間約200豪ドル）を稼ぐためという。学期末休業で12月に娘が帰省するまでに学費を調達したいとのことだった。

夫婦は、パン作り用の金属製の型を所有している。材料の小麦粉に乾燥イースト（またはココヤシ・トディー）や砂糖などを混ぜてこね、発酵させた後、型に入れてパン焼き用の炉で焼く*7。一度に12〜13kgの小麦粉を使い、食パン12個、小型のパン260個を焼き上げる。当時食パン1個80豪セント（後に90豪セントから1豪ドル）、小型のパン1個10豪セントで売っていたので、計算上27豪ドルの売り上げがあり、小麦粉代を差し引くと15〜16豪ドルの利益が得られる。ただし、小麦粉は懇請されたり、パンや小麦粉の自家消費分があるので、純益

はこれより少ないだろう。当然ながら、小麦粉が入手できない限りパンを焼くことができないため、パン屋は不定期だった。

[メーイヤの塩売買]

カイウエアやボーカイの小規模商売と同時期、長老アントニオの息子メーイヤは、塩1ポンドを10個の成熟したココヤシの実と交換していた。ただし、必ずしもココヤシの実を人々が支払うとも限らない。ある40歳代女性はメーイヤのところに塩を懇請に来た。彼女はココヤシの実を持ってこないばかりか、食事までして帰っていったのを私は目撃した。

[その他]

人々はさまざまな方法で現金収入を得るべく活動していた。物資欠乏期には、初等学校教員の妻がドーナツを作り、1個10豪セントで売る事例もあった。ドーナツ作りは、物資欠乏期が過ぎて後、小麦粉が容易に入手できるようになってから、広く行われるようになった。また既述のように、一部の世帯がココヤシ糖蜜を売買していた。

物資欠乏とは無関係な現金収入の方法もある。技術をもつ一部の女性は、時折学校教員に頼まれて細編みのパンダナス葉製マットを作り、1枚20豪ドル程度で売っていたという。また、漁に出て自家消費分以上に魚が獲れた場合、購入希望者への売買が広範に行われていた。売買目的だけで外洋漁に出ることもある。漁に出た折、サメやナマコが獲れるとフカヒレや乾燥ナマコを作り、仲買者に売ることも行われていた。ロール状にしたタバコ巻紙用のパンダナス葉の薄皮や、乾燥させたスジホシムシの干物を首都の親族に送り、委託して売ってもらう人も見られた。

2-3. 個人商店の設立

極度の物資欠乏期を経た4月以降、それまで島全体で5軒しかなかった商店の数が一気に増加するという現象が見られた。私は3月から約2カ月間首都へ行っていた。久々にN村に戻った5月中旬、村の様子には大きな変化が見られた。それまで数年間空き屋になっていたN村の生協店舗に、新たにカトリック説教師のテイオーキが店を出していたのだ。この店舗は数年前に村人が共同で

作った生協支店の跡であった。また、この店以外にも、B村など島の各地で新しい個人商店が開店していた。

[テイオーキの商店]

　テイオーキによれば、彼の商店は島政府からライセンスを取得して、1995年4月に開店した。店舗はテオボキアの生協に毎月15豪ドルを支払って、借り受けているという。開店資金は、首都の開発銀行（Kiribati Development Bank [Te Bangken Karikirake ni Kiribati]）に2,000豪ドル借りて調達した。毎月93豪ドルずつ、2年間で負債を返済するという。4月から6月頃まではテイオーキと妻は物資の盗難を防ぐため、夜は店舗で寝ていた。カトリック説教師の家屋には、N村に住む息子夫婦や、テオボキアに住んでいた娘と公務員の夫が来て寝泊まりしていた。テイオーキ夫妻のみならず、息子夫婦や娘も店番にあたっていた。

　なぜ商店を開いたのかとの問いにテイオーキは、まず自分自身や家族が物資の欠乏でつらかった（kainnano）からだと答えた。欠乏期にはB村やテオボキア、遠くの村まで自転車で出かけて行っても、何も手に入らなかった。しかし自分で店を持てば、つらくなくなる。そして村の人々もつらくなくなるのだと語った。後日、テイオーキは同じ質問に対し、まず村人のためであることを強調していた。

　テイオーキ商店では、それまで島で目にしなかった種類の缶詰や甘味料なども置いてあった。その他にも、委託されたドーナツやスジホシムシの干物、塩干し魚などを店に置くこともあった。商品の仕入れ先は主に首都のアバマコロ交易であった。ただし、首都からの物資は常に不安定な船便の影響を受ける。米や小麦粉、タバコなどは、欠乏期ほどではないにせよ、不足することもしばしばあった。そうしたときには、息子や娘の夫がタビテウエア・ノースまで舟外機付きカヌーで出かけていき、商品を仕入れていた。また品物が売り切れた別の店から、テイオーキの商店にタバコなどを仕入れに来ることもあり、その結果、彼の店では在庫切れになることもあった。

　テイオーキの商店に対する村人の反応はさまざまである。物資が以前よりも増えたこと、村内で購入できることは「よい（raoiroi）」と誰もがいう。しかし、値段が高すぎると不平をいう者もいた[*8]。不平を言いつつも、多くの村人は商

店を利用していた。5月から6月にかけて、商品さえあれば1日あたり70豪ドルから90豪ドル程度の売り上げがあると、娘の夫は言っていた。さらに大きな饗宴がある日には、売り上げが150〜200豪ドルに達するという。6月27日に計算したところ、1週間で約600豪ドルの売り上げがあった。純益は売り上げの2、3割程度と思われるが、これらの売り上げ額は一般の村人にとって驚くべき金額だったはずである。6月8日の売り上げは、1日で150豪ドルに達した。その日の夕刻、テイオーキが海沿いの高床家屋で売り上げ金の計算をしているとき、村選出の島議員がやってきた。彼はテイオーキが数える豪ドル札の多さに驚嘆したらしい。いつもの陽気な雰囲気は全くなく、笑いもせず寡黙になって、テイオーキが現金を数える様子を真剣な表情で注視していた。

　テイオーキの熱心な商売ぶりに妻をはじめ、家族は困惑しているように見えた。5月31日、テイオーキはB村のカトリック集会所にタバコとマッチを大量に持っていった。集会所に教会関係者が泊まり込んでいるので、売ろうというのだ。娘は私たちに向かって、「彼は毎日毎日、お金が大好きなのよ」と笑いもせずに、使い慣れない英語で言った。同日、妻は2.5豪ドルの値をつけている鯖缶を1.7豪ドルで売ったことを、テイオーキに激しく責められた。彼女は不機嫌そうに「愚かしい」と小声で不平を言っていた。

　やがて7月には娘夫婦もテオボキアへ帰っていき、徐々にテイオーキの商売熱もさめていった。1995年10月6日の夕方、タビアンの母が孫に、テイオーキの店へ鯖缶2個を買いに行かせた。孫は手ぶらで帰ってきた。しかも、持っていった10豪ドル札もテイオーキに取られてしまったという。孫の説明では、テイオーキは釣りがないと言った。さらに、商店は彼の住む説教師の家から少し離れているので、面倒くさがって商品を取りに行かなかった。明日来たら缶詰と釣り銭を渡すとテイオーキは言ったという。タビアンの母は怒り、金を即座に取り返しに行った。すぐに行かないと、うやむやになってしまう恐れがあるためである。N村やB村で多くの商店が林立してきたことも、テイオーキの商売熱がさめた一因であろう。6月から9月にかけて、B村やテオボキアでは私の知る限りで5、6軒以上の個人商店、教会信徒グループの商店ができた。N村ではドーナツ、タバコなどの小規模商売が存続していたほかに、ライセンスを取

った個人の商店がテイオーキの店以外にも生まれていた。

　テイオーキ商店の値段が高いという噂は、しばしば私たちの耳にも入ってきた。この店のタバコは割高の上に古くて固くなっており、誰も買わなくなるという悪循環を招いた。彼は他の店の値段を気にしていたが、具体的な値段を全く把握しておらず、自分の店は他より高いかどうか、不安気に私に尋ねてくる有様だった。

[ボラーラウの商店]
　テバレレイはテオボキアの生協で働いた経歴をもつ。テバレレイの妻ボラーラウも商店を開いた1人である*9。彼らの住居と店はカイウエアの家屋に隣接している。本格的にN村で商売を始めたのは1995年9月のことであり、11月には屋敷地の一部に店舗を建設し始めていた。しかし、実質的に商売を始めたのは7月の独立記念日前後、島の中心地テオボキアの島政府集会所においてであった。この時期は、独立記念日の饗宴における食料の大量消費を見込んで、テオボキアやB村で数多くの個人や教会信徒グループがドーナツやパンなどの小規模商売を行っていた。ボラーラウは集会所に寝泊まりしながら、傍らに置いた小麦粉やタバコ、マッチなどを売っていた。また同年10月のテオボキアでの泊まり込みの際にも、ボラーラウは集会所に寝泊まりしながら出張販売していた。

　テバレレイになぜ商店を始めたのか聞くと、まず北タラワの中高等学校に行っている娘の学費のため、そして自分たちの生活のためと答えた。ボラーラウは開発銀行から3,000豪ドル借りており、3年間で返済するとのことだった。主な商品は、米・小麦粉、缶詰類、キャビン・ビスケット、塩などの他、ドーナツもあった。この商店では現金取引のみならず、ココヤシの実によっても売っていた。対照的にテイオーキは、ココヤシの実は集落やブッシュに落ちている物であり、それを巡って喧嘩になるから、現金でしか売らないといっていた。また先述のように、カイウエアも当初はココヤシの実で取引していたが、コプラを作るのが重労働であること、腐った果肉が多いことから、現金取引のみに切り替えていた。

[カイウエアの商店]
　物資欠乏期にココヤシの実でタバコを売っていたカイウエアは、1995年1月に

はすでに商店のライセンスを取得していたという。しかし、その後物資欠乏が厳しくなり、首都から個人的に入手したタバコ以外は、しばらくの間とくに商品もなかった。物資が豊富に入荷し始めて後、彼は高床住居に小麦粉や缶詰類を置き、商店を開いた。私が本格的な商店を始めた理由を問うと、単に自分のための現金が欲しかったからだと言っていた。カイウエアは、先の2商店のように開発銀行から資金を借りることもなく、自己資金により商店を維持していた。したがって、一時的に多額の資金を利用し得た2商店よりも、商品の数や量も比較的少なかった。カイウエアは、1995年11月になってから売買用の店舗を自分で建設し始めた。カイウエアの商店は、突然商売を開始した2つの商店とは異なり、タバコとココヤシの実の交換から始まり、それを拡大させた商店といえる。一時期、娘に毎日ドーナツを作らせて、店で売っていたこともあった。

当初、カイウエアの店は値段が高いと言われていた。しかし、1995年10月頃から手頃な値段である（平等；*boraoi*）といわれるようになった。例えばテイオーキの店で75～90豪セントのタバコが、69～70豪セントだった。この点をカイウエアに聞くと、村人は安い店を選んで買い物するからだと言い、商店間の競争を意識していた。彼は他店の商品価格をだいたい把握しており、それより少し安い値段をつけていた。11月に入るとボラーラウの店もカイウエアに対抗して値段を安くし始めた。一方テイオーキだけは、アバマコロ交易の到着（後述）に伴って多少値段を安くしただけでこの競合に入らず、客も減ってしまった。

カイウエアの商売への姿勢はきわめて合理的であるように私は感じた。1995年11月7日、カイウエアの兄は、孫にタバコを買いに行かせた。孫はタバコを買ってきたが釣り銭を持って帰らなかった[*10]。その日の夕方、兄がカイウエアのところに釣りを要求しに行った。カイウエアはノートを調べ、兄の世帯には掛け売りの借金があり、これでよいのだと言った。兄は何も言わず、手ぶらで帰っていった。

[その他の商店]

メーイヤ、テイテイ、タウアニコナは3人で商店を始めると言っていた。世帯が隣接し、30歳前後と年齢が近い3人はよく一緒に漁に出たり、塩やガソリンなどの小規模商売を行っていた。タウアニコナは、9月頃にはライセンスを

取得し10月以降、本格的に商店を始めたいと語った。しかし、私の滞在期間中には小規模商売の域を脱していなかった。

　アンテレアも商売のライセンスを持っているという。1995年9月初旬には首都から6台の自転車を移入した。1台は自分で使用し、残りの5台を1台当たり230豪ドルで村人に売った。仕入れ価格は210豪ドルだったので、掛け売りさえなければ100豪ドルの利益をあげたことになる。また、彼はN村でフカヒレとナマコを取りまとめ、仲買人から手数料を取っていたとの話がある。タビテウエア・ノースから来る仲買人に1,000豪ドルほど予託されており、村人が獲ってきたナマコやフカヒレを買いあげ、時折タビテウエア・サウスに来る仲買人に引き渡すのだった。アンテレアを中心にした漁のグループがあり、そのグループも時折ナマコを獲って乾燥物に加工していた。

2－4．アバマコロ交易の誘致
　極度の物資欠乏期の後にテオボキアや他村で幾つもの個人商店が興った。N村には少なくとも3つの商店が開業した。そのため一時期ほどの物資欠乏は起こらなくなったが、それでも不定期な船便などのため、物資入荷量は不安定だった。この節では、商店林立に対する島の住民側、具体的にはその意見を代表するとされる長老会議の対応を見る。この経過は、抜け目なさを発揮して個人的蓄財を行う一部の個人と社会集団との相互関係と見なすことが可能である。

　前節で触れたように、商店が林立し物資が増えたことに対して、人々は概ね肯定的に評価していた。しかし、商店を持つ一部の個人が莫大に見える利益を蓄財しているにもかかわらず、高値で売ることに対する不満の声が聞かれた。例えばラードの値段を見てみると、以前は1ポンドあたり1.1豪ドル程度だったのに、1995年7月には1.3豪ドルになっていた。以前は1本70豪セントほどだったタバコも値上がりした。同年6月、アンテレアらのグループは1豪ドルでタバコを売っていた。テイオーキが75～90豪セントでタバコを売っていたこともすでに述べた。これらの値段は売る人によって多少異なるが、政府の標準価格に比較すると割高であった[11]。首都では30～40豪セントで買えるインスタントラーメンも、タビテウエア・サウスでは80豪セントすることがあった。

商品価格は、売る人が独自に設定している。住民は高い（不平等；bobuaka）と不平を言うが、売る側は適切だと考えていた。また、船便の不安定性も高値の主要な要因である。1995年5月16日に船が来て後、次の船が来るまで約2カ月かかっていた。売れ行きのよい商品（米や小麦粉、タバコ、缶詰など）は、次の船が来て入荷するはるか以前に売り切れてしまった。商品が売り切れると、商店主やその息子がタビテウエア・ノースまで舟外機付きカヌーで出向いて個人商店などで物資を買い、持ち帰って自分の店で売る。タビテウエア・サウスの他店で仕入れた物資を売ることも行われていた。他の店で買った物資に利益分を上乗せして値段を設定するため、必然的に物価が高くなるのである。

　7月の独立記念日前後、島政府の集会所における長老たちの泊まり込みの際に話題となったのは、個人商店の物価高であった。一部の個人が儲け、しかも価格が高いのは人々にとってつらいことだ、との意見に誰もが賛同した。
＜1995年7月14日＞　島政府集会所で朝食を摂った後、この問題について話し合いが行われた。そのとき政府の標準価格表が島議員から長老たちに回された。これと比較すれば、タビテウエア・サウスにおける物価高は一目瞭然であり、人々は舌を鳴らして驚きを示していた。

　タビテウエア・ノースにはアバマコロ交易という卸売り会社が出店している。タビテウエア・サウスの商店主がノースへ行っても、アバマコロでは買うことができず、一般の商店で購入する。さらに舟外機のガソリン代もかかるので、値段が高くなる。長老たちは、物資不足と物価高を解消するために、外部の大きな商店を誘致したいと言った。具体的には、首都にあるF商店の誘致を提案した。F商店の経営者はタビテウエア・サウスの国会議員の知り合いである。そこで国会議員が首都へ行ったときに、交渉して欲しいという要望が出された。ところが国会議員は、この案に同意しかねていた。F商店は個人経営であり、利益は外部へ還流するだけで島住民には全く還元されないと主張した。彼は個人商店よりも、生協のような共同の組織の方がよいと考えていた。しかし経営管理の問題、さらに住民による掛け売りの問題が残ってしまう。
＜7月15日＞　この日の午前中も物価高対策についての話し合いが行われた。結局、タビテウエア・ノースと同様にアバマコロ交易を誘致しようということ

で全会一致した。一部の長老は、「窮乏はなくなった」と早くも喜んでいた。
＜7月17日＞　島議会議長、国会議員、長老会議議長のタータが、無線で首都のアバマコロ交易マネージャーに連絡を取った。タビテウエア・サウスの現状を説明し、出店するよう要請したのである。また、タビテウエア・ノースのアバマコロはライセンス所有者のみに売るというが、サウスでは住民の誰にでも売るように頼んだ。しかし、この要請については同意が得られなかったという。
＜8月18日＞　島政府集会所で再び合議が行われた。N村からは議員や長老が出席した。アバマコロは正式に出店を承諾したので、店舗や職員の家をテオボキアのどこに建てるかなどを話し合った。
＜8月23日＞　タータがN村北部の世帯を廻り、アバマコロ職員家屋の建設資材を準備するよう伝えていた。タータの妻によれば、壁や高床材として使うココヤシの葉柄、ヤシ縄、パンダナス葺き屋根を準備するという。また彼女は、村の商店は物価が高いので悪い、アバマコロは安くてよいと語った。
＜8月30日＞　N村から一部の長老やロロブアカがテオボキアへ、職員の家屋建設に出かけて行った。またアバマコロの店舗は元KCWSの建物を補修して使うことになった。建設作業は6村の交替で行い、労働報酬はない。作業は9月末まで続いた。
＜10月4日＞　来島するアバマコロの職員を迎えるため、島政府集会所へ6村の長老が集まった。しばらくの間、集会所に泊まり込むことになる。
＜10月14日＞　貨物とともに船で職員がやって来た。島政府集会所では歓迎の饗宴が行われた。一方、沖合では大量の船荷を降ろす作業が行われていた。船荷の積み降ろし作業は、船便ごとに持ち回りで1村ずつ担当する。今回はN村の男性が労働に従事した。貨物量が多いので労働報酬の額も大きいと男性たちは喜んでいた。
＜10月15日＞　早速、アバマコロ交易のタビテウエア・サウス支店が開店した。島中から人々がテオボキアにあるアバマコロの店舗に集まって来た。人々の感想を聞くと、皆口々に「たくさんの貨物がある」「首都と同じだ」「窮乏はなくなった」と言っていた。米や小麦粉、砂糖、ラーメン、コンビーフなどに加え、ミロ、サオ・ビスケット、たらい、カップ、コーディアル飲料など、これまで

にタビテウエア・サウスの店でほとんど目にしなかった商品が店の中にはぎっしりと積み上げられていた。新品の自転車数台も屋外に置かれていた。人々の表情は明るく、店舗の周囲はにぎやかであった。以前聞いたときには、ライセンスを持たない者はアバマコロで買えないと言う話だったが、実際にはライセンスを持つ親族や友人を通じて、誰もが買えるようだった。

＜10月26日＞　朝から23時頃まで、島集会所で踊りの饗宴が行われた。客はアバマコロ職員3人と来島していた首都から来た公務員2人であった。この日までに、各村それぞれがアバマコロ職員への贈品を分担して準備した。例えば、N村では糖蜜とプディングを、南端の村ではウツボの塩干しとスジホシムシの干物を用意したという。

＜10月28日＞　アバマコロ職員のうち、開店のためだけに来ていた2人が飛行機で首都へ帰っていった。残る1人がテオボキアに残り、在駐して働くのである。彼の家族は後から来るということだった。10月31日、長老たちの島集会所における泊まり込みは終了し、ピックアップ・トラックでそれぞれの村へ帰った。

　アバマコロ交易が来て以降、物価は急速に下降した。10月末、カイウエアの商店ではタバコ1本69か70豪セント、ラーメンは1袋35豪セントの値段だった。他の店でもラーメンは50豪セント程度であり、以前の80豪セントという高値ではなくなった。また、これまで目にしたことのない商品が人々を驚かせた。例えば、ある40歳代女性は、動物を型取ったクッキーに驚嘆していた。彼女はテディーベアのクッキーを見て「ネコの形のビスケットがあるなんて驚いた」と喜び、はしゃいでいた。

＜後日談＞　さて、2000年7月に私がN村を再訪したときには、アバマコロ交易は順調に営業を続けていたが、既述の個人商店はすべて消失していた。メーイヤら3人の若者は、私が1995年12月に村を去った後、共同で商店を開いたというが、それもすでに潰れていた。村では代わりに2軒の共同経営商店が建てられていた。そのうち少なくとも1店は、掛け売りの未回収代金が1,300豪ドルに達していた。もう1つの店に関する経営状況は不明だが、これまでの経緯を考えると、両店ともいずれ倒産する可能性が高いと考えられる。

2−5．物資欠乏状況への対応

　物資欠乏期の小規模商売を経て商店が林立し、首都のアバマコロ交易がタビテウエア・サウスに来るまでの経過を追ってみた。人々の物資欠乏への対応から次の点を指摘することができる。

1）　人々は、首都や他島に比較してタビテウエア・サウスが物質的に窮乏状況にあると感じていた。この状況は、流通機構および交通の脆弱性に起因している。またこの脆弱性は、植民地時代には環礁の中心がノースにあったことなどが関係すると考えられる[*12]。

2）　人々は輸入物資に依存して生活しており、その欠乏はきわめて深刻な問題となる。この状況下で需要の高さを利用し、一部の個人が小規模商売を行っていた。さらに欠乏が進んだ後、人々のためという大義名分もあって商店を興す者が現れた。これまでタビテウエア・サウスにおいて、個人商店を興し成功させることは困難であった。過去、N村に個人商店が設立されたことはなかったと人々は語り、B村でも幾つもの商店が設立されたが、潰れてしまったという。個人商店が成功し難かった理由は、以下の通りである。

　　a）開店のための資金調達が困難だった。
　　b）開店しても掛け売り・掛け買い（*taarau*）によって潰れてしまった。
　　c）個人の財蓄積や突出した行為を嫌悪する、在地の平等性の影響があった。つまり、個人でなく共同経営の店のほうが設立しやすかった。

　物資が極度に欠乏する以前、私が商店をなぜ始めないのかとある男性に尋ねたところ、「人々は怒って買うのを嫌がるだろう」と彼は答えていた。他者と異なる、目立った企てを村内で行うことは、確実に妬みを喚起させる。他者を出し抜く行動は、目立たないようにした方がよい。そうでないと反発を受け、夜間に略奪さえされかねない。テイオーキが商店の設立後、しばらくの間店舗に泊まり込んでいたのは、単なる盗難防止というよりも、反発する者による襲撃からの防御という意味合いがあったと解釈できる[*13]。

3）　個人商店ができても時折物資は欠乏し、物価高も起こった。さらに一部の個人による蓄財が妬みを引き起こしたと考えられる。人々を代表する長老会議による対応は、首都から第三者の企業を誘致してくることであった。第三

者の企業であるため、生協など共同経営の店と異なり、商品に対する権利を人々は主張し難い。そのため掛け売りによる負債蓄積も起こり難い。また、個人商店とは異なり、個人の財蓄積も起こらない。直接的な発言は得られなかったが、誘致は個人商店への集団による対抗策と考えることが可能だろう。ここで、商店の物価高が、「不平等」の語で表現されることに注目すべきである。アバマコロ交易の誘致問題を話し合った長老会議には、私の知る限り、個人商店経営者は1人も島政府集会所に来ていなかった。

4） アバマコロ交易を誘致することにより物価高は沈静化し、少なくとも当面は長老たちの思惑通りに事態は推移した。また開店当初は、ライセンス所持者以外にも親族関係などを利用すれば、誰でもアバマコロで買い物できる状況であった。

5） 2000年時点でN村の個人商店はすべて潰れ、代わりに共同経営商店が建てられていた。ただし、掛け売りを防ぐのは困難であり、長期的に存続することは困難と考えられる。

3．商店存続の条件

3－1．物資欠乏と掛け売り

ここで、在地の平等性に反するはずの個人的な商売が勃興した意味を考察する必要がある。すなわち、商売は何らかの正当性を与えられて社会的に容認されているはずである。単に平等性に反するという否定的な意味付けのみがなされるならば、商店設立は困難である。ここで、物資の極度な欠乏という危機的状況のなかで、一時的にせよ個人商店が社会的に必要とされていたこと、あるいは少なくとも、大義名分が成り立ったことを強調したい。

人々の間には多かれ少なかれ、現金に対する欲望がある。しかし過度の欲望は、自ら抑制すべきとされる。タビテウエアをはじめ、キリバスでは他者より極度に突出することは、社会集団により厳しい抑圧を受ける。つまり個々人が他者を出し抜くとはいっても、欲望が際限なく単純に働くわけではない。一方、

ある人の所有・消費レベルが他者よりも低いと見なされることは、その人が窮乏状態にあることに等しい。人々は他者に比較して窮乏状態に陥らないように、あるいはそれから抜け出し、僅かに他者より抜きん出るように日々働き、さまざまな企てを行う。

私の滞在中、極度の物資欠乏が起こったように、タビテウエア・サウスはキリバス中北部の島々のみならず、他の南部の島々よりも物資が欠乏しがちであった。そのことを人々は強く認識しており、「ここは生活が厳しい、窮乏状態にある」としばしば口にした。タビテウエア環礁は厳しい自然条件下にあり、人々は輸入物資に生活必需品や糖質食料を依存せざるを得ない。ところが、さまざまな社会・経済的要因により、物資の欠乏が現実にしばしば起こっている。このような物資欠乏下にあって、窮乏から解放されるために、島内の流通機構を整備することが早急に求められるべき事柄であった。

集団レベルの平等化が作用する島社会にあって、流通機構を安定させるためには、社会集団が共同で商店を経営する形態をとることが最も理想的といえよう。実際、キリバスの他の島々と同様に、タビテウエア・サウスでも政府が肩入れしていた生協が、古くから物資の供給に貢献してきた。また、B村においてもプロテスタント信徒が共同で経営する商店が存続している。しかし、社会集団共同の商店経営はきわめて難しい側面をもっている。たびたび言及してきた掛け売りが、その主要な原因の1つである[14]。

以前N村でも生協の支店が村人の共同で運営されていたことがあった。テイオーキが店を構えた店舗は、もともと生協の支店だったのである。生協のN村支店に関する経営状況の詳細については不明だが、設立以後、村人の意見の対立により2つに分裂し、結局は潰れてしまったという[15]。なぜうまくいかなかったのか村人に尋ねると、誰もが店員やマネージャーが怠惰（*ruuti*）だったからだという[16]。マネージャーを担当した経験をもつ男性がいうには、まず人々が掛けで買い物をして金を返さなかったこと、店員もそれを拒否できなかったことをあげていた。

ここで、掛けによる売買と懇請との類似性と差異に着目すべきであろう。今現在必要な物資を、充分に所有しているところから調達してくるという点で、掛

け買いは懇請に類似した特徴をもつ。ただし懇請はサーヴィス、現金や食料などあらゆるものが懇請の対象になるが、現地語の掛けは現金自体を他者から借りたり、商店における商品のみを対象にする。また懇請は返済の義務がとくに意識されないのに対し、掛け買いは返済義務が意識されるという違いがある。つまり掛け買いの方が「借りる」という意味合いが濃い。ところが、返済の期日が明確に定まっておらず、店の負債は蓄積してしまう。返済する前に倒産してしまえば、永遠に返済の義務を負う必要はなくなる。商品を懇請することは禁止されているが、掛け買いならば可能である。掛けによって幾つもの共同経営の商店が消えていったという。このように考えると、外来の商慣行のなかに懇請類似の掛け買いが生まれたと解釈できるかも知れない。貨幣を用いた売買は、懇請に類似した掛けという在地の論理を付加した上で受容されたといえよう。

　生協では出資者の村人が店の商品の掛け買いを主張し、店員がそれを拒むことは難しい。店は村人の生活維持のために設立されたものであり、ある村人がたとえ金を持っていなくても物資が必要ならば、掛け買いさせるべきだというのである。また、店員も自分の直接的な負担にはならないので、真剣に拒絶することはない。もとより、人から頼まれたことを断るのは一般に恥という観念があるため、掛けの拒絶は困難である。テオボキアの生協や漁具店においても、掛け売りによって多くの物資がただ同然で流出したという。

　テイオーキは、生協のような共同経営の店とは異なり、個人の商店はそれを許さないのでよいと主張した。彼個人の商店では、掛けの売買は禁止されているという。しかし実際には、テイオーキは明言を避けていたものの、彼の商店でも開店して数カ月の時点で、少なくとも70～100豪ドル以上の掛けの未回収金があったようである。個人商店の商品であっても、必要な物を欲しがる人に対し、簡単に要求を拒絶することはできない。結局、掛けによって経営は圧迫されて商店は長続きせず、流通は不安定となり、これまで島において物資欠乏を実際に招来してきた。

　個人商店が増加して以降、極度の物資欠乏から脱したのは事実である。この過程における個人商店や小規模商売は、きわめて重要な物資移入の窓口と位置付けることができる。個人による商店経営は窮乏を脱する一方策として、社会

的役割を一時的でありながらも、認められていた。テイオーキが「自分だけでなく村人のために商店を始めた」というとき、それは単に口実として個人商店の意義を強調するのみならず、実際に物資欠乏が深刻だったその時点で必要なものだった。個人商店は、共同経営の商店の代替物となっていたのである。その状況を利用して数人の村人が商店を開いたといえよう。ただし、このとき市場交換の規則が人々によって肯定的に受容されたわけではない。また、他者より目立った行為である個人商店の設立は、周囲の妬みを喚起させたのである。

3－2．平等と不平等

　キリバス語の「平等」、「不平等」という言葉は、物価の「安い」、「高い」をも意味する。さらにこの語は、社会的な公平の基準となっている。平等な売買であれば、買い手は満足する。個別の交換が常に平等である限り、商店は社会的に容認され得る。人々が商店を許容する条件は、在地の平等性に合致することである。個人商店が設立した当時、人々は喜んでいた。しかし、その後引き続いて起こった個人的な財蓄積は、明らかに平等性に反する。個人商店の成功と財蓄積に関して、私は直接的な非難の声を聞くことはできなかった。ただし、個人商店に対して不平等という評判が立ったことは、商店への不満が募っていたことを示すだろう。「あの店は不平等である」という噂は、商店主にとって恥であり、また社会的な承認を得られないという致命的な評価になり得る。この文脈における不平等は、暴利を貪るきわめて不公平な交換という意味を帯びる。

　追随して商店を開く者が次々と現れたことは、商店の成功への妬みや羨望が村人の間で生じていたためと解釈できる。前述のように、村選出の島議員は売り上げ金を数えるテイオーキを真剣な表情で注視していた。通常、人々は他人の所有物や食物などを注視することを避ける。注視は、人のものを羨ましがり（*mataai*）、妬み（*bakangtang*）、強欲（*ngenge*）に結びつくと考えられる。私自身、彼らのもつ道具などを珍しそうに見ていると「欲しいのか」と不安気に尋ねられたことが何度もあった。羨望（マターイ）のマタ（*mata*）とは目という意味であり、見つめることは欲しがることを示すのである[17]。したがって、島議員が人目をはばからず注視したのは、商店の売上金額に単に驚いていただけ

でなく、羨望か妬みを示していたと解釈できる。

　個人の財蓄積が起こった時点で、物資欠乏状態からの脱出と不平等な状態というジレンマが生じた。首都からアバマコロ交易を誘致したのは、このジレンマを解決する集団的な試みと位置付けられる。アバマコロ交易が到着し、物資が大量に移入して物価高も沈静化した。しかも個人商店と競合すれば、個人的な蓄財もある程度防ぎ得るであろう。さらには共同出資ではない資金によって仕入れた商品を、首都から来た職員が売るため、理想的には掛け売り・掛け買いも防げることになる。現実に防げたか否か定かでないが、長老たちによると、アバマコロ交易では掛けは禁止されている（*tabuaki*）といっていた。

　以上のことから、個人による商店設立といった他者と異なる、突出した行為を行うこと、および個人による財蓄積が在地の平等性との相克を生むことがわかる。ただし、個人商店は平等性と常に衝突するわけではなく、一定の条件の下で許容され得る。商店における売買が社会的に容認されるには、①窮乏状態に人々が陥らないように物資を供給すること、②個人的な財蓄積が起こらないこと、③物価が安いこと、の3つの条件があげられる。

　一方、小規模商売において見られる、魚など在地生産物の売買については、外来の商品を対象とした売買とは異なり、人々は躊躇することがある[*18]。

3－3．在地生産物の売買

　村落社会における売買および貨幣の意味を考えるに当たり、魚など在地生産物の商品化に着目してみる。

　魚は元来世帯内で獲得し、消費するものと言われる。仮に多く獲れた場合には塩干しにして保存するか、鷹揚（*tituaraoi*）に親族や友人に贈与すべきだった。ゲッデスの調査では、塩干し魚や鮮魚を売るのは彼が調査した1970年代初頭のタビテウエア・ノースで、わずか1世帯しかなかった。しかも短い一時期だけの売買だった（Geddes 1983: 155）。ある30歳代男性によるとN村では1970年代初頭に魚売買が行われるようになったという。また40歳代男性は、20歳代前半の息子が幼かった頃は売買が行われていなかったが、15歳の娘が生まれた頃には始まっていたという。つまり彼によれば、N村では1970年代後半に魚売買が始

まったということになる。正確な年や経緯は不明だがいずれにせよ、1970年代に個人的な魚売買が行われ始めたと推測できる[19]。もちろん現在でも専業の漁師がいるわけではない。島では子どもや女性も含め誰もが漁に携わる。また知人や親族に余分の魚を分配することも行われている。同時に、魚の売買が頻繁に行われるようになっている。すなわち、現金との交換が不可能だった魚は、1970年代頃から、世帯間で売買されるように変化してきたのである。

魚やココヤシ糖蜜が売買されることについて、長老たちは次のように言う。「私は魚や糖蜜が欲しい、あなたは現金が欲しい、そこで売買する。これは平等だ。恥ずかしいことは何もない」。ここで、平等という語が登場してきたことに着目すべきである。平等は、タビテウエア・サウスの社会的文脈において、きわめて重要な意味をもっていることを繰り返し強調してきた。平等によって人々が同意すれば、問題は起こらない。「在地生産の食料を他者に求める」という恥と「現金が欲しい」という恥が、平等と説明され、正当性を獲得するのである。買う側は、単に貰うのではなく見返りの現金を与えることで自らの恥や負債感を打ち消す。売る側は、鷹揚さを代償とするが現金を受け取ることができる。

在地生産物の場合、私のような村全体の客、および友人や近親者から現金を受け取ることはほとんどない。例えばタワンガは、私や、血縁がありかつ親しくしているタカレブに無償で魚を贈与していた。シエラやテイテイは糖蜜の代金を、ボーカイは魚のみならず自家製パンの代金までも、私から決して受け取らなかった[20]。またボーカイは、ココヤシ糖蜜の売買は恥であると語っていた。一方、私の調査期間中、村人の間で在地生産物の売買は日常的に行われていた。さらに、商店での買い物においては、誰もが抵抗なく私から現金を受け取った。前述のカイウエアと兄のテブアウアの交渉を見てもわかるように、近親者や友人であっても、商店では現金で支払うことが（掛け売りは起こるものの）当然とされている。これらをまとめると、以下の点が指摘できる。

1）在地の生産物について、村の客、近親者や仲の良い友人との売買は避けられる傾向にあるが、その他の村人に対しては抵抗感が薄い。
2）商店における外来物資の売買は、恥を喚起させず、抵抗なく現金の授受が

行われる。

　すなわち、商店で外来の商品との交換に現金を使用するのは抵抗がなく、一方、小規模商売で自分の労働による生産物との交換に現金を使用するのは抵抗があること、相手によって抵抗感の度合いが異なることが看て取れる。そして、魚など在地生産物は、かつて売買することが恥とされていたが、平等という在地の論理による正当化がなされた上で行われるようになったのである。こうして見ると、在地生産物の売買や商店の成立は、平等性の下において容認され得ることが理解できる。

4．売買と贈与

　平等性が卓越する社会において、現金を用いた売買は社会集団のために行うならば、在地の論理に反しない。逆に、個人的な利益のための売買は、在地の論理に反すると見なされ得る。なお、ここで在地の論理とは、タビテウエア・サウスにおける平等性や集団性への志向、恥や名誉、窮乏の回避といった、社会に生きる個人の行動の選択に影響を与える、多様な観念を集合的に示している。この簡略化した定義においては、個人のもつ価値観の差異や、同一個人が行動を選択する際の多様性を表し得ないと批判されるかもしれない。しかし、ここでは在地の論理を固定的・実体的なものとしてではなく、多様な偏差を包括的に認める柔軟なものと捉えたい。それにより、個人が状況に応じて解釈を変えたり、発言や行動を多様に選択し得るのであり、個別的変化も受容可能である。

　在地の論理に合致し得る経済行為は、教会などへの献金目的の売買、饗宴時の贈与、商店における平等な売買や掛け、懇請があげられる。一方、経済的な意味における在地の論理に対置すべきものとして、西洋的な市場経済の規則や資本の論理がある。これは、個人の排他的な所有や個人的な財蓄積、利潤を生む資本の自己増殖運動を肯定するものである。この節では、饗宴時の贈与や懇請を含めることにより、村落社会における売買と贈与に関する議論を概括してみる。

4－1．贈与の領域

　タビテウエア・サウスにおける贈与について、要約すると以下のようになる。
①饗宴時の贈与：教員などの有職者は頻繁に饗宴に招待されて、繰り返し現金やタバコを村人に贈与し続ける。また、出稼ぎ帰省者も一度の饗宴で大量の財を贈与する。子どもの出生など、人生儀礼の小規模な饗宴においては、同等者としての村人の間で、金額的にほぼ均衡した現金と食事の交換を行う。饗宴では、現金や輸入物のタバコが客からの主な贈与物となっている。
②教会関連の売買：教会への献金を目的とした饗宴における競売、教会の集会所建設資金のための魚やマット売買は、一見すると市場交換に類似するように見える。しかしながら、ここでは「持つ者」が現金を必要とする社会集団へ贈与するという性質が顕著に見られ、贈与の領域に組み込まれている。また、現金自体も贈与物となる[*21]。
③懇請：饗宴を離れても、有職者は恒常的に村人から懇請の対象とされる。「持つ者」が個人的な所有に排他性を賦与するには、秘匿するしか方法はない。集団レベルで平等が卓越する饗宴の場においては当然のこと、日常的な場でも贈与の領域が支配的である。

　タビテウエア・サウスでは、「持たざる者」が積極的に「持つ者」から財を引き出す構図が看て取れる。大規模な饗宴には、主催者が有職者に招待券を配る。教会関連の売買においては、村人がパンダナス葉製マットや魚などを持って有職者のところへ売りに行く。懇請も当然、「持たざる者」が「持つ者」の世帯を訪問することにより行われる。「持つ者」は一時的に鷹揚さを発揮するが、あくまで受動的な位置に置かれている。「持たざる者」が主導する贈与の領域においては、負債感は脆弱で返済の義務はなく、反対給付が全く保証されていない。つまり、互酬的な関係が必ずしも成立しておらず、「持つ者」は一方的に財を与えるしかない。

　贈与の領域においては、社会集団の行事や個人の日常的生活において「持つ者」が受動的に一方的に財を与えざるを得ないこと、理念的には個人の所有物資の平準化が――現実に不均衡が是正されるか否かは別として――起こる可能性を示している。「持つ者」が物資を秘匿できる範囲は狭く、多くの場合、他

者の要請を排除できないのである。

4－2．売買と貨幣

　売買は、ヴィクトリア大学研究チームの主張するような、単なる「反モラル性」の枠に押し込めることはできない。確かに売買は「白人のやり方」であるといわれる。「人々は現金を欲しがらない」と言う人もいる。しかし、全く逆に「今は誰もが現金を欲しがる」という言葉も頻繁に聞かれる。その言葉のなかに、とくに否定的な意味合いを読みとることは難しい。むしろ現状を追認しているか、あるいは「知恵（光；*ota*）が来た」と肯定的に捉えることさえある。商店における売買の解釈には、魚売買のように、魚を捕獲する技術・知識や労働を介在させる必要はない。外来の物資は、人々の技術・知識や労働とは無関係に、売買目的で首都から取り寄せられたからである。

　一方、ある女性が小規模商売で塩を売る世帯を訪問した際、現金もココヤシの実も持参しなかった。しかし彼女は塩を掛け買いでなく懇請して無料で持ち帰った。小規模商売においては、在地生産物のみならず、売買目的の物資さえも懇請の対象となる。つまり、小規模商売においては、状況に応じて同一物が贈与されたり売買される。

　在地の論理に照らして売買をまとめると、以下のようになる。

①小規模商売：一時的であり蓄財の可能性は小さく、在地の論理に抵触する可能性は低い。また、魚など在地物に加えて、タバコ、パン、塩などを売る。これらは売買されると同時に、同じ物を友人や親族に与えて、あるいは懇請されて贈与の領域に入ることもある。

②商店における売買：商店では主に、輸入物資を取引の対象物とする。市場交換の規則に沿って行われるように見えるが、掛けという在地の論理が不可避的に介入してくる。通常、掛け売りを防げず負債が蓄積して経営困難に陥りがちである。商店における利潤の追求は、在地の論理とは相容れない。また、個人商店を興すという個人的に突出した行為は、私の調査期間中、極度の窮乏期以前には、忌避される傾向があった。個人商店における財蓄積は他者からの妬みを喚起させ、平等性に反する状態と見なされる。

③対外的な取引：首都へのコプラ移出、商店への物資移入といった島と外部世界との取引は、市場交換の規則に従って貨幣が用いられる。この取引は、資本主義的市場経済のいわば外縁に位置すると言えよう。

　窮乏状況下において外来物資を購入するために、交換の媒体としての現金および購入の窓口である商店は、タビテウエア・サウスの人々にとって必要不可欠であった。貨幣経済は、歴史的経緯のなかで単に外部から押しつけられただけでなく、人々によって社会的に容認され、社会に摂取されている。ただし貨幣が用いられていても、市場交換の規則がそのまま移植されているわけではない。村落社会では、贈与の論理が市場交換の規則を凌駕している。両者は時にぶつかりあい、事件や軋轢が生じることがある。

　ここで、貨幣を介在させる売買の全てを市場交換と見なすことはできない点を強調したい（上野1996: 173）。通常、多目的貨幣の導入が贈与交換の領域を破壊することはなく、貨幣経済は在地の論理と併存し得る。さらにタビテウエア・サウスでは、貨幣が資本に転化することはなく、蓄積もされ難く、物資流通の媒体としての役割を担うに過ぎない。

5．在地の論理と貨幣経済

　タビテウエア・サウスでは、贈与交換の領域が支配するなかに貨幣経済が入り込んでいる。貨幣経済は、平等性や集団的メカニズムを排除することはない。逆に、物資欠乏下における在地の論理によって、個人の排他的所有を基盤に成り立つとされる、市場交換の規則が村落社会に浸透するのを抑えている。その一方で、全く貨幣に依存せずに ―― 移入物資を購入せずに ―― 人々が生活を維持することは困難である。つまり、市場交換の規則と在地の論理という単純な二項対立とは異なった形で、貨幣経済は存続する。本節では、貨幣経済が在地社会でいかなる位置を与えられているか考察する。

5－1．二項対立の相殺モデル

　パリーとブロックは貨幣のもつシンボリズムについて論じている（Parry and Bloch [eds.] 1989）。彼らはそこで、短期的取引と長期的取引の概念を示し、反モラル性を帯びる市場経済の規則と贈与の論理の二項対立を超えようとした[*22]。短期的取引とは、個人的な所有や個人間の競争を含み、主によそ者との間で行われ、利益を生み出す一時的な取引である。この取引はモラル的に多義性をもつ。短期的取引で得た貨幣は「反モラル的」でさえある。逆に長期的取引は社会のモラルに符合し、利益や返済を必ずしも期待しない。短期取引で得た貨幣は長期取引に投下することにより、反モラル性が消されモラルの領域へ転換し、社会的に受容される。長期取引では、不変の首長制、階層秩序、出自集団といった社会的要請に則って投下される（Parry and Bloch 1989 [eds.]: 24-25）。

　個人主義的な利益の獲得は、多くの社会で反モラル的な活動と見なされながらも、それを全体論的なシステムに組み込むことにより社会的モラルに適合する、と読むことができる。パリーとブロックのモデルでは、上記の対立物を異なったレベルにおいてではあるが、相殺するメカニズムを組み込むことによって、全体として1つの社会・経済システムとして共存することを示している。しかし彼らが提示するのは、貨幣経済を深く取り込み、貨幣が資本に転化し得る社会のモデルである。

　ここで、タビテウエア・サウスの饗宴における客から主催者への贈与は、ここでいう長期取引に類似する。ただしこれは、負債観念を生じさせず、即時的に個々の饗宴ごとに終了してしまう。そのため、「長期」という名称は饗宴には相当しない。また、パリーは大宗教に関わる寺院などの組織に対して、「純粋に」贈与が行われる点を指摘する（Parry 1986）。これはN村におけるカトリック教会への労働や献金にも充分当てはまるであろう。教会への奉仕は何の見返りもなく行われる。ただし、N村の事例においては、とくに宗教に関わらない場合であっても集会所や饗宴のために、見返りのない奉仕を人々は行う。言い換えるならば、村などの社会集団に対する贈与が当然のものとして要求される。それに応えることができなければ厳しい非難を受けざるを得ないし、相当の恥となる。つまり、時間観念を想起させるような長期的取引というよりも、集団

レベルにおける贈与がN村においては在地の論理に合致する。さらに、日常的な生活の場における贈与として、懇請慣行が存在する。

「短期取引」に類するものとして商店における売買がある。貨幣を用いた売買と、饗宴における贈与のみをとりあげると、単純な二項対立が成り立つように見えるかもしれない。ところが小規模商売においては、売買は贈与の領域に取り囲まれている。商店の取引においても、掛け売り・掛け買いによって贈与の領域が、強力に売買のなかに侵入してくる。つまり、「反モラル性」を帯びた「短期取引」自体が、タビテウエア・サウスにおいては明確に存立し得ないのである。

以下、タビテウエア・サウスにおける貨幣経済の特徴をまとめてみる。

5－2．在地の論理と貨幣

貨幣は市場経済のなかで、あらゆる商品と交換され、移動し続ける媒体となっている。異なった種類の商品の価値は、相当する貨幣の量によって示されるわけである。市場交換においては、通常、商品を売買することにより、売り手は利潤を獲得することを目的とする。目的遂行のためには、交換に至る過程で、経済的な合理性または効率性が必要とされる。買い手は支払いが可能でありさえすれば、その社会的属性や売り手との社会関係は全く問題にされない。売り手と買い手の関係は、非人格的な様相を帯びる。

ここで市場経済は、必ずしも資本主義経済と同値ではない点を忘れてはならない。しかしながら、市場経済の規則は、貨幣を資本に転化するための前提になっている。貨幣が資本として投資されると、それは利潤を生み、蓄積されて再投資される。再投資された資本はさらなる利潤を生み、蓄積されて再投資される。資本となった貨幣は、このような無限の自己増殖メカニズムをそれ自身のうちに内包している。もちろん、投資の失敗は逆に、資本の減少を招くことになる。

貨幣が資本に転化した場合、財蓄積において社会の成員間に顕著な差が生じるだろう。既述のボリビアやフィジーの例では、資本に転化した貨幣が悪魔や呪術師と結び付けられ、反モラル的な意味を与えられていた。これらの例では、

社会の少なくとも一部の成員が、資本主義経済のなかで成功を収め、財の蓄積を実現したこと、残る成員には財が分配されないことが看取される。加えて、パリーとブロックのとりあげた諸社会においても、貨幣は資本に転化した形態をもつ。一方、タビテウエア・サウスに関して言えば、貨幣は個人的に充分に蓄積されることはなく、資本に転化せず、過度の不平等は生じ得ない。

1）貨幣が蓄積されるとすれば、それは村やキリスト教会といった社会集団において起こるのみである。そこで蓄積された貨幣は、共同利用する道具や物資、集会所の建設資材購入のために消費される。

2）商店は、財蓄積の場としてというよりも、むしろ物資を人々に行き渡らせる窓口でしかない。商店においては、利潤を生み出すような売買自体が不平等と見なされかねない。個人商店においては、個人的な財蓄積の可能性が排除され、貨幣が資本に転化される契機は存在しない。逆に、贈与の領域に包含される、掛けによる負債が蓄積して潰れることが普通である。

3）小規模商売は、当該世帯のなかで消費しきれない物資を、他世帯の人々に配分する程度のものでしかなく、贈与の領域から脱することはできない。

タマナ島の先行研究と同様に、タビテウエア・サウスにおける貨幣は、ある程度蓄積されたとしてもいずれは消費され尽くすものでしかなく、資本に転化されることがない。貨幣は贈与の領域に組み込まれており、単に商品購入にあたっての媒体としての役割を、「不充分に」果たすに過ぎない。この「不充分」という形容を付した理由は、①現金がなくても物資は掛けによっても購入可能であること、②物資や現金自体が懇請され、贈与の対象になるためである。

ただし、物資が外部世界から島に移入される際には、必ず市場経済における売買を経ている。いったん島内の商店に物資が入ってしまえば、市場交換の規則は抑えられる。貨幣は各種交換形態の間を自由に行き来できるのであり（春日2001: 373）、貨幣の意味は、状況に応じて融通無碍に変化し得るのである。村落社会での生活を営む上で、人々は現金を持っているに越したことはない。しかしながら、島の商店での売買に関していえば、多少の現金不足が起こっても何とか済ますことが充分に可能である。

貨幣経済を巡る上記のような状況は、タビテウエア・サウスに到達する貨幣

が、せいぜいコプラの移出による収入、公務員の給与や出稼ぎ者からの仕送り程度に限定されていることに関係していると考えられる。すなわち、国家規模の経済的脆弱性、およびその国家の離島という政治経済的位置により、村落社会に充分な貨幣が入ってくることはないのである。物資もまた、同様な条件の下で移入量は限定されている。タビテウエア・サウスの社会では贈与の領域が大きく卓越するなかで、僅かな物資を購入する際の媒体として、取引を円滑に進めることが、貨幣に与えられた役割なのである。

第Ⅶ章

考察
―― 「二重の窮乏」下における在地の論理 ――

新築する教会集会所の石柱を運ぶ若者たち

第Ⅰ章において論理的に、第Ⅱ章において具体的に示したように、タビテウエア・サウスは商品連鎖の途切れる最末端に位置し、そこでは食料を含む生活必需品が欠乏する。加えて、過酷な自然環境の下にあり、生業経済のみに依存して生活を維持するのは困難である。本書ではこの状況を「二重の窮乏」と呼んでいる。一方、政治経済学的に特殊な位置にあることこそが、窮乏と同時に、社会の自律的編成を可能にしている。

　具体的には、第Ⅲ章および第Ⅳ章において、N村の社会がきわめて強い平等性の下にあり、なおかつ長老を中心とした集団的メカニズムが作用していることを見た。集会所は外部世界の諸制度を遮断し、変換して取り入れる装置として作動すると同時に、社会集団のシンボルとして社会集団の成員を求心化していた。集会所においては饗宴が頻繁に開催されており、そこでは多様な意味を含意する平等性が繰り返し顕在化されることを見た。第Ⅴ章では、日常的な生活の場においても、個人の所有は他者や社会集団からの領有を受け、個人は秘匿によってのみ、所有物に排他性を付与することが可能であることを明示した。さらに第Ⅵ章では、在地社会の論理は強力に市場経済の論理を抑制し、貨幣経済は贈与の領域に包含されていることを示した。

　本章ではまず、自律性が強要された在地社会の論理、およびそこに生きる人々の行動特性を一般化された社会科学的な議論と比較しつつ考察する。次に、外部の巨視的システムに条件づけられた「二重の窮乏」と在地の論理との関係のモデル化を試みる。

1．「在地の論理」の検討

1－1．平等性と集団的メカニズム

　資本主義世界システムからの強力な包摂過程に対して、政治経済学者は人類学者の微小な調査地を一方的に無視してきた。逆に人類学者は、微小な対象社会が「受動的周辺」としてのみ描かれることを批判し、世界システム論に拒絶反応を示してきた。そして同時に、周辺社会に生きる人々の主体的対応を過度

に強調してきた。この点について、春日は人類学者に対して警告を発しながら、資本主義の強力な包摂過程について以下のように述べる。

　資本主義の包摂に関する人類学者の研究をオセアニアについて総じて評するならば、包摂は一方的な過程ではなく［中略］、いわゆる「受動的犠牲者」のイメージを意識的に覆そうという特徴が目立っている。［中略］問題は当事者たちに「積極的姿勢」があるか否かではなく、そうした積極的な姿勢で資本主義を批判的に摂取する人々自身が、実際には間断なく世界システムの内部へと深く引きずり込まれていく事実こそが注視されねばならない（春日 2001: 29）。

　たいていのオセアニア島嶼部諸社会の人々は、春日の指摘するような状況下にあることを認めなければならない。しかしながら、第Ⅰ章で私は、タビテウエア・サウスの人々が積極的姿勢によって資本主義を摂取することが困難である点、さらには受動的犠牲者にさえなり難い点を指摘した。人々は、世界システムに包摂されながらも中核の資本から政治経済学的な意味において遠隔の地にあり、物資も財も僅かにしか入手できない。それゆえ、物資が慢性的に欠乏し、窮乏状況が常態になっている。世界システム中核からの遠隔性によって、人々は飢え死にでもしない限り、自らの手で窮乏状況に対応せよ、と命じられているかのようである。商品連鎖の最末端では、窮乏を外的条件として構造的に押し付けられた上で、いわば資本に突き放された形で強制された自律性が、人々の上に重くのしかかっている。

　ここで社会の自律性を支えるのが、繰り返し述べてきたように、在地の平等性および集団的メカニズムである。ただし、自律性と名づけはしたが、これらは外部システムの強力な介入の下で、歴史的に形成されてきた点を押さえておく必要がある（後述）。平等性は外部から侵入してきたキリスト教的理念により容認されたものであり、おそらくはそれによって強化されたものであろう。また、集団的メカニズムは、多様化した複数の集会所を中心として作動し、そこで平等性は顕在化される。これは、ヨーロッパ人との接触以降の社会的混乱、

引き続き起こった植民地統治による社会の再編を経て構築された、新たな社会集団をその担い手としている。このような状況を勘案するならば、短絡的な受動性の強調も、安易な主体性の主張も、否定されねばならない。こうした前提条件を念頭に置いた上で、ここではまず、民族誌的事例から抽出したこれらの用語について、再び整理してみる必要があろう。

1) 平等性：この概念は、人々が日常的に頻繁に使用するボーラオイ（*boraoi*）の語に基づいて定義し直したものである。この語には、主に平等や均等といった意味があり、対になる反対語のボーブアカ（*bobuaka*）もしばしば人々の発言に登場してくる。

①集会所における合議では、平等であることが人々を納得させる基準になる。賃労働や客から受け取ったタバコの配分、あるいは集会所建設といった無償の労働提供の分担などに関して、個々の成員や夫婦単位による平等性が求められる。この意味における平等は、主に経済的な財配分や負担を形式的に平準化させる。仮に不平等な配分や個人の蓄財への異議が出れば、再び合議をもち平等に分配し直す。

②集会所を離れても、平等性が強く働く。日常生活の場において、個人的突出や財の蓄積は周囲の人々からの妬みを喚起する。常に人々は他世帯の生活を注視している。そして、懇請慣行によって財や物資は他者に分配される。

2) 集団的メカニズム：N村における社会生活は平等性を特徴としているが、それだけでは集会所のもつ社会集団の求心化作用や、長老中心の合議の重要性を説明することはできない。ここで各種の集会所が、きわめて強く集団的メカニズムを体現している点を強調すべきである。

①社会集団のなかで、ある一個人が突出した発言力をもつわけではなく、特定個人や少数者へ権力は集中しない。村人やキリスト教信徒などの社会集団には、集会所が付随しており、そこでの長老を中心とした既婚男性の合議によってさまざまな決定がなされる。社会集団の成員は常にその決定に従うよう求められる。これは、社会集団の意志決定プロセスに関する問題である。なお既述の通り、合議には既婚成人男性全てが参加し得るし、長

第Ⅶ章　考察──「二重の窮乏」下における在地の論理──　　269

老のみが決定権をもつわけではないが、人々はたいてい「長老が決めた」と発言する。合議の決定への違反が問題になった場合には、違反者に対し罰が科せられることがある。
②さらに個人の所有物の処分、知識・技術の使用は排他的ではあり得ず、集団による決定が個人的所有を制約することがある。例えば、賃労働によって個人が受け取ることのできるはずの報酬までも、集会所建設資金など、社会集団のために流用される事例をすでに見た。村落社会においてきわめて特徴的なことは、社会・経済的意味において、社会集団が個人的所有にまで踏み込み、ときに干渉や制約を行うことである。

1－2．歴史的連続性の検討

　ここで、社会における平等性の卓越を一般化してみるならば、いわゆる「平等主義」に類比することが可能である。社会科学事典の「平等、均等（equality）」の項には、以下のように「平等主義」に関わる6つの判断基準が提示されている（Oppenheim 1968）。
　　a）公平性（impartiality）
　　b）全ての人への等しい配分（equal shares to all）
　　c）同等者への均等配分（equal shares to equals）
　　d）比例的均等性（proportional equality）
　　e）差異に対応した不均等配分（unequal shares corresponding to relevant differences）
　　f）功罪への適切な対応（to each according to his desert）
これらのうち、a）からc）までは明らかにタビテウエアの平等性に符合する。村に居住する人々の性・年齢区分に応じた、同等者の間で行われる等しい労働配分などは明らかにc）の要件を満たしている。また、饗宴における定職者や出稼ぎ帰省者のより大きな供出、日常生活の場における物資の平等化は、d）およびe）の要件を満たす。合議決定の違反者への罰則適用はf）に該当すると考えられる。すなわち、社会科学の判断基準に照らして、N村の社会は「平等主義」的といえる。ただし集団的メカニズムによる、個人的所有に対して

社会集団が制約を加え得る点は、きわめて特異な事象といえよう。

　人類学の諸研究においても、さまざまな「平等主義」が論じられてきた。清水は人類学者の研究してきた「平等社会（egalitarian society）」を主に２つに分けることができるとしている。

　　［１つ目は］階層が未分化で、性と年齢の別を除けば社会成員が平等である社会を指す。地位の差があってもせいぜい長老支配程度の、定着農耕に依存する社会も含み、新進化主義の提示した社会の類型区分に即していえば、首長制（chiefdom）以前のバンドおよび部族社会がこの意味での「平等社会」に該当する（清水1992: 462）。［　］内引用者

　ここで１つ目の「平等社会」は、いわゆるバンドや部族社会の用語が当てはまらないにしても、キリバスについて私が提示した社会の特徴にほぼ該当するといえよう。そして、もう１つの「平等社会」は、「平等」の語に強い意味をもたせた、狩猟採集に依存するバンド社会であり、ここで詳細に論じる必要はない。

　「平等主義」の概念は、「未開」の孤立性や、過去との漠然とした連続性を想定して論じられる傾向にあった（清水1992）。過去との連続性に着目すると、第Ⅰ章ですでに述べたように、キリバス南部の島々では「ヨーロッパ人との接触以前」、極度な階層分化は見られず、長老を中心とした「平等的」「民主的」社会であったというのが定説になっている。接触以前のキリバス南部における社会の詳細は明らかではない。ただし古典的民族誌による再構成は、私の観察した諸事象と類似性をもつ。すなわち平等性に関して、過去と現在の社会との共通性を認めることが可能である。仮にこの共通性を通時的な連続性として捉えるならば、タビテウエアにおける社会的な諸特徴は、歴史的に温存されてきたという仮説が成立するかもしれない。

　ただし、伝統的平等社会が温存されてきたという仮説には、世界システムに取り込まれた社会が極度に変容を受けると、「平等主義」的な共同体の崩壊が起こるという単純な変容の図式が前提とされよう。その上で、①ヨーロッパ人との接触以前の社会と現在の社会とが相同的であること、②当該の平等社会は辺

第Ⅶ章　考察——「二重の窮乏」下における在地の論理——　*271*

境にあるがゆえに極度の変容を被らなかったこと、という条件が必要となる。
　ゲッデスは、「平等主義」的共同体の崩壊のみを強調し、タビテウエアにおいて社会的な個人主義化（social individualization）が進んだと主張した（Geddes 1977）。第Ⅳ章で述べた通り、私はこの主張に対して安易に同意できない。ただし、ゲッデスのいうように、確かにカーインガが崩壊し、現在の村落社会は小家族世帯を基本的な単位として成立している。現在の社会がキリスト教化や植民地支配を経て大きく変容した結果成り立つことは、疑いようのない事実である。したがって、過去の社会と現在の社会との間に、何らかの類似性が認められるにせよ、上記の2条件は成立し難い。これらの点を考慮するならば、「辺境に昔ながらの平等社会が残った」という説は明らかに誤りである。現在の平等的な村落社会は、ドラスティックな再編成の結果として存立する。当然ながら、外部世界との関係を考慮した上で、現在のタビテウエア・サウスの平等性を考察することが必要となる。
　ここで、集会所の存在に目を向ける。私が主張したいのは、社会集団と集会所の対応関係のみが、過去から連続してきたという仮説である。ただし、その社会集団（Sと置く）および集会所（Mと置く）は、それぞれ現在と過去では全く異なっている。仮に、過去のある時点（例えば19世紀初頭）をTaとし、現在をTbとするならば、村落共同体というSaと現在の村落社会Sbは異なり、MaとMbも異なる。さらに、現在では教会やタビテウエア・サウスという行政単位、教会あるいは学校というTa時点には存在していなかった社会集団や組織がある。現在の社会においては、複数の社会集団が成員を重複させながら同時に存在し、それぞれに対応した集会所が複数存在するのである。
　饗宴についても、Ta時点における共同体に関わる各種の儀礼的集会を原型としながら、現在、全く異なった内実をもつ饗宴になったと考えられる。そして、集団的メカニズムが作用して、今日見られる複数の社会集団をそれぞれ形式的に求心化している。Ta時点の社会は、カーインガや集会所の座席を中心に統制されており、現在の集団的メカニズムとは異なる様式によって、編成されていたと推測できる。つまり、現在の社会集団や集会所、集団的メカニズムは、過去からの連続性をもつとは言い得ず、外部の巨視的システムの介入によって成

立したものである。ただしこれらは、単なる世界システムに巻き込まれた結果として、過度に受動的に扱われるべきではない[*1]。繰り返しになるが、過度な受動性も自律性も否定されるべきである。

ここで現在の社会・経済状況を振り返るならば、タビテウエア・サウスは、「二重の窮乏」下にあって、物資や財を形式的に平準化させ、各人に分配する機序をもつ平等性が再生産されている。平等性の作用する社会集団においては、長老を中心とした社会集団による統制が図られ、個人的な財蓄積は排除され、饗宴における贈与や懇請により、人々の間に財や物資は均等に配分される傾向がある。また、平等性の卓越した社会においては、集団的な決定により、個人の所有物の処分までが頻繁に制約される。長老を中心とした合議による社会集団の統制は、村落における人々の生活に大きな影響力をもっている。ときに、窮乏状況打開のため、例えばアバマコロ交易の誘致のように集団による外部世界への働きかけが行われることもある。物資の分配に対する社会集団の強力な関与、個人的な所有物の処分に対する集団による規制、長老を中心とした社会的な規則の創出は、巨視的な外部システムによってもたらされた「二重の窮乏」下にある社会の自律的な対応として、解釈することが可能である[*2]。

2．窮乏の回避

本書の第Ⅲ章で社会集団を形式的に統制する集会所、第Ⅳ章で平等性を再生産する饗宴について論じた。しかし、社会集団は一枚岩的に常にまとまっているわけではなく、ときに軋轢が生じる。第Ⅴ章、第Ⅵ章では、平等性が卓越する社会のなかで、日常生活を送る個人を議論の対象に含めた。社会のなかにあって、個々人の行動に偏差があるのは当然のことであるし、同一人物であっても時々の状況に応じてきわめて異なった行動をとり得る。これがときに、社会集団と個人や少人数者との間に相克を生み、社会生活に動きを与える事例を見てきた。本節では、在地の人々がもつ論理を取り入れつつ、個人の行為に着目する。

2−1. 妬みと秘匿

　平等性が卓越する社会において、個人はしばしば他者を出し抜こうと試みる。この試みは、財や物資の個人的蓄積を目指すという形で起こる。しかし、住民間の相互監視の下で他者に知られずに蓄積を行うことはきわめて困難である[*3]。このような試みは在地の平等性に反し、人々により不平等と見なされ、強制的な財蓄積の阻止が行われ得る。これは、個人に対する社会集団あるいは複数の他者による制約といえる。他者を出し抜く企てとその制約とは、対をなすものと考えることができる。当然ながら、ある個人はある機会に制約を受けても、別の機会に社会集団に与して制約する側にもなる。特定の人物が恒常的に制約を受けるわけではない。そして社会集団と個人の力関係は、常に社会集団の側が優位に立つ。この個人が弁舌巧みな長老であっても、集会所における第一の座席継承者や国会議員であっても、例外ではない。

　資本主義的論理の下にある個人は、自己の知識・技術の使用や、所有物の処分といった権利が、自明のものとして認められている。一方、当該社会においては、そうした権利の観念がそもそも認識されていない。たとえ個人が他者を出し抜こうとはしなくても、知識・技術の使用、所有物の処分は、社会集団による制約や干渉を受けることがある。排他性を賦与するために個人が行い得るのは、それらの秘匿程度である。物資の秘匿については、相互監視や噂話により、村人に知れ渡ることがある。その場合、懇請がなされたならば、所有者は当然のこととして他者に譲り渡さねばならない。懇請された物は、他者により使用・消費され、道具の場合には村落内を懇請の連鎖により循環することもある。

　個人的な行動を論ずるに当たり、周囲の人々と個人との関係を考慮して議論を進める必要がある。当然ながら、個人の行動は他者から独立して行われるわけではない。常に社会集団内の他者の目を意識し、あるいは内在化して、個人は行動をすることを余儀なくされている。それゆえに他者からの妬みや羨望に焦点を当てる必要が生じる。

　まずここで物の所有について、他者からの妬みや羨望を視野に入れて考えてみる。フォスターは、「妬み」について論じるなかで、生存に関わる食料、子ども、健康が強い感情を喚起させると述べている[*4]。他者からの妬みを恐れる者

がとる行為は、状況によって以下の4つに分けられるという。
　①所有物や事実の秘匿（concealment）
　②否定（denial）
　③譲歩、買収（sop; 象徴的分配 [symbolic sharing]）
　④実際の分配（true sharing）
　①は例えば、壁を作って所有物を隠したり、妊娠を周囲に漏らさないことなどがあげられる。③は、来客がホストの所有物を誉めたときに、それを与えるというエジプトやヨルダンの事例、欧米などのチップをあげている（Foster 1972: 175-182）。論文の書かれた時代のパラダイムを反映して、フォスターは社会の安定性や個人の心理を重視している。そのため、妬む者の満足と妬まれる者の恐れの回避、そして社会的な安定という、きわめて単純な心理学的な帰結に至る。またここで、フォスターの理解する妬みを心理学的に普遍の感情と見なし、感情が喚起される多様な社会的脈絡が捨象されている点にも、留意する必要があろう。
　さて、N村においてもフォスターの分類した4種類の行為が見られる。確かに、他者からの妬みは常に回避されるべきである。しかし、訪問者に食事を振る舞い、紅茶やタバコを差し出すこと（③の譲歩に当たる）が、妬みの回避のための行為と解釈できるとは考えられない。フォスターは全てを妬みに還元し、過度に一元的に解釈しているように見える。N村においては、他者からの妬みの回避に加えて、とくに欠乏時における自己の所有物の保持、社会的に認められる鷹揚さの発揮が、「持つ者」の行動を規定している[*5]。とりわけ、饗宴における来客からの贈与や、主催者の食事提供、村人によるスワンプタロの供出は、個人の心理的な満足や恐れよりもむしろ、社会的な側面や脈絡を重視すべきである。また、日常生活における秘匿や物資の分与も、在地社会の平等性との関係で考えねばならない。
　「持つ者」としての個人は、他者の妬みに晒される可能性の下に常に置かれている。そこで、「持つ者」は自己の所有物に関して2つの選択肢を有している。
1）　敢えて人々の目に触れさせ、鷹揚に分け与える。
2）　人目に触れないように秘匿して、所有の排他性を強める。

まず1）については、一時的でありながらも鷹揚さを評価され得る。2）については、仮に懇請された場合に与えるか否かは、当該個人の判断に委ねられている。2）ではさらに、当事者の行動に2つの選択肢がある。
a）あくまで自己や世帯内で使用または消費する。この場合、すでに無くなった（*E a bane*）ことを強調し、懇請による分配の強制を回避する。
b）秘匿していたものを他者に分け与える。この場合、所有する物資の量、および相手との友好関係、親族関係が行動選択の基本的な判断基準となる。
　集団的メカニズムを伴う平等性の下で、個人の所有は強い制約を受けることを第V章で述べた。仮に物資が人目に晒された場合、個人の所有は排他性を失い、社会集団や他者の要求を排除し得なくなる。しかし「持つ者」は、一部の物資を秘匿して人目に晒すのをことさら回避しようと常に気を遣うわけではない。物資が欠乏状態にあるとき仮に、入手したばかりの米を炊いて食事している世帯に突然の訪問者が来たならば、世帯主は来訪者に共食していくように勧めるであろう。個人は物資が底をつかないように気を遣うが、それ以上のものを秘匿することはない。予め少量を秘匿しておくこともあるが、ある程度の量を消費した後に秘匿することもある。秘匿物は、饗宴へ持参したり集会所へ供出するなどの必要時のために、あるいは自家消費のためにとっておかれる。
　妬みを喚起するのは、多くの物資をもつにもかかわらず懇請を拒否し、鷹揚さを示さないと周囲に見なされる場合に限られる。このとき吝嗇（*kaiko*）という非難を受ける危険性が生じる。これはきわめて恥ずべき行動である。また、知識・技術については、秘匿して当然と見なされる傾向があり、物資よりも比較的容易に個人的に保持し得る。知識・技術は数少ない個人の財産ということができ、後述する名誉（*tabomoa*または*karine*）に関わる。しかし伝授に対する懇請を断ることによって、技能者が妬まれることもあり、完全に個人の内に閉じているわけではない。
　議論を簡単に整理してみる。過度と見なされる秘匿が個人によって行われた場合、周囲の羨望は妬みに変わり、当該個人は噂を流され非難を受ける。単に個人が多くをもつ時点では羨望を受けるだけに留まり、その後の不適切な処分や取り扱いが妬みを生じさせるのである。個人の所有が社会的に認められる範

囲は狭く、個人はなるべく多くを他者から隠さずに人目に晒し、他者の要求を排除しないことが当然のものとして期待される。つまり、妬みの恐れが個人の行動をある程度規定するのは確かである。しかし、妬みの恐れによって全てを一元的に説明できるわけではない。妬みは単に、個人が秘匿によって過度に蓄財する試みを抑制させるのである。通常、人々は多くの個人的な所有物を人目に晒すことをさほど厭わない。その限りで部分的な秘匿は社会的に容認されているのである。

2-2. 恥と名誉

　個人が鷹揚さを発揮して財を社会集団に供出したり、他者に分け与えることは名誉に結合する。ピット・リヴァーズによれば、名誉（honor）とはある種の感情（sentiment）であり、感情の明示であり、他者によるその行為の評価である（Pitt-Rivers 1968: 503）。社会科学においては、名誉のもつ社会的、心理的多面性の全てが問題となる。名誉とは、個人の熱望（aspiration）と社会的評価の仲介物として、ある人の属する社会の価値を反映する。感情よりもむしろ社会的事実としての名誉を考えると、他者の評価であるばかりでなく、周囲の行為によって名誉は表される。周囲に感じられる名誉は、ある人物に要求される名誉となり、その人物に支払われる名誉となる。名誉の支払いはある特定の場合における、ある人物の役割や地位あるいはランクに関連して表明される。つまり名誉とは、ある人物と周囲の相互間で行う認識の交換である。

　南ヨーロッパから北アフリカにかけて広がる地中海地方ついては、名誉に関する研究が蓄積されている（Gilmore 1982）。そこでは、社会的原子論（social atomism）といわれるような、個人や家族が敵対的に分裂する傾向があるという[*6]。地中海地方における名誉は3つの分離した競合からなる。それは、①富（wealth）を巡る競合、②敬意に関わる地位（status）の競合、③男性性（virility）に関する競合、である（Gilmore 1982: 189-192）。

　タビテウエアの事例に照らすと、上記①の富については、大きなスワンプタロの栽培、知識・技術の保持、現金や物資の所有に置き換えられる。ただし、個人的に財を蓄積することは他者から妬まれてしまう。それを分け与えて、他

者や社会集団に貢献し鷹揚さを示すことにより、一時的であるにせよ名誉が得られる。またN村において、②に対応するような地位は、性・年齢区分の他にはない。定職をもつことを、ある種の名誉ある地位と見なすことが可能かも知れない。しかし、これはとくに首都南タラワに住む官僚や政治家など、新興エリート層に関係する事柄であろう[*7]。彼らは村においては、自己の蓄財は否定され、社会集団への貢献や懇請に応えることが強く求められる。さらに③の男性性については、地中海地方とは具体的な内容と社会的な文脈は全く異なるが、タビテウエア・サウスにおいても強調される。男性性は、レスリング、外洋漁など、男性のみに排他的な知識・技術や体力に関係する[*8]。このように考えると分析概念である名誉は、タビテウエアにおける名誉（*tabomoa*や*karine*）と合致しうるだろう。

　ここで、より詳細な検討が必要であろう。タビテウエア・サウスにおいて、定職者、国会議員や外国船出稼ぎ者など、経済的に他者より多くを「持つ者」は、懇請によって与え続けることを余儀なくされる。饗宴において、定職者がタバコや現金を繰り返し与え続けるのと類似している。このような財の分散化は平等性に合致し、与える者は鷹揚さを評価される。しかし、個人の名誉が継続的に累積することはなく、鷹揚さを示した者が村落において政治的に優位な地位を獲得したり、強い発言権をもつわけではない。仮に定職者がその職を離れてしまえば、村の同等者となるだけである。このように考えるならば、タビテウエア・サウスにおいて、固定した地位に結びつくような社会的名誉に相当する観念は弱い。少なくとも、鷹揚さを見せたそのときだけ名誉を得て賞揚されるが、それが持続することはない。

　一方、個人のもつ知識・技術は多くの場合、世帯内あるいは個人的に秘匿される。したがって、技能者としての名誉は、ある程度の継続性をもつといえる。ただし、他者や社会集団に貢献を繰り返すことによってのみ、その分野の名声を維持できる。また、さまざまな分野の知識・技術保有者がいるため、必ずしも一個人が名誉を受けることはない。さらに知識・技術も他者に懇請されることがある。そうなると、個人の知識・技術は拡散してしまうことになる。

　名誉には競合が伴うが、タビテウエアにおいても、村や世帯など社会集団の

間に競合関係があることを第Ⅳ章において述べた。そして饗宴の場では、競合を顕在化させた上で調停し、「平等（*boraoi*）」に至るという解釈を示した。平等に至るということは、競合集団間の平和的関係を示すものであり、少なくとも理念的には名誉が特定の社会集団に集中しないことになる。また日常生活において、世帯間、個人間の競合が起こっているが、これまで述べたように、特定世帯や個人の突出は周囲から妬まれる。人々はむしろ極度な突出を避け、せいぜいわずかな物資や技術の秘匿程度しか行わない。かつては、スワンプタロの重量競争が行われていた。これは、栽培者個人や栽培の知識を共有する世帯の名誉に関わるものだったと解釈し得るが、現在では競覇的な競争は見られない。

また人々は、キリバス語の名誉に当たる語を日常的に用いることはない。名誉よりもむしろ、恥（*mama*）という単語を人々は頻繁に用いており、N村のみならずキリバス滞在期間中を通して、私はこの単語をよく耳にした。他者よりも突出しようとする名誉よりも、恥の観念が強く意識されていると考えられる[*9]。つまり、平等性の卓越する社会のなかで人々にとって、突出に結合する名誉の追求よりも、むしろ他者からの侮蔑を内包する恥の回避が重要な課題である。恥とは、当事者が自分の立場について、他者からの非難や中傷、嗤いを誘因すると感じたときに喚起される感情といえる。例えば、社会集団への供出ができないこと、他者に依存ばかりして強欲であること、怠惰であること、知識・技術がないことなどが、周囲の人々に明示されたときなどに、恥は強く喚起される。この場合の恥とは、当事者が窮乏状態（*kainnano*）にあることを周囲に明示されたことにより引き起こされたと考えられる[*10]。

人々が目指すのは、他者に依存せずに自活できるという条件の上で、なおかつ余裕をもって他者や社会集団に鷹揚さを見せて貢献できることである。これは過度の財蓄積に直接関わるものではない。人々は、恥に陥らず、一時的な名誉を得て満足するように見える。それ以上を望み、突出を試みることは、むしろ利己的（*katei n rang*）と見なされてしまう。

このように考えると、物資や現金、知識・技術の保持が個人にとって重要であるが、過度な財蓄積や突出は他者の妬みを喚起させてしまうといえる。むしろ、他者に分配したり、社会集団に貢献して鷹揚さを示すことにより、名誉を

獲得する。ただし、名誉に関わる固定的で明確な地位や称号はない。名誉とは一時的な側面を有するのみである。ここで物資および知識・技術の秘匿について、名誉や恥と関連させて、次のようにまとめることができる。

1）物資の秘匿は蓄積に関わるよりもむしろ、窮乏を回避するために行われる。これは自己の所有物を他者から守る唯一の手段である。仮に蓄積が起こると、他者の妬みを喚起させる。過度の蓄積は名誉を失墜させ、恥を喚起させる。

2）物資の秘匿は、個人的な消費のみならず、合議で決定される社会集団への貢献が求められたときに、供出できないことを回避するために行われる。供出できないことは窮乏状態にあると見なされ、恥である。

3）知識・技術の秘匿は在地物の生産活動の源泉であり、より名誉に関わる。しかし場合によっては、他者に伝授することが求められ、拡散し得る。

4）政治的な地位に関わる名誉は存在しない。他者への鷹揚さに関して、一時的な名誉が認められるのみである。名誉を巡る競合よりも、恥をかかないことがより重要である。

多くの他者が窮乏状態にあるときに、ある一個人が大量に何らかの物資を得る機会があれば、鷹揚さを発揮できよう。しかし通常、村人は同じように物資不足に悩み、物資の到着によって欠乏が解消されるのも村全体で同時に起こる。つまり物資に関していえば、積極的に名誉を受けようとする以前に、窮乏やそれに伴う恥の回避こそが、多くの人々の関心事なのである。

さて、「持つ者」の視点に立って議論を進めたが、逆に「持たない者」の立場から見ると、

　①他者の生活状況を常に注視し、「持つ者」に懇請する。

　②他者への依存を忌避して窮乏に耐える。

という2つの行為が選択可能である。仮に、「持たない者」が何らかの方法で多くの物資を得た場合、すでに論じたように「人々に見せる」、あるいは「秘匿する」という行動を選択し得る。つまり、平等性の卓越する社会において、個人の行動は状況依存的に柔軟に変化する（図Ⅶ－1）。鷹揚さを見せて一時的な名誉を受けることもあるが、それが可能な人物は少ない。多くの人にとって他者の生活を注視し、懇請によって物を得たり、あるいは僅かな物資を隠すことに

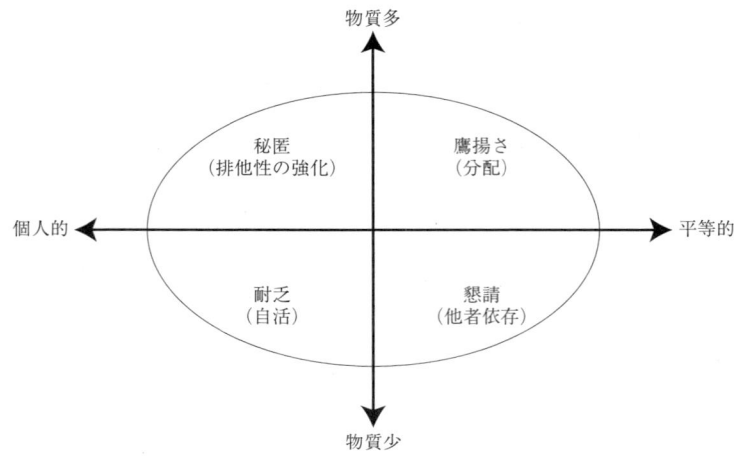

図Ⅶ-1　個人による行動の選択

よって、窮乏を回避するのが普通である。

　以上のように考えると、タビテウエア・サウスに生きる個人は所有に関して、他者あるいは社会集団を排除する個人的方向のベクトルと、排除せず他者の要求を受容するベクトルの間に挟まれて行動していることがわかる。簡略化していえば、ベクトルとは比喩的に方向と量（あるいは力）を示す。ここでは、平等化の方向性と個人的な方向性を両極とし、量とは動機付けの力、あるいは方向への意志ということができる。つまり個人は、「平等的ベクトル」と「個人的ベクトル」の双方を、極端な二者択一の選択肢としてもっている。平等化の方向に向かうならば、個人は、愛他的な行動をとるかも知れないし、他者の懇請にも気軽に応じるであろう。個人的な方向に沿って行動するならば、多くの物資や財を持つのに懇請に応じないなど、他者から吝嗇、あるいは利己的と非難される行動をとるであろう。それらの間に「恥」の観念があり、また物資を秘匿するなどの行動がある。実際には、人々の行動はきわめて複雑であり、仮に気軽に懇請に応じたとしても、さまざまな場合があり得る。友人に対して、進んで鷹揚に分け与えることもあれば、個人的方向への志向が強いのに、恥や妬みを恐れて懇請に応じるかも知れない。また、一見鷹揚であっても名誉の獲得を目指すという、別の個人的な意志が背後にあるかも知れない。つまり、異な

った意志に沿って、類似した行動を選択する場合があることを考慮しなければならない。

　さて、ここまで、個人と社会集団・他者との関係に着目してきたが、本書でいう個人とは、当然ながら、西欧近代的な自由で自立した個人像とは異なる。タビテウエア・サウスにおける個人は集会所を焦点とした社会関係や、親族関係の網目のなかにあり、とりわけ経済的な重要性をもつ世帯を抜きにして語り得ない。世帯こそが自立すべき単位であり、可能な限り他者（他世帯）への依存を回避する必要がある[*11]。キリバス語の自立・独立（$inaomata$）の語は、いわゆる「伝統社会」においては土地をもった平民と同語であったという。これと対極に位置するのは、戦争の捕虜である土地をもたない隷属者・奴隷（$toro$）である（Grimble 1989）。ちなみに、キリバス国家の英国からの独立もこの語によって表されている。土地をもつこと、食料を他者・他世帯に依存しないこと、すなわち社会・経済的な意味における「自立」の維持が、恥ずべき「窮乏」を回避することとほぼ同値なのである。

2－3.「二重の窮乏」下における在地論理のモデル化

　ここで「二重の窮乏」条件に対する在地の論理について、モデルを提示してみる。ただし、ここで提示するモデルはあくまで概念的なものであり、実地の調査資料から数量的に導き出したものではないことを明記しておく。

　図Ⅶ－2において、縦軸 y を消費、横軸 x を収入（または取得した物資）とする。ここである消費レベル（α）を最小限消費とし、横軸と平行の線（$y=\alpha$）を引く。さらに原点を通る直線（X；$y=x$）を引く。これは、消費と収入が等しくなる直線であり、全収入を消費したことを意味する。ここで α と X の交点の収入は α となる。つまり、α の収入において α の最小消費と均衡し、α 以下の収入では欠乏状態にあることが表される。α より β だけ少ない収入、すなわち（$\alpha-\beta$）を想定すると、例えばある社会集団における欠乏は $y=\alpha$、$y=x$ および $x=\alpha-\beta$ の囲む面積（$\beta^2/2$）と等しくなる。この社会集団において最小消費より以上、すなわち α を超える収入を得る者もいる。その収入を（$\alpha+\beta$）とすると、$y=\alpha$、$y=x$ および $x=\alpha+\beta$ の囲む面積（$\beta^2/2$）

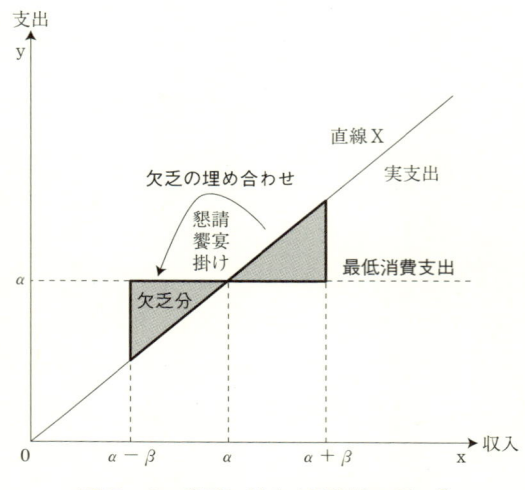

図Ⅶ-2　窮乏に対する平等性モデル①

となり、社会集団内の全員が最低限の生活を営むことが可能となるだけの収入があることになる。ここで最低消費以上の収入を、欠乏状態にある人々に振り向けるシステムが必要であろう（図中の矢印）。これが懇請や饗宴による再分配であり、不足分が埋め合わされるのである。まさにこの状態が平等（$boraoi$）といえる。消費の上で突出も欠乏もない状態が、限定された資源の下にある「窮乏の共有」である。すなわち、全ての人々が生活を維持できるが、全く余裕もない状態である。

　このような極度に均衡的な窮乏状態は、現実的ではない。多くの人々は最低限の生活維持以上の消費や、物資の秘匿を行うことが可能なためである。ここにおいて、座標点（$α，α$）から頭打ちの低い曲線Yを想定できる。この曲線と$y＝α$に挟まれた面積が、生活のための支出を超えた個人的（あるいは世帯内の）消費といえる（図Ⅶ-3）。直線Xと曲線Yの囲む面積が、饗宴や懇請、あるいは日常生活における食事やタバコの他者への振る舞いによって消費される領域である。この図を右に行けば行くほど、饗宴における消費支出が大きくなり、経済効率的には「浪費」と見なされることになる。しかし、実際には前述のように物資の入荷量は不安定であり、かつ収入自体も限界がある。したが

第Ⅶ章　考察——「二重の窮乏」下における在地の論理——　　283

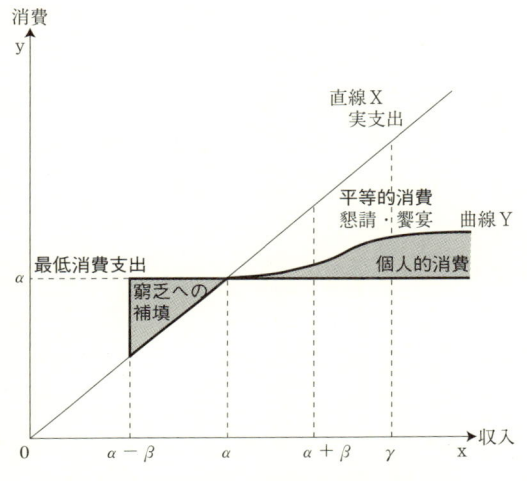

図Ⅶ-3　窮乏に対する平等性モデル②

って、収入や取得物資が極端に右に行くことはないし、あっても一時的なものである。つまり、x軸の収入αよりも右の、ある点（γ）を超えることはない。

先に$x=\alpha$の近傍を、社会集団内の理念的な平等と述べた。ここで、さらに在地の論理を説明に組み入れてみる。まず、α以下の収入あるいは物資取得しかない下位集団は、「窮乏（kainnano）」と見なされ、ここに陥ることは「恥（mama）」である。また社会集団内の、α以上の収入を得る下位集団があるとする。このとき、$y=\alpha$と曲線Yの挟む領域は、生活支出以上の個人消費や秘匿を示している。仮にある人が、この領域の物資を他者からの懇請に応じるなどして与えてしまった場合、自らが窮乏に陥ってしまう。このような行為は「愚かしい（tabaua）」と評される。つまり、物資の欠乏期であったとしても、通常人々は生活を維持する限界（$y=\alpha$）よりもいくぶん余裕をもつことが当然とされる。仮に、曲線Y上にある場合、物資を秘匿し、懇請を婉曲に断ることが認められるのである。逆に、直線Xと曲線Yの間の領域、すなわち通常、饗宴や懇請において、社会集団や他者に鷹揚に分け与えるべき物資や現金を秘匿して供出しないとすると、その行為は妬み（bakantang）にさらされ、利己的（katei n rang）または吝嗇（kaiko）と非難される。人々は、曲線Yが頭打ちになる$x=$

γ程度まで収入や物資の取得を増やし、余裕をもって他者に財を分配し社会的に鷹揚さを示して、かつ与えすぎて自己の世帯が窮乏に陥らないような生活を目指している。

　タビテウエア・サウスに住む人々にとっては、自然環境から得られる資源、および海外から首都を経由して移入される資源のいずれもが、きわめて不安定にしか入手できない。そして食料を含む物資の欠乏に恒常的に晒されて生活している。この資源獲得の不安定性が、在地の社会編成およびそこでの人々の行動に色濃く反映しているということができる。ただし、このような外的条件が一義的に在地の社会・文化を規定していると、私は主張しているわけではない。厳しい外的条件の下であっても、社会・文化の在り得る可能態は無限大にある。

　本書においては、観察者である私が長期実地調査に基づいて得た情報から、1つの社会モデルを構築した。さらに加えるならば、詳細な事例によって示したように、「二重の窮乏」という過酷な外的条件の下では、資源（物資や財）へいかにアクセスするか、窮乏状況をいかに回避して自立的に生活するかが、人々にとって大きな関心事である。そこでは資源の取得と保持を軸にした社会モデルが、過度に機械的であるという欠点をもちながらも、当該社会の特徴を理解するにあたって有効な補助的手段となり得ることを指摘しておく。

3．結論と展望

[結論]

　キリバスに限らず、これまでの人類学における民族誌研究では、共時的にある外部の巨視的システムと微小な調査地との連関について記述を最小限に留める傾向が強かった。本書においては、まず最大の外部システムとして世界システムを措定し、政治経済学の議論を民族誌に援用する理論的考察を行った。その上で、調査地における社会生活を民族誌的に記述し、巨視的システムとの関連の下に考察した。本論の議論を概括し、得られた結論をまとめると以下のようになる。

1) オセアニア島嶼国の経済的特徴：オセアニア島嶼国は、島の狭小性、遠隔性、資源の限定性という特徴をもつ。政治経済的にこの地域を捉える概念としてMIRAB経済モデルがある。オセアニア島嶼部は、世界システム論の議論から無視されるほど周辺的であり、その議論の対象に含まれてこなかった。しかし、その地域が歴史的に世界システムに包摂されてきたのは明らかであり、MIRAB経済論は世界システムの「最周辺」にあるオセアニア島嶼国家経済の特徴を説明する概念として把握できる。ただし、さらに詳細に検討すると、キリバスはMIRAB経済論の説明では捉えきれない特異な経済的特徴をもつ（第Ⅰ章）。

2) キリバスの経済的特徴：キリバス国家の経済的特徴は、基金（fund）、入漁料（fish royalty）、財政援助（aid）、官僚制（bureaucracy）への強い依存であり、それらの頭文字をとったFFAB経済と名付けることができる。キリバスは、オセアニア島嶼部のなかの周辺にあり、世界システムの「最周辺の周辺」国家である。FFAB経済において、人々に資金を分配する官僚機構は、離島部においては小規模であり、雇用される公務員は僅かしかいない。国家が稼得したレント収入の多くは首都で投下され、タビテウエア・サウスにまで充分には到達し難い。つまり、FFAB経済という特徴は首都に留まっており、離島のタビテウエア・サウスにそのまま当てはめることはできない。また、環礁の環境から開発し得る資源はほとんどなく、公務員や外国船出稼ぎ者を擁する一部の世帯を除くと、村人が現金を得るには主にコプラ生産や不定期の賃労働に依存せざるを得ない（第Ⅰ章、Ⅱ章）。

3) 「二重の窮乏」条件：タビテウエア・サウスを含むキリバス南部は、環礁という自然条件および不安定な降雨量から、歴史的にしばしば旱魃に襲われてきた。人々の先祖は島に定着するために、自然環境への適応として漁撈技術やスワンプタロ栽培技術を発達させてきた。しかし、過酷な自然環境に適応するための生業技術は歴史的に衰退しており、現在の人口増加を考慮すれば、生業のみに依存して生活を維持することは困難となっている。このような状況下において人々が生活を維持するには、食料など生活必需品を輸入物資に依存せざるを得ない。ただし、商品連鎖の最末端の離島であるタビテウエ

ア・サウスにおいては、交通・流通基盤が未整備なため、物資が慢性的に欠乏した状態にある。換言すれば、自然環境による生業的食料生産の限定性、および政治経済的な位置により生起する物資欠乏という、「二重の窮乏」条件への能動的対応が、現在の島住民が生活を維持するための必要条件となっている（第Ⅰ章、Ⅱ章）。

4) 外部世界との接点としての集会所：島に数多く見られる集会所は、社会集団の運営に関わる合議や行事が催され、集団的メカニズムを体現する。現在、「伝統的」といわれる村集会所のもつ社会的意味は、歴史的に大きく変化してきた。加えて、教会や島政府、学校などの社会集団や組織に「新しい」集会所が必ずといってよいほど付随し、集会所は多様化している。現在の集会所は、外来の諸制度や中央政府の政策および外来者を遮断し在地の論理に沿うよう変換した上で、社会集団に摂取する装置となっており、いわば社会集団と外部との接点になっている。一方、集会所は社会集団のシンボルとして人々を求心化させる。主に集会所で行われる長老を中心とした合議においては、突出した発言権をもつ個人はいない。合議における決定は平等性に沿う必要があり、それは人々に対して強制力をもつ。決定への違反者には罰則が科せられる（第Ⅲ章）。

5) 饗宴における平等性の再生産：集会所では、国家やキリスト教の行事、来客、人生儀礼など多様な機会に饗宴が行われる。饗宴には共食が必ず伴い、さらに参加集団ごとの踊りや合唱の対抗戦、客と主催者間の贈与交換が行われる。頻繁に饗宴に招待される定職者は、主催者である村人に対して財を贈与し続ける。饗宴は、社会集団間の競合関係を一時的に顕現させた上で、最終的に友好関係に転化し、多様な意味における在地の平等性を繰り返し再生産する場である。この平等性は集会所によって体現される集団的メカニズムと結合する（Ⅳ章）。

6) 所有に関わる個人の行動選択：日常生活の場において個人レベルの財の分散化が起こり、個人的な財蓄積や突出は抑圧される。個人的な所有物資は相互監視の下に置かれ、他者からの懇請によって分与される。個人による所有の排他性は、秘匿によってのみ達成される。人目に晒された所有物は他者に

懇請される可能性をもち、排他性を失う。「持つ者」は鷹揚さを見せて財や物資を分配するか、あるいは秘匿するかという行動選択の間で常に揺れ動く。一方「持たない者」は他者に懇請するか、あるいは他者への依存を回避して耐乏を選択するしかない（第Ⅴ章）。

7) 新たな状況への集団的対応：調査期間中のタビテウエア・サウスにおいて、物資欠乏期に多くの小規模商売が行われ、やがて個人商店が林立するに至った。流通の改善に伴い物資の欠乏は緩和したが、物価の上昇や個人的な財蓄積が生じるに至った。このような状況において、人々は集会所における合議を開いて、個人的な突出や物価高を防ぎ、社会集団内の平等性を回復させる方法を探った。在地の平等性を動揺させる事態が生じたとき、集団的メカニズムが作動して解決を探るのである（第Ⅵ章）。

8) 在地の論理と市場交換の規則：タビテウエア・サウスでは、現金による外来物資の売買が日常的に行われている。物資を購入するために、貨幣は不可欠なものとなっている。しかし、貨幣や物資の個人的な蓄積は在地の論理に反する。贈与の領域が卓越する在地社会において、貨幣経済は浸透しているが、市場交換の規則は遮断されている。貨幣は蓄積されることなく、資本に転化することもない。単に物資流通の媒体としてのみ、貨幣は社会に受容されている（第Ⅵ章）。

9) 窮乏の回避：外部システムから押し付けられた「二重の窮乏」条件下において、個人が財を過度に蓄積することは他者の妬みを買い、吝嗇・利己的といわれる。逆に、個人が他者に依存して生活したり、強欲な態度を示すことは自らの窮乏状態を晒すことになり、恥である。人々は財を他者より僅かに多く保持し、それを鷹揚に他者に分け与え、社会集団に供出することを目指す。他者に依存せずに自立を保ち、窮乏やそれに伴う恥を回避することが、人々にとって最も重要なことである（第Ⅶ章）。

［展望］

1) 本書においては実地調査資料に基づいて、外部システムに条件付けられた「二重の窮乏」下における社会のモデルを提出した。そこでは、集団的メカニ

ズムや平等性の卓越といった特徴が見い出された。このモデルが、タビテウエア・サウスのみに該当するのか、キリバスの他の離島においても当てはまるのかを検討する必要がある。ただし、タビテウエアとほぼ同緯度にあるニクナウ島における短期調査の印象からは、このモデルが有効であろうと私は考えている。また首都との距離が近く、降雨量の多いキリバス中・北部、さらには、他のオセアニア島嶼国の離島においても、比較検討によってモデルの有効性を検証すべきである。

2）キリバスにおいて、将来的にドラスティックな開発や経済発展が起こる可能性はきわめて低いことが予測できる。将来的な可能性として、交通・流通の基盤が多少改善され、物資が現在より安定して供給されることがあり得る。仮にそうなった場合、市場交換の規則が受容され、贈与の領域との間で顕著な対比を見せ、人々の意識のなかに両者の対立が顕在化するかも知れない。現在の集団的メカニズムと平等性の卓越する社会が、将来的にどのように変容していくか、あるいは持続性をもつか、今後の長期的課題として追究していく必要がある。

3）本書においては、実地調査地とその外部の巨視的なシステムの接合を試みた上で、タビテウエア・サウスにおける民族誌的記述を行った。人類学者の実地調査地は同時代の巨視的システムの影響をきわめて強く受けるのであり、民族誌は開放系としての調査地を強調して描く必要がある。そのためには、巨視的システムと微小な実地調査地との接合について、世界のさまざまな地域により適合し得るような理論の一般化が必要であろう。その一方で、調査地の人々が織りなす、複雑な行動や発言を包含し得るような民族誌の方法論を探究すべきであろう。

さて最後になるが、本書で論じてきたように、世界システムと微小な調査地を結ぶ中間項として、MIRAB経済のような地域的な経済モデルの援用が有効であることを強調しておきたい。オセアニア島嶼以外の地域についても、具体的な個別の経済モデルを読み替えて活用していくべきである。MIRAB経済——それが日々変化する今日の経済動向を適切に反映するか否かは別にして——は、オセアニア島嶼部の経済的特徴を説明するために提出されたモデルであっ

た。そのモデルは、キリバスのFFAB経済のように変形させることができる。経済学者による別の変形が、すでにフレンチ・ポリネシアを事例として試みられている（Poirine 1994）。そこでは、核実験に伴うレント収入を得た地域経済がARAB（Atomic Rent, Aid, Bureaucracy）経済という特徴で言い表されている。

　フランクの従属論は、元来ラテンアメリカの地域経済の状況を説明するために提起されたが、より一般的な周辺地域に関する理論として使用されてきた。MIRAB経済論も同様に、「もう1つの周辺」（第Ⅰ章）の様相を示すモデルとして、オセアニア島嶼を離れ、より一般的な議論に組み入れることが可能であろう。例えばMIRAB経済に類した議論は、カリブ海諸国・地域においても妥当する可能性がある（Bertram 1993: 253）。

　これまで、人類学者は世界システムの外的制約といった大枠の議論を行い、周辺社会の受動性を否定して主体性を強調するだけにとどまっていた。しかし人類学においては、世界システムと末端のミクロな生活世界を繋ぐ「中間の輪」の存在を認識し、理論化することが重要な課題である。さらに、人類学が実地調査を方法論的基礎に置き続けるならば、当然のことながら、まず調査地の社会で進行している状況に目を据えるべきである。人類学者には、世界システムとミクロな調査地の接合を試みた上で、調査地に生きる人々の多様な対応の実態を民族誌的に描くことが要請されている。それこそが、人類学者が知的営為を持続し、さらに人類学を他分野から断絶させないためにも、1つの重要な戦略であろう。

注

第Ⅰ章

*1　ただし、何らかの限定性なしに研究を行うことは不可能であろう。あらゆる研究がパラダイムの上に乗っており、学界に研究成果を発表する以上、研究者はそれに受容されるように対象を限定するしか方法はない（クーン1971）。言い換えれば、親族論など従来の人類学のもつパラダイムが、かなり極端な現実の捨象を研究者に要請してきたのであろう。

*2　しかし実際には、トーマスは詳細な歴史的考証を抜きにして、人類学批判のために歴史的事象を用いているに過ぎないという指摘がある（杉島1996: 90）。

*3　多くの日本の人類学者が政治経済学に強く興味を持ち始めたのは、マーカスとフィッシャーによる人類学批判の著作が普及してからのように思われる。アメリカン・エスノロジスト誌で政治経済学特集が組まれたのは1978年であったが、『民族学研究』では20年後の1997年に特集が組まれたことは示唆的である。

*4　オセアニアの歴史人類学的研究も、ヨーロッパ人との接触初期を強く重視し、実地調査の資料を重視しなくても成立し得る点で、ミンツの著作に類するといえよう（サーリンズ1993; Thomas 1991; cf. 杉島1996; 宮崎1994）。

*5　フランクの従属論とは異なるが、アミンの世界資本蓄積論もこの理論と類似した側面を有している（Amin 1976 [1973], アミン1979）。リムケコらはアミンを従属論の地平において批判している（リムケコ・マクファーレン［編］1987）。

*6　しかし、ウルフの再解釈においても、微細な調査地に生きる人々の世界システムに対する積極的な関与を見い出すことは困難である（前川2000）。

*7　階級や差別の目立たないオセアニア島嶼国において、貧困概念を使用する例は少ない。相対的な概念とはいえども、私自身も現地の人々に対する配慮から、当初、窮乏という用語の使用を躊躇した。しかし、現地の人々自らが他の島や首都との比較の上で、タビテウエア・サウスの生活をカインナノ（kainnano；窮乏、欠乏、辛苦）と認めることを念頭に置いて、窮乏の語を使用することにした。

*8　1990年センサスの付録から面積を計算すると834.6km^{2}となり、食い違いがあった（Statistics Office 1993: 188-193）。ちなみに日本では佐渡島の面積が約857km^2、奄美大島が約709km^{2}である。

*9　バナバ島には先住の住民がいた。燐鉱石の発見によって出稼ぎ者などの人口が増大し、1907年から第二次大戦終了後までギルバート・エリス諸島植民地のヘッド・クォーターが置かれていた。1963年の人口は2,700人であったが、1979年に燐鉱石が枯渇し、1985年には46人にまで人口は減った。現在、バナバ島出身者の多くは、強制移住

先であるフィジーのランビ島で生活している。また、政府の発行する統計資料では、バナバ島をキリバス（ギルバート）諸島に含めている。

*10 　サチェットの資料がタビテウエア・ノースのものと考えられるため、このような差が出たのかも知れない。また、同じ島であっても場所によって降雨量に多少の差が出ることは、私の経験上からも充分にあり得る。

*11 　キリバスの植物についてはルオマラ、カタラ、サーマンの文献を参照した（Luomala 1953; Catala 1957; Thaman 1987）。

*12 　タビテウエア環礁における戦後の人口について、センサスの資料ではタビテウエア環礁をサウスとノースの2つに分けて記している。しかし、ここでは大戦前との比較のため、サウスとノースの人口を合算して環礁全体の値を示した。

*13 　ヨーロッパ人との接触以後19世紀半ばまでの時点で、タビテウエア環礁の人口が急激に減少したという明確な証拠はない。ここでの30%という仮定は、他のオセアニア島嶼の例を考慮してラフに見積もった値である。

*14 　しかし、19世紀時点でココヤシへの転換が極度に進行していたとは考え難く、仮にココヤシ生産が拡大したとすれば、実を貯蔵する余地も生まれた可能性がある。さらに、接触以前に旱魃による飢饉がなかったかどうか、きわめて疑問である。また、ココヤシは環礁の自然条件に比較的適している上に、その実は食料となる。したがって、コーヒーやカカオのような、食料とはならない換金作物への転換とは著しく異なり、単純にココヤシへの転換のみが飢饉の原因となったと考えるのは無理がある。

*15 　高山と甲斐山がヨーロッパ人との初期接触の概略をまとめている（高山・甲斐山 1993: 57-64）。また、接触以降の歴史的な人口動態については、ベッドフォードらの論文に詳しい（Bedford, Macdonald and Munro 1980; Bedford and Macdonald 1983）。

*16 　キリスト教布教者との接触時における在地の反応は、きわめて複雑な過程である。例えば、石森は、カロリン諸島のサタワル島における集団改宗を分析するにあたり、社会的要因、政治的要因、宗教的要因に分けて論じている（石森1989）。サタワル島では、20世紀半ば頃までに改宗した者は5人にも満たず、第二次大戦後に集団改宗が起こった。したがって、その後の聞き取り調査によって改宗のプロセスを詳細に追うことができたと考えられる。しかしキリバスでは、キリスト教の受容は19世紀に起こったため、改宗に関する詳細な資料を聞き取りによって得ることができなかった。

*17 　ローレンスは、キリスト教布教者がキリバスに最初に到着したのは、1852年、諸島最北端のブタリタリとマキンであり、その後、ビンハムらがアバイアンで布教を始めたという（Lawrence 1992: 283）。

*18 　私の調査時点でも、タビテウエア・サウスの多くの土地はノースの人が保有しており、その理由として「カブーの戦争の結果（*mwin ana buaka Kabu*）」と説明されていた。

*19 　国立公文書館で入手した「タビテウエア規則」と題された文書には56項目にわたる

規制が書かれている（Tabiteuea Island Regulations 1928 [Tua n aon te aba i Tabiteuea], Made under the Provisions of the Native Laws, Part 1, Section 15.）。

*20　ここでいう「レント収入」とは、産業的発展や構造的自立という裏付けがなくとも、海外からの稼得が可能な収入を広く意味する（佐藤1993a: 202）。

*21　佐藤は、基金の運用益収入、入漁料収入などを含めたオセアニア島嶼国家の経済を「レント収入依存型」と命名している（佐藤1993a）。これには、MIRAB経済の概念が必ずしも当てはまらないキリバスやツヴァルの経済型も含まれ、オセアニア島嶼国の経済を包括的に示している。

*22　RERFの運用益および領海内への外国船操業許可と引き替えに得られる入漁料が1988年の歳入の56％に上っている（佐藤1993b: 65-72）。

*23　グリンブルはキリバス南部の「民主的」社会を再構成している（Grimble 1989: 152-153）。ただし、首長や王にあたるウエア（*uea*）という単語が島の名称などに入っていること、タビテウエア・ノースのある村の集会所には首長のものといわれる骨が保存されていること、第Ⅲ章で詳述するように集会所における座席成員の役割分化が発達していたことなどを考慮するならば、「伝統社会」における首長制の有無については、議論の余地がある。

*24　ある長老によれば、（狭義の）ロロブアカを表す語としてボーワ・ニ・カーワ（*boua ni kawa*）があるとのことであった。吉岡はキリバス中部のマイアナ島において、ロロブアカから間もなく長老になる者がボーワ・ニ・カーワであるといっている。そして吉岡は、キリバスを年齢階梯制と位置付け、それぞれの年齢階梯を登るごとに儀礼が行われ、長老にはうちわなどの徽章が与えられるという（吉岡1998）。しかし、私のタビテウエアの調査からは本文で述べるように、このような厳然とした階梯区分は見られなかった。また、ボーワ・ニ・カーワを直訳すれば、「村の柱」ということになる。ただし、カーワとは後述のように現在の行政村や集落を指す語である。モードによれば「伝統的」なカーワとは、先祖から相続してきた居住地（*kaainga*）とは別の、新たに人が住むようになった居住地である（Maude 1977a [1963]）。したがってボーワ・ニ・カーワの用語は、相対的に新しい現在の行政村と関連があるかもしれない。また、吉岡の記述とは異なりタビテウエアでは、長老に徽章が与えられることはなかった。せいぜい、私がうちわで蠅を追い払ったりパイプでタバコをふかしていると、「おまえは長老と同じだ」とからかわれた程度である。

*25　キリバスの親族用語については先述したランバート、ランズガード、吉岡、モードの前掲諸論文に詳しい。ただし、歴史的に大きく変化してきた社会における親族用語の研究は、時間的な限定を行わずに不変のものとして扱うと混乱を来すであろう。例えばグリンブルやモードは、婚姻可能な親族（ウトゥ）の範囲を4世代に限定されているというが、私が知る限り、あらゆる親族は婚姻が禁止されていると人々は言って

いた。歴史的変化の結果そうなったのか、あるいは地域差によるものなのかは定かでない。また少なくとも現在、ウトゥやコラキといった語の人々による使用は発言状況に依存的であり、さまざまに変わり得る。近代社会科学の用語法に沿って、これらの語を厳密に検討する試みは、空虚な結果に終わる可能性がある。また、人類学者がこれらの語の使用を細かく分類し、固定化してしまうこと自体が、実際の発話における柔軟な言葉の使用法を歪曲する危険性さえも、否定できないだろう。

第Ⅱ章

* 1　例外的に、N村とB村は比較的面積の広い1つのアイレット上にある。残りの4村はそれぞれ別個のアイレットにある。
* 2　異なる宗派の者どうしが結婚した場合、通常女性が男性に合わせる。つまり、1つの世帯は原則的に1つの宗派と見なされる。理由を聞くと、夫婦が別々の宗派だと教会の活動時に不便であるという。仮に女性が里帰りしたときには、元の宗派の教会に礼拝に行く。そのような行為に対して、教会が違ってもキリストは同じだという答えが返ってきた。
* 3　本書に関する長期調査を終了した後、キリバスでは教育制度の改変が行われた。従来の初等学校高学年が中等学校（Junior Secondary School）として分離された。タビテウエア・サウスにおいても1999年に、初等学校に隣接して中等学校が建設された。
* 4　表に示した1976年および1977年の資料は、国立公文書館で入手した運行予定表より計算したものである（Shipping Programme, Gilbert Islands Development Authority）。したがって、実際には予定通り運行しなかった便を含む可能性がある。また1990～1995年の資料は首都のベシオ（Betio）地区にある船舶事務所において、実際の運行記録から計算したものである。
* 5　センサス資料によると1995年時点で、N村の人口は196人となっている。初等学校は、N村境界線内にあるため、この人数のなかには教員住宅の世帯員が含まれている。
* 6　鍋が普及したのは燐鉱石採掘出稼ぎ以降である。それまでは主に地炉（*umum*）によって石蒸しにするか、焼くのみの調理法であった。地炉とはオセアニアに広く分布する石蒸し調理法である。地面に掘った穴の中で薪を燃やして拳大の石を熱し、火が落ちてから材料を入れて調理する。タビテウエアでは現在ほとんど地炉を使わず、地面を浅く掘った穴に鉄棒を架した簡易炉（*ai*）により鍋を使って調理する。
* 7　ゲッデスは1973年のタビテウエア・ノースの調査で、人々はパンダナスを収穫するために8km程遠くまで行くが、ココヤシは世帯の近くで集めると述べている。これは集落の近くにココヤシを植えていったためだろう。コプラの価格が上昇した後、人々はパンダナスの結実期であっても、ココヤシの実の収集に多くの時間を費やしたという（Geddes 1983: 112）。

＊8　メイ・コラに比べてメイ・ケアンは葉が細く、容易に区別可能である。しかしサーマンはいずれの品種も A. mariannensis に分類している（Thaman 1987）。
＊9　カタラはキリバス南部では旱魃のため10年に一度はパンノキを植え直す必要があるという宣教師の言葉を引用している（Catala 1957: 61）。
＊10　首都の国立公文書館で得た資料（Tabiteuea Island Council-General Administration, File No.11／5／5 Employment; British Phosphate Commission, Nauru and Ocean Island, 1974-75）による。
＊11　首都の国立公文書館で得た資料（Nauru Phosphate Corporation; General Terms and Conditions of Employment, Gilbert and Ellice）による。
＊12　訓練校の学費はなく、FTCおよびMTCともに無料である。この点で学費のかかる中高等学校とは異なる。
＊13　統計資料によると1979年から1987年までの買い上げ価格は11〜37.5豪セント／kgの間を変動している（Statistics Office 1989）。
＊14　ゲッデスは1970年代のタビテウエア・ノースにおいて、個人または有志によるサークルがパンやドーナツを売ったり、商店を開いた複数の事例を報告している（Geddes 1983）。私が調査を始めた1994年の時点で、正常に機能している商店はタビテウエア・サウス全体で5軒中3、4軒だけだった。ゲッデスの報告に比べると、1990年代のタビテウエア・サウスが1970年代のタビテウエア・ノースよりも流通機構が発達しているとは言い難い。また私が訪問した1995年3月、ノースの方が商店の数も多く、経済的な格差が見られた。
＊15　世帯番号13は、私が村に住み着いてから半年ほどの期間、異父兄弟の夫婦、母親らと同居していた。このときの世帯員数は7人であった（表Ⅱ-5参照）。しかしその後、夫婦らは村内の別の土地に新しく世帯を構えた。そのため世帯構成が変化し、購買調査を行った時期には、若夫婦と幼児1人の3人だけになっていた。
＊16　小麦粉を材料にした料理は多岐に及ぶ。発酵パン、無発酵パンには幾つもの種類があり、人によって作り方や名称が異なることも多い。表Ⅱ-7中の小麦粉スープ（*katiti*）とは小麦粉を溶いて葛湯のようにし、ココヤシ・トディーなどで甘く味をつけた料理である。小麦粉すいとん（*katiobuki*）とは同様な味付けのすいとんである。いずれも少ない小麦粉に水を加えて量を増やした日常食である。また、パン、キャビン・ビスケット、パンノキの果実のような塊状の糖質食料をカブキ（*kabuki*）という。ブアトロとは既述のように、元来スワンプタロのプディングである。
＊17　タイヘイヨウイヌビワは旱魃に強く、昔からの救荒食である。ただし調査時点ではその多くが切り倒され、輸入食料不足時にときおり消費される程度である。物資欠乏期のピーク時には、村の女性たちが数人でブッシュに行き、果実を採取していた。実は固いので、1時間以上鍋で煮て柔らかくしてから、挽肉用のミンサーで潰す。プデ

ィングや乾燥保存食（*kabuibui ni bero*）を作ることもある。水で薄めたトディーや糖蜜に入れ、スプーンですくって食べる。窮乏時の食物であり、ラグーンで採れる二枚貝と同様に社会的価値づけは低く、饗宴時に出されることはない。

第Ⅲ章
＊1　ランズガードによると、1960年代初頭に調査を行ったタビテウエア・サウスのB村集会所は、屋根の大きさが16m×33m、高さ9m、屋根の総面積936m^2、床面積528m^{2}あり、合計4,812枚のパンダナス葺材を使用していた（Lundsgaarde 1978: 70）。
＊2　現在でも権威をもつ民族誌の資料が収集された今世紀初頭、すでにキリバスの島々はドラスティックな変容を被った後だった。これら民族誌は資料収集時点では存在していなかった「伝統社会・文化」の再構成である。今世紀初頭に生きていたインフォーマントと、キリバスを訪れた民族誌家による合作として、これら民族誌を読まねばならない。
＊3　タビテウエア環礁では、この座席をボスとよばずイナキ（*inaki*）という。イナキの字義通りの意味は葺き屋根の区画である。座席が葺き屋根に合わせて決められていたことから、イナキと呼ぶ。座席は、基本的には父系的に継承されていく。しかし子どもが母親の座席を選択することも可能だった。また婚姻後の女性は、基本的には夫の座席に座ったという（Grimble 1989: 210-212）。
＊4　カーインガの人口が増えて過密になると、新たに開いた土地に住む人々もでてきた。この土地をカーワ（*kawa*）という。集会所内にカーワに対応した独自の座席はなく、成員が集会に参加する際には、分出前のカーインガの座席に座ることが許された（Maude 1977a [1963]: 19, 29）。なお現在カーワとは、行政単位の村や村の一部を構成する小集落を表す言葉である。
＊5　私は、ラトーシュの主要なインフォーマントの息子に会った。この30歳代前半の青年は、亡き父から譲り受けた大判のノートを所有していた。そのノートには数多くの神話や座席の由来が書かれていた。しかし、その解読は息子でさえもきわめて困難であり、次代に知識が継承されるのは難しい。
＊6　教会の集会所とは異なって、村の集会所には先祖から継承されたという座席が明らかに認識されている。グリンブルやモードのいう「伝統的」集会所は、現在の村集会所に相当する。ただし後述のように、「伝統的」集会所や座席に関するグリンブルらの記述を、現代の村集会所に、単純に当てはめることはできない。
＊7　さらに、ニクナウ島の6村のうち2村は、村集会所が放棄されていた。1つは村住民間の抗争により破壊され、もう1つは村全体がキリスト教の一宗派なので、教会の集会所だけで充分なのだという説明を私は受けた。
＊8　ランズガードは、ヨーロッパ接触以前に島全体の集会所があり、キリバス南部にお

ける最高の法的権威だったという（Lundsgaarde 1970a: 248）。またゲッデスは、島集会所という用語を使っていないものの、島全体の合議があったと述べている（Geddes 1983: 30）。私がタビテウエア・サウスとニクナウで聞いた限り、ランズガードのいう島集会所の独立した存在を確証するには至らなかった。ニクナウ島では、マウンガタプという名の付いたある村の集会所に、かつて全島から人が集合したという話を聞いた。これは、島集会所が独立して存在するのではなく、1つの村集会所を全島の集会に利用したことを示すと解釈でき、ゲッデスの記述とも矛盾しない。

*9 座席は主に父から息子へ継承される。しかし、ヨアキムが結婚する前には、カラエシウの亡父の座席継承者として、適当な男性はいなかった。テカエワウアの兄が世帯に出入りしていたが、彼は未婚であり、座席の後継者とは見なされていない。そのような理由から、女性である「カラエシウの座席」と呼ばれていた。

*10 N村では、毛髪製のベルトを所有する者はおらず、ただ1人の長老が古くて穴のあいた腰巻を所有していた。タビテウエア・サウスでは、最北の村に多くの腰巻や毛髪ベルトがある。N村の男性が1995年10月に島政府の集会所で踊った際には、その村から腰巻とベルトを借りていた。

*11 第Ⅱ章の表Ⅱ－5では30世帯になっている。これは1995年になって世帯番号12）からルアシウ夫妻が独立し、新居を構えたためである。

*12 キマエレは、カーインガとはいわずカイナ（kaina）と呼んでいた。タビテウエアにおいて、カーインガをカイナとよぶ例はルオマラの論文にも見ることができる（Luomala 1965: 34）。字義通りには、カイナとは「そこの（土地に住む）人々」と訳せる。座席に結びついた旧来のカーインガとは、現在の人々の居住地とは全く関わりがない。現在、村人がカーインガという場合、単に人が住む場所の地名といった程度の意味である。

*13 ただし、モードによれば座席の名と付随するカーインガ名は、ほとんど一致するという（Maude 1977a [1963]: 30）。そうであるならば、地名と座席名が一致しても矛盾はない。

*14 ターワエアとは通常、N村南部の土地の総称である。N村は、大きく2つの集落（カーワ）に分かれている。その1つがターワエアである。また、N村南部の総称でなく一筆の土地にもターワエアという名称がある。座席との関係が深いのはこの一筆の土地の方であり、旧カーインガだったと推測できる。

*15 モードやグリンブルの民族誌では、「第一の座席」をカロンゴア・ン・ウエア（Karonngoa n Uea）といっており、名称の前半部が一致する。

*16 ネアウアの主張した座席名（ビリビリ・テ・ララー）は、カラエシウの座席名（ブリブリ・テ・ララー）に似ている。

*17 首都で離島出身者に尋ねたが、集会所の座席に関して詳細な知識をもつ者は、私の

注　297

知る限り皆無だった。
*18　よそ者や招待客が座らされるのは、集会所の相対的な西側（ラグーン側座席列）の中央付近である。したがって、西側に座席をもつ者は客に席を譲り、順次詰めていく。ただし、外来者が村の客でなく世帯の客であり、世帯成員の友人（rao）または仲間（koraki）として饗宴に参加したならば、その世帯主の隣りに座ることもある。
*19　この場合、カーインガ成員と座席成員は一致すると考え得る。ただし、カーインガに余裕がなくなり、居住者が別の土地に分出して新たにカーワを作った場合、座席成員はカーインガとカーワの居住者を含むことになる（注4参照）。
*20　ランズガードはキリバス南部を広く調査した。そのなかには、ノノース、タマナに加え、タビテウエア環礁も含まれている。
*21　ただし、タビテウエアの宗教戦争以前の時代、K村には独自の村集会所があったと主張する者もいる。戦争の結果、多くの人が死んでN村に吸収され、集会所が無くなったというのである。それが事実であるにせよ、行政村の成立時に村の集会所が復興したことになり、現在の行政単位である村の成立と集会所建設の関係が強固であることに変わりはない。
*22　行政区が明確に分離した年は未確認である。N村の中年女性トゥエは1970年と主張していた。人口統計を見ると、第二次大戦後にタビテウエア・サウスとノースの人口を分けるようになった。したがって、1940年代半ばには、少なくとも行政区を分離する動きがあったと推測できる。
*23　現在でも、飛行機や船の便はタビテウエア・ノースの方が多い。私がタビテウエア・ノースを短時間見た限りでも、ノースの方が商店、自動車、モーター・バイク、トタンとコンクリート・ブロックの家屋が多くあり、経済的にも格差があるという印象を受けた。
*24　このエピソードは、島議会議長だったN村のナカエウェキアから聞いた話である。
*25　首都にはカトリック女性団体経営の手芸品の店舗があり、離島から集めたこれらの手芸品を販売している。その売り上げは教会の資金になる。
*26　19世紀後半、出稼ぎ帰還者によってタビテウエアに伝えられたこの信仰は、ブッシュの灌木シマハビロ（方名ウリ; *Guettarda speciosa*）の十字架に鳥の羽毛を付けたシンボルを崇拝した（Maude and Maude 1981; Geddes 1983）。
*27　しかし、このなかで常に長老と見なされているのはアントニオのみであり、4人はロロブアカと見なされることが多い。またテイオーキは長老でなく、説教師として参加していた。テカイワは、40歳を超えているが未婚であり、通常は村の社会活動に参加せず、ロロブアカと呼ばれることもない。長老とよばれる男性の範疇は、状況によって変わる。
*28　マトゥ・ラオイは、スポーツ、踊り、作業の前夜に必ず課される。けが人が出ると、

マトゥ・ラオイを破り、マトゥ・タラタラ（*matu taratara*；タラタラは見る、起きているの意）だったからと理由付けされる。この慣行は、植民地期に施行された夜間外出禁止令に関係しているのかも知れない。

*29　魚食の禁止は、饗宴時の踊り手にも課せられる。魚を食べるとだるくなり、力が入らなくなるという。魚のみならず、コンビーフを食べてはいけないと言う人もいた。ただし実際には、食物禁忌を守らない人も多い。

*30　石柱の材料となった拳大の石3個から、重量密度を算出すると、$2.75g/cm^3$となった。石柱サイズの平均は長さ2m、幅80cm、厚さ20cmであり、かつ表面に凸凹のない直方体と仮定すると、1,100kgの重量と計算できる。

*31　この金額は1組の夫婦単位あたり30豪ドルという計算になる。

*32　トタンは貴重品である。また、当時カヌー模型で遊ぶことが男性の間で流行していた。この模型の胴体部分はトタンで作るため、その需要が増していた。

*33　古くからの「やり方」を強調する際には、カテイ・ニ・イカワイ（*ikawai*：「古い」の意）ということもある。

*34　他の長老たち（例えばキマエレやテアウオキなど）は、集会所はキリスト教や植民地政府が来る前からあったと語る。歴史的にも彼らの主張の方が正しい。しかし、タータの解釈は、人々の集会所観の一例を示すものとして興味深い。

*35　モードがグリンブルの調査ノートを編集した著作 "*Tungaru Traditions*"（Grimble 1989）の書名にあるトゥンガルが、諸島の旧来の呼び名といわれる。

*36　ただし、人々は「一番」「最初」ということには、高い評価を与える。

*37　最初の話は文化センター長（当時）のタマエテラ氏から、2つ目は元文化センター長のプウェレ氏から聞いた。

*38　村では、キリバス・ダンスを踊れないことは、恥ずべきことであった。踊りの高い技術（*rabakau*）をもつ人は敬意を表されていた。私たちは、村に住み始めた当初、踊りを習うように村人に強制された。また、タビテウエアでタムレを見ることはなかったが、ツイストとよばれるディスコ・ダンス様の踊りが、しばしば饗宴時の余興として踊られていた。英語のポピュラー音楽に合わせて、キリバス・ダンスの技法と衣装で踊る例もあった。

*39　例えば、回しのみするべきタバコを、いつまでも隣に渡さない人に対して、「白人のようだ」などと揶揄することがあった。これと対立するのが、在地の平等性を実践し、鷹揚さを発揮するキリバス人ということになる。このような二項対立の語り口は、オセアニア島嶼部でどこでも聞くことができる。

第IV章

*1　ボータキという単語は、*bota*（集まる、集める、一団になる）に受動態を示す接尾

辞の-akiがついた形の名詞化と考えられる。またboとは、会う、ぶつかる、接触する、戦うなどの意味をもつ。

＊2 　これは1954年に発行されたキリバス語・フランス語辞書を英語に翻訳したものである。サバティエ自身がギルバート諸島へ初めて赴任したのは1912年であることから（Maude 1977b）、辞書の発行は1971年となっていても、サバティエがキリバス語を収集したのはそれよりはるか以前である。

＊3 　ただし、村で2番目の年長男性であるキマエレは、ボータキと言ってレイを指示したことがあった。キマエレに「今夜ボータキが北の集会所（カトリック集会所）である」と言われ、出かけていったら踊りの練習であった。キマエレの用語法は、集会一般を指示するものであり、これは辞書とも一致する。このように、現在でもボータキが集会一般を指示することがあるが、通常は本文中に述べたように、集会の性質によってそれぞれ区別した名称を使う。

＊4 　私が参加していない饗宴のうち、場所と日付、開催理由が明確なものは、この数値に入れてある。また、私が知らない間に、小さな饗宴が少人数の下部グループによって行われたこともあるだろう。とくに村を2つか3つのグループに分けて別個に協同作業を行った際には、作業後の饗宴・共食を全て把握するのは困難だった。そのためグループによる小規模の饗宴は全く数に入れていない。またN村ではカトリック信者のみしかいないが、別の村ではプロテスタント信者がいる。その場合には、宗派によって個別に饗宴が行われるため、N村よりさらに開催数が多い可能性がある。ほぼ毎週行われていた日曜礼拝後の共食も、特別に来客が会ったときを除き、カウントしていない。

＊5 　村に来た客を歓迎する饗宴を開催するか否かは、客の属性（性・年齢、婚姻ステータス）、来た目的、村への入り方、初回の来訪かどうかなどの条件によって異なる。村にはしばしば外来者が訪れるが、歓迎の饗宴を行うとは限らない。N村では土堤工事関係者、教育実習生、2組の若い夫婦そして私たち夫婦に対して歓迎の饗宴が行われた。しかし、首都の学校でボランティアとして働くカナダ人未婚女性、研究者のフランス人未婚女性が来村し、短期滞在したときには、受け入れ世帯が世話をするだけで、村としての歓迎の饗宴は行わなかった。一方、島政府の集会所では、首都から来た役人など島全体の客のために、歓迎の饗宴をしばしば行っていた。

＊6 　私が首都で参加した1歳の誕生日では、親族や近隣者が集まり、用意した食事も多く派手であった。首都では満1歳のみならず、毎年子どもの誕生日の饗宴を行う親もいる。首都では、いつ誰の誕生日の饗宴があるかを、主催世帯がラジオで放送してもらうこともある。村の長老キマエレによると1歳の誕生日は欧米人の習慣であり、昔はなかったと言っていた。なお、コロとは波などが打ち寄せる、やってくるの意であり、リリキとは年を指す。したがって、字義通りには、コロ・ン・リリキとは単に誕

生日と訳すのが適当であろう。
* 7 ここでいう交換とは、饗宴のなかでの招待客と主催者の間に双方向に起こる、物、現金、食料、サーヴィスの流れを指す。歌や踊り、言葉のやりとりは含まないこととする。サーヴィスとは香水スプレーやベビーパウダーのふりかけ、Ⅱ型饗宴の家屋建設の労働提供などを指す。なお、資金集めの饗宴では、ゲームや競売で物と現金が逆方向に流れる。しかし、これはあくまで饗宴のなかの交換であり、売買の形をとるものの、主催教会団体などへの贈与と捉えた方がよい。
* 8 南東というのは正確な方位を示すのではない。集会所は長辺がラグーンに平行するように建てられており、その長辺が南北の軸に沿っていると見なされている。
* 9 通常、饗宴では余興として、いわゆるキリバス・ダンスかディスコ・ダンスのようなツイストを踊る。ツイストの場合にはカセットで音楽テープを流して踊るが、この日はその準備はなされておらず、歌に合わせて踊っていた。
*10 これまで子どもの出生時の饗宴には、参加する各夫婦単位や子どもをもつ未亡人などが、主催者に2豪ドル払っていた。しかし、話し合いによりこのときから3豪ドルずつ払うことになった。
*11 村で主催する饗宴時に食事の皿やスワンプタロを集める場合、「働く者」の座席は、テ・カタンラケおよびテ・ブエと決まっている（第Ⅲ章2節）。ただし、事例の饗宴の場合、それ以外の者もスワンプタロや板状パンダナス果保存食品を集めて回った。特定の座席成員が集める場合には、その順序も定まっているが、この饗宴ではランダムであった。供出者のなかには、父親がいない子どもをもつ女性も1人入っていた。その理由は、村ではなく世帯主催の饗宴であり、長老の決定というよりも個人的な関係が重視されたようである。帰省者の饗宴はカトリック集会所や主催者世帯の家屋で行うこともあり、必ずしも村集会所で開催するわけではない。
*12 木の葉とはトゲミウドノキ（方名 *buka; Pisonia grandis*）である。日常的に食べることはないが、饗宴食のスープにときおり使われる。
*13 実際に何人かの若者が実習生にアプローチし、1人はお目当ての女性と結婚するに至った。彼は実習生が去った後、次の船に乗って首都へ女性を追いかけて行き、女性の父親に婚姻の許諾を得たという。
*14 教会の集会所に特定の座席はない。したがって教会の集会所内ではどこに座ってもよいのだという。しかし実際には、N村の人々は教会集会所でも村集会所に対応する位置に座る。一方ニクナウ島のある村では、教会信者の村内グループが常態的に分かれており、教会の集会所での座席はグループごとに決まっていた。当然のことながら、これは村集会所の座席とは全く対応していない。また、主催世帯の家屋で饗宴を開催する場合、座る場所はとくに定まっていない。
*15 スワンプタロを威信食料（prestige food）とルオマラはよんでいる（Luomala 1970,

1974)。スワンプタロの重量競争は、集会所の儀礼を異教的なものと見なしたキリスト教初期布教者、および食料の浪費を抑えようとした植民地政府によって禁じられたという。

*16 主催者は吝嗇という非難を受けることなく、出費を回避できた。主催者がコンビーフを出したくても出せなかったことを表明し、人々に謝罪した以上は、誰も非難できない。この謝罪は、非難を回避するための主催者の抜け目ない行為であったと私は解釈した。

*17 幼稚園とはいっても独自の建築物をもつわけではない。平日1時間ほど村および教会の集会所において、幼児に歌やアルファベットを教える。

*18 ただし、村に住む有職者（地方裁判長や航空会社エージェント）は、村の協同労働に参加して義務を果たし、コプラ生産によっても収入を得ている。その一方で、彼らは教員やテオボキアの公務員ほどでないものの、頻繁に大型の饗宴に招待される。また地方裁判長は、村に割り当てられた賃労働からは排除されている。

*19 客を受け入れる側に複数の集団がある場合、集団間の競覇的関係が贈与を過剰に行わせる原動力となる可能性もある。例えば教育実習生に対するN村の饗応の例はすでに見た通りである。競覇的関係が高揚することによって、客と饗宴の主催集団間との贈与バランスが崩れ、有職者がより多くの贈与を受けることさえあるかも知れない。ニクナウ島において、教員が送別時に各村から多くの贈与を受けた事例を私は観察した。また、私もニクナウ島で大変な饗応を受けた。首都在住のニクナウ島出身者にその話をすると、私が学生だったため、鷹揚さをもって饗応されたのだと言っていた。もし、職についた後にニクナウ島に戻ったならば、私たちは前回訪問時より多くの贈品を人々に与える必要がある、ということだろう。

第Ⅴ章

*1 このときタータはN村にいるよりもむしろ、テオボキアの公務員住宅に滞在していた。1995年4月から、タータの未婚の養女がテオボキアの郵便・無線局に勤務するようになり、娘は公務員住宅に住む資格を得た。

*2 ニクナウ島のM村には、少数派のカトリック信徒もいたのであるが、私たちは世話をしてくれたプロテスタントの人々により、カトリック教徒と全く接触する機会を与えられなかった。

*3 ただし、テバレレイとカイウエアは参加していなかった。カイウエアは自分の世帯分は自分たちで作ると言っていた。テバレレイの世帯では誰もトディーを採る者がいないので参加しないという。テバレレイの妻はカイウエアの亡妻のオバにあたり、カイウエアからココヤシ糖蜜を貰っていた。

*4 私が置いていったのは、灯油コンロ、シャツ、蚊帳、録音用空テープ、鉛筆、ノー

ト、乾電池、空き瓶、テント用のマット、灯油ランプ、金槌、鍋、たらいなど雑多な物である。

*5　最終的に既婚男性全てに割り振られたのではなく、長老や狭義のロロブアカのみが仕事に就くことになったことも注目に値する。ある若い既婚男性は、不平等だと私に語っていたが合議の場で文句を言うことはなかった。

*6　洗面器やたらいは主に食器として使用する。大きな金属製たらいは饗宴の準備時に大量の調理を行う際、直火にかける。そのため、簡単に穴が開いてしまうのである。

*7　ミンサーは挽肉を作るための道具であるが、村では主にタイヘイヨウイヌビワを煮た後、すりつぶすのに使用する。これは、彼女の亡父がバナバで入手してきた物である。

*8　村の労働を技能者が担う場合、懇請というよりもむしろ半強制的な割り当てといった方が適当である。しかし、技能者が鷹揚さを見せる必要がある点において、日常生活における懇請に類するため、ここでとりあげた。

*9　しかし、私たちの隣家に住むタビアンは、話し声が聞こえることにより、夜の来訪者の存在を察知していた。そして翌朝必ず、誰が何をしに来たか、私たちに尋ねてきた。次節でも詳述するが、村で生活する上で、人目を避けて行動するのはきわめて困難である。

*10　そしてアントニオは「食料は別の島へ行ってしまった。援助食料を受け取っていればよかったのだ。昔の人は頭が悪かった」と付け加えていた。ニクナウ島で聞いたところによると、人々は喜んで食料を受け取ったという。個人に分配する際には、すでに貰ったのに知らぬふりして何度も配給を受けたという。きわめて対照的である。

*11　この主張を逆に解釈すれば、懇請を取り除けば経済発展の可能性が生み出されるということになる。ランズガードの論調はロストウの「近代化論」に則ったものであることが容易に読みとれる（cf. 足立1995; 森田1997）。

*12　GEICとは、Gilbert and Elice Islands Colonyの略である。国立公文書館に残された資料を参照した。懇請の禁止について記されているのは、1961年1月26日に行われた会議の抜粋メモである。文書のタイトルには"The prohibition by law of *bubuti* and '*fakamolemole*"とある。貴重品や金銭に加えて、法的に規定された養子以外の子どもの懇請を禁じようとしていた。

*13　この節における懇請の考察は、フィジーの互酬的交換であるケレケレを巡るサーリンズとトーマスの議論を想起させる（Sahlins 1993a; Thomas 1992, 1993）。キリバスの懇請をケレケレと対比させて論じるには、今世紀初頭の記録を詳細に検討する必要があるため、ここで深入りすることはしない。ただし、タビテウエアなどキリバス南部離島に対する英国の植民地支配はフィジーに比べてより「放任」されており、インド人や欧米人による植民も行われなかったことなど、歴史的に明白な相違点を考慮すべきである。したがって、ケレケレと同様にトーマスの主張するような対抗的な文化とし

て懇請を捉えることには無理がある。一方、サーリンズの主張するような外来諸制度や来訪者の当該文化側からの解釈を強調することが、現代の懇請慣行を理解するときに有効であるとは考え難い。サーリンズの主張は、外来の影響を意識的に極小化させるような意図が読みとれる。私はキリスト教布教者や貨幣経済、植民地支配の強い影響を認めた上で、在地側の反応を経た慣行として懇請を捉えたい。

*14 このように考えると、近い親族や個人的に仲のよい者に対して懇請しやすいことが窺われる。ランズガードは親族への懇請のみをとりあげるが、現実には非親族に対して懇請が行われているのは事例からも明らかである。

*15 タビテウエア・サウスではほとんど粉末状パンダナス果保存食品（*kabubu*）は作られていない。ところが、私が1カ月間滞在したニクナウ島の2村では粉末状保存食品を作っていた。ここでは新年が明けると村集会所で饗宴（*rin*：「入る」の意）があり、そこでスワンプタロ、板状パンダナス果保存食品、ブタの頭、繊維の甘いココヤシの実（スウィート・ココナツ; *buniia*）、カラパパ（*karababa*）を人々に提示しなければならない。カラパパは、薄い楕円形をしており、粉末状保存果に加工する前段階のパンダナス果乾燥物である。村の男性は「集会所のためにカラパパを作る」と語っていた。集会所への供出がいわゆる伝統食品の維持に関係していることは確かである。一方、ニクナウではタビテウエアとは異なり、糖蜜を作っていなかった。僅か1カ月間の滞在だったため断定はできないが、すっかり砂糖に置換されてしまったようである。

*16 かつてキリバスの家屋は、基本的に高床で壁のない今日の様式とは異なり、地床で屋根が低く垂れ下がった、外から見えにくいものだったという（Hockings 1989; Koch 1986 [1979]）。集落形態のみならず、家屋の規格化も英国保護領化以降、欧米人統治者によって行われたという（Geddes 1977, 1983）。

*17 私たちは、隣家のタビアン宅の井戸を利用していたため、彼の屋敷地の様子を把握することが可能だった。この日も、格子状の壁のなかで作業しているタビアン夫婦の行動を容易に知ることができた。

*18 グリンブルによれば、夫と妻の父親の関係もブシカであるという（Grimble 1989）。妻の与え手側の男性がブシカとなる。しかし、N村の年輩女性やアベママからの婚入女性は、夫と妻の男性キョウダイ（*mwane*）の関係のみがブシカであり、妻の父はチチ（アイタマ; *ai-tama*）であると主張していた。

*19 同義語として、カワキ・ニ・バイ（*kawaki ni bwai*）という言葉もある。カワキナ（*kawakina*）とは、「とっておく」「保存する」「守る」の意である。

*20 この場合、「昔」が具体的にどの時代を指すのか曖昧である。数十年前であるかキリスト教到来以前であるかなどと、明確な区別をしているのではなく、漠然と「昔」と言っているようだった。

*21 このような「島民性」の噂はさまざまある。例えばマイアナの人は嘘つき（*kebe*）

であるとか、タビテウエアの人は残虐（*tiritiri*）であると言われていた。私がタビテウエアから首都へ行くと、何人もから「ナイフで人を刺すのがうまくなっただろう」などとからかわれた。

＊22　ただし、キマエレの作業はイモの掘り起こし（*rourou*）であり、施肥作業ではなかった。単なる掘り起こし作業を真剣に見つめさせてしまうほど、キマエレの技術の評価が高いといえるかも知れない。

＊23　この30歳代男性とカーモキは曾祖父どうしが兄弟である。

＊24　植民地政府によって外洋の漁が制限され、島間の渡航も禁じられた。この政策が外洋航海術を衰退させたと考えることが可能である。また、オノトア島はタビテウエアの隣にあり、舟外機付きカヌーで往復するのがそれほど困難とは思われない。さらに理由は不明だがN村でウリアムの噂を聞くことは全くなかった。

＊25　昔話（*karaki ni ikawai*）や集会所について質問したとき、パンフレットなどの出版物を持ち出して説明する者が何人かいた。とくにキリバス語で書かれた出版物は、人々の「伝統」に関する知識に大きく影響していると考えられる。

＊26　ただし、社会集団のための仕事を他人に押しつけることが、女性の間でしばしば見られることを忘れるべきではない。また男性の間でも、協同作業のサボタージュが口論の原因になることがよくある。

＊27　調査期間中、このような話を聞くことは全くなかった。B村には昔話をよく知っているという老人がいたが、若い頃に人から聞き書きしたというノートを所持しているだけだった。タビテウエア・サウスにおいて、神話や伝説を長老が語る例は私の知る限りなかった。

第Ⅵ章

＊1　発展図式の仮定とは、具体的には、少人数の経済的なリーダーが成功を収めれば、周囲の人々もそれに追随し、成功者を模倣して開発が自然に進むというものである。

＊2　KCWS解散後半年ほど経ってから、新たな生協卸売り公社BKL（Bobotin Kiribati Ltd.）が設立された。

＊3　島政府の販売する灯油、ガソリンが不足していたということは、物資欠乏の原因が単にKCWSの経営問題だけではないことを示している。船便など離島部の交通・輸送手段の問題、国家の経済問題なども関連しているだろう。首都でもガソリンや米がときに不足するし、輸入品の野菜や果実は外国船から入荷した一時期のみ入手できるといった状態だった。ベシオの埠頭に貨物船が着くと、首都駐在のオーストラリア人などが、野菜を求めて集まっていた。

＊4　Kiribati Cooperative Wholesale Society Ltd., Buariki Branch, Invoice／Receipt Bookより。

＊5　小規模商売を行う場合でも、当然ライセンスの取得が必要なはずである。しかし、

売り手は必ずしもライセンスを持っているとは限らない。多くの小規模商売は、いわゆるインフォーマル・セクターといい得る。ライセンスには2種類あるという。ドーナツやパンを売るには年間20豪ドル、その他の商品を扱うには年間30豪ドルのライセンス料を支払う。アルコール類の販売には別のライセンスが必要だが、調査時にタビテウエア・サウスなどの離島では、治安の悪化を防ぐためアルコールを売るのは長老によって禁じられていた。

*6 　カタラによれば、南タラワのビケニベウ（Bikenibeu）で50個のココヤシの実を計測した結果、平均約140g／個のコプラが取れたという。アベママのココヤシでランダムに計測したら約170g／個であった。また、旱魃時のニクナウ島では僅か52g／個という結果が出ている（Catala 1957）。カイウエアがこの小規模商売を行っていた1994年は比較的多雨であったため、ここではココヤシの実1個当たり、150g程度と仮定して計算する。

*7 　パン焼き用の炉（*um ni kariki*または*ai ni kariki*）とは、地炉を応用した蒸し焼き器である。地面に穴を掘り、空き缶や石を燃料とともに燃やす。火が落ちたらアルミと廃材で作った蓋付きの囲いを被せ、中にパンの種を入れて焼く（風間1996）。

*8 　確かに、テイオーキの店は、鯖缶2.5豪ドル、キャビン・ビスケット1ポンド2.5豪ドルの価格がつけられており、カミロの店などに比べて、いずれも40〜50豪セント程度高かった。ただし、村人の不平にはある種の妬みを読みとることが可能であろう。

*9 　通常、夫婦のうち夫を商店主と見なすが、村人たちは「ボラーラウの店（*ana titoa Borarau*）」と呼んでいたので、ここではその名称を使う。

*10 　商店で買い物する場合、金が足りなければ掛け売りにする一方、小銭が不足していたら、逆に客が釣り銭を受け取れないこともある。金を「置いていく（*tiku*）」と表現する。これらの金は、うやむやになりがちである。なお、掛け売りはフィジーなどオセアニアで広く見られる（cf. 春日1991）。

*11 　政府は、米・小麦粉、タバコなどの標準価格表を定期的に作成し、各島に配布していた。

*12 　タビテウエア・ノースまで船が来ても、サウスには来ない場合が数度あった。飛行機便の数もノースの方が多い。なお、私の調査中に選出された大統領は、首都タラワ育ちだが親がタビテウエア・ノース出身のテブロロ・シートであった。一方、ニクナウ島出身の官僚も多い。ニクナウでは飛行機便の欠航があっても、すぐに代わりの臨時便が来ていた。航空会社に同島出身の幹部がいることが関係しているかも知れない。タビテウエア・サウスでは欠航しても、それを補う臨時便が来たことはほとんどなかった。

*13 　妬みを受けた者を夜間襲撃することは、人々のいう「昔」、しばしば行われていたという。例えば、相手のココヤシを切り倒したり、スワンプタロ掘削田を荒らすのである。私の滞在期間中にも、ある村において不在者の家屋が荒らされ、スワンプタロ

が略奪された事件があった。

*14　ローレンスはタマナにおいて、掛け売りが人々の消費活動に刺激を与えるという肯定的な評価をしている。タマナでは毎週掛け売りを返済するという合意があったという（Lawrence 1983）。掛けは返済さえ保証されていれば、経済的に有効である。ニクナウ島においても、村のプロテスタント信徒による共同経営の店では、タマナと同様に掛けの返済が毎月末ごとに明確に義務づけられていた。仮に負債が残ると、店番をした世帯が支払わねばならないという。

*15　N村における生協支店の経営について何人もの村人に質問してみたが、詳細はわからなかった。経営されていた時期についても、「ずいぶん前なので覚えていない」という人がほとんどだった。具体的に1980年代半ば以降という者もいれば、1990年代に入ってからという者もおり、ばらばらであった。確度の高い情報によれば、私がN村に住む少し前に完全に倒産したらしい。

*16　商店が潰れた原因を尋ねると、決まって店員や責任者がルース（ruuti）だったとの答えが返ってくる。ルースとは、具体的には掛けによる負債の回収を行わないことである。ただし、商業活動に限らず人が何らかの失敗をした場合、たいてい怠惰や知識の欠如によるものとして、漠然と説明付けられる。また、通常使用する怠惰（taningaroti）の用語ではなく、英語（loose）由来のルースを使う点も興味深い。しかし2つの語の違いを聞くと、同じだという答えが返ってきた。

*17　「見る」ことが妬みに関係することは、広く世界中で見られる。英語のenvyの語源にも「見る」という意味が含まれる（Foster 1972）。

*18　なお、タビテウエアにおいては、近年土地さえも売買の対象になり始めたという。キリバスでは、土地は村の成員権に密接に結びつくきわめて重要な家産である（Lambert 1971; Lundsgaarde 1974a）。土地売買は恥とされているが、N村内でも3、4人が他人に土地を売ったという噂を聞いた。また国会議員は、タビテウエア・サウス全体で10人もの人から頼まれて、土地を買ったと語っていた。土地売買の噂をするとき、人々は極端に声をひそめていた。土地売買の定着には、植民地行政の土地政策が関係している（Namai 1987）。

*19　島によって魚が売買され始めた時期は異なる。1950年に発行された論文に、トビウオの塩干しが離島の生協から首都の生協本部へ送られ始めたと書かれている（Turbott 1950: 349, 359）。ただし、これは個人的な売買についての記述ではない。またブタリタリでは、1970年代初頭には魚が人々の間で売買されていたが、潜水漁で獲った魚は労働に報酬が見合わないとして売られなかったという（Sewell 1983: 129）。

*20　ただし、村人のなかにはテガウンのように、私から躊躇なく貝の代金として現金を受け取った者もいたことから、個人差を考慮する必要がある。

*21　サモアで見られるように（山本・山本1996）、キリバスでも現金が重要な贈与物と

なる。パリーとブロックによれば、貨幣を贈与することは、日本人とは異なり欧米人にとって受け入れ難いことだという。貨幣は狭義の経済的関係を意味するものであり、非人格的、一時的、反モラル的な性質をもつ。このような欧米人の観念があるからこそ、グレゴリーは贈与と商品交換を明確に対峙させたと考えられる（Parry and Bloch [eds.] 1989: 9; cf. 伊藤1995）。ただしグレゴリーは、贈与と商品交換との関係について、両義性（ambiguity）という用語を使って表している（Gregory 1982: 115-116）。彼は両者の相互関係について、明確に議論していない。

＊22　アパドゥライは、交換に焦点を当てるのでなく商品概念を拡大させて、二項対立を乗り越えようという興味深い試みを行っている（Appadurai 1986）。あらゆる交換対象物を「商品」と規定することにより、贈与物と商品の区別は曖昧になる。

第Ⅶ章

＊1　前川が提出した「翻訳的適応」という概念とは、侵入してきた「西欧文明」に対して、「土着の社会・文化」をあくまで主体とした適応とされ、本書の議論の参考になる（前川1996, 2000; Maegawa 1994）。「西欧文明というのは、本来の形態のままで土着の社会に導入されるわけではないことがわかる。逆に、土着の人々は外的な構造を既存の内的構造によって＜翻訳＞する。すなわち、土着の反応というものは、そうした内的構造を通して媒介されるのである。このプロセスを＜翻訳的適応＞と名付けることにする（前川1996: 99）」。これは在地の人々による外来物の「流用」や、ブリコラージュ的な摂取と軌を一にするする概念であろう。

＊2　本書の議論は、世界システム論をはじめとした経済モデルを大枠に据えている。一般にシステム・モデルは本来的に機能主義的な概念を内包し、多くの場合システムはフィードバック作用により安定的と捉えられてきた。ただし、システムの安定とは、変化を拒絶した固定性を意味するのではない。システム論は古くからゆらぎや構造変化、あるいは生成概念を取り入れている（河本1995）。一方、このようなシステム論的な社会の解釈は、機能主義的な還元論に陥りやすいという欠点があり、1980年代以降の人類学においては強く拒絶されてきた（cf. 小泉1987）。この欠点を克服するには、オートポイエーシスのような第三世代システム論を人類学に取り入れるという、困難な努力がなされるべきであろう。

＊3　興味深い対照として、フォスターがメキシコの村落社会を素材としてモデル化した「限定された幸福のイメージ（Image of Limited Good）」説がある（Foster 1965）。社会を閉鎖系と捉えた、この古典的な構造機能主義的モデルはすでに時代遅れといえようが、論理的なモデルとして参照することは許されるだろう。このモデルとタビテウエア・サウスの事例には共通点がある。まず、日常的な生活においては、個人や世帯内の活動が基本となることがあげられる。また、人々が他者から突出した行動をとるのを忌

避すること、饗宴における大量消費、所有物の秘匿など、共通する点は複数ある。フォスターは、他者の突出を防ぎ、同等者間で同じような行為をとりたがる傾向があると述べている。人々は、相互の行為を観察し、牽制し合い、噂や嫌疑を恐れ、結果的に個人的な突出を防ぐ。このような傾向は、明らかにN村においても観察できる。

*4　フォスターは、ペザント社会を「平等主義的貧困（egalitarian poverty）」という用語で表現し、人々の妬みが平等主義を強化すると述べている（Foster 1972: 185）。

*5　「持つ者」は特定個人に限定されない。物資や財に関して、出稼ぎからの帰省者が戻ってきたばかりの世帯成員は「持つ者」となるが、あくまで一時的な現象である。また、知識・技術にまで拡大すれば、きわめて多くの村人がそれぞれの分野で「持つ者」となる。

*6　ギルモアによれば、地中海地方の競合的な社会において、名誉は直接的な敵対に対する文化的な置換物（cultural displacement）となっており、社会全体を巻き込むことなく、攻撃的な力を集団間の敵意に向かわせるという。

*7　ここでは新たな階層に関する議論は避ける（cf. Gewertz and Errington 1999）。ただし、新興エリート層の子弟が中高等学校進学や、さらには海外の大学に進み定職を得る傾向がある。N村でも国会議員と地方裁判長官、1995年になって島に戻ってきた警察長官は兄弟であり、その子どもの多くも進学したり、外国漁船に乗り組んでいる。そのため、一部の近い親族が多くの現金収入を得る定職に就く傾向がある（第Ⅱ章参照）。

*8　名誉の議論における男性性は、女性の処女性と対をなすものである。キリバスにおいては未婚女性の処女性が重視されてきたという（Hockings 1989; 吉岡1993）。現在の首都タラワやタビテウエア・サウスにおいても、処女性は重視されるという語りをしばしば聞くことができる。しかし一方で、未婚女性の性交渉の噂や、婚外妊娠、離婚の事例も数多い。

*9　既述のように、個人的な財蓄積の試みや、社会集団への供出による鷹揚さの提示、知識・技術の秘匿が実際には起こっている。この事実は、発言のなかで名誉という単語を使わないにしても、名誉が人々に意識されていることを示唆しているだろう。

*10　恥という語の使用法は多岐にわたる。窮乏状態の明示は明らかに恥であるが、逆に個人が自己の突出（踊りの技術など）を明示する機会が与えられた場合にも、「恥ずかしい」と後込みすることがある。

*11　スミスらによれば、世帯構造の決定因はエスニシティや文化であるという。ただし、エスニシティや文化も実は、外部のシステムによって再編されてきた。しかし、世帯は単純に外部システムに従属するのではなく、逆にそれを変化させることが可能であるという（Smith and Wallerstein [eds.] 1992: 18-20）。

あとがき

　本書は、総合研究大学院大学文化科学研究科に提出した博士論文（1998年）に多少の削除、修正を加えたものである。学位論文執筆のために長期実地調査を行うべく、キリバスに初めて足を踏み入れたのが1994年6月であり、それから数えると早くも8年半の歳月が流れたことになる。

　その間、N村で世話になった方々のうち数名が、すでにこの世を去ってしまった。なかでも最も親しくしていた、長老のテイオーキ氏やキマエレ氏が2000年9月に亡くなったという便りは、とにかく早く本を出版しなければ、という私の気持ちに拍車をかけた。2000年7月にタビテウエア・サウスを再訪した際、世を去る直前の彼らに会えたことが、私にとってせめてもの慰めであった。彼らの御冥福を遠い日本から祈りたい。

　今は亡き人々も含めて、長老をはじめとするN村の皆さんが、私たち夫婦を快く受け入れて下さったこと、また、過度のストレス下で感情の抑制が効かなかった、私のような扱い難いよそ者に対して、村人たちが気長に付き合ってくれたことのおかげで、本書の出版が可能なったものと強く感じている。まずは、タビテウエア・サウスの村人たちに深く感謝の意を表したい。また、首都タラワで調査の協力をして下さった、文化センターのタマエテラ氏およびプウェレ氏、故ナニメタン氏にも感謝したい。

　学位論文の審査に当たっては、総合研究大学院大学の吉田集而先生が主査の任を引き受けて下さった。現在病床に臥しておられる吉田先生の一日も早い御快復を、心よりお祈り申し上げる。また、総合研究大学院大学の清水昭俊先生（現一橋大学）、岸上伸啓先生、法政大学の山本真鳥先生は、お忙しい中にもかかわらず、論文審査員として労を取って下さった。さらに、清水昭俊先生は大学院の主指導教官として、論文執筆中に適切なコメントを下さった。そればかりでなく、大学院ゼミの発表で総攻撃を喰らって打ちひしがれていた私を静か

に、しかし力強く励まして下さった。

　今にして思うと懐かしいが、清水先生は太平洋を広く廻っておられた折、1995年3月にキリバスの首都タラワに立ち寄られた。そのとき、調査の中途で迷いを感じていた私の研究について、有意義な御教示を下さった。それが、本書における議論の方向性を決定付けることにもなった。数日間を過ごした清水先生がキリバスを去られる際、私は一抹の寂しさを感じたものである。タラワのボンリキ空港にて、先生が飛行機に乗り込まれる姿を今でも印象深く記憶している。

　学位論文の副指導教官の任を快く引き受けて下さった、総合研究大学院大学の石森秀三先生には、論文執筆中に暖かく多大な励ましを頂いた。さらに、総合研究大学院大学の論文ゼミにおいては、黒田悦子先生（現甲南女子大学）、田辺繁治先生、秋道智彌先生（現総合地球環境学研究所）、杉本良男先生、杉島敬志先生（現京都大学）、栗本英世先生（現大阪大学）をはじめとする、多くの先生方から厳しく、かつきわめて有益なコメントを頂戴した。

　神戸大学の須藤健一先生には、私が大学院博士後期課程に入学する前、東京のある医学系出版社の編集部員をしていたときから、大変お世話になってきた。当時先生が勤務しておられた国立民族学博物館へ、人類学を志した私が大学院受験の希望をもって面会に訪れた際、全くの初対面であるにもかかわらず、キリバスをはじめとするミクロネシア関連文献を大量に貸して下さった。学部で動物生態学を、博士前期課程で霊長類学を学んできた私が、比較的安定した職を捨て、方向転換して人類学の道に入ることが可能となったのは、まさに須藤先生のおかげであると強く感じている。

　さらに、須藤先生は、文献を返却するため大阪に再び訪れた私を御自宅にまでご招待して下さり、宿泊までさせて下さった。今にして思うと、面の皮の厚い自分が恥ずかしくてならない。しかし、須藤先生や奥様はじめご家族は、嫌な顔一つせず、どこの馬の骨かもわからぬ私を暖かく迎え入れて下さった。大学院入学を果たした後、何度か先生のお宅でご馳走になったことも、併せてお礼を申し上げる。

　そして、N村で飢えや病に苦しんでいたとき、総合研究大学院大学の酒飲み

友だち、高校や大学時代の旧友をはじめ多くの方々、私の家族からも食糧や励ましの手紙を送ってもらった。ストレスばかりが狂おしいほどに蓄積する、環礁の単調な調査生活において、日本から手紙や小包が届くことだけが、私にとってささやかな、かつ最大の楽しみであった。加えて私事になるが、身勝手な私に付き合わされた挙句、N村でともに飢えや病気、ストレスに苦しんだ妻にもお礼を言いたい。

こうして考えると、一匹狼気取りでいきがっていた私であるが、常に多くの方々の暖かい御支援や御指導があってこそ、研究者の端くれとして、これまで何とかやってくることができたと痛感せずにはいられない。その一つの節目として、本書を位置付けることができると考えている。諸先生方および友人たちに心より深謝したい。

なお、本書に関わる長期実地調査の遂行は、地球環境財団（平成5年度）、および大和銀行アジア・オセアニア財団（平成6年度、7年度）からの研究助成金により可能となった。貧乏で無名の大学院生という立場からすれば、助成金を授与されたことは、この上ない幸運であった。また、本書の出版が可能となったのは、日本学術振興会平成14年度科学研究費補助金（研究成果公開促進費）［課題番号145064］を受けたことによる。さらには、大学教育出版代表取締役の佐藤守氏には、煩雑な事務手続きのみならず、本書の編集作業においても多大な労を取って頂いた。また、本書のカバー・デザインを苦労して考案して下さった友人の原美穂氏には、頭が下がる思いである。関係諸氏に感謝の意を表したい。

2002年11月

風間　計博

引用文献

足立　明
   1995　「経済2 —— 開発現象と人類学」米山俊直編『現代人類学を学ぶ人のために』京都：世界思想社，pp.119-138.

Amin, S.（アミン，S.）
   1976 [1973]　*Unequal Development*. New York: Monthly Press.
   1979　『世界資本蓄積論』野口祐ほか訳，東京：柘植書房.

Appadurai, A.
   1986　Introduction: Commodities and Politics of Value. In: A. Appadurai (ed.), *The Social Life of Things: Commodities in Cultural Perspective*. Cambridge: Cambridge University Press, pp.3-63.

Barrau, J.
   1961　Subsistence Agriculture in Polynesia and Micronesia. *Bishop Museum Bulletin* 223. Honolulu: Bernice P. Bishop Museum.

Bedford, R. and B. Macdonald
   1983　An Historical Introduction to the Population of Kiribati. *Report on the 1978 Census of Population and Housing* Ⅱ. Tarawa: Republic of Kiribati, pp.23-58.

Bedford, R., B. Macdonald and D. Munro
   1980　Population Estimates for Kiribati and Tuvalu, 1850-1900: Review and Speculation. *Journal of the Polynesian Society* 89:199-246.

Bennett, J. A.
   1976　Immigration, 'Blackbirding', Labour Recruiting? The Hawaiian Experience. *Journal of Pacific History* 11: 3-27.

Bertram, G.
   1986　"Sustainable Development" in Pacific Micro-economies. *World Development* 14: 809-822.
   1999　The MIRAB Model Twelve Years On. *The Contemporary Pacific* 11 (1): 105-138.

Bertram G. and R. F. Watters
   1985　The MIRAB Economy in South Pacific Microstates. *Pacific Viewpoint* 26: 497-519.
   1986　The MIRAB Process: Earlier Analysis in Context. *Pacific Viewpoint* 27: 47-59.
   1993　Sustainability, Aid, and Material Welfare in Small Pacific Island Economies, 1900-90. *World Development* 21 (2): 247-258.

Bingham, H.
    1953 [1908]   *Gilbertese-English Dictionary.* Boston: ABCFM.

Bloch, M. (ed.)
    1984 [1975]   *Marxist Analysis and Social Anthropology.* London and New York: Tavistock Publications.

Botaki ni Mwakuri
    1987   *Te Borau ao te Taubong n Tungaru.* Tarawa.

Catala, R.
    1957   Report on the Gilbert Islands: Some Aspects of Human Ecology. *Atoll Research Bulletin* 59.

Clammer, J.
    1978   Concepts and Objects in Economic Anthropology. In: J. Clammer (ed.), *The New Economic Anthropology.* London and Basingstoke: Macmillan Press, pp.1-20.

Cowell, R.
    1951   *The Structure of Gilbertese.* Beru: Rongorongo Press.

クラストル, P.
    1987   『国家に抗する社会——政治人類学研究』渡辺公三訳, 東京：風の薔薇.

デュプレ, G.／P＝P. レー
    1980   「交換の歴史についての理論の妥当性」山崎カヲル編訳『マルクス主義と経済人類学』東京：柘植書房, pp.71-98.

Eastman, O. B. E.
    1948   *An English-Gilbertese Vocabulary of the Most Commonly Used Words.* Beru: The London Mission Press.

Fairbairn, T. J. (ed.)
    1988   *Island Entrepreneurs.* Honolulu: East-West Center.

Finney, B. R.
    1973a   *Polynesian Peasants and Proletarians.* Cambridge and Massachusetts: Schenkman Publishing Co.
    1973b   *Big-men and Buisiness: Entrepreneurship and Economic Growth in the Highland of Papua New Guinea.* Honolulu: University Press of Hawaii.

Fosberg, F. R. (ed.)
    1963   *Man's Place in the Island Ecosystem.* Honolulu: Bishop Museum Press.

Foster, G. M.
    1965   Peasant Society and the Image of Limited Good. *American Anthropologist* 67: 293-315.
    1972   Anatomy of Envy: A Study in Symbolic Behavior. *Current Anthropology* 13: 165-202.

Foster-Carter, A.
  1978   Can We Articulate 'Articulation' ? In J. Clammer (ed.), *The New Economic Anthropology*. London and Basingstoke: Macmillan Press, pp.210-249.

船曳建夫
  1985   「人類学における記述対象の限定について ── 社会と文化の存在様相に関する考察とモデル（１）」『東京大学東洋文化研究所紀要』97: 55-80.

Frank, A. G.
  1969   *Capitalism and Underdevelopment in Latin America*. New York: Monthly Press.

福島真人
  1998   「文化からシステムへ ── 人類学的実践についての観察」『社会人類学年報』24：1-28.

Garrett, J.
  1992   *Footsteps in the Sea: Christianity in Oceania to World War II*. Suva: University of the South Pacific.

Geddes, W. H.
  1977   Social Individualisation on Tabiteuea Atoll. *Journal of the Polynesian Society* 86: 371-392.
  1983   *Tabiteuea North. Atoll Economy: Social Change in Kiribati and Tuvalu, no. 2*. Canberra: Australian National University.

Gewertz, D. B. and F. K. Errington
  1999   *Emerging Class in Papua New Guinea: the Telling of Difference*. Cambridge: Cambridge University Press.

Gilmore, D. D.
  1982   Anthropology of the Mediterranean Area. *Annual Review of Anthropology* 11: 175-205.

Goodenough, W. H.
  1955   A Problem in Malayo-Polynesian Social Organization. *American Anthropologist* 57 : 71-83.

Gregory, C. A.
  1982   *Gifts and Commodities*. London: Academic Press.

Grimble, A. F.
  1933, 1934   The Migration of a Pandanus People. *Journal of the Polynesian Society* suppl. 42: 1-50, 51-84, 43: 85-112.
  1952   *A Pattern of Islands*. London: John Murray.
  1957   *Return to the Islands*. London: John Murray.
  1972   *Migration, Myth and Magic from the Gilbert Islands*. London and Boston: Routledge and

Kegan Paul.

1989 *Tungaru Traditions. Writings on the Atoll Culture of the Gilbert Islands.* Honolulu: University of Hawaii Press.

Gunson, N. (ed.)

1978 *The Changing Pacific: Papers in Honour of H. E. Maude.* Melbourne: Oxford University Press.

ギィラップ，H.

1987 「フランクおよびウォーラーステインの再検討 ―― ブレンナーの批判によせて」P. リムケコ／B. マクファーレン編，若森章考・岡田光正訳『周辺資本主義論争 ―― 従属論以後』東京：柘植書房，pp.173-205.

Hobsbawm, E. J.

1968 Poverty. In: D. L. Sills (ed.), *International Encyclopedia of the Social Sciences.* London, New York: Macmillan Co. and Free Press, pp.398-404.

Hockings, J.

1989 *Traditional Architecture in the Gilbert Islands. A Cultural Perspective.* St. Lucia: University of Queensland Press.

Holmans, R.

1978 *Poverty: Explanations of Social Deprivation.* London: Martin Robertson.

石川栄吉［編］

1987 『オセアニア世界の伝統と変貌 ―― 民族の世界史14』東京：山川出版社.

石森秀三

1989 「サタワル島における集団改宗 ―― キリスト教と伝統宗教」『国立民族学博物館研究報告』別冊 6：379-406.

伊藤幹治

1995 『贈与交換の人類学』東京：筑摩書房.

春日直樹

1991 「フィジーの一村落における文化の動態」『民族学研究』55: 357-379.

1992 「キリスト・悪魔・貨幣 ―― フィジーの呪術と資本主義」『社会人類学年報』18: 33-55.

1995 「経済1 ―― 世界システムのなかの文化」米山俊直編『現代人類学を学ぶ人のために』京都：世界思想社，pp.100-118.

2001 『太平洋のラスプーチン』京都：世界思想社.

風間計博（Kazama, K.）

1996 「タビテウエア環礁（キリバス共和国）における『廃物』利用の実態 ―― 世界システム周辺領域におけるストラテジー」『地球環境研究』38: 42-74.

1997 「キリバス南部環礁における輸入食料依存の実態 —— 在地食料システムへの創造的摂取」『アジア経済』38 (7): 2-33.

1999a 「タビテウエア・サウスに生起する窮乏と主体性の併存 —— 人類学における地域経済モデル活用への試論」『民族学研究』63 (4): 382-404.

1999b 「キリバスにおける出稼ぎ形態の変化と村落社会」『アジア経済』40 (12): 2-26.

1999c 「貧困のうみだす高価な集会所」佐藤浩司編『住まいはかたる —— シリーズ建築人類学3』京都：学芸出版社, pp.117-134.

2001 Reorganized Meeting House System: the Focus of Social Life in a Contemporary Village in Tabiteuea South, Kiribati. *People and Culture in Oceania* 17: 83-113.

2002 「珊瑚島住民によるスワンプタロ栽培への執着 —— キリバス南部環礁における掘削田の放棄と維持」『エコソフィア』10: 101-120.

Knudson, K. E.

1977 Sydney Island, Titiana and Kamaleai. In: M. D. Lieber (ed.), *Exiles and Migration in Oceania*. Honolulu: University of Hawaii Press, pp.195-241.

1981 Adaptational Persistence in Gilbert Islands. In: R. W. Force and B. Bishop (eds.), *Persistence and Exchange*. Honolulu: Pacific Science Association, pp.91-99.

Koch, G.

1986 [1965] *The Material Culture of Kiribati: Nonouti, Tabiteuea, Onotoa*. Suva: University of the South Pacific.

小泉潤二

1987 「儀礼と還元論 —— 中米の事例と機能主義」伊藤・関本・船曳編『現代の社会人類学2．—— 儀礼と交換の行為』東京：東京大学出版会, pp.57-84.

河本英夫

1995 『オートポイエーシス —— 第三世代システム』東京：青土社.

クーン, T.

1971 『科学革命の構造』中山茂訳, 東京：みすず書房.

栗本英世・井野瀬久美恵（編）

1999 『植民地経験 —— 人類学と歴史学からのアプローチ』京都：人文書院.

Lambert, B.

1964 Fosterage in the Northern Gilbert Islands. *Ethnology* 3: 232-258.

1966a The Economic Activities of a Gilbertese Chief. In: M. J. Swartz (ed.), *Political Anthropology*. Chicago: Aldine Publications, pp.155-172.

1966b Ambilineal Descent Groups in the Northern Gilbert Islands. *American Anthropologist* 68: 641-664.

1971　The Gilbert Islands: Micro-individualism. In: R. Crocombe (ed.), *Land Tenure in the Pacific*, Melbourne: Oxford University Press, pp.146-171.

1978　Uean Abara: The High Chiefs of Butaritari and Makin as Kinsmen and Office-holders. In: N. Gunson (ed.), *The Changing Pacific: Papers in Honour of H. E. Maude*. Melbourne: Oxford University Press, pp.80-93.

1981　Equivalence, Authority, and Complementarity in Butaritari-Makin Sibling Relationships (Northern Gilbert Islands). In: MacMarshall (ed.), *Siblingship in Oceania: Studies in the Meaning of Kin Relations*. Ann Arbor: University of Michigan Press, pp.149-200.

Latouche, J-P.

1984　*Mythistoire Tungaru: Cosmologies et Généalogies aux Iles Gilbert*. Paris: Société d'Etudes Linguistiques et Anthropologiques de France.

Lawrence, R.

1983　*Tamana. Atoll Economy: Social Change in Kiribati and Tuvalu, no.4*. Canberra: Australian National University.

1985　Views from the Centre and the Periphery: Development Projects on Tamana, Southern Kiribati. *Pacific Viewpoint* 26: 547-562.

1992　Kiribati: Change and Context in an Atoll World. In: A. B. Robillard (ed.), *Social Change in the Pacific Islands*. London: Kegan Paul International, pp.264-299.

Lewis Jr., D. E.

1988　Gustatory Subversion and the Evolution of Nutritional Dependency in Kiribati. *Food and Foodways* 3 (special issue): 79-98.

Lundsgaarde, H. P.

1966　*Cultural Adaptation in the Southern Gilbert Islands*. Eugene: University of Oregon.

1968a　Some Transformation in Gilbertese Law: 1892-1966. *Journal of Pacific History* 3: 117-130.

1968b　*Social Change in the Southern Gilbert Islands, 1938-1964*. Eugene: University of Oregon.

1970a　Law and Politics on Nonouti Island. In: T. G. Harding and B. J. Wallace (eds.), *Culture of the Pacific*. New York: Free Press, pp.242-264.

1970b　Some Legal Aspects of Gilbertese Adoption. In: V. Carroll (ed.), *Adoption in Eastern Oceania*. Honolulu: University of Hawaii Press, pp.236-260.

1974a　The Evolution of the Tenure Principles on Tamana Island, Gilbert Islands. In: H. P. Lundsgaarde (ed.), *Land Tenure in Oceania*. Honolulu: University of Hawaii Press, pp.179-214.

1974b　Transaction in Gilbertese Law and Justice. *Journal of the Polynesian Society* 83: 192-222.

    1978   Post-contact Changes in Gilbertese Maneaba Organization. In: N. Gunson (ed.), *The Changing Pacific: Papers in Honour of H. E. Maude.* Melbourne: Oxford University Press, pp.67-79.

Lundsgaarde, H. P. and M. G. Silverman
    1972   Category and Group in Gilbertese Kinship: An Updating of Goodenough's Analysis. *Ethnology* 11: 95-110.

Luomala, K.
    1953   *Ethnobotany of the Gilbert Islands.* Bishop Museum Bulletin 213, Honolulu: Bernice P. Bishop Museum.
    1965   Humorous Narratives about Individual Resistance to Food Distribution Customs in Tabiteuea, Gilbert Islands. *Journal of American Folklore* 78: 28-45.
    1966   Numskull Clans and Tales: Their Structure and Function in Asymmetrical Customs in Tabiteuea. *Journal of American Folklore* 78: 28-45.
    1970   Babai (Cyrtosperma chamissonis): A Prestige Food in the Gilbert Islands Culture. *Proceedings of International Congress of Anthropological and Ethnological Sciences* 7: 488-499.
    1974   The Cyrtosperma Systemic Pattern: Aspects of Production in the Gilbert Islands. *Journal of the Polynesian Society* 83: 14-34.
    1977   Porpoises and Taro in Gilbert Islands Myths and Customs. *Fabula* 18: 201-211.
    1980   Some Fishing Customs and Beliefs in Tabiteuea. *Anthropos* 75: 523-558.
    1983   A Mythological Charter for "Making a Boy Wild" in the Gilbert Islands. *Asian Perspectives* 23: 221-228.
    1984   Sharks and Shark Fishing in the Culture of Gilbert Islands, Micronesia. In: B. Gunda (ed.), *The Fishing Culture of the World; Studies in Ethnology, Cultural Ecology and Folklore,* vol. *II*. Budapest: Akademiai Kikado, pp.1203-1250.

MacCormack, G.
    1976   Reciprocity. *Man* (N.S.) 11: 89-103.

Macdonald, B. E.
    1971   Local Government in the Gilbert and Ellice Islands 1892-1969; Part 1. *Journal of Administration Overseas* 10: 280-293.
    1972a Local Government in the Gilbert and Ellice Islands 1892-1969; Part 2. *Journal of Administration Overseas* 11: 11-27.
    1972b Te Reitakin Nonouti: A Survival of Traditional Authority in the Gilbert Islands. *Journal of Pacific History* 7: 137-150.
    1975   The Separation of the Gilbert and Ellice Islands. *Journal of Pacific History* 10: 84-88.

1982　*Cinderellas of the Empire: Towards a History of Kiribati and Tuvalu.* Canberra: Australian National University Press.

前川啓治（Maegawa, K.）

1994　Strategic Adaptation of Entrepreneurs as Middleman in Badu, Torres Strait. *Man and Culture in Oceania* 10: 59-79.

1996　「システムの変容」井上俊ほか編『贈与と市場の社会学――現代社会学17』東京：岩波書店, pp.95-110.

2000　『開発の人類学――文化接合から翻訳的適応へ』東京：新曜社.

Marcus, G. E.

1981　Power on the Extreme Periphery: The Perspective of Tongan Elites in the Modern World System. *Pacific Viewpoint* 22: 48-64.

マーカス，G. E.／M. M. フィッシャー

1989　『文化批判としての人類学――人間科学における実験的試み』永渕康之訳，東京：紀伊国屋書店.

Maude, H. C. and H. E. Maude

1981　Tioba and Tabiteuean Religious Wars. *Journal of the Polynesian Society* 90: 307-336.

Maude, H. E.

1959　Spanish Discoveries in the Central Pacific: A Study in Identification. *Journal of the Polynesian Society* 68: 284-326.

1961　Post-Spanish Discoveries in the Central Pacific. *Journal of the Polynesian Society* 70: 67-111.

1967　The Sword of Gabriel: A Study of Participant History. *Journal of Pacific History* 2: 113-136.

1970　Baiteke and Binoka of Abemama: Arbiters of Change in the Gilbert Islands. In: J. W. Davidson and D. Scarr (eds.), *Pacific Islands Portraits.* Canberra: Australian National University Press, pp.201-224.

1977a [1963] *The Evolution of the Gilbertese Boti.* Suva: University of the South Pacific.

1977b Foreword. *Astride the Equator: An Account of Gilbert Islands.* Melbourne: Oxford University Press.

1980 [1961] *The Gilbertese Maneaba.* Suva and Tarawa: University of the South Pacific.

1981　*Slaver in Paradise: The Peruvian Labour Trade in Polynesia, 1862-1864.* Canberra: Australian National University Press.

Maude, H. E., and I. Leeson

1965　The Coconuts Oil Trade of the Gilbert Islands. *Journal of the Polynesian Society* 74: 396-437.

メイヤスー, C.
  1977 『家族制共同体の理論―― 経済人類学の課題』川田順造・原口武彦訳, 東京：筑摩書房.

Mintz, S. W. （ミンツ, S. W.）
  1977 The So-Called World System: Local Initiative and Local Response. *Dialectical Anthropology* 2: 253-270.
  1988 『甘さと権力―― 砂糖が語る近代史』川北稔・和田光弘訳, 東京：平凡社.

宮崎広和
  1994 「オセアニア歴史人類学研究の最前線 ―― サーリンズとトーマスの論争を中心として」『社会人類学年報』20: 193-208.

森田桐郎
  1997 『世界経済論の構図』室井義雄編, 東京：有斐閣.

Namai, Baaro
  1987 The Evolution of Kiribati Tenures. In: R. G. Crocombe (ed.), *Land Tenure in the Atolls; Cook Islands, Kiribati, Marshall Islands, Tokelau, Tuvalu*. Suva: University of the South Pacific, pp.30-39.

Nash, J.
  1981 Ethnographic Aspects of the World Capitalist System. *Annual Review of Anthropology* 10: 393-423.

Nugent, S. and C. Shore [eds.]
  1997 *Anthropology and Cultural Studies*. London: Pluto Press.

太田好信
  2001 『民族誌的近代への介入』京都：人文書院.

Oliver, D. L.
  1989 *The Pacific Islands* (3rd ed.). Honolulu: University of Hawaii Press.

Oppenheim, F. E.
  1968 Equality. In: D. L. Sills (ed.), *International Encyclopedia of the Social Sciences*. London, New York: Macmillan Co. and Free Press, pp.102-111.

Ortner, S. B.
  1984 Theory in Anthropology since the Sixties. *Comparative Studies in Society and History* 26: 126-166.

Paeniu, Isakala
  1975 Implications of Separation between the Gilbert and Ellice Islands. *South Pacific Bulletin* 25: 38-40.

Parry, J.
　　1986　The Gift, the Indian Gift and the 'Indian Gift'. *Man* (N.S.) 21: 453-473.
Parry, J. and M. Bloch (eds.)
　　1989　*Money and the Morality of Exchange*. Cambridge: Cambridge University Press.
Pitt-Rivers, J.
　　1968　Honor. In: D. L. Sills (ed.), *International Encyclopedia of the Social Sciences*. London, New York: Macmillan Co. and Free Press, pp.503-511.
Poirine, B.
　　1994　Rent, Emigration and Unemployment in Small Islands: The MIRAB Model and French Overseas Departments and Territories. *World Development* 22 (12): 1997-2009.
　　1998　Should We Hate or Love MIRAB? *The Contemporary Pacific* 10: 65-105.
ポランニー, K.
　　1980　『人間の経済Ⅰ・Ⅱ』玉野井芳郎ほか訳, 東京: 岩波書店.
リムケコ, P. ／ B. マクファーレン (編)
　　1987　『周辺資本主義論争 ── 従属論以後』若森章考・岡田光正訳, 東京: 柘植書房.
Rennie, S.
　　1989　Missionaries and War Loads: A Study of Cultural Interaction on Abaiang and Tarawa. *Oceania* 60: 125-138.
Roseberry, W.
　　1988　Political Economy. *Annual Review of Anthropology* 17: 161-185.
Sabatier, E.
　　1971　*Gilbertese-English Dictionary*. Translated from French edition by Sister Olivia, Sydney: South Pacific Commission.
　　1977 [1949]　*Astride the Equator: An Account of Gilbert Islands*. Melbourne: Oxford University Press.
Sachet, M. H.
　　1957　Climate and Meteorology of the Gilbert Islands. *Atoll Research Bulletin* 60.
Sahlins, M. (サーリンズ, M.)
　　1972　*Stone Age Economics*. Chicago: Aldine Publishing Co.
　　1993a　Cery Cery Fuckabede. *American Ethnologist* 20: 848-867.
　　1993b　『歴史の島々』山本真鳥訳, 東京: 法政大学出版局.
　　1999　What is Anthropological Enlightenment? Some Lessons of the Twentieth Century. *Annual Review of Anthropology* 28: i-xxiii.

佐藤元彦
- 1993a 「オセアニア島嶼国のレント収入依存型経済的自立」石川栄吉監修, 清水昭俊・吉岡政徳編『近代に生きる —— オセアニア3』東京：東京大学出版会, pp.201-216.
- 1993b 「キリバス経済の構造変化と『持続可能性』」『愛知大学国際問題研究所紀要』98: 57-82.

佐藤幸男
- 1993 「世界システムと太平洋マイクロステートの政治経済学」石川栄吉監修, 清水昭俊・吉岡政徳編『近代に生きる —— オセアニア3』東京：東京大学出版会, pp.217-231.
- 1995 「世界システム論と島嶼国家・地域像 —— マイクロステート論の地平」佐藤幸夫編『南太平洋島嶼国・地域の開発と文化変容－持続可能な開発論の批判的検討』名古屋：名古屋大学国際開発研究科, pp.5-50.
- 1997 「近代世界システムと島嶼国・地域の問題群 —— マイクロステートのポリティカル・エコノミー」塩田光喜編『海洋島嶼国家の原像と変貌』東京：アジア経済研究所, pp.325-373.

Sewell, B.
- 1983 *Butaritari. Atoll Economy: Social Change in Kiribati and Tuvalu. no.3.* Canberra: Australian National University.

清水昭俊
- 1981 「独立に逡巡するミクロネシアの内情 —— ポナペ島政治・経済の現状より」『民族学研究』46: 329-344.
- 1992 「永遠の未開文化と周辺民族」『国立民族学博物館研究報告』17: 417-488.
- 1993 「近代と国家と伝統」石川栄吉監修, 清水昭俊・吉岡政徳編『近代に生きる——オセアニア3』東京：東京大学出版会, pp.3-20.
- 1996 「序　植民地的状況と人類学」青木保ほか編『思想化される周辺世界 —— 岩波講座文化人類学12』東京：岩波書店, pp.1-29.

Smith, J. and I. Wallerstein (eds.)
- 1992 *Creating and Transforming Households.* Paris: Cambridge University Press.

Smith, J., I. Wallerstein, and H-D. Evers (eds.)
- 1984 *Households and World-Economy.* Beverly Hills: Sage.

Statistics Office
- 1980 *Report on the 1978 Census of Population and Housing. vol.1.* Tarawa: Republic of Kiribati.
- 1988 *Kiribati: Sixth National Development Plan 1987-1991.* Tarawa: Republic of Kiribati.

	1989	*Kiribati 1979-1987 A Compendium of Statistics.* Tarawa: Republic of Kiribati.
	1993	*Report on the 1990 Census of Population. vol.1.* Tarawa: Republic of Kiribati.
	1997	*Report on the 1995 Census of population. vol.1.* Tarawa: Republic of Kiribati.

須藤健一
- 1989 『母系社会の構造 —— サンゴ礁の島々の民族誌』東京：紀伊国屋書店．
- 1997 「家族的ネットワークに依存するMIRAB国家」青木保ほか編『個からする社会展望 —— 岩波講座文化人類学 4 』東京：岩波書店，pp.132-157.

杉島敬志
- 1996 「歴史研究にもとづく人類学批判」『民博通信』No.71: 78-99.
- 1999 「序論 土地・身体・文化の所有」杉島敬志編『土地所有の政治史』東京：風響社，pp.11-52.
- 2001 「序論 ポストコロニアル転回後の人類学的実践」杉島敬志編『人類学的実践の再構築 —— ポストコロニアル転回以後』京都：世界思想社，pp.1-50.

Tabokai, Nakibae
- 1993 The Maneaba System. In: H. V. Trease (ed.), *Atoll Politics. The Republic of Kiribati.* Christchurch: University of Canterbury, Suva: University of the South Pacific, pp.23-29.

高山 純・甲斐山佳子
- 1993 『珊瑚島の考古学 —— 中部太平洋キリバス共和国調査記』東京：大明堂．

棚橋 訓
- 1997 「MIRAB社会における文化の在り処 —— ポリネシア・クック諸島の文化政策と伝統回帰運動」『民族学研究』61: 567-585.

田中二郎
- 1971 『ブッシュマン —— 生態人類学的研究』東京：思索社．

Taoaba, Taakei
- 1985 Speaking and Writing. *Kiribati: A Changing Atoll Culture.* Suva: University of the South Pacific, pp.99-110.

Taussig, M. T.
- 1980 *The Devil and Commodity Fetishism in South America.* Chapel Hill: University of North Carolina Press.

Thaman, R. R.
- 1987 Plants of Kiribati: A Listing and Analysis of Vernacular Names. *Atoll Research Bulletin* 296.

Thomas, N.
- 1991 *Entangled Objects: Exchange, Material Culture, and Colonialism in the Pacific.* Cambridge: Harvard University Press.

1992 The Inversion of Tradition. *American Ethnologist* 19: 213-232.

1993 Beggars Can Be Choosers. *American Ethnologist* 20: 868-876.

Turbott, I. G.

1950 Fishing for Flying-fish in the Gilbert and Ellice Islands. *Journal of the Polynesian Society* 59: 349-367.

上野千鶴子

1997 「贈与交換と文化変容」井上俊ほか編『贈与と市場の社会学 —— 現代社会学17』東京：岩波書店，pp.155-178.

ウォーラーステイン，I.

1981 『近代世界システムI・II —— 農業資本主義と「ヨーロッパ世界経済」の成立』川北稔訳　東京：岩波書店．

1987a 『資本主義世界経済I —— 中核と周辺の不平等』藤瀬浩司・麻沼賢彦・金井雄一訳，名古屋：名古屋大学出版会．

1987b 『資本主義世界経済II —— 階級・エスニシティの不平等・国際政治』日南田靜眞監訳，名古屋：名古屋大学出版会．

1991 『ワールド・エコノミー —— 叢書世界システム1』I. ウォーラーステイン編，山田鋭夫ほか訳，東京：藤原書店．

1993 『近代世界システム1600-1750』川北稔訳，名古屋：名古屋大学出版会．

Wallerstein, I., W. G. Martin and T. Dickinson

1982 Household Structures and Production Processes: Preliminary Theses and Finding. *Review*, V,3, Winter: 437-458.

Watters, R. and K. Banibati

1984 *Abemama. Atoll Economy: Social Change in Kiribati and Tuvalu. no.3*. Canberra: Australian National University.

Wiens, H. J.

1962 *Atoll Environment and Ecology*. New Heaven: Yale University Press.

Wolf, E. R.

1982 *Europe and the People without History*. Berkeley: Harvard University Press.

Woodburn, J.

1982 Egalitarian Societies. *Man* (N.S.) 17: 431-451.

Woodford, C. M.

1895 The Gilbert Islands. *Journal of Royal Geographical Society* 6: 325-350.

山本泰・山本真鳥

1996 『儀礼としての経済』東京：弘文堂．

山崎カヲル
 1980 『マルクス主義と経済人類学』山崎カヲル編訳,東京:柘植書房.
 1996 「贈与交換から商品交換へ」井上俊ほか編『贈与と市場の社会学 —— 現代社会学17』東京:岩波書店,pp.179-194.

吉岡政徳(Yoshioka, M.)
 1985 Terminology and Kin Category in Maiana, Kiribati. In: E. Ishikawa (ed.), *The 1983-'84 Cultural Anthropological Expedition to Micronesia: An Interim Report*. Tokyo: Tokyo Metropolitan University, pp.65-83.
 1989 「出自・親子関係・キンドレッド —— オセアニアにおける親族」『国立民族学博物館研究報告』別冊6:3-32.
 1993 「キリバスにおける性関係 —— マイアナを中心として」須藤健一・杉島敬志編『性の民族誌』京都:人文書院,pp.187-208.
 1998 『メラネシアの位階階梯制社会 —— 北部ラガにおける親族・交換・リーダーシップ』東京:風響社.

Zann, L. P.
 1983 Traditional Management and Conservation of Fisheries in Kiribati and Tuvalu Atolls. In: K. Ruddle and R. E. Johannes (eds.), *The Traditional Knowledge and Management of Coastal Systems in Asia and the Pacific*. Jakarta: UNESCO, pp.53-77.

■著者紹介

風間　計博（かざま　かずひろ）

1964年生まれ
東北大学理学部卒業
総合研究大学院大学文化科学研究科修了　博士（文学）
国立民族学博物館・中核的研究機関研究員等を経て、
現在、筑波大学 歴史・人類学系助教授

窮乏の民族誌
― 中部太平洋・キリバス南部環礁の社会生活 ―

2003年2月10日　初版第1刷発行

■著　者──風間　計博
■発行者──佐藤　守
■発行所──株式会社 大学教育出版
　　　　　〒700-0953　岡山市西市855-4
　　　　　電話(086)244-1268(代)　FAX(086)246-0294
■印刷所──サンコー印刷㈱
■製本所──日宝綜合製本㈱
■装　丁──原　美穂

©Kazuhiro Kazama 2003, Printed in Japan
検印省略　　落丁・乱丁本はお取り替えいたします。
無断で本書の一部または全部を複写・複製することは禁じられています。

ISBN4-88730-508-7